제3판

2019 개정 누리과정과 2022 개정 초등학교 교육과정에 기초한

유아교육기관과 초등학교의 연계교육

곽노의 · 김창복 · 이신영

창지사

머리말

어린이의 발달은 연속적인 과정이며, 특히 4세에서 7세에 이르는 유아교육기관의 유아와 초등학교 저학년 아동은 같은 유아기적 발달 특성을 지닌 동질적인 학습자입니다. 그러나 우리나라 4~7세 어린이들은 자연스럽게 연계되지 못한 두 교육기관의 교육과정과 교육행정시스템, 교사들의 상호 교육과정에 대한 이해의 부족 등으로 인해 질 높은 연계교육을 받지 못하고 있습니다.

우리나라에 유아교육이 시작된 지도 어언 100여 년, 그동안 우리나라 유아교육기관은 미래에 이 나라를 이끌고 나갈 유아들의 전인교육을 담당하며 양적으로뿐만 아니라 질적으로도 크게 발전해 왔습니다. 그러나 아쉬운 점은 우리나라 유아교육의 짧지 않은 역사에도 불구하고 지금까지도 초등교육과는 조화로운 연계를 이루지 못하고 있다는 점입니다. 이러한 현실은 지속적으로 성장 · 발달해야 할 권리를 가진 어린이의 발달을 제한하는 한 요인이 되고 있습니다.

이미 교육 선진국에서는 유아교육기관과 초등학교 간의 연계교육의 중요성과 필요성을 깊이 인식하여 두 교육기관의 연계교육을 제도화하고 있습니다. 최근 우리나라에서도 누리과정 개정을 통한 유치원 · 어린이집의 국가 수준의 공통교육과정의 운영, 초등학교 저학년 교육과정에 누리과정과의 연계 부분 제시 등 유아교육기관과 초등학교의 연계를 제고하는 다양한 정책들이 추진되고 있습니다만 교육현장에서 보면 유아교육기관과 초등학교의 연계교육을 위해 노력을 기울일 부분이 여전히 있습니다.

특히 유아교육기관과 초등학교의 연계교육에 있어서 상호 교육과정에 대한 교사의 이해는 연계교육을 이루는 토대로써 중요한 역할을 하게 됩니다. 이에 유아교육을 의무화하고 있는 여러 교육 선진국들은 유치원과 초등학교 저학년 교사를 동일한 교육기관에서 통합 양성하여 두 교육기관 간에 교사 간 상호 이동이 가능하게 하는 등 교사들이 상호 교육과정에 대해 잘 이해하도록 많은 노력을 기울이고 있습니다. 그러나 우리나라에서는 유아교사와 초등교사의 양성 체제가 분리되어 있고 교사 재교육 프로그램에서도 상대 교육과정에 대한 내용은 충분히 다루지 않아, 유아교사들과 초등교사들이 상대 교육과정을 이해하는 데 많은 어려움을 겪고 있습니다.

따라서 이 책의 개정을 통해 유아교사들과 초등교사들이 상대 교육과정과 교육의 실제를 잘 이해하도록 도움을 주기 위해, 나아가 연계교육의 내실화를 도모하기 위해 2019 개정 누리과정과 2022 개정 초등학교 교육과정에 근거한 연계교육의 이론과 실제를 심층적으로 다루었습니다. 먼저 이론적인 측면에서 연계교육의 필요성, 외국의 연계교육, 우리나라 연계교육의 현실 및 개선방안, 두 교육과정에서 강조하는 발달에 적합한 교육으로의 '놀이', 2019 개정 누리과정과 2022 개정 초등학교 교육과정의 연계를 살펴보았습니다. 그리고 실제적인 연계의 측면에서 교육현장에서 실행되고 있는 두 교육기관의 교육방법과 교육환경을 비교하며 살펴보았고, 끝으로 초등교육현장에서 연계교육에 활용될 수 있는 다양한 유아교육 프로그램을 소개하였습니다.

유아교사와 초등교사, 모두에게 도움을 주기 위해 연계교육의 지침서로 집필된 이 책은 많은 노력을 기울였지만 부족한 점도 있을 것입니다. 부족한 점은 널리 혜량하여 주시고 많은 조언을 부탁드립니다.

끝으로 이 책을 출판하여 주신 창지사 사장님을 비롯하여 편집과 출판에 심혈을 기울여 주신 분들께 감사드립니다.

2024년
새싹이 움트는 봄에
저자 일동

제4부 유아교육 및 초등 저학년 교육의 실제

제1부

유아교육기관과 초등학교 연계교육의 필요성 및 개선방안

제1장

유아교육기관과 초등학교 연계교육의 개념 및 필요성

01 연계성의 개념

교육은 인간의 전 생애 발달에 중요한 영향력을 갖는다. 교육은 영유아기와 학령기뿐만 아니라 인간의 전 생애적 발달 또는 평생교육의 관점에서 이루어질 때 더욱 가치 있는 교육이 될 수 있다. 이 과정 속에는 여러 단계의 교육이 존재하게 되며, 여러 단계의 교육이 각각 독립되어 있기보다는 유기적인 연계성을 가질 때 교육적 가치는 높아지게 될 것이다.

그렇다면 연계성이란 무엇인가? 일반적으로 교육에서의 연계성(continuity 또는 articulation)은 학습자의 계속적인 성장과 발달에 도움을 주기 위하여 한 부분과 다른 부분의 적절한 관계를 유지하는 것을 뜻한다. 이때 'continuity'는 동일한 상태가 남아있거나 동일한 것의 지속을 강조하는 것으로, 부분과 부분이 연결될 때 동일한 속성이 지속된다는 점을 강조하는 용어이다. 반면 'articulation'은 서로 분명히 구분되는 것의 유기적인 연결을 의미하는 것으로, 즉 부분과 부분의 이질성에 관심을 나타내는 용어이다. 따라서 두 용어에 기초할 때 연계성은 두 부분 간의 동질성과 이질성이 동시에 존재할 때에 성립되거나 논의될 수 있는 것이다(장명림 외, 2014). 두 용어에 기초하여 연계성을 구체적으로 표현하면, 연계성은 학년 사이나 학교 수준 사이의 교육내용이 적절한 관련을 맺고 있다는 것을 의미하며 교육내용이 서로 의미 있게 구분된다는 것과 그 사이의 관련이 원활하다는 것을 동시에 나타내는 것으로 볼 수 있다(한국유아교육학회, 1996). 이는 학년이나 학교 수준 사이의 교육내용이 계속성과 계열성의 원칙에 맞게 조직된 상태를 의미하는 것으로 어린이들의 지속적인 성장과 발달에 도움을 주기 위해 한 부분과 다른 부분 사이, 특히 학년이나 학교 간의 교육이 계속성과 계열성의 원리에 맞게 조화롭고 적절한 연결 관계를 유지함으로써 교육의 효율성을 높이려는 노력이라 할 수 있다.

연계성을 협의의 개념과 광의의 개념으로 구분하여 설명하기도 한다(이영석, 1989). 앞에 제시한 연계성의 개념은 교육과정상의 연계성으로서 협의의 개념이라 할 수 있고, 이외에 교육실천에 많은 영향을 주는 교육풍토, 행정 및 재정적 지원체제, 교사양성제도, 시설 및 설비 문제, 일반 대중의 인식 및 지각 등은 광의의 개념에 해당된다. 유아교육과 초등교육의 바람직한 연계를 위해서는 협의의 개념뿐만 아니라 광의의 개념이 동시에 논의될 필요가 있다.

이상의 개념들을 종합하여 볼 때 유아교육과 초등교육의 연계성은 어린이의 계속적인 성장과 발달을 위하여 유아교육기관과 초등학교 간의 교육과정, 교육제도, 교육행정체제, 교육환경 및 교육풍토 등이 적절하게 관련을 맺고 있는 것이며, 특히 교육과정 운영 및 교육의 실제에 있어서 유아교육기관과 초등학교 저학년 간에 계속성과 계열성을 가지는 것이라 정의할 수 있다. 유아교육과 초등교육의 조화로운 연계를 위해서는 기본적으로 아동 발달에 적합한 교육과정 및 프로그램, 실내 · 외 교육환경, 활동 중심 · 아동중심 교수 · 학습과정, 지속적인 평가, 교사의 아동에 대한 인식, 교사의 전문성 연수, 부모교육 및 참여 등의 여러 요소가 포함되어야 할 것이며(나정 · 장명림, 1997), 교육제도, 교육행정체제, 교사양성, 교육환경 및 교육풍토 등 제도적 · 사회적 측면의 광범위한 노력이 동시에 요구된다.

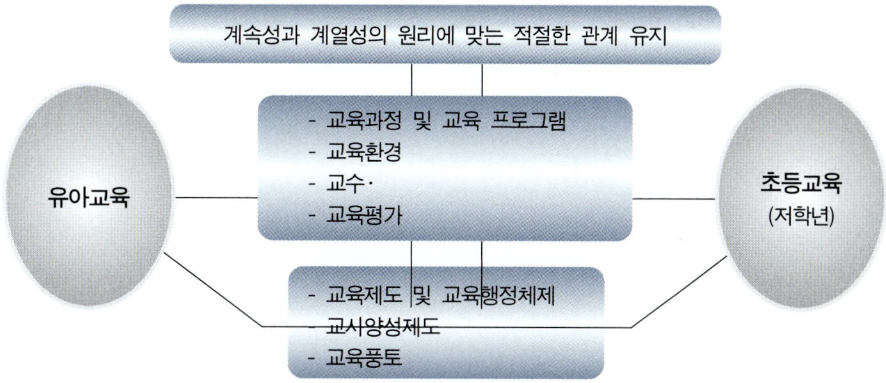

[그림 1-1] 유아교육과 초등교육의 연계성

02 연계교육의 필요성 및 효과

유아교육기관의 교육과정을 마치고 초등학교에 입학하는 어린이 중에는 여전히 초등학교 입학에 대하여 불안해하는 어린이가 있다. 어린이들은 "선생님이 혼낼까 봐 걱정돼요.", "떨려요. 무서울 것 같아요.", "학교에 가고 싶지만 공부 못할까 봐 걱정돼요. 그래서 학교에 조금 가기 싫어요." 등으로 그 불안한 마음을 표현하곤 한다. 이러한 마음은 학부모들에게도 예외는 아니다. 학부모들은 자녀가 초등학교에 입학하게 될 때쯤 '이 아이가 학교에 가서 잘할 수 있을까?', '무엇을 어떤 식으로 배우게 될까?', '요즘은 학교가 예전과 아주 다르다던데 어떻게 달라졌을까?', '선생님께 귀여움받으며 잘 지낼 수 있을까?' 등 여러 가지를 염려하게 된다.

정상적인 유아교육기관에서 소정의 과정을 마치고 초등학교에 입학하는 데 이렇게 염려해야 하는 이유는 무엇일까? 유아교육기관과 초등학교 1학년 교육이 연계를 잘 이루고 있다면 초등학교에 입학하는 것을 초등학교 1학년에서 2학년 올라갈 때와 같은 정도로 생각하여 큰 염려는 하지 않을 것이다.

연계성에 관한 문제는 학부모뿐만 아니라 유아교사와 초등교사 간에도 종종 심각하게 거론되곤 한다. 예를 들어, 초등학교 1학년 교사는 '유아교육기관에서 미리 배우니까 1학년에서 가르칠 게 없다.', '유아교육기관에서 너무 자유롭게 해 줘서 학교생활태도를 바로잡기가 어렵다.' 한편, 유아교사는 '1학년 선생님이 처음부터 한글과 수를 아는 것으로 인정하고 어렵게 수업한다.', '수업을 너무 교사 중심으로 진행해서 아이들이 힘들어한다.' 유치원과 초등학교, 두 교육체제 간의 조화로운 연계교육이 이루어지지 않은 오늘날의 현실에서 이런 문제가 제기되는 것은 당연하다고 하겠다.

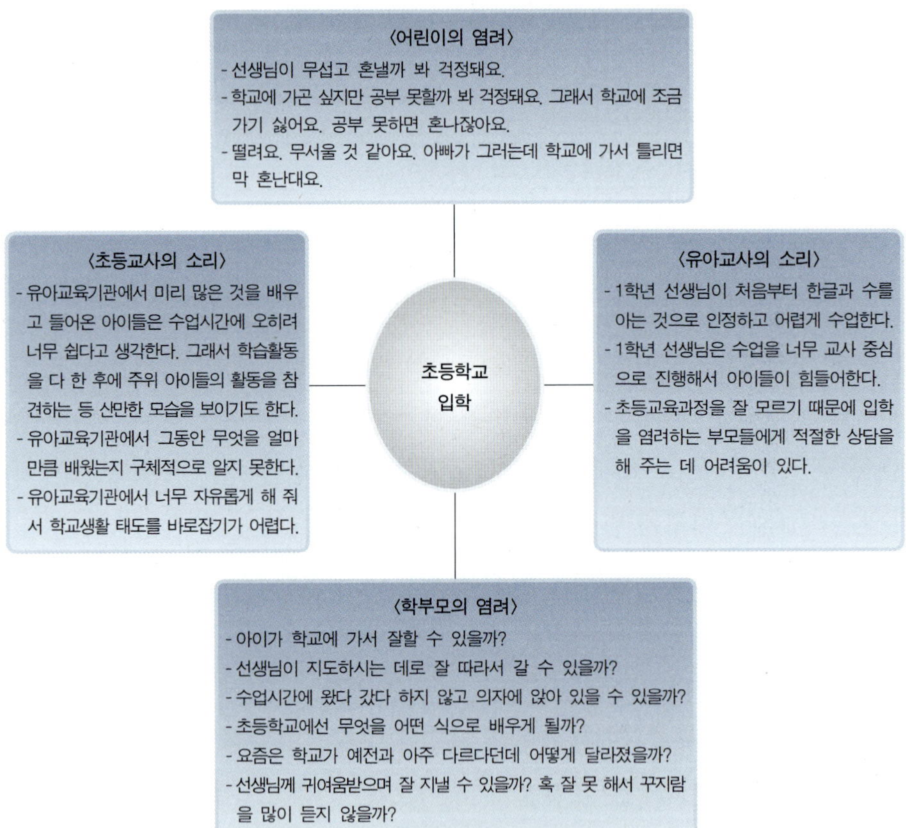

[그림 1-2] 초등학교 입학에 대한 어린이와 학부모의 염려, 그리고 유아 · 초등교사의 소리

선행연구에 의하면 유아교사, 초등교사, 학부모들은 대체적으로 유 · 초 연계교육의 중요성과 필요성을 인식하고 있었다(김창복 · 이신영, 2013; 김창복 · 이경순, 2007; 이지혜, 2017; 이혜은 · 최혜진, 2005; 한윤경 · 김희진, 2000). 유아교사 91.3%, 초등교사 88.3%, 유치원 학부모 81.8%, 초등학교 1학년 학부모 80.0%가 유 · 초 연계교육의 중요성과 필요성을 인식하고 있는 것으로 나타났다(김창복 · 이경순, 2007). 그러나 '유 · 초 연계교육이 잘 이루어지고 있다고 생각하는가?'의 질문에는 유아교사 28.3%, 초등교사 20.8%가 유 · 초 연계교육이 잘 이루어지고 있다고 응답하였다(이지혜, 2017). 유치원 학부모 46.6%, 초등학교 1학년 학부모 44.4%만이 유 · 초 연계교육이 잘 이루어지고 있다고 응답하였다(김창복 · 이경순, 2007). 특히 유 · 초 연계교육을 직접 실천해야 할 유아교사와 초등교사의 응답률이 이렇게 낮은 것은 우리나라 유 · 초 연계교육의 실태를 잘 보여주는 것이다.

이와 같은 유 · 초 연계교육의 실천적 측면의 부족은 유 · 초 연계교육의 중요성과 필요성을 보다 확실히 정립해야 하는 문제를 제기한다. 유아교육과 초등교육 간의 연계성 문제는 반드시 해결되어야 할 우리나라 교육의 과제이며, 그 이유는 어린이 발달적합성의 측면, 교육과정의 효율성 측면, 초등학교 적응의 측면, 그리고 유 · 초 연계교육이 연계될 때 수반되는 많은 효과를 살펴볼 때 더욱 분명해진다.

1) 어린이 발달적합성의 측면

교육이 추구하는 어린이들의 전인적인 성장과 발달은 '발달에 적합한 교육'을 통해서 이루어질 수 있다. 발달에 적합한 교육을 하기 위해서는 고려해야 할 몇 가지 요인이 있지만 그중에서 '연령적합성'이라고 일컫는 연령별 발달특성에 맞는 교육을 하는 것은 매우 중요한 요인이 된다.

유아교육기관과 초등학교 어린이의 발달에 적합한 교육을 위해 연령별 발달특성을 살펴볼 때 특히 4세에서 7세에 이르는 유아교육기관과 초등학교 저학년 어린이의 발달특성에 주목하게 된다. 4~5세 유아들과 6~7세 초등학교 1~2학년 어린이들은 발달특성의 측면에서 볼 때 유사한 경향이 강하게 나타난다. 물론 어린이의 발달이 연속적인 과정 속에 있기에 비슷한 연령대에서는 유사한 발달특성을 나타낸다. 그런데 6~7세의 초등학교 저학년 어린이의 발달특성은 8~11세 초등학교 중 · 고학년 어린이의 발달특성보다는 4~5세 어린이의 발달특성에 더 유사하다는 점에 유의할 필요가 있다. 이는 4세에서 7세의 유아와 초등학교 1~2학년 어린이의 발달과정은 특히 연속적인 특징이 강해 신체, 사회, 정서, 인지의 제 측면에서 유사한 점이 많이 나타나기 때문이다.

유아교육의 대상이 되는 연령을 살펴볼 때 이것은 더욱 분명해진다. Morrison(1991)을 비롯한 현대 유아교육학자들이 유아의 발달특성을 고려하여 규정하고 있는 유아교육의 연령은 0~8세까지이다. 따라서 미국유아교육학회(NAEYC)에서도 0~8세 유아 발달에 적합한 교육실제를 위한 지침을 마련하여 이들에게 보다 적절한 교육이 이루어지도록 권장하고 있다(Bredekamp, 1992). 이것은 4~7세 아동이 발달심리학적으로 연계적이며 비슷한 발달특성을 보이므로(이기숙, 1981; Anning, 1995) 4~7세 사이의 연령 분포에 있는 우리나라 유아교육과 초등학교 저학년 교육이 서로 간에 분리된 교육 체계와 상이한 교육내용 및 교수 · 학습 방법으로 이루어져서는 결코 바람직한 교육 효과를 얻기 어렵다는 점을 시사해 준다.

또한, 여러 연구에서도 유치원과 초등학교 저학년 아동은 신체, 사회, 정서, 인지 발달의 측면에서 유사한 특성을 가지고 있음을 밝히고 있다(김재복 외, 1992; 이경우 외, 1986). 신체 · 운동 발달을 보면 2세부터 7세까지는 초보적인 동작 발달기에 해당되는데, 이 시기에는 새로운 운동 형태와 함께 많은 운동기술을 획득하게 되며 기본적인 동작 능력이 점차로 증진되어 가는 과정에 있다. 하지만 아직 대근육이 소근육보다 발달되어 섬세한 동작보다는 몸 전체를 움직이는 데 익숙하며 7세 이후가 되어야 스포츠와 관련된 동작 발달이 이루어지게 된다. 사회성 발달을 보면 또래와의 어울림이 늘어나면서 관심 대상의 폭이 확대되고, 자기중심적인 언어에서 사회화된 언어 사용이 이루어지며 모방을 통한 언어와 행동을 하려는 경향이 강하다. 정서적인 면에서는 전반적으로 정서 표현이 강하고 일시적이며, 주변 사람들에 대한 인정과 애정 욕구가 강하면서도 두려움을 잘 느낀다. 피아제의 이론에 근거하여 인지 발달을 보면 2~7세경까지는 전조작적 사고 단계이며, 특히 4~7세는 직관적 사고기로서 이 시기의 유아는 자기중심적인 사고의 경향이 강하며 비논리적이다. 또한, 대상에 대해 직관적으로 사고하므로 구체적 사물을 활용한 구체적 경험과 조작 활동에 의해 학습해야 한다.

이렇듯 유아교육기관의 4~5세 유아들과 초등학교 1~2학년 어린이들은 신체, 사회, 정서, 인지 발달 등의 측면에서 같은 시기에 속하며 발달특성도 유사하므로 발달적합성의 측면에서 유아교육기관과 초등학교 저학년 교육은 반드시 연계적으로 이루어져야만 한다.

2) 교육과정의 효율성 측면

유아교육과 초등학교 저학년 교육은 교육과정의 효율성 측면에서 볼 때도 연계되어야만 한다. 이는 유아교육기관과 초등학교 간에 적절한 연계가 이루어질 때 교육과정의 측면에서 교육과정 조직과 운영의 내실화가 이루어질 수 있기 때문이다.

교육과정 조직의 원칙에는 기본적으로 계속성, 계열성, 통합성을 들 수 있다. 이 세 가지 원리는 Tyler가 주장한 것으로 이 가운데 종적인 원칙인 계속성과 계열성의 원칙이 연계교육과 보다 관련된다. 계속성은 하나의 교육과정 요소가 동일한 수준에서 반복되는 것이며, 계열성은 선행 경험 혹은 내용을 기초로 하여 다음 경험 혹은 내용이 전개되어 점차적으로 깊이와 넓이를 더해 가는 것으로서 유아교육과 초등교육 간의 연계교육이 필요함을 잘 나타낸다.

또한, Gagne의 위계학습론과 Bruner의 나선형 교육과정의 개념을 보더라도 유아교육기관과 초등학교의 교육은 연계되어야 한다. Gagne는 학습자의 학습을 위해서는 모든 학습과제 또는 내용은 위계적으로 구성되어야 하고, 그 위계를 일정한 방법과 절차를 거쳐 계통적으로 가르치고 배워야 한다고 하였다. Bruner도 계열성 기준과 상당히 비슷한 기준으로서 '나선형 교육과정'이라는 개념을 전개하였는데, 이는 시간의 흐름에 따라 동일한 계열의 학습 경험이 계속적으로 반복하여 나타나되, 좀 더 심화되고 확충된 맥락으로 나타나도록 교육과정을 구성해야 한다는 것이다.

이와 같은 Tyler, Gagne, Bruner의 주장은 교육과정의 조직과 운영의 효율성이 유아교육기관과 초등학교 간의 연계교육을 통해 이루어질 수 있음을 잘 설명해 준다. 유아교육과 초등교육의 질적 제고를 위해서는 교육과정의 조직과 운영에 있어서 내실화가 우선되어야 하며, 교육과정의 내실화는 유아교육과 초등교육의 연계에 기초함을 유념해야 할 것이다.

3) 초등학교 적응의 측면

유아들의 초등학교에서의 성공적인 적응은 어린이의 학습과 발달에 매우 중요한 의미를 갖는다. 이는 초등학교로의 적응이 그 이후 계속되는 모든 학교생활에서의 학업 성취 및 사회성 발달에 지속적으로 영향을 미치기 때문이다(Belsky & Mackinnon, 1994; Entiwisle & Alexander, 1998; Ramey & Ramey, 1998; Yeboah, 2002).

학부모들은 유아들이 초등학교에 성공적으로 적응하기를 바라나 그렇게 쉬운 일만은 아니다. 초등학교 적응과 관련된 연구를 보면 우리나라 초등학교 1학년 어린이들 상당수가 입학 후 교사관계, 또래관계, 물리적 환경, 교실 분위기, 규칙적인 생활, 학습 등에서 스트레스를 경험함을 알 수 있다(김정효 · 박효정, 2005; 박효정, 2002; 이노을, 2006). 1학년 어린이들이 초등학교 적응에 어려움을 겪는 이유는 무엇일까? 그 근본적인 이유는 유아교육과 초등교육이 조화로운 연계를 이루지 못한 데서 찾아볼 수 있다. 1학년 어린이들은 유아교육과 자연스러운 연계를 이루지 못하는 교육체제, 교육내용 및 교수 · 학습 방법, 교육환경 등으로 인해 적응에 어려움을 겪을 수 있다. 이와 같은 현실 속에 자녀의 초등학교 입학을 앞둔 학부모들은 자녀들이 초등학교에 잘 적응할 수 있을까 크게 염려하며 초등학교 입학 준비에 고심하고 있으며, 입학이 예정된 유아들도 초등학교 입학에 대해 상당한 염려를 하게 된다(김창복 · 이신영, 2013; 이경순, 2006). 초등학교에서의 성공적인 적응이 어린이의 추후 학업 성취 및 사회성 발달에 미치는 영향력을 생각할 때 유아교육기관과 초등학교 간의 연계교육은 반드시 이루어져야 할 과제이다.

4) 바람직한 연계교육의 기대 효과

유아교육기관과 초등학교의 연계교육은 어린이 발달적합성의 측면에서, 교육과정의 효율성 측면에서, 초등학교로의 성공적인 적응의 측면에서 반드시 이루어야만 하는 당면 과제이지만 이외에도 유아교육과 초등교육이 잘 연계될 때 기대할 수 있는 다음과 같은 효과들을 고려한다면 그 필요성은 더욱 명확해진다(김창복, 2004; 김창복 · 이경순, 2007).

첫째, 어린이의 지속적인 성장 · 발달을 통해 어린이의 전인적 발달 및 초등학교로의 적응력 향상을 높일 수 있다. 유아교육기관을 졸업하고 초등학교에 입학하게 된다고 해서 하루아침에 어린이의 성장이 급속하게 이루어지는 것은 아니며 초등학교로의 적응도 저절로 이루어지는 것은 아니다. 어린이의 발달은 연속적으로 이루어지기 때문에 유아교육기관과 초등학교의 연계성 있는 교육을 통해 어린이의 지속적인 성장 · 발달을 도울 수 있으며 이는 나아가 어린이의 전인적 발달 및 초등학교로의 적응력 향상에 도움을 주게 된다. 또한, 유아교육기관에서 초등학교로의 전이에 따른 학부모의 염려와 불안도 해소시킬 수 있다.

둘째, 어린이 발달에 적합한 놀이 및 활동 중심 통합교육과 초등학교 1학년 교실환경 구성의 실천 가능성을 높인다. 유아교육기관과 초등학교 1학년 아동의 발달특성에 적합한 교육은 미국유아교육협회(NAEYC)에서도 언급하고 있듯이, 연령의 적합성 정도를 고려한 아동 주도적이며 놀이 중심의 활동적인 학습 방법이다. 따라서 두 교육기관에서의 교육이 연계되어질 때 '아동 발달에 적합하지 않는 교육'인 기계적인 암기, 학습지, 직접적 교수와 같은 교사 중심의 방법을 지양하고 '아동 발달에 적합한' 아동 중심, 활동 중심의 통합교육을 실천할 수 있게 된다. 또한, 초등학교 1학년 교실환경의 구성도 어린이의 발달특성을 고려하여 구성할 수 있게 된다.

셋째, 초등학교 저학년 교육방법에 있어 아동 발달에 적합한 다양한 아이디어 획득 및 그 실천에 도움이 된다. 유아교육기관에서는 아동의 생활 경험, 흥미와 필요를 존중하고, 그들의 미분화된 발달특성에 맞추어 의미 있는 학습이 이루어지도록 하기 위해 놀이 및 활동 중심 통합교육, 프로젝트법, 레지오 에밀리아 접근법, 몬테소리 교육법, 발도르프 교육 등 다양한 교육방법을 적용하고 있다. 따라서 통합교육을 강조하고 있는 초등학교 저학년에는 아동 발달에 적합한 통합교육을 실천하기 위한 다양한 아이디어를 유아교육 프로그램에서 얻을 수 있다.

넷째, 상대 교육에 대한 심층적인 이해를 통해 유아교사 및 초등교사의 전문성이 향상될 수 있다. 이는 연계교육을 통해 유아교사와 초등교사가 상대 교육과정 및 교육활동 운영에 대한 이해를 높일 수 있으며 이를 통해 교사의 전문성이 향상되기 때문이다. 이러한 교사 측면의 효과는 바람직한 연계교육을 위한 필수 사항으로 상대 교육기관에 대한 이해 부족으로 발생되는 부적합한 교육의 많은 양상들을 상당수 바로잡을 수 있게 된다. 예를 들면, 초등교사들 가운데 유아교육기관을 놀이 활동만을 전개하는 곳으로 생각하거나 초등학교의 준비교육을 시키는 곳으로 인식하는 경우가 있으며, 한편 유아교사들 가운데에는 초등교육(내용, 방법, 평가 등)이 예전과 거의 동일하다고 생각하여 유아교육기관에서 초등학교 학습내용을 미리 가르치려는 경우가 있는데 이런 부분들이 자연스럽게 개선될 것이다.

다섯째, 교사가 아동의 개인차를 고려한 개별화 교육을 실천하는 데 실질적인 도움이 된다. 아동중심의 수업을 전개하는 활동 중심 또는 통합교육과정에서 교육의 효과는 교사 자질에 달려 있다. 교사는 아동 개개인이 보이는 흥미, 발달특성, 현재 및 잠재된 학습 능력 등을 파악하고 적절한 비계설정(scaffolding)을 수행함으로써 아동이 보다 높은 지식과 개념을 획득하도록 도울 수 있다. 이를 위해서는 교사가 하위 수준과 상위 수준의 교육과정에 대한 정확한 지식을 갖고 있어야 한다. 따라서 유아교육과 초등교육의 연계가 잘 이루어진다면, 유아·초등교사는 유아교육과정부터 초등학교 저학년 교육과정을 이해하게 될 것이고 Bruner가 강조한 '지식의 구조'와 '나선형 교육과정'의 이점을 최대한 살린 수준별 개별화 교육을 실천하게 될 것이다.

여섯째, 유아교육과정과 초등교육과정 운영의 내실화로 교육의 질적 향상을 꾀할 수 있으며, 나아가 유아교육의 기본학제 및 공교육화 확립에 도움을 줄 수 있다. 연계교육은 유아교육기관과 초등학교에서의 교육과정 편성·운영의 내실화로 교육과정의 효율성을 높이게 되며, 유아교육기관이 유치원과 어린이집으로 양분된 교육의 질적 향상을 꾀할 수 있다. 최근 유치원과 어린이집의 공통과정으로 편성된 누리과정이 초등교육과의 연계성을 높이며 교육의 질적 향상을 추구한 점은 이를 잘 뒷받침한다. 또한, 유아교육기관과 초등학교 간의 연계교육은 유아교육의 기본학제 및 공교육화의 확립에도 기여하게 된다.

이상의 효과 외에도 유아교육과 초등교육이 연계됨으로써 얻게 되는 이점들은 대단히 많다. 유아교육 발달의 저해요인 중의 하나인 학부모의 유아교육에 대한 낮은 신뢰도를 높일 수 있으며, 초·중등교원에 비해 열악한 위치에 처해 있는 유아교원의 사회적 지위 향상 등 처우개선에도 도움을 줄 수 있을 것이다. 결국 유아교육기관과 초등학교 간의 연계교육은 우리 교육의 전반적인 문제에 걸쳐서 그 해결의 실마리를 제공할 수 있으므로 연계교육의 내실화는 앞으로 반드시 이루어져야 할 것이다.

유아교육기관과 초등학교 연계교육의 기대 효과

- 어린이의 초등학교 적응력 향상과 전인적 발달에 도움을 줄 수 있다.
- 상호 교육에 대한 이해로 교원의 전문성이 향상될 수 있다.
- 유아교육과정과 초등교육과정 운영의 내실화로 교육의 질적 향상을 꾀할 수 있다.
- 유아교육의 기본학제 및 공교육화 확립에 기여할 수 있다.
- 어린이 발달 수준에 맞추어 체계적이고 지속적인 개별화 교육이 가능해진다.
- 유아교육기관에서 초등학교로의 전이에 따른 학부모의 염려와 불안이 해소된다.
- 학부모의 유치원 및 어린이집에 대한 신뢰도가 높아질 수 있다.
- 유아교원의 사회·경제적 지위가 향상될 수 있다.
- 유아교육기관과 초등학교 1학년 교실환경 구성 및 유아 발달에 적합한 활동 중심 교육의 실천 가능성을 높인다.
- 교육과정이 연계되어 교육의 효과를 높일 수 있다.

제2장

유아교육기관과 초등학교 연계교육의 현황 및 개선방안

01 우리나라 연계교육의 현황

우리나라에서는 2012년부터 누리과정의 실행을 통해 유아교육의 공교육화를 위한 많은 노력이 수반되면서 유·초 연계교육에 대한 관심이 높아졌다. 이 같은 흐름은 2015년에 개정된 초등학교 교육과정에 반영되어 저학년 교육과정에 각 교과목과 연계되는 누리과정의 영역을 명시하며 연계교육을 실시할 것을 강조하였고 저학년 교육내용 및 교수·학습 방법으로 놀이를 더욱 강조하게 되었다. 특히 2019 개정 누리과정과 2022 개정 초등학교 교육과정에서는 두 교육과정이 성격, 인간상에 기초한 교육목표 기술 등 구성체계의 측면에서, 또한 교육과정의 대강화, 교사의 자율성 강화, 유아 및 아동 중심의 교육 강조의 측면에서 좀 더 연계를 지향하는 방향으로 개정되었다. 또한, 두 교육기관의 교육과정상의 변화는 유·초 연계교육의 수준을 높이는 것이기에 의미가 크다 하겠으나 아직은 유·초 연계교육을 위한 토대가 완전하게 마련된 것은 아니므로, 앞으로 우리나라 유아교육과 초등교육의 연계를 저해하는 요인에 대한 꾸준한 연구를 통해 저해요인을 하나하나 해결할 필요가 있다. 먼저 그동안 우리나라 유아교육과 초등교육의 연계를 저해했던 요인을 살펴보면 다음과 같다.

첫째, 유아교육이 기본학제 및 공교육 체제에 포함되지 못했다는 것이다. 학제는 학교 계통과 학교 단계에 따른 학교 간 연결에 관한 제도 또는 틀을 말하며, 공교육과 기회균등을 원칙으로 한다. 이러한 원칙에 비추어 볼 때, 우리나라 유아교육도 공교육 체제나 실질적인 기본학제에 포함되었어야 했지만 2012년 5세 누리과정의 실행 및 2013년 3~5세 누리과정이 실행되면서 공교육 체제에 포함되게 되었다.

누리과정의 실행은 유아교육의 공교육화 측면에서 매우 의미가 있으며, 누리과정을 통해 국가 수준의 공통교육과정을 편성 · 운영한 것은 연계교육의 내실화를 저해하는 한 요인을 해결한 것이기에 시사하는 바가 크다. 또한, 유아교육의 공교육화는 국민이 유아교육기관에 대한 바른 인식을 갖게 하는 데 기여한다. 이제는 누리과정을 통해 유아교육의 공교육화와 유 · 초 연계교육의 실현 가능성이 높아졌으므로 유아교육의 공교육화가 잘 정착되도록 국가적인 차원에서 지속적인 노력이 뒷받침되어야 할 것이다.

둘째, 교육과정 구성과 운영에 있어서 유아교육기관과 초등학교 저학년 간에 많은 차이가 나타났다는 점이다. 유아교육기관과 초등학교의 실질적인 연계교육은 국가 수준의 교육과정을 근간으로 이루어진다.

이런 측면에서 볼 때 최근의 2019 개정 누리과정과 2022 개정 초등학교 교육과정에서는 과거에 비해 연계를 위한 많은 노력을 기울였다. 두 교육과정이 모두 국가 수준의 공통교육과정임을 명시하며 유사한 구성체계로 편성되었다는 점, 유아 또는 학습자 주도의 놀이와 활동 중심의 교육을 강조했다는 점, 이를 위해 교사의 자율성 강화와 교육과정의 대강화를 강조한 점, 유 · 초 연계교육을 강조하여 교육과정상에 기술한 점 등은 연계교육의 내실화를 높이는 의미 있는 변화라 할 수 있다.

그러나 2019 개정 누리과정과 2019 개정 초등교육과정에는 여전히 연계교육을 저해하는 여러 요인을 내포하고 있다. 누리과정의 영역별 명칭과 초등교육과정의 교과 명칭이 일치하지 않고, 누리과정의 5개 영역과 초등 저학년 5개 교과 간의 연계가 복잡하게 중첩되어 있다는 것이다(표 2-1). 그래도 초등학교 저학년 교과 교육과정에 누리과정의 영역과의 연계를 간단히 제시했지만 설명은 여전히 부족한 상태이다. 누리과정의 영역과 초등 교과 간의 명칭이 다르고 그 연계가 복잡하게 되어 있는 상황에서, 교육과정이나 지도서에 상대 교육과정에 대한 설명이 충분하지 않을 때는 연계교육을 수행하기가 쉽지 않다. 앞으로 누리과정의 영역과 초등 교과 간의 명칭이 통일될 필요가 있으며 두 교육과정 간의 관련 여부를 상대 교육과정에 좀 더 상세히 서술할 필요가 있겠다.

〈표 2-1〉 2019 누리과정 영역과 2022 초등학교 1~2학년 교과의 연계

구분	국어	수학	바른 생활	슬기로운 생활	즐거운 생활	초 3~4 교과	비고
신체운동 · 건강			✔	✔*	✔	✔	초 3~4 체육
의사소통	✔					✔	초 3~4 국어
예술경험					✔	✔	초 3~4 예술(음악/미술) 체육
사회관계			✔	✔	✔*	✔	초 3~4 사회/도덕
자연탐구		✔	✔*	✔		✔	초 3~4 과학, 수학

* 2022 초등학교 교육과정에는 명시되지 않았으나 내용상 연계되고 있어 표시함

셋째, 유아교사와 초등교사의 상대 교육과정에 대한 이해 부족, 그리고 이를 개선하기 위한 전문적인 연수 프로그램의 운영이 부족했다는 점이다. 유아교사와 초등교사가 연계교육을 제대로 담당하기 위해서는 연계하려는 상대 교육기관의 교육과정을 알아야 하는 것은 기본이다. 그러나 우리나라 유아교사들과 초등교사들은 상대 교육과정에 대한 이해가 부족하였고, 이것이 연계교육이 잘 실천되지 못하는 주원인이라고 인식하고 있었다(이지혜, 2017; 장명림, 2014; 김창복 · 이경순, 2007). 특히 초등교사가 유아교사에 비해 상대 교육과정에 대한 이해가 부족한 것으로

나타났고(이지혜, 2017; 장명림, 2014), 수업 운영 시 상대 교육과정을 반영하는 수준도 유아교사와 초등교사 모두 미비한 것으로 확인되었다. 특히 초등교사의 경우 연계교육이 중요하다고 인식한 교사는 80.2%인 반면, 수업에 상대 교육과정을 반영한다고 응답한 교사는 7.4%에 불과했다(이지혜, 2017). 이것은 유 · 초 연계교육을 실행하고 있는 교육현장에서 연계교육의 중요성은 인식하면서도 실제 수업에는 반영하지 못하는 현실을 그대로 드러낸다 하겠다.

이 같은 우리나라 연계교육의 현실은 다음의 면담 사례를 볼 때 확실하게 입증된다. A 교사는 서울 공립초등학교 교사로서 교육경력이 10년 이상이며 여러 차례 1학년 담임교사를 하고 있는 여교사이다. 그래도 A 교사는 유아교육과정에 대해 거의 아는 것이 없었고, 연계교육에 대해서는 거의 생각해 보지 않았다. 다른 1학년 교사들도 A 교사와 마찬가지로 유아교육과정과 연계교육에 대해 관심이 없었다. A 교사는 면담 후 유아교육과정을 알고 1학년 아이들을 교육했다면 훨씬 잘 가르쳤을 것이라고 아쉬워하며, 자신이 연계교육에 대해 관심이 부족했던 것은 연계교육과 관련된 학부 교육이나 현직 연수가 거의 없었기 때문이라고 이야기했다.

> 저뿐 아니라 우리 학교 1학년 선생님 대부분이 유치원교육에 대해서는 잘 모르실 것 같은데요. 그저 유치원에서 여러 가지 놀이를 많이 한다는 것만 알지, 교육과정은 어떻게 구성되었는지, 주로 어떤 학습이 이루어지는지, 환경 구성은 어떤지 구체적으로는 알지 못하거든요…. 하지만 1학년 교사가 유치원교육과정에 대해 알고 있다면 상당히 유용할 것 같네요. 그러면 1학년 어린이들이 지금 어느 수준에 있는지 알 수 있어 보다 잘 교육할 수 있을 것이고, 사실 학기 초에 1학년 아이들이 어느 정도의 수준에 있는지 모르고 수업이 시작됐거든요. 1학년 담임교사를 처음으로 맡았을 때는 여러 부분에서 시행착오도 많이 겪었지요. 사실 저는 유아교육과 관련된 과목은 대학교 1학년 때 한 과목만 들었을 뿐 그 이후 유아교육이나 유 · 초 연계교육에 관한 강의는 거의 듣지 못했거든요. 지금 생각해 보니 유치원과 초등학교는 연계되면 좋을 것이라 생각하지만 사실 그동안 연계교육을 해야겠다는 생각도 별로 해보지 않았네요. 아마 우리 학교 1학년 대부분의 선생님들도 저와 같을 것 같아요.
>
> –서울 D 초등학교 1학년 A 교사와의 면담 자료, 2017년 12월 28일.

이처럼 유아교사와 초등교사가 연계교육의 필요성은 인정하면서도 상대 교육과정에 대해 잘 알지 못하는 것은(김미정, 2001; 한윤경 · 김희진, 2000; 이지혜, 2017) 연계교육에 관련한 전문적인 연수 프로그램의 부족이 주원인이 된다. 현재 실행되고 있는 교사 연수를 보면 교사의 자질 향상을 도모하기 위한 직무연수와 상급자격 취득을 목적으로 하는 자격연수로 나누어진다. 전문적인 교육기관이나 교육청에서 직무연수과목으로 개설된 연계교육 연수는 매우 미흡하다. 교장(원장), 교감(원감), 초등(유치원) 1급 정교사의 자격연수를 보더라도 서울특별시와 경기도의 경우 연계교육과 관련하여 배정된 시간은 많아야 3~4시간이며 아예 강좌가 개설되지 않은 경우도 있다. 이와 같은 연계교육 연수의 부족은 연계교육을 저해하는 큰 요인이므로 유아교사와 초등교사를 대상으로 한 전문적인 연계교육 연수 프로그램이 운영되어야 할 것이다.

또한, 교사양성 커리큘럼에도 변화가 필요하다. 현재 초등교사를 양성하는 교육대학교의 경우 유아교육 관련 강좌는 한 과목(2학점)이 개설되어 있을 뿐이고, 유아교사를 양성하는 대부분 대학에서는 초등교육과 관련된 강좌가 개설되지 않고 있다. 앞으로 유아교사와 초등교사를 양성하는 모든 대학에서는 연계교육과 관련된 과목이 개설되어야 할 것이다.

넷째, 학부모의 유아교육의 중요성에 대한 인식의 부족이다. 그동안 우리나라 유아교육은 초등교육과는 달리 공교육화가 늦었고 기간학제에 포함되지 못해 국민 중 상당수가 유아교육기관을 정규교육기관으로 인정하지 않는 그릇된 인식을 갖게 했다. 이와 같은 유아교육에 대한 학부모의 인식도 연계교육에 영향을 주었다. 학부모들은 초등교육과 비교해 볼 때 유아교육을 덜 중요하게 생각하는 경향이 있으며, 유아교육기관을 초등교육을 위한 준비교육기관으로 간주하기도 한다. 이러한 경향으로 유아교육기관에서 초등학교 저학년 이상의 수준으로 한글이나 수 교육을 요구하거나, 특기나 기능을 지도하는 각종 학원을 유아교육기관으로 동일시하거나 더 선호하기도 한다.

> 유치원에서는 아이들이 친구들과 놀이하면서 친구 사귀는 법도 배우고, 단체 생활에 필요한 예의나 습관도 배우고… 기본생활습관 지도는 잘 이루어지는 것 같아요. 하지만 초등학교 입학에 필요한 학습적인 부분은 주로 학원이나 학습지를 통해서 많이 하지요. 물론 저도 그렇고요…. 그래도 초등학교 입학 전에는 자녀를 유치원에 꼭 보내려고 하는 엄마들이 많아요. 그 이유는 여러 가지가 있겠지만 사회성, 즉 친구관계가 큰 이유가 되지요. 부모들은 아이들이 초등학교에 가서 왕따 당하지 않고 친구들과 사이좋게 잘 지낼까 걱정을 많이 하는데 초등학교 인근의 큰 유치원에 보내면 같은 반에 아는 친구들이 배정될 가능성이 많잖아요. 그러면 왕따 당하지 않고 잘 지낼 수 있을 테니까요. 그러나 부모들 중에는 사교육비의 부담과 학습적인 준비 때문에 유치원 대신 학원을 보내는 부모도 적지 않아요. 학원에서는 유치원과 같이 교육하면서도 무엇보다 초등학교에 가서 필요한 학습준비를 철저히 해 준다고 생각하거든요.
>
> –A 학부모 2013년 6월 10일.

위에 제시한 학부모의 면담사례는 유아교육기관에 대한 학부모의 인식을 잘 보여 준다. 이와 같은 학부모의 그릇된 인식으로 그동안 취학 전 유아들이 정규적인 유아교육을 받지 못하는 경우가 많았고, 이것은 유아교육과 초등교육의 바람직한 연계를 저해하는 요인이 되었다. 지금은 유아교육이 공교육화되어 이러한 문제가 많이 개선되었지만 조기 사교육의 과열, 바람직한 유아교육에 대한 인식 부족 등 부모교육의 측면에서 해결해야 할 과제는 많다. 유아교육의 질적 제고와 내실화를 위해 앞으로 국가적인 차원에서 부모교육이 좀 더 체계적으로 실행되어야 할 것이다.

다섯째, 연계교육을 위한 전문가 및 상위행정기관의 지원이 부족하고, 교육현장에서 적절히 활용할 수 있는 체계적인 연계교육 프로그램이나 다양한 활동 자료가 부족하다. 현재 우리나라에서 실시되고 있는 유아교육기관과 초등교육 간의 연계교육은 사실상 단순한 행사나 형식적인 보고 정도의 수준에 머물러 있는 경우가 많다. 이것은 기본적으로 전문가 및 상위행정기관의 연계교육에 대한 적극적인 지원의 부족과 밀접한 관련이 있다.

또한, 유아교사와 초등교사가 손쉽게 연계교육에 적용할 수 있도록 개발된 체계적인 연계 프로그램이나 다양한 활동 자료가 미흡한 것도 문제이다. 유·초 교사들이 뜻이 있어 연계교육을 하고자 하더라도 활용할 수 있는 체계적인 연계 프로그램이나 다양한 자료가 부족하여 어려움을 겪고 있기 때문이다. 김창복·이경순(2007)의 연구에 의하면, 유아교사들과 초등교사들이 생각한 연계교육을 저해하는 큰 요인은 체계적인 연계 프로그램과 다양한 활동 자료의 부족(유아교사의 43.2%, 초등교사 52.9%)이었다. 그런데 최근 교육현장의 소리를 들어보면 이전에 비해 조금 나아졌으나 그 어려움은 여전하다(지혜원·채진영, 2022).

앞으로 상위행정기관의 적극적인 지원하에 연계교육 전문가와 유·초 교사들의 공동연구 협의회가 구성되어야 할 것이고, 이를 통해 효율적인 연계교육 연수 프로그램과 다양한 자료가 개발, 보급되어야 할 것이다.

이상의 우리나라 유아교육기관과 초등학교 간의 연계교육을 저해하는 요인을 정리하면 〈표 2-2〉와 같다.

〈표 2-2〉 유아교육기관·초등학교 연계교육의 저해 요인

유아교육기관·초등학교 연계교육의 저해 요인
• 2019 누리과정과 2022 초등학교 교육과정의 편제 및 운영에 있어 연계의 수준을 떨어뜨리는 여러 요인이 있다. • 교사들의 연계교육의 중요성 및 상대 교육과정에 대한 이해가 부족하다. • 전문적인 연계교육 연수 프로그램 개설, 운영이 미흡하다. • 연계교육을 위한 체계적 교육 프로그램 및 다양한 활동 자료가 부족하다. • 전문가 및 상위행정기관의 지원이 부족하다. • 교원양성기관의 커리큘럼에 연계교육과 관련된 강좌가 개설되어 있지 않다. • 유아교육의 중요성에 대한 학부모의 인식이 부족하다.

02 외국 유아교육기관과 초등학교 연계교육의 실태

외국의 유아교육기관과 초등학교 연계교육 상황을 파악하고 이해하는 것은 우리나라 연계교육의 현실을 이해하고, 앞으로 우리나라 연계교육이 나아가야 할 방향의 이해에 도움을 준다는 점에서 의의가 있다. 본 장에서는 여러 나라의 유아교육기관과 초등학교 연계교육의 사례로 미국, 영국, 프랑스, 일본의 실태를 알아보고 그 나라의 연계교육이 우리나라 연계교육에 시사하는 바를 살펴보고자 한다.

1) 미국

미국의 유치원교육은 의무교육이 아님에도 불구하고 현재 실제적인 공교육화를 이루고 있다. 미국의 유아교육은 3~5세의 유아들을 대상으로 하는데 3~4세 유아는 대부분 사립유아원(nursery school)이나 어린이집(daycare center)에, 5세 유아는 공립초등학교에 병설되어 있는 유치원(kindergarten)에 다닐 수 있다.

미국의 유치원교육은 1980년대에 이미 모든 공립초등학교에 K학년(K grade: kindergarten grade)으로 포함되어 무상교육으로 실시되면서 누구나 원하면 입학할 수 있는 공교육 체제에 포함되었다. 1970년대 말에 미시시피와 노스다코타를 뺀 모든 주에서 유치원교육을 지원했고, 1980년대 이후 모든 주에서 무상 유치원교육을 지원하기 시작하였다(한국교육개발원, 2018). 그리고 1995년에 이미 5세 유아의 94%가 유치원에 취원했으며, 3세는 34%, 4세는 62%가 유아교육기관에 취원한 것으로 조사되었다(OECD, 1997). 이 같은 5세의 유치원교육의 공교육화 체제는 유·초 연계교육에 관심을 높였고 일부 주에서는 유치원교육을 의무교육에 포함시켰다(나정·장명림, 1997). 그리고 최근 유아원이나 어린이집의 교육도 무상으로 지원하는 개혁이 최근 이루어져 2014년에는 15개 주에서 5세 이하부터 의무교육을 시작하였다(한국교육개발원, 2018).

미국의 유치원교육과 초등교육의 연계는 듀이의 진보주의 교육철학의 영향으로 시작되었다. 유치원에서 놀이 중심 교육을 실시하고, 초등학교에서는 주입식 교육을 실시하여 교육내용 및 교수방법 간에는 연계를 이루지 못하고 있었는데, 듀이의 진보주의 교육철학이 미국 교육계에 영향을 줌에 따라 놀이 중심의 유치원교육이 초등교육에 반영되어 먼저 이론적인 측면에서 유치원과 초등학교의 연계를 위한 노력이 이루어졌다. 그리고 1873년 공립초등학교에 유치원이 병설되기 시작하면서 교육제도적인 측면에서의 연계가 시작되었고, 유치원과 초등학교 저학년 교육내용에 있어서의 실질적인 연계는 1925년 Hill이 컬럼비아대학에서 '활동에 기초한 교육과정'을 만들고, 같은 시기에 Temple이 시카고대학에서 '유치원과 1학년 교육의 통합교육과정'을 만들면서 이루어졌다(유네스코한국위원회, 1984). 1964년 불우한 아동의 기회 균등 및 보상교육을 위한 Head Start Project 실행 후 파생된 단점을 보완하기 위해 유아교육의 장기적인 계획으로 실행된 Follow-Through 프로그램(유치원에서부터 초등학교 3학년까지를 연계하여 교육하는 프로그램)도 연계교육에 기여하였다.

최근 미국에서는 연령을 낮추어 3세부터 8세까지의 연계교육을 위한 노력이 제도적으로 시도되고 있다. 이것은 'P-3 접근법(PreK-3rd Approach)'이라는 정책연구인데, 3세의 유아교육부터 초등학교 3학년(만 8세)까지 연계교육을 통해 전반적인 유·초등교육의 질을 향상하기 위해 기획, 집행, 평가의 구체적인 방안을 제시한 정책 프레임이다. 이 연구는 워싱턴대학이 주도하였고 전국 35개 교육구가 시범연구에 참여하였으나 연구결과는 교육구에서 유·초·중등 연계를 활성화하기 위한 중요한 참고 자료로 활용되고 있다. 유·초·중등 연계를 활성화하는 데 적극적인 교육구에서는 이 P-3 접근법을 도입해, 교육행정가, 교사, 학부모 등을 대상으로 여러 가지 워크숍과 연수 등을 실천하며 교육현장의 연계 역량을 향상시킬 수 있도록 노력하고 있다(한국교육개발원, 2018).

미국의 교사양성 체제는 우리나라에 비해 연계교육에 유용한 체제로 되어 있다. 미국에서의 교사양성은 각 주 정부의 지방분권적, 지방자치적 성격에 따라 자율성과 다양성을 반영하고 있기 때문에 그 체제도 다양하다. 다만 교사양성 기관들은 국립교사교육평가인정위원회(NCATE: National Council for Accreditation of Teacher Education)와 같은 국가적인 평가 기구를 통해 자율적으로 교사의 질적 수준을 유지하고 있다. 교사자격증도 주에 따라 차이가 있지만 유치원이 공교육 체제 속에 포함되어 있고 유아교육을 8세까지로 정의하기 때문에 교사자격증은 '유치원에서 3학년까지' 혹은 '유치원에서 6학년까지' 등 유치원과 초등학교를 연계한 교사자격증으로 다양하게 나타난다(NASTDEC, 1998). 따라서 4년제 사범대학, 교육대학, 종합대학에서는 유치원과 초등학교를 연계한 교사자격증을 획득할 수 있는 커리큘럼을 구성하여 교사를 양성하고 있다.

유치원과 초등학교의 교육과정의 연계를 살펴보면 주에 따라 차이가 나지만, 캘리포니아주의 경우 각 교과 모두 유치원에서 12학년까지를 함께 제시하고 있고 각 교과의 교육방법을 제시한 교육과정 안내 지침서도 역시 유치원에서부터 시작된다. 또한, 각 교과의 전체 내용을 조직함에 있어 몇 개의 학년군으로 묶는데 유치원과 초등학교 저학년을 함께 묶어서 제시하였다. 예를 들면, 수학과는 유치원과 초등학교 4~5학년까지를 함께 묶어 제시하였다(나정 · 장명림, 1997).

최근 각 주의 교육과정 수준이 다르고 국제표준과 비교할 때 뒤떨어진다는 비판을 받게 되면서 전국 단위의 교육과정 개발을 위한 연구가 이루어졌고, K-3(유치원~초등 3년) 수준에서의 공통핵심교육과정(Common Core on Early Childhood Education)을 개발하여 사용하고 있다(한국교육개발원, 2018). 그러나 135명의 교육과정 집필위원 중 K-3 교사가 단 한 명도 포함되지 않아 K-3 교육과정을 적절하게 반영하지 못했다는 점과 교육과정 개발이 Top-Down 형식으로 이루어졌다는 점에서 비판받고 있다. 또한, P-3(어린이집 만 3세~초등 3년) 단계의 교육과정 개발을 위한 노력도 시도되고 있다(한국교육개발원, 2018).

교육환경도 주에 따라 차이는 있지만 유치원과 저학년 교실환경이 연계를 이루도록 노력을 기울이고 있다. 유치원과 저학년 교실환경이 모두 영역별로 배치되어 있고, 교수 · 학습 방법도 유사한 방법이 적용된다. 또한, 동일한 예체능 선생님과 야외놀이 지도교사가 배정되어 있는 사례도 있다(제경숙, 1998).

그러나 유 · 초 연계교육과 관련하여 여전히 해결해야 할 문제점도 많이 제기되고 있다. 유치원 및 초등교사 양성과정이 통합되어 있지만 교원양성 커리큘럼이 고학년의 인지발달에 초점이 맞춰지는 경향이 있어 유아 및 초등학교 저학년의 발달단계에 맞는 교사교육으로는 충분하지 못하다는 비판을 받았다(Bornfreund, 2011). 특히 유아원이나 어린이집 교사 양성의 경우는 유치원교사와 차이가 커서 고등학교 졸업장이나 대학졸업장만 갖고도 가능하며, 추후 특별한 교육과정을 거쳐 자격증을 취득하며, 일정 햇수가 지나면 갱신을 위한 절차를 밟도록 하고 있다. 이는 P-3 차원에서 볼 때 유아원과 어린이집의 교사양성 체제를 개선할 필요가 있다. 또한, 유치원이 공교육 체제에 편입되어 있음에도 불구하고 여전히 어린이의 가정-유치원-초등학교 간 연계가 '교사 단위'에서 충분하게 의사소통되지 못하다는 연구결과(한국교육개발원, 2018)도 보고되고 있다.

2) 영국

영국의 유아교육은 3세부터 초등교육 예비학급에 입학하는 5세 이하까지 이루어진다. 유아교육은 의무교육은 아니나 대부분 초등교육기관 내에 소속되어 있는 '유아학급(nursery class)'이나 '예비학급(reception class)', 그리고 독립된 교육기관인 '공립유아학교(public nursery school)'에서 무상으로 실시되며, 부모가 교육비를 부담하는 '사립유아학교(private nursery school, preparatory school)'에서도 이루어진다. 또한, 미국의 Head Start와 마찬가지로 1999년부터 빈곤 추방을 목적으로 시작된 Sure Start가 영국의 영유아 교육 · 보육에 크게 기여하고 있다. 영국의 유아교육에 대한 이해를 돕기 위해 유아교육기관의 유형을 간단히 설명하면 다음과 같다.

- 유아학급(nursery class): 2.5~4세, 즉 취학 전까지의 유아를 위한 학급으로 5세 이상의 아동들이 재학하고 있는 초등교육기관 내에 소속되어 있는 점이 '공립유아학교'와 구별된다. 우리나라의 초등학교 병설유치원과 유사한

형태라 할 수 있다. 영국의 유아교육은 유아학급이 중심이 되고 있다. 이에 교육부는 2013년 유아학급을 학교 기반 제공자(school-based providers)로 통칭하였으며, 2017년 교육부 보고에 따르면 영국 유아교육기관의 절반 이상이 유아학급이라고 한다(한국교육개발원, 2018).

- 예비학급(reception class): 초등학교 안에 있는 학급이며, 4세 아동을 대상으로 초등학교 취학 전에 미리 초등학교 생활의 적응을 위한 예비학급이다. 영국 내에서도 England, Wales, Northern Ireland 지방의 초등학교에 많이 배치되어 있으며, England의 경우 4세 유아의 80%가 등록하고 있다. 예비학급의 4세 유아들은 5세가 되면 예비학급이 소속되어 있는 학교로 곧장 입학을 하는 것이 일반적인 모습이다(조성연 · 김선영, 2006).
- 공립유아학교(public nursery school): 우리나라 단설공립유치원과 같이 정부에 의해 운영되면서 독립된 자체 건물을 보유하고 있는 유아학교이다. 3~4세 유아를 대상으로 무상교육을 하며 반일제나 종일제 등 융통성 있게 프로그램을 운영한다.
- 사립유아학교(private nursery school, preparatory school): 학부모가 부담하는 교육비에 의해 운영되는 영유아교육기관이다. 예를 들면, 몬테소리유아학교가 있다.
- Sure start 아동센터: 정부에 의해 운영되는 기관으로 0~4세 유아에게 무상으로 양질의 교육과 함께 보육을 제공하며 가족에 대한 지원도 한다. 2010년까지 영국 전역에 800여 개의 아동센터가 설립되었다(지성애 · 백선희 · 채영란, 2007).

영국의 초등교육을 이해하기 위해 학제를 살펴보면, 영국의 학제는 초등학교 6년, 중 · 고등학교의 구분 없이 중등학교 5년인 총 11년을 의무교육기간으로 정하고 있다. 그러나 영국의 학제는 학년별이 아닌 핵심단계(Key Stage)별로 구성되고 있으며, 초등학교부터 중등학교까지 총 4단계의 핵심단계로 나누어진다. 초등교육 단계는 핵심단계 1과 2이며, 그중 핵심단계 1이 초등학교 1~2학년에, 핵심단계 2가 3~6학년에 해당된다. 그리고 국가 교육과정체제로 실행되고 있는 교육과정의 편성과 운영은 핵심단계별로 이루어지고 있다.

〈표 2-3〉 영국 학제(공립학교 체제를 중심으로)

<table>
<tr><th>단계</th><th>학교</th><th>학년</th><th>연령</th></tr>
<tr><td rowspan="3">기초단계</td><td colspan="2">공립유아학교(Nursery school)</td><td rowspan="2">3~4세</td></tr>
<tr><td rowspan="4">초등
학교</td><td>유아학급(nursery class)</td></tr>
<tr><td>예비학급(Reception class)</td><td>4~5세</td></tr>
<tr><td>Key stage 1</td><td>1, 2학년</td><td>5~7세</td></tr>
<tr><td>Key stage 2</td><td>3, 4, 5, 6학년</td><td>7~11세</td></tr>
<tr><td>Key stage 3</td><td rowspan="2">중등
학교</td><td>7, 8, 9학년</td><td>11~14세</td></tr>
<tr><td>Key stage 4</td><td>10, 11학년</td><td>14~16세</td></tr>
</table>

초등학교는 9월 1일자 기준으로 5세가 될 때 입학함

출처: 주영한국교육원(2024. 2. 1)에서 제시한 영국의 학제를 재구성함

영국은 유아교육과 초등교육 간의 연계성을 중요하게 생각하여 국가적인 차원에서부터 연계체제 확립을 위해 노력을 기울이고 있는 나라이다. 2000년에 이미 유아교육과 초등교육 간의 연계를 강화하기 위한 교육제도의 개혁으로 3~4세를 위한 취학 전 교육의 단계(nursery class, Nursery school)와 예비학급(Reception class)을 기초단계(Foundation Stage)로 설정하였다. 특히 초등학교로의 성공적인 전이를 돕기 위해 초등학교 내에 예비학급을 편성한 것은 연계교육의 측면에서 긍정적으로 평가할 수 있다(표 2-3). 또한, 이와 같은 학제적 연계를 강화하기 위해 교육법 2002(Education Act, 2002)에서는 기초단계의 교육과정을 국가교육과정에 포함시켰고, 기초단계를 확실히 하기 위해 Sure Start와 유아학교(Nursery school) 등의 체제를 강화하면서 3~4세 유아가 무상으로 유아교육을 받도록 하고 있다(조성연 · 김선영, 2006). 이외에도 유아교육과 초등교육과의 연계를 강화하기 위해 초등학교 저

학년에 해당되는 핵심단계 1에서는 5~6세 유아에게 적합한 놀이 및 활동 중심의 통합적 접근으로 교육과정이 편성, 운영되고 있다(조부경 · 김영실 · 신은수, 2006).

또한, 2013년 이후부터는 대대적인 교육개혁을 통하여 취학 전 단계의 교육의 질을 높이기 위한 취학 전 단계의 의무기준을 새롭게 수립하고 유치원교사의 자격기준을 강화하였다(한국교육개발원, 2018). 또한, 국가 수준에서 유아교육과정을 초등학교 교육과정과 연계하여 개발하지는 않았으나 취학 전 단계의 의무기준이나 관련 지침을 통해 연계성을 높이기 위한 노력을 기울여 왔다. 대표적인 예로 교육부(Department for Education-GOV.UK, 2017)의 '유치원 단계를 위한 법적 체계를 들 수 있다. 교육부는 이 기준에 근거하여 유아학급이나 유아학교에서 작성한 유아별 발달 및 학습에 대한 평가정보인 '유아종합프로파일(EYFSP: Early Years Foundation Stage Profile)'을 지역교육청에 반드시 보고하도록 하고 있고, 초등학교에서는 그것을 바탕으로 개별 아동에게 적절한 지원과 교수가 이루어지도록 계획과 준비를 할 것을 지침으로 제시하고 있다. 그리고 유아종합프로파일(EYFSP)에는 유아가 가진 지식, 이해, 능력 및 기대수준에 대한 발전 정도뿐만 아니라 초등학교 1학년 준비와 관련된 총체적인 정보가 포함된다. 특히 유아교사의 지속적인 관찰을 포함하여 다양한 상황에 관련된 모든 자료, 학부모 상담 및 기타 도움을 제공한 전문가의 상담내용이 반드시 포함되도록 하고 있다(한국교육개발원, 2018).

영국은 유아교사와 초등교사의 양성 체제에서도 유 · 초 연계교육이 자연스럽게 이루어지도록 고려하고 있다. 교육부(Department for Education-GOV.UK, 2014)의 '취학 전 자격증명 확인' 지침에 따르면, 유아교사는 기본으로 대학교 또는 교원양성기관이 제공하는 학사학위에 준하는 자격증을 취득하도록 명시하고 있으며 자격증의 수준에 따라 교사 대 유아 비율을 다르게 하도록 규정하고 있다. 그리고 교육부(Department for Education-GOV.UK, 2013)의 '유치원 교사기준'에 따르면 유아교사들이 유아학급과 유아학교의 기초단계와 초등학교의 핵심단계 과정이 연속해서 이어진다는 것을 이해하는 것을 전제로 하고 있다. 그리고 세 번째 기준인 '취학 전 학습 및 기초단계 대한 지식을 제대로 획득하였음을 증명하여야 한다.'와 관련하여 취학 전 지식과 학습이 이후 아동의 발달과 초등학교에서의 성공적인 학습과 발달에 어떻게 연결되는지에 대한 확실한 지식을 이해하고, 초등학교 단계의 기대수준, 교육과정, 교수의 교육적 연속성과 연계해야 한다는 내용이 명시되어 있다.

3) 프랑스

프랑스에서는 3~5세 유아를 대상으로 했을 때 의무교육은 아니지만 100% 유아가 공립유아학교(écoles maternelles publiques)를 통해 무상으로 교육받고 있다. 유아학교에서 지도하는 주된 내용은 다양한 내용을 배우고 싶어 하는 마음과 초등학교에 가고 싶어 하는 마음을 심어 주는 것이며, 교육활동으로 놀이와 말하기, 쓰기, 읽기, 숫자 등을 탐색하는 것 등이 구성되어 있다(한국교육개발원, 2018). 이미 1975년에 5세 무상 공교육이, 1989년에는 3~4세 무상 공교육이 실행되었기 때문이다. 따라서 유아학교는 이미 오래전부터 공교육 체제를 통해 보편적인 교육기관으로 자리매김했을 뿐만 아니라 1989년 이래로 초등학교와 함께 기본학제 속에 포함됨으로써 정규교육기관으로서의 정체성을 확립했다. 2004~2005년에는 2세 유아 26.1%가 무상으로 유아교육을 받았으며, 최근에는 2세 유아의 무상 공교육도 확장되고 있다(Yoshie Kaga, 2007).

프랑스는 오래전부터 유아교육에서 대학에 이르기까지 공교육 체제를 지향해 왔던 나라이다. 특히 유아교육의 공교육 체제는 1881년 법령(La loi du 16 juin)을 통해 "의무교육은 아니지만 무상이며 중립성을 띠는 학교"임을 분명히 밝힘으로써 시작되었다. 그 후 1989년 교육법(La loi d'orientation sur l'education)에 의해 유아학교의 교육적 기능이 더욱 강조되었고, 프랑스 학제가 사이클 체제로 전환되면서 유아학교를 초등학교와 함께 초등교육(enseignement primaire)에 포함시켜 교육제도의 측면에서부터 연계성이 구축되었다(이화도, Vergnaud, Gerard, 2006). 그리고 이때부터 정부 차원에서 유아학교와 초등학교와의 연계성을 추구하기 위한 꾸준한 노력이 시작되었다. 프랑스 정부가 유아교육과 초등교육의 연계를 강조하는 것은 1989년 교육법이 추구하는 2000년까지의 목표의 첫째 항목 "교육의 진정한 연속성을 보장한다. 이를 위해 유아학교로부터 중 · 고등학교를 거쳐 대학에 이르기까지 학업 성취 여부를 자세히 관찰한다."(이용숙 외, 1994, 재인용)에 잘 나타나 있다. 또한, 2013년 7월 채택된 '공화국 학교의 재건립' 법안에서도 잘 나타나 있다. 이 법안에서는 초등 교육과정의 개선을 가장 우선적인 정책으로 표명하면서 초등학교 교육과정과 일관되게 연계되는 교육과정으로 유아학교 교육과정에 대한 개혁을 실시할 것을 발표하였다(한국교육개발원, 2018).

프랑스 교육제도에서도 유아학교와 초등학교의 연계성은 잘 나타난다. 〈표 2-4〉와 같이 프랑스의 초등과정(Primaire degre)의 기본학제는 유아학교와 초등학교를 포함하여 3개의 사이클로 되어 있다. 사이클 1은 초기학습 주기로 유아학교 3~5세반이며, 사이클 2는 기초학습 주기로 초등학교 1학년부터 초등학교 3학년까지, 사이클 3은 강화학습 주기로 초등학교 4학년에서부터 중학교 1학년까지이다. 여기서 주목할 것은 초등과정에 유아학교와 초등학교를 함께 포함했다는 것이다. 이러한 시스템은 프랑스에서 유아교육과 초등교육을 제도적으로 연계하고 있음을 나타낸 것으로 이로 인해 프랑스에서는 교사양성 체계와 행정지원 체계 등도 연계를 이루고 있다. 2014년을 기준으로 프랑스의 공립 유아학교의 수가 15,079개, 사립유아학교의 수는 137개인데, 공립유아학교에서는 초등교사가 교육을 담당하고 있으며 유아학교의 행정, 재정, 시설 관리도 초등학교와 동일하게 지자체의 가장 최소 단위인 꼬뮌(Commune)에서 담당하고 있다(한국교육개발원, 2018).

〈표 2-4〉 프랑스 기본학제

<table>
<tr><th>단계</th><th>학교급</th><th>사이클</th><th>학급/학년</th></tr>
<tr><td rowspan="8">초등
(Primaire degré)</td><td rowspan="3">유아학교
(école maternelle)</td><td rowspan="3">초보학습 주기
(apprentissages premiers)
(사이클 1)</td><td>3세반(petite section)</td></tr>
<tr><td>4세반(moyenne section)</td></tr>
<tr><td>5세반(grande section)</td></tr>
<tr><td rowspan="5">초등학교
(école élémentaire)</td><td rowspan="3">기초학습 주기
(apprentissages fondamentaux)
(사이클 2)</td><td>초등 1학년(CP)</td></tr>
<tr><td>초등 2학년(CE1)</td></tr>
<tr><td>초등 3학년(CE2)</td></tr>
<tr><td rowspan="3">강화학습 주기
(consolidation)
(사이클 3)</td><td>초등 4학년(CM1)</td></tr>
<tr><td>초등 5학년(CM2)</td></tr>
<tr><td rowspan="4">중등
(Second degré)</td><td rowspan="4">중학교
(collèges)</td><td>중학교 1학년(sixième)</td></tr>
<tr><td rowspan="3">심화주기
(approfondissements)
(사이클 4)</td><td>중학교 2학년(cinquième)</td></tr>
<tr><td>중학교 3학년(quatrième)</td></tr>
<tr><td>중학교 4학년(troisième)</td></tr>
</table>

출처: 프랑스교육부(Ministere de l'Education Nationale, 2020)의 교육체계에서 재구성함

프랑스에서 초등학교 교사가 유아학교에 임용될 수 있는 것은 두 기관의 교사가 동일한 교원양성 커리큘럼으로 양성되기 때문이다. 1989년에 정립된 교육정립법(La loi d'orientation)과 1992년 세워진 교원양성기관인 IUFM(Institue Universitaire de la Formation des Maitres/Institut Universitaire de Formation des Maîtres)에 의해 유아학교 교사는 초등학교 교사와 동일하게 양성되고 동일하게 임용된다. 교육제도가 사이클 체제로 전환되면서 유아학교(école maternelle) 교사와 초등학교(école élémentaire) 교사는 자격이 일원화되어 모두 '초등(preimaire degré)교원자격증'을 취득한다. 따라서 유아학교 교사는 초등학교 교사와 동일하게 사범대학에서 교사양성 교육을 받은 후 IUFM에서의 2년간의 전문교육을 받게 된다(김춘일, 2004; 이화도, 2006). 그 후 초등교원자격증시험(CRPE)을 통해 초등교원자격증을 취득한 교사(Prefesseur des écoles)는 유아학교나 초등학교 중 선택할 수 있으며, 언제든지 그들의 경력으로 유아학

교에서 초등학교로 혹은 초등학교에서 유아학교로 이동할 수 있다. 또한, 학사학위자도 학위 취득 후 경력에 따라 초등교원자격증시험에 응시할 수 있는 자격을 가질 수 있다(한국교육개발원, 2018).

이와 같은 프랑스의 교사양성 체제는 유아교사의 전문성을 함양하여 교육의 질을 높이고, 유아교사의 사회 · 경제적 지위를 높일 뿐만 아니라 유아학교와 초등학교의 연계성을 강화한다는 점에서 큰 의미를 지닌다. 이에 프랑스에서는 유아학교 교사와 초등학교 교사들 간의 협의회를 통해 연계교육 프로그램을 개발할 뿐만 아니라 교수 · 학습센터의 공동운영, 일원적인 장학 관리 체제, 교사의 재교육 활성화 등 연계의 수준을 높이는 다양한 프로그램을 실천하고 있다(이화도 · Vergnaud · Gerard, 2006).

4) 일본

우리나라와 유사한 유아교육체제를 유지하고 있는 일본은 유아교육 진흥 정책 중의 하나로서 유치원과 초등학교의 연계성을 강조하며 이를 강화하는 노력을 기울여 왔다. 출산율 저하에 대처하여 출산을 장려하고, 부모들의 자녀교육에 대한 여러 가지 요구와 염려를 해결하고, 질 높은 유아교육을 통해 국가 경쟁력을 높이는 유아교육 진흥 프로그램을 지속적으로 실행하였다. 그리고 1964년부터 시작된 여러 단계의 유아교육 진흥계획을 통해 유치원의 취원율을 높이고, 초등교육과에 속해 있던 유아교육계를 '유아교육과'로 독립시키면서 승격시켰고, 유 · 보 통합의 일환으로 유치원과 보육소를 인정어린이집으로 통합하는 등 유아교육의 질적, 양적인 발전을 위해 지속적으로 노력해 왔다. 그 결과, 1995년에 유치원과 보육시설의 취원율을 합하여 4세 93%, 5세 95%로 높은 취원율을 보였다(OECD, 1997).

2000년대에 일본 정부가 유아교육의 질적인 향상을 위해 추진하고 있는 '유아교육 진흥 프로그램'의 중점내용을 살펴보면 다음과 같다(文部科學省, 2006).

- 유치원 교육활동과 교육환경의 충실
- 유치원과 초등학교의 연계교육 강화

- 유치원과 보육소의 통합 강화
- 방과 후 보육 확대
- 유아교육지원센터 설립
- 유치원과 보육소의 통합을 위한 유아교사 자격과 보육사 자격의 공유 및 교사양성 체제의 개선
- 유아교육비 지원의 연령 확대 및 강화

위에 제시한 일본의 유아교육 진흥을 위한 정책을 보면, 유치원과 초등학교의 연계교육을 크게 강조하였다. 유치원과 초등학교의 연계교육 강화는 유치원과 초등교의 교육의 질적 수준을 높여 국가 경쟁력에 기여하고, 부모들의 자녀교육에 대한 불안도 해소할 수 있다는 점에서 큰 의미를 지니기 때문이다. 또한, 일본에서는 유치원과 보육소의 통합을 통해서도 유치원 · 초등학교의 연계교육을 강화하고자 노력하였다. 일본은 2000년대 초반에 유치원과 보육소의 통합을 위한 방안으로 문부과학성과 후생노동성이 협력하여 '유 · 보 통합 시설 추진실'을 신설하고, 0~5세 유아를 대상으로 유치원과 보육소가 하나로 통합된 '인정어린이집(유 · 보 통합 시설)'의 설립을 적극 지원하였다. 2004년 기준, 공립 인정어린이집 172곳, 사립 인정어린이집 132곳, 총 304개원의 인정어린이집이 운영되었으며(장혜순 · 김명자, 2005; 文部科學省, 2006), 인정어린이집(유 · 보 통합 시설)은 초등학교와의 연계교육에 기여하였다.

그러나 유치원, 보육소, 인정어린이집에서 실시하는 교육 · 보육과 초등교육 간의 차이로 인해 '초1 problem'이라는 문제가 대두되었다. 초1 problem은 초등학교에 입학한 1학년 아동이 집단생활에 적응하지 못하고, 교사의 지시에 따르지 않는 등 부적응 상태가 계속되는 것을 말하는데, 이로 인해 유아교육기관과 초등학교의 연계교육이 중요하다는 인식이 확산되었다(한국교육개발원, 2018).

이에 2008년, 만 5세 후반에서 초등학교 1학년 전반까지인 '전이기'에 성공적인 전이가 이루어지도록 유치원, 보육소, 인정어린이집, 초등학교 관련 전문가들이

모여 지금까지 시행된 커리큘럼을 검토하였고 유치원 교육과정과 소학교 교육과정의 개정을 추진하였다. 2008년 개정된 유치원 교육과정에서는 초등학교와의 연계 강화와 함께 우리나라의 생활기록부라 할 수 있는 유치원 '유아지도요록'의 사본을 초등학교에 송부하도록 규정하였다. 또한, 초등학교 학습지도 요령에는 1학년 단계에서 유치원 교육내용과의 관련성을 고려하는 규정을 추가하였는데 구체적인 내용은 '유치원과의 연계나 교류를 추진한다.', '1학년 입학 당시에 생활과를 중심으로 통합교육을 한다.', '국어는 유치원 교육의 언어 내용과의 연계를 고려한다.' 등이다(한국교육개발원, 2018).

또한, 문부과학성은 2011년 '유아기의 교육과 초등학교 교육의 원활한 연계를 위한 조사연구 협력자 회의'를 통한 연구결과로 유치원 교육과정과 초등학교 교육과정을 협력해서 편성하는 것에 도 · 도 · 부 · 현의 100%, 시 · 정 · 촌의 94%가 동의하고 있음을 보고하였다(文部科學省, 2015a). 이 연구의 영향으로 지방자치제에서는 새로운 교육과정과 지도방법을 개발하였는데, 대표적인 사례가 니가타대학의 교육학부 부속 '나가오카 중학교-초등학교-유치원'의 연계교육 커리큘럼이다.

문부과학성은 2011년도부터 초등학교 1학년 입학생이 초등학교 생활에 잘 적응하도록 놀이와 활동 중심의 '스타트 커리큘럼'을 편성하여 실시할 것을 모든 초등학교에 권장하였다. 이렇듯 국가 및 지방자치제, 여러 교육기관의 노력으로 인해 유 · 초 연계교육의 질이 향상되고 있다. 또한, 일본의 유치원교원과 초등교원의 양성 체제는 분리되어 있지만 '유아교육 진흥 액션 프로그램'을 통해 유 · 초 연계를 위한 상호 교원의 장기 파견 연수, 상호 수업참관 및 협의회, 합동 연수 등이 추진되고 있다(文部科學省, 2015b).

5) 시사점

미국, 영국, 프랑스, 일본의 유 · 초 연계교육의 동향을 살펴보면, 몇 가지 시사하는 특징이 있다. 첫째, 유 · 초 연계교육의 내실화는 국가 정책과 제도적인 지원이 매우 중요한 역할을 한다는 것이다. 미국과 프랑스를 보면, 유아교육이 무상교육을 통해 공교육 체제로 정착될 때 연계교육이 발전하였고, 영국은 유아의 초등학교 적응을 지원하는 예비학급(reception)이 초등학교 내에 편성되는 학제를 통해, 그리고 법규의 개정으로 연계교육을 지원하는 정책을 통해 연계교육이 발전되었다.

둘째, 교원양성 체제가 유 · 초 연계에 큰 영향을 미친다는 것이다. 프랑스에서는 교원양성 시스템을 통해 유아학교(école maternelle) 교사와 초등학교(école élémentaire) 교사의 자격을 일원화하여 모두 '초등(preimaire degré)교원자격증'을 취득하도록 하고 있다. 또한, 미국은 유치원 교육부터 초등학교 저학년 교육까지 모두 담당할 수 있는 교사를 양성하고 있다. 우리나라도 유아교사와 초등교사가 상대 교육과정을 잘 이해할 수 있도록 연계교육의 차원에서 교원양성 체제를 검토해 볼 필요가 있겠으며 현재 일부 학교에서 시도되고 있는 초등교사 저학년 전담제를 정착시켜야 할 것이다.

셋째, 누리과정과 초등학교 교육과정이 잘 연계되기 위해서는 미국과 같이 K-3(유치원~초등 3학년) 접근법이나P-3(3세~3학년) 접근법의 차원에서 교육과정이 개발될 필요가 있다. 또한, 형식적인 생활기록부가 아닌 영국의 '유아종합 프로파일' 같이 개별 아동의 초등학교 적응과 전인적인 교육에 실질적인 도움을 줄 수 있는 종합적인 프로파일이 초등학교로 보내질 필요가 있다.

03 우리나라 유아교육과 초등교육의 바람직한 연계를 위한 개선방안

우리나라 유아교육과 초등교육 간에 바람직한 연계를 조성하기 위한 과제 및 개선방안은 교육과정, 교육체제 및 행정, 교육의 실제, 교사 및 학부모의 인식 네 가지 측면에서 살펴볼 수 있다.

1) 교육과정의 측면

우리나라 유아교육과 초등교육이 연계를 이루려면 먼저 교육과정의 구성체계가 변화되어 유아교육부터 초·중등교육으로 연결되는 국가 수준 공통교육과정으로 구성되어야 한다. 따라서 2019년 개정 누리과정이 국가 수준 공통교육과정으로 구성되면서 구성 체계적인 측면에서 초·중등학교 교육과정과의 연계수준을 높인 것은 매우 바람직한 변화라 할 수 있다. 그러나 누리과정과 초등교육과정의 편제와 운영의 측면에서는 아직도 개선이 필요하다. 누리과정의 5개 영역과 초등학교 5개 교과의 목표와 내용이 복잡하게 연계되어 있어 두 교육과정의 관련성을 이해하기가 쉽지 않다. 또한, 누리과정의 5개 영역과 초등학교 저학년 5개 교과 간에 서로 명칭이 달라 누리과정의 어느 영역이 초등학교 어느 교과에 연계되는지 파악하기도 어렵다. 누리과정과 초등교육과정이 국민공통교육과정으로 함께 편성되어 누리과정의 영역과 초등학교 교과 간에 명칭도 통일되고, 누리과정 영역과 초등 저학년 교과 간의 교육목표와 내용이 계속성과 계열성의 원리에 기초해서 자연스러운 연계를 이룬다면, 연계교육은 자연스럽게 이루어질 것이다.

선행연구에 의하면, 유아교사들은 교수·학습 지도 시 교육부가 개발하여 현장에 보급한 교육과정 및 교사용 지도 자료집을 가장 많이 참고하는 것으로 나타났다(나정 외, 2005). 이러한 측면에서 볼 때 교사용 지침서에 유·초 연계교육과 관련한 내용을 유아교사들에게 실질적인 도움을 주는 수준으로 명확히 설명할 필요가 있다. 또한, 2019 초등학교 각 교과 교육과정에서 연계해야 하는 누리과정의 영역에 대해 기술하며 연계교육을 강조한 것은 매우 의미있다 하겠으나, 상대 교육과정을 잘 이해할 수 있도록 교사용 지도서를 통해 좀 더 상세히 제시될 필요가 있다. 연계교육에 실제적으로 활용할 수 있는 '유 · 초 연계 교육과정 운영 지침서'를 제작하여 보급하는 것도 교사들에게 많은 도움을 줄 수 있을 것이다.

2) 교육체제 및 행정적인 측면

유아교육과 초등교육 간의 조화로운 연계를 위해 국가 행정 및 제도적인 측면에서 달성되어야 할 과제는 유아교육 기간학제 및 공교육 체제로의 확립, 유아교육 행정체제의 통합 및 확충, 유아교사 양성 체제의 정비 및 초등학교 저학년 교사와의 통합양성 체제 등을 들 수 있다.

◎ 유아교육의 기본학제 및 공교육 체제 확립이다.

유아교육과 초등교육이 바람직한 연계를 이루려면 교육제도 및 행정적 측면에서 유아교육이 국민 기본학제와 공교육화 체제에 포함되어야 한다. 우리나라에서는 이미 누리과정을 통해 유아교육의 공교육화를 추진하고 있는 만큼 기본학제 및 공교육화가 잘 정착되도록 계속적인 지원과 연구가 수반되어야 할 것이다.

◎ 유아교육 행정체계를 개선해야 한다.

우리나라 초등교육의 행정체계는 단일화되어 있지만 유아교육의 행정체계는 중복 행정체계로 구성되어 있다. 정부의 행정조직에서 초등교육을 담당하는 부서는 교육부 하나지만 유아교육을 담당하는 부서는 교육부와 보건복지부로 2개의 행정부서가 담당하고 있다. 유아교육의 대상인 만 3~5세의 유아들이 유치원과 어린이집에서 동시에 취원하고 있는 상황에서 유치원은 교육부에서, 어린이집은 보건복지부에서 관리하는 중복 행정체계는 우리나라 유아교육과 초등교육의 연계를 저해하는 요인이 되고 있다. 최근 교육부와 보건복지부가 연합하여 유치원과 어린이집에 공통으로 적용되는 누리과정을 개발한 것은 유 · 보 통합에 한 걸음 다가가는 놀라운 성과라 할 수 있다. 앞으로 유아교육의 내실화를 꾀하고 유아교육과 초등교육 간의 연계 강화를 위해 유아교육을 담당하는 행정체계를 일원화하거나 '연령별로 분리된 행정체계'로 개선될 필요가 있다.

OECD 국가의 유아교육 행정체계를 보면 프랑스, 독일, 이탈리아가 연령별 분리된 행정체계(예: 교육부-3~6세, 보건복지부-0~2세)로 운영되고 있으며, 스웨덴, 스페인, 뉴질랜드, 핀란드, 노르웨이는 단일 행정체계로 운영되고 있다(나정, 2001; 박영숙, 2005). 또한, 우리나라와 비슷한 상황에 처해 있는 일본의 사례도 좋은 모델이 된다. 일본은 문무과학성과 후생노동성이 협의하여 '유 · 보 통합시설 추진실'을 신설하고, 0~5세 유아를 대상으로 유치원과 보육소와 통합된 시설인 '인정어린이집'의 설립과 운영을 지원하고 있다. 우리나라도 일본과 같이 유아교육 행정체제의 통합을 위해 교육부와 보건복지부가 보다 협력하는 시스템으로 운영될 필요가 있다.

교육단계 간의 연계를 잘 실행하기 위해서는 교육단계가 기본학제 속에서 독립된 교육체제로 동등한 힘을 지닐 수 있어야 한다(이화도 · Vergnaud · Gerard, 2006). 이와 같은 측면에서 볼 때 유아교육을 전담하는 전문행정직을 확충하여 유아교육과 초등교육이 각각 특성을 살리면서 상호 발전적인 관계를 구축하도록 해야 할 필요가 있다. 현재는 유아교육 전문행정직의 수가 초등교육 전문행정직의 수에 비해 부족하여 유아교육과 초등교육이 동등한 위치에서 상호 발전적인 연계 관계를 형성하는 데 어려움을 줄 수 있다. 유 · 초 연계교육의 발달을 위해선 앞으로 유아교육 전문행정직의 인원 확충이 이루어질 필요가 있다.

유아교사 양성 체제를 개선할 필요가 있다.

우리나라 유아교사의 양성은 보육교사 양성을 포함할 때 2~3년제 전문대학 과정과 4년제 사범대학 과정에서 주로 이루어지고 있다. 교육기간이 다른 교사양성기관에서 동일한 자격의 유아교사를 양성하는 것은 전문성의 측면에서 일관성이 없는 오류를 범할 수 있다. 유아교사의 전문성을 함양하고 유아교육의 질을 높이기 위해서는 하루 빨리 모든 교사양성기관의 교육체제를 초 · 중등 교사양성기관과 같이 4년제 대학으로 전환할 필요가 있다.

또한, 유아교사는 초등교사 특히 초등학교 저학년 교사와 동일한 교사양성 체제를 통해 양성될 필요가 있다. 우리나라 유아교사 양성과정은 초등교사 양성과정과 분리되어 있고, 유아교사 양성과정에 초등교육과 관련된 과목 개설이 거의 없어 유아교사들이 교사양성 과정을 통해 초등교육을 이해하기는 매우 어려운 현실이다. 이것은 초등교사 양성과정도 마찬가지이다. 초등교사 양성과정이 유아교사 양성과정과는 별개의 과정으로 운영되고 있고, 유아교육과 관련된 과목은 대학 4년 동안 한 과목 정도만 있을 뿐이어서 초등교사 양성과정을 통해 유아교육을 이해하기는 매우 어려운 실정이다.

발달적합성과 교육과정 운영의 효율적인 차원에서 볼 때 4~7세 어린이들에게는 유사한 교육과정이 적용되어야 하므로 미국, 영국, 프랑스의 교사양성 체제와 같이 우리나라도 유아교사와 초등교사가 동일한 교사양성 체제에서 양성될 필요가 있다. 그리고 유아교사와 초등교사가 분리된 교사양성 체제에서 양성될 경우, 상대 교육에 대해 충분히 이해할 수 있도록 상대 교육과 관련된 내용을 체계적으로 지도해야 할 것이다.

이 같은 측면에서 볼 때 프랑스의 교사양성 체제는 좋은 모델이 된다. 프랑스의 유아교사와 초등교사는 동일한 체제에서 양성되어 4년간 대학에서 교육을 받고, 이어 전문적인 교원양성기관인 IUFM에서 2년간 전문교육을 받아야(석사학위) 교원자격증을 취득할 수 있기 때문이다. 교육기간이 긴 대신에 그 전문성을 인정받고 있으며 유아학교와 초등학교 아이들을 모두 지도할 수 있는 자격도 갖추게 된다. 유아교사의 사회적, 경제적인 지위가 초 · 중등 교사에 비해 낮고, 전문가로서 인정받지 못할 때가 많은 우리나라의 실정을 고려할 때 유아교사 양성 체제의 변화는 앞으로 실현되어야 할 과제라 생각된다.

어린이용 연계교육 프로그램 및 활동 자료 개발·보급

유아들에게 초등학교로의 성공적인 전이는 추후 학교생활에 결정적인 영향을 미치기에 매우 중요하다. 5세반 유아교사들은 대부분 어린이의 성공적인 전이를 돕기 위해 노력을 기울이지만 전이와 관련된 교육 프로그램이나 활동 자료가 부족하여 어려움을 겪고 있다. 행정적인 차원에서 초등학교로의 성공적인 전이를 돕는 교육 프로그램이나 다양한 활동 자료가 부족하여 상당수의 교사들이 받아쓰기, 언어 전달, 초등학교 한 번 둘러보기 등을 주 활동으로 전개하고 있다.

최근의 연구를 보면 덴마크, 영국, 노르웨이, 캐나다 등 세계 여러 나라에서는 이미 체계적인 연계교육 프로그램이 실행되면서 실효를 거두고 있다고 한다 (Fabian, 2000; Monkeviciene, 2006). 앞으로 우리나라에서도 국가 행정적 차원에서 체계적인 연계교육 프로그램이 개발, 보급될 필요가 있으며, 프로그램과 활동 자료는 유아교육기관에서 이용할 수 있는 프로그램과 활동 자료, 초등학교에서 실행할 수 있는 프로그램과 활동 자료가 모두 개발, 보급되어야 할 것이다.

연계교육 컨설팅을 담당하는 '수업개선지원단' 조직 및 활성화

최근 우리나라에서는 교과목별 수업컨설팅을 해 주는 수업개선지원단이 조직되어 다양한 활동을 해왔으나 유·초 연계교육의 컨설팅을 담당하는 연계교육 수업개선지원단은 조직되지 않고 있다. 교육현장에서 교사들이 겪고 있는 연계교육의 어려움에 적절한 지원을 해 줄 연계 담당 수업개선지원단이 조직되어 적극 운영된다면 연계교육의 내실화에 긍정적인 영향을 끼치게 될 것이다. 연계 담당 수업개선지원단은 연계교육에 관심이 있는 유아교사와 초등교사를 한 팀으로 구성하되 누리과정의 영역과 초등학교 저학년 교과의 연계를 고려하여 조직되어야 할 것이다. 그리고 이들을 적극 지원하기 위해 유아교육 및 초등교육 전문가를 중심으로 한 자문협력기구가 조직·운영되면 연계교육의 활성화에 큰 도움이 될 것이다.

초등학교의 저학년 전담교사제 강화

초등학교의 저학년 교육을 전담하는 '저학년 전담교사제' 실시도 연계교육의 내실화를 돕는 유용한 방법이다. 교육 선진국인 영국과 프랑스와 같이 초등학교 저학년 전담교사제를 실시하여 유치원 · 어린이집 교육과 연계를 이룬다면 연계교육을 활성화시킬 수 있을 것이며 나아가 초등교사의 전문성 함양에도 큰 도움이 될 것이다. 최근 일부 시 · 도 교육청에서 저학년 전담교사제를 시도하고 있는데 연계교육의 측면에서 매우 바람직한 변화라 할 수 있다. 지금까지 우리나라에서 실시해 온 학년별 점수제에 근거한 1~6학년까지의 담임순환제는 아동보다는 교사의 입장을 고려한 방식이다. 담임순환제는 특별한 경우를 제외하고는 한 학교에 재임하는 5년간 전 학년을 고루 순환하여 맡게 되므로 초등교육 전체 내용과 흐름을 파악할 수 있다는 장점이 있지만, 중 · 고학년 아동을 교육하다가 몇 년 만에 1학년을 맡거나 1학년 교육 경험이 거의 없는 교사가 특별한 연수 없이 1학년 담임을 맡는 경우, 발달적합성에 맞는 유 · 초 연계교육을 실행하기는 쉽지 않을 것이고, 1학년 교사로서의 전문성도 발휘하기 어려울 것이다. 따라서 연계교육의 내실화를 꾀하고 초등학교 저학년 교사의 전문성을 함양하는 방안으로 저학년 전담교사제가 전국으로 확충 · 강화될 필요가 있다.

초등학교 1학년 학급담임 임명 시기의 개선

초등학교에서는 항상 새 학기 시작 5~10일 전인 2월 말에 새 학년 담임배정이 이루어지기에 새 학기를 준비하는 시간이 너무 짧다. 특히 1학년 교사의 경우 초등학교로의 성공적인 적응과 바람직한 연계교육을 위해 준비해야 할 것이 많은데 미처 제대로 준비하지 못하고 새 학기를 시작하는 경우가 비일비재하다. 1학년 아동의 발달특성, 취학 전 교육내용, 1학년에 적합한 교수 · 학습 방법에 대해 연구할 시간이 부족하여 시행착오를 많이 겪게 되며 유아교육기관과 연계교육을 해야겠다는 생각조차 못하는 경우도 많다.

1학년 아동의 발달에 적합한 지도와 유아교육기관과의 효율적인 연계교육을 위해서는 2월 말에 새 학년 담임을 배정, 발표할 것이 아니라 전년도 12월에 미리 배정하고, 겨울방학 동안 저학년 담임교사를 대상으로 한 저학년 아동의 발달, 통합적인 교수 · 학습 방법, 누리교육과정 등에 대한 직무 연수가 실시되어야 할 것이다.

3) 교육의 실제적 측면

자기 및 상대 교육과정에 대한 충분한 이해와 적용

교육현장에서 바람직한 연계교육을 위해 실제적으로 개선되어야 할 사항은 여러 가지가 있지만 기본적으로 연계교육의 실질적인 담당자인 교사가 자기 교육과정과 상대 교육과정을 충분히 이해하여 학급교육과정을 편성하고 운영해야 할 것이다. 아울러 유아교육기관에서는 초등학교로의 성공적인 전이를 돕기 위해 유아와 부모를 대상으로 한 적절한 연계 프로그램이 진행되어야 할 것이고, 초등학교 1학년에서는 1학년 아동의 발달적 특성에 적합한 교수 · 학습 방법과 교육환경이 구성되어져야 할 것이다. 초등학교 1학년 교사들이 누리교육과정을 잘 알지 못한다 하더라도 1학년 어린이의 발달특성과 수준에 맞추어 교육환경을 구성하고, 활동 중심, 놀이 중심, 경험중심의 소집단 활동을 전개한다면 어느 정도 연계를 이룰 수 있기 때문이다.

아동 발달특성과 수준에 맞춘 교수·학습 방법의 전개와 교육환경 구성

최근 유아교육기관과 초등학교 1~2학년은 3~6학년과 달리 통합교육과정으로 편성 · 운영되고 있다. 따라서 초등학교 저학년 교육과정에서는 고정된 시간표에 의해 교사 주도로 주입식 교육방식을 지양하고, 아동의 적극적인 참여와 체험을 중시하는 놀이 중심, 주제 중심 통합교육, 자기 주도적인 학습, 창의적 체험활동 등을 강조하고 있다.

2022년 초등학교 교육과정에서도 생활 경험, 놀이, 게임, 관찰, 실험, 조사, 구체물 조작 등을 중심으로 한 주제 중심의 통합학습을 더욱 강조하고 있다. 유아교육과 초등교육의 조화로운 연계를 위해서는 초등학교에서는 놀이, 게임, 관찰,

실험, 조사, 구체물 조작 등을 중심으로 한 통합교육이 충실히 운영되어야 할 것이고, 실내 환경도 활동 영역이나 코너 등을 설치하여 발달 수준에 따른 흥미와 요구를 반영한 자율적인 활동 학습이 가능하도록 해야 할 것이다. 유아교육기관에서는 초등교육과정에 대한 관심과 바른 이해를 바탕으로 초등교육의 내용을 너무 많이 앞서가지 않도록 하며 자연스러운 연계를 이루도록 노력해야 할 것이다.

교육의 실제적인 측면으로 교수 · 학습 활동을 중심으로 유아교육기관과 초등학교의 연계성을 이루는 방법을 간단히 정리하면 다음과 같다.

- 유아교육기관과 초등학교 1, 2학년 교육은 아동이 직접 경험할 수 있는 놀이 및 활동 중심 교육이 이루어질 수 있도록 한다.
- 교육활동은 아동의 발달특성, 흥미 및 요구를 충분히 반영한 주제를 중심으로 통합교육을 충실히 실시한다.
- 수업시간의 길이와 수업 내용은 융통성 있게 운영한다.
- 교수 · 학습 집단을 가변성 있게 조직하여 대집단, 소집단, 개별 활동의 경험을 균형 있게 제공해야 한다.
- 통합교육과정과 놀이 및 활동 중심 교육과정 운영에 가장 적합한 형태의 교육환경을 구성한다. 교실환경은 아동의 발달 수준에 따른 흥미와 요구를 반영한 환경으로 구성하여 자율적인 활동 학습이 가능할 수 있게 한다.
- 평가는 결과보다는 과정을 평가하되 특히 초등 저학년에서는 지필위주의 방식을 지양하고, 관찰이나 면접 등의 다양한 방식을 통하여 지적, 신체적, 정의적 측면에 걸친 전인적인 발달 영역의 평가를 고루 행하여야 한다. 또 아동끼리 비교하는 평가를 하지 않고, 개별 아동의 활동 상황, 특징, 진보 상황 등에 대하여 평가를 해야 한다.
- 다양한 형태의 부모참여 프로그램을 통하여, 부모로 하여금 유아교육기관과 초등학교 저학년 아동에게 적합한 활동 중심 교육의 중요성을 이해하고 협력할 수 있게 한다.

초등학교로의 성공적인 전이를 돕는 연계 프로그램의 시행

앞에서도 설명했지만 초등학교로의 성공적인 전이는 추후 학교생활에 결정적인 영향을 미치므로 체계적인 연계교육 프로그램이 유아교육기관과 초등학교에서 실행되어야 한다.

그 외 유아교육기관과 초등학교의 연계를 촉진시켜 주는 여러 가지 활동의 실행

유아교육기관과 초등학교의 연계를 촉진시켜 주는 여러 가지 활동의 예를 들면 다음과 같다.

- 유아교육기관과 초등학교 간의 의형제 맺기
- 유 · 초 교사협의회 구성을 통한 연계교육 자료 개발 및 공유
- 유 · 초 교사의 상호 수업참관, 운동회, 예술제, 현장학습 등의 행사에 공동참여
- 초등학교 1학년 교실에서 유아교육기관 5세 유아와 1학년 아동이 함께 공부하는 1일 Open Day 운영
- 초등학교 1학년 교사 초청 이야기 나누기 등의 실행

4) 교사와 학부모 인식의 측면

연계교육이 실효를 거두기 위해선 연계교육의 실질적인 담당자인 교사의 측면은 매우 중요하다. 유아교사들과 초등교사들이 상대 교육과정에 대한 이해가 부족하거나 연계교육의 필요성에 대한 인식이 부족할 경우 기본적으로 연계교육은 실행되기 어렵기 때문이다. 또한, 유아교육과 초등교육에 대한 학부모의 올바른 인식도 연계교육과 유아의 초등학교의 적응에 중요한 역할을 한다. 학부모는 어린이의 삶에 크게 영향을 주는 중요한 미시체계이고, 학부모의 인식 또한 자연스럽게 어린이의 인식으로 전이될 수 있기 때문이다. 유 · 초 교사와 학부모의 인식 변화를 위한 방안을 제시하면 다음과 같다.

⊖ 전문적인 연계교육 연수 프로그램 개설 및 유·초 연계교육 연수 강화

유아교사와 초등교사가 대체적으로 연계교육이 필요하다고 인식(김미정, 2001; 김창복·이경순, 2007; 이지혜, 2017; 한윤경·김희진, 2000)하는 것과는 달리 교사연수의 기회는 매우 부족한 것이 연계교육의 현실이다. 실제로 유아교사와 초등교사는 유·초 연계교육을 강화시킬 수 있는 좋은 방안으로 '전문적인 연계교육 연수 프로그램의 개설과 운영'을 원하고 있었다(지혜원·채진영, 2022). 앞으로 이러한 교사들의 요구에 부응하여 전문적인 연계교육 연수 프로그램이 개설, 운영되어야 하겠고, 특히 5세반 유아교사와 초등학교 저학년 교사에게는 필수적으로 연수(기본 30시간(2학점) 이상)를 받도록 해야 할 것이다. 이외에도 유아교원과 초등교원의 유·초 연계교육에 대한 전문성 신장을 위하여 유아교원과 초등교원을 대상으로 모든 자격(교장, 교감, 초1급 정교사, 원장, 원감, 유치원1급 정교사 등) 연수에 필수과목으로 연계교육을 포함하는 것도 필요하다. 유아교사와 초등교사의 공동 연수와 공동협의회를 통한 자율연수도 상위행정기관의 적극적인 행정적 뒷받침을 통해 강화되어야 한다.

⊖ 다양한 맞춤식 부모교육의 강화

유아교육기관과 초등학교 저학년 학부모를 대상으로 유·초 연계교육의 내실화를 위한 부모교육이 필요하다. 과거 유아교육이 초등교육과는 달리 공교육 체제에 포함되어 있지 않았기에 아직도 유아교육기관을 정규교육기관으로 인식하지 않거나 초등학교를 위한 준비교육기관으로만 간주하는 학부모들이 있다. 또한, 자녀의 초등학교 입학을 앞두고 초등교육에 대한 이해와 정보의 부족으로 염려하며, 간혹 자녀들에게 초등교육에 대한 부정적인 인식을 심어 주는 경우도 있다(김창복·이신영, 2013; 이경순, 2006). 이러한 학부모의 인식은 유·초 연계교육에 부정적인 영향을 미치므로 학부모의 여건을 고려한 맞춤식 On-line, Off-line상의 부모교육이 행정적인 차원에서 강화될 필요가 있다.

현장의 소리를 들어보면, 학부모들도 자녀의 입학과 관련하여 부모교육을 원하고 있다. 선행연구에 의하면 유치원 학부모의 77.5%, 초등학교의 학부모의

75.5%가 자녀의 초등학교 입학 전에 부모교육을 필요로 한다고 응답하였다(김창복 · 이경순, 2007). 그리고 이와 같은 부모의 바램은 여전히 계속되고 있다(김미진 외, 2018). 이 시기의 부모교육은 연계교육에 크게 영향을 줄 수 있으므로 유아교육기관-초등학교-상위행정기관을 연계하여 체계적으로 이루어질 필요가 있다.

제2부

아동의 발달특성과 통합교육과정

제3장

발달에 적합한 교육과 놀이

01 발달에 적합한 교육의 개념

유 · 초 연계교육은 유아교육기관과 초등학교 저학년 아동의 '발달에 적합한 교육의 실제'로서 반드시 실행되어야 한다. 여기서 발달에 적합한 교육의 실제란 유아교육의 실제에 관한 적절하고 사려 깊은 의사결정을 하기 위해 아동 발달의 지식을 적용하는 것이며(Gestwicki, 1999), 유아에 대해 알고 있는 것에 기초하여 유아를 위한 프로그램을 고안하는 것(Bredekamp & Copple, 1997)을 의미한다. 특히 유아에 대해 알고 있는 것이라고 했을 때 현재 알고 있는 것뿐만 아니라 유아발달과 학습에 관한 많은 지식과 이론들에 근거하여 유아를 이해하는 것이다.

미국유아교육학회(NAEYC)에서는 발달에 적합한 교육의 실제는 유아의 발달특성에 대한 보편적인 지식, 유아의 흥미 · 요구 · 장점과 같은 유아 각자에 대한 개별적인 지식, 유아가 속해 있는 사회 문화적인 맥락에 대한 지식에 기초해야 한다고 한다. 즉, 발달에 적합한 교육의 실제는 유아의 연령에 따른 발달특성을 의미하는 연령적합성, 유아의 개인차를 의미하는 개별적합성, 유아의 사회문화적인 맥락을 의미하는 문화적합성을 모두 반영하는 교육을 의미한다.

연령적합성은 연령에 따라 나타나는 신체, 정서, 사회성, 인지 등 모든 측면의 발달에 있어 보편적이고 예측가능한 단계적 특성으로서 교사들이 아동에 대한 적절한 학습환경과 교육 경험을 준비하고 계획하는 데 기본이 되는 개념적 준거를 제공한다. 또한, 개별적합성과 문화적합성은 모든 아동과 그 가족이 서로 다른 인성, 생활방식, 학습양식, 종교, 성장 속도 등 각각 독특한 사회, 문화, 경제적 배경을 가진 존재라는 것으로서 교육 프로그램을 구성하는 요인 중 교사와 아동 간의 상호작용, 교육과정의 계획과 운영, 평가에 영향을 주는 중요한 요인이 된다.

02 발달에 적합한 교육과정의 특성

발달에 적합한 교육을 실천하기 위한 교육과정은 집단을 구성하고 있는 아동들의 연령별 발달특성에 적합하도록 구성되어야 하며 아동의 다양한 발달 수준, 흥미, 욕구 및 사회 · 문화적인 맥락을 고려하여 운영되어야 한다. 발달에 적합한 교육과정의 구성 및 운영의 특성을 간단히 살펴보면 다음과 같다(Korgh, 1997).

- 유아기 학습과 발달은 교과의 차원에서 협소하게 정의되어서는 안 된다. 아동의 학습과 발달은 통합적으로 이루어지므로 교육과정에 유아의 발달과 흥미수준, 욕구, 학습과정을 반영해야 하며, 신체 · 사회성 · 정서 · 인지 · 언어 등 모든 발달 영역에 걸쳐 통합적으로 구성되어야 한다.
- 적합한 교육과정은 아동의 연령적 발달특성에 관한 교사의 지식과 아동의 개별적 특성에 대한 교사의 이해에 기초한다. 따라서 유아의 특별한 흥미와 발달 정도에 대한 관찰 자료와 기록을 참고할 필요가 있다.
- 아동을 위한 교수 · 학습 과정은 지시 · 전달적인 과정이 아닌 상호작용적인 과정으로 구성되고 운영되어야 한다. 따라서 교사는 주어진 활동의 완성이나 성공보다는 아동이 또래나 성인, 또는 교재 · 교구들과 적극적으로 상호작용할 수 있는 풍부한 교육환경을 준비해야 한다.

- 학습활동의 내용과 교재 · 교구는 구체적이고 실제적이며 아동의 생활과 밀접한 연관성을 갖는 것으로 제공해야 한다.
- 아동의 능력과 흥미 수준이 다양하므로 개별 아동의 발달단계와 흥미에 맞는 다양한 집단구성이 요구된다. 또한, 교사는 예기치 못한 유아의 요구를 충족시켜 줄 수 있는 준비가 되어 있어야 한다.
- 교사는 아동의 발달과정을 관찰한 후 활동을 제공할 때 난이도, 복잡성, 도전성 등을 적절하게 조절해야 한다.
- 교사는 아동이 능동적으로 주변을 탐색하고 활동을 선택하도록 교재 · 교구 및 활동을 제공하고, 시설과 설비의 적절한 배치를 통해 적절한 학습 경험을 얻도록 도와주어야 한다. 학습 경험을 확장시키기 위해 사고를 자극하는 확산적 질문을 하거나 다른 의견을 제시하는 등 적절한 개입을 통해 유아와 교재 · 교구 간의 상호작용을 증진시켜야 한다.
- 성, 인종, 언어, 종교 등에 대한 편견이 없는 다양한 사회문화적 배경을 고려한 교재 · 교구를 제공해 주는 것이 좋다.
- 다양한 실내 · 외 활동의 경험을 제공하며, 활동 간의 균형을 고려하여 하루 일과를 계획한다.

03 발달에 적합한 교육으로의 '놀이'

1) 유아와 놀이

자기 스스로 선택하여 결정한 놀이를 몸이 피곤하여 놀 수 없을 때까지 힘닿는 대로 충분히 끈기 있게 논 아이들은 반드시 과묵하며 인내심 있게 타인의 행복과 자신의 행복을 위하여 헌신적으로 노력하는 인간이 될 것이다.

- Froebel, 2005, p. 54.

모든 인간은 놀이하는 인간(Homo Ludens)으로 태어나기에 유아도 태어날 때부터 본능적으로 놀이하는 능력을 갖고 태어난다. 특히 유아에게 놀이는 삶 그 자체이며 세상과 소통하며 세상을 알아가는 방식으로, 놀이를 통해 세상을 살아가며 만나는 수많은 문제를 해결하는 방법을 배우게 된다. 그래서 어린 영아 때부터 세계와 소통하는 방식으로 감각 및 탐색 놀이를 하면서 스스로 성장해 간다(교육부 · 보건복지부, 2019b).

또한, 놀이는 프뢰벨에 의하면 유아의 내적 세계를 스스로 표현하는 것이며 자기의 내적 본질의 요구에 의해 내면세계를 외부로 표현하는 것이다. 놀이는 아동기의 가장 순수한 정신적 산물이며 인간생활 전체의 모범이라 할 수 있다. 놀이는 기쁨과 자유와 만족, 자기 내 · 외의 편안함과 세상과의 화합을 만들어 낸다. 나아가 타인의 행복과 자신의 행복을 위하여 헌신적으로 노력하는 인간으로 성장하게 한다(Froebel, 2005).

결국 놀이는 유아가 세상에 대해 자기가 알고 있는, 또는 자기가 알아야 할 모든 내용을 유아 자신의 방식으로 표현하는 행위 그 자체라 할 수 있다. 그리고 유아는 놀이를 통해 주도적이며 능동적으로 세상과 소통하면서 스스로의 방식으로 배우고 성장하는 존재, 즉 스스로 배울 수 있는 힘을 가진 '매우 유능한 존재'라 할 수 있다.

그렇다면 어떤 활동을 놀이라 할 수 있을까? 이와 관련하여 여러 학자들에 의해 설명된 놀이의 핵심적 특성을 정리하면 다음과 같다(Garvey, 1977; Jenvey & Jenvey, 2002; Rubin, Fein, & Vandengberg, 1983; Jonson, Christie, & Wardle, 2006, 재인용).

긍정적 정서

놀이는 유아에게 기쁨과 즐거움을 주기에 일반적으로 웃음과 미소가 동반된다. 가파른 미끄럼틀을 내려가려고 준비할 때처럼 어떤 놀이에서는 약간의 두려움이 동반되기도 하는데 유아들이 그 놀이를 반복하는 것은 그 후에 주어지는 즐거움이 더 크기 때문이다.

자유 선택

놀이에 있어 자유 선택은 놀이와 비놀이를 구분 짓는 매우 중요한 요소이다. 유아들은 같은 놀이라도 자유롭게 선택하여 놀 경우에는 놀이로 생각하지만 교사에 의해 주어졌을 때는 일이나 학습으로 생각하는 경우가 많다.

비실제성

극놀이, 거친 신체놀이, 쌓기놀이 등 유아들이 좋아하는 많은 놀이에서는 실제 상황(here and now)을 초월하여 '~인 척하는(as-if elements)' 가작화 상황에서 놀이가 전개된다. 이 같은 비실제성은 놀이를 구분 짓는 가장 신뢰로운 지표로 간주될 정도로(Smith & Vollstedt, 1987) 놀이의 중요한 특성이다.

내적 동기

놀이의 동기는 유아의 내부에서 시작된다. 놀이는 일반적으로 자신을 위한 것이고 그 자체로 보상이 되기에 자발적인 내적 동기에 의해 시작되고 능동적으로 전개된다.

과정 지향

유아들은 놀이를 할 때 놀이로 얻어지는 어떤 목적이나 결과보다는 놀이과정 그 자체에 몰입하여 즐기는 모습을 보인다. 놀이를 통해 성취해야 할 결과에 대한 부담감이 없기에 놀이를 하면서 자유롭게 다양한 활동으로 변화시켜 보는 등 융통성 있는 경향을 보인다.

내부에서 부여된 규칙

놀이는 외부에서 주어진 규칙에서 벗어나 유아들이 스스로 정한 규칙으로 자유롭게 전개될 수 있다. 이것은 놀이에서는 유아들의 적극적이며 능동적인 참여가 이루어지기에 가능한 것이며, 규칙 있는 게임을 할 때도 유아들은 규칙에서 벗어나 협의를 통한 새로운 규칙을 적용하여 놀 때가 많다.

2) 발달에 적합한 교육으로의 '놀이'

놀이가 아동 발달에 미치는 교육적 가치와 중요성으로 인해 '놀이'는 그 자체가 발달에 적합한 교육과정이라 할 수 있다. 이와 같은 관점에서 미국유아교육학회(NAEYC)는 "아동이 주도(child-initiative)하고 교사가 지원(teacher-supported)하는 놀이는 아동 발달에 적합한 교육과정의 필수적인 구성요소이다."라고 기본 입장을 밝히고 있다(NAEYC, 1996). 비고츠키(Vygotsky, 1978)는 놀이는 아동 발달의 주요 근원이며, 돋보기의 초점처럼 모든 발달의 경향을 압축된 형식으로 포함하고 있다고 설명한다. 놀이가 어떻게 발달에 적합한 교육과정이 될 수 있는지를 구체적으로 살펴보면 다음과 같다(Gestwicki, 2008).

- 놀이는 동시적인, 그리고 통합된 방법으로 인지, 사회, 신체, 정서, 언어 등 발달의 모든 영역을 제공한다. 따라서 아동들은 놀이를 통해 또래와 아이디어의 대화를 나누고 협력하며, 문제를 해결하게 되고, 놀이를 통해 눈과 손의 협응력 및 소근육과 감각운동 능력을 발달시키게 된다. 놀이를 통해 개념을 상징적으로 표상하게 되고, 주의집중력이 확장되고, 언어표현력이 발달된다.
- 놀이에서는 학습이 능동적으로, 그리고 상호작용적인 과정으로 이루어진다. 아동들은 놀이를 통해 또래와 상호작용을 하면서 다양한 지식과 정보를 얻거나 사회적 규칙과 기술을 배우는 등 학습을 하게 되는데, 중요한 것은 그 모든 과정이 수동적인 과정이 아닌 능동적인 과정으로 이루어진다는 것이다.
- 놀이에서는 학습의 중요한 요인인 동기유발(motivation)이 최상으로 제공된다. 아동들은 놀이를 할 것인지, 말 것인지, 누구와 놀 것인지, 어떤 역할을 할 것인지 등을 선택하면서 선택한 놀이 활동에 큰 흥미를 갖게 되는 것이다.
- 놀이에서는 발달 능력, 흥미, 학습 양식의 차이가 허용된다. 하나의 교수법이 집단의 모든 아동에게 적용될 때 상당수의 아동이 실패할 가능성이 있

다. 그런데 놀이에서는 교사가 준비해 놓은 여러 가지 교재 · 교구 중에서 아동이 자신의 흥미와 필요에 따라 선택하여 각자의 방식으로 놀이함으로써 그러한 실패는 일어나지 않는다.

- 놀이는 뇌 발달에 기여한다. 놀이를 통해 유아들은 뇌의 전두엽 망상조직이 빠르게 성장하여 정보처리 과정, 기억, 문제해결의 속도 등이 발달하게 되며, 두뇌 중심부(Higher brain center)의 시냅스들이 활성화된다.
- 놀이에서는 학습을 위한 설득이나 강요가 없고, 학습 그 자체가 기쁨이 된다. 놀이에서는 아동들이 자신이 원하는 교구를 가지고 자기가 선택한 활동에 능동적으로 참여함으로써 그 과정이 자신감, 열정, 호기심으로 가득 차 있다. 놀이 속에서 아동들은 학습사로서의 사존감과 성취감을 고양하세 되는 것이다.
- 놀이에서는 언어 이해 및 어휘 확장, 감정이입, 다른 사람의 관점을 받아들이기, 양보하기, 협동하기, 관찰하기 등 인지발달과 학문적 성취를 위한 기초 기술의 습득을 촉진한다.

3) 2019 누리과정과 놀이

2019 누리과정은 놀이의 발달적합성에 포인트를 두고 유아가 주도하는 놀이가 충분히 이루어지도록 편성 · 운영할 것을 강조한 '유아 중심, 놀이 중심 교육과정'이다. 유아가 주도하는 놀이를 배움이 일어나는 가장 중요한 원천, 즉 최고의 교육과정으로 간주하여 놀이를 크게 강조하였다. 즉, 놀이의 흐름이 끊어지지 않고 충분히 놀았다고 느낄 수 있도록 바깥 놀이를 포함하여 최소한 하루 2시간 이상의 놀이가 우선적으로 보장되도록 편성 · 운영해야 하고(교육부 · 보건복지부, 2019c), 교수 · 학습의 방법으로 유아가 흥미와 관심에 따라 놀이에 자유롭게 참여하고 즐기도록 할 것과 놀이를 통해 배우도록 할 것을, 그리고 다양한 놀이와 활동을 경험할 수 있도록 실내 · 외 환경을 구성할 것 등을 강조하였다(김창복 · 이신영, 2020).

2019 누리과정 실행의 핵심을 한 문장으로 요약한다면 '유아의 놀이를 통한 배

움'이다. 유아에게 놀이는 삶 자체이자 배움의 내용, 방식, 과정이기에 유아는 놀이를 하면서 감각과 몸, 기억을 통해 세상과 관계를 맺고 세상에 대한 궁금증을 해결하고, 다른 사람의 말을 듣고 이해하며 소통할 뿐만 아니라 새로운 사물과 만나서 얻은 특별한 느낌과 감수성을 바탕으로 다양하게 배울 수 있게 된다(교육부 · 보건복지부, 2019b, 2019c).

따라서 2019 누리과정에서 놀이는 단순히 교육과정의 내용을 잘 가르치기 위한 전략이나 방법, 또는 학습의 도구나 교사가 계획한 활동의 수단으로 국한하지 않는다. 2019 누리과정에서 강조하는 유아교육의 근본정신은 유아가 놀이를 통해 다양하게 배우게 하되, 그 내용에 있어 5개 영역의 내용을 포함할 뿐만 아니라 그 이상의 자연스러운 배움을 경험할 수 있도록 지원하는 것이다(교육부 · 보건복지부, 2019b). 이를 위해 교사는 유아의 발달 특성과 흥미, 일상 경험을 분석하여 기본적인 교수계획은 세우지만 일과에서 발현되는 유아의 흥미와 놀이를 주의 깊게 관찰하고 지원하는 역할을 효과적으로 수행하는 데 중점을 두어야 한다(서동미 외, 2019). 이 같은 변화는 유아들이 '경험'해야 할 내용에 포커스를 둔 것으로 교사 중심 패러다임에서 학습자 중심 패러다임으로, 계획 중심 교육과정에서 실행 중심 교육과정으로 완전한 전환을 의미한다(임부연, 2019).

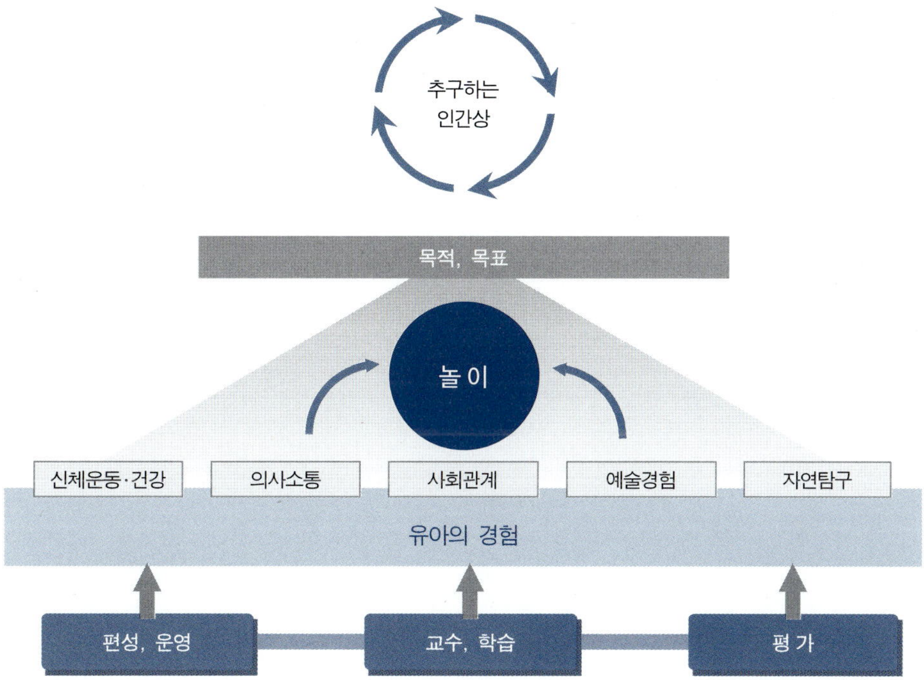

[그림 3-1] 2019 누리과정에서의 '놀이'

출처: 교육부·보건복지부(2019a), p.21

2019 누리과정에서 강조하는 놀이의 의미와 특성을 간단히 살펴보면 다음과 같다(교육부 · 보건복지부, 2019b).

놀이는 자유롭다

놀이는 자유로운 것, 즉 자유 그 자체이다. 이에 진정한 놀이는 계획된 목적으로부터의 자유, 미리 결정된 규칙으로부터의 자유, 사실로부터의 자유, 시간과 공간의 제약으로부터의 자유가 보장될 때 가능해진다. 따라서 교사는 놀이에서 특정 학습목표를 달성하도록 일방적으로 안내하기보다는 유아의 놀이하는 흐름을 읽고 따라가야 한다.

놀이는 유아 주도적이다

유아는 놀이하면서 신체적, 사회적, 인지적으로 능동적이며 자발적인 참여를 끊임없이 이어간다. 이러한 자발성은 유아의 내재적 동기에서 비롯되며 내재적 동기는 자신의 신체, 정신, 행위를 스스로 통제하고 주의를 기울이고 끈기 있게 집중하게 한다. 내재적 동기가 놀이의 바탕이 되기 때문에 놀이 주제, 놀이 자료, 놀이 상대, 이야기 줄거리는 개인 또는 집단의 흥미와 관심에 따라 즉흥적으로 생성되거나 변형되는 창조적인 과정으로 전개된다. 이에 놀이는 주도적 참여자인 유아가 스스로 적극적으로 세상을 알아가는 여정이자 세상을 새롭게 창조하는 과정이라 할 수 있다.

놀이는 즐겁다

놀이는 재미와 기쁨, 몰입, 상상과 호기심, 감정해소, 실험, 심미성, 유머 등의 정서적이며 정신적인 상태를 수반하는 즐거움이 있다. 유아는 또래, 교사와 함께 놀이하면서 재미와 기쁨을 느끼고 놀이에 몰입한다. 또한, 유아는 놀이하면서 호기심을 가지고 세상의 다양한 물질과 만나서 자유롭게 탐색하는 과정을 통해 나름대로 가설을 생성하고 실험하고 도전하며 문제를 해결하면서 성취감을 만끽하고 즐거워한다. 특히 놀이를 통하여 부정적인 정서를 해소하고, 따뜻함과 배려, 아름다움 등의 심미적 경험과 유머 등의 즐거움을 경험하기에 놀이는 즐거운 것이다.

이외에도 놀이는 무궁무진한 탐구와 해석이 가능하므로 더 많은 유아 놀이의 의미와 특성이 발견될 수 있다. 따라서 놀이를 교육과정 실행의 중심으로 생각하는 교사는 유아 놀이의 의미와 특성을 지속적으로 발견하고 연구해 나가는 자세를 가져야 한다. 이를 위해 충분한 놀이 시간을 제공하고, 유아의 놀이에 관심을 갖고 세밀히 관찰하며 놀이의 의미를 이해하도록 노력해야 한다.

2019 누리과정에서 유아를 바라보는 관점은 '놀이하는 유능한 유아'이다. 누리과정에서 추구하는 인간상은 배움의 주체인 유아의 현재 모습이며 앞으로 유아가

성장할 모습으로, 유아들이 놀이를 통해 2019 누리과정이 추구하는 인간상을 갖추게 된다는 것이다. '건강한 사람, 자주적인 사람, 창의적인 사람, 감성이 풍부한 사람, 더불어 사는 사람'의 다섯 가지 인간상에 비추어 살펴본 놀이하는 유능한 유아의 특성은 다음과 같다(교육부 · 보건복지부, 2019b).

〈표 3-1〉 2019 누리과정의 유아관과 추구하는 인간상의 관계

놀이하며 배우는 유능한 유아		개정 누리과정이 추구하는 인간상
유아는 몸을 늘 움직인다. – 놀이에서 유아는 감각을 사용한다. – 놀이에서 유아는 마음껏 움직인다. – 놀이에서 유아는 안전하게 몸을 움직이며 보호한다.	⇨	건강한 사람
유아는 하고 싶은 것을 스스로 선택한다. – 놀이에서 유아는 적극적으로 탐색한다. – 놀이에서 유아는 다양하게 시도한다. – 놀이에서 유아는 자긍심을 가진다.	⇨	자주적인 사람
유아는 상상한다. – 놀이에서 유아는 호기심이 많다. – 놀이에서 유아는 상상력을 발휘하여 창의적으로 탐구한다. – 놀이에서 유아는 세상에 대해 자기만의 다양한 방식으로 표현한다.	⇨	창의적인 사람
유아는 재미와 기쁨을 느낀다. – 놀이에서 유아는 감정을 표현한다. – 놀이에서 유아는 감정을 해소한다. – 놀이에서 유아는 아름다움을 느낀다.	⇨	감성이 풍부한 사람
유아는 주변과 관계를 맺는다. – 놀이에서 유아는 도움을 주고받는다. – 놀이에서 유아는 사람과 소통한다. – 놀이에서 유아는 세상을 살피고 돌본다.	⇨	더불어 사는 사람

4) 2022 초등학교 저학년 교육과정과 놀이

초등학교 저학년 교육과정에서도 아동의 발달적합성을 고려하여 놀이 중심의 교육과정을 실천할 것을 강조한다. 초등학교 저학년 아동은 NAEYC가 제시한 유아기(0~8세)에 속하고 피아제의 직관적 사고기(4~7세)에 해당되므로(곽노의 · 김창복 · 이경순, 2012) 놀이를 강조할 필요가 있다고 본 것이다. 이에 2015년 초등교육과정에 이어 2022 초등학교 각 교과 교육과정에서는 학습자에게 적합한 학습 경험 및 학생 맞춤형 교육을 강조하면서 교수 · 학습 방법으로 놀이를 더욱 강조하고 있다. 예를 들어, 국어과 1~2학년에서는 다양한 놀이를 통해 듣기 · 말하기에 흥미 가지기(듣기 · 말하기), 한글 학습에 흥미를 느끼고 지속적으로 참여할 수 있도록 몸으로 문자를 표현하는 등의 신체 놀이, 첫음절이 같은 단어를 다양하게 떠올려 보는 연상 놀이 등을 활용하기(읽기), 문자 학습에 흥미를 느낄 수 있도록 신체 놀이, 연상 놀이, 질문 놀이 등 놀이 중심으로 교수 · 학습을 진행하기(쓰기), 다양한 국어 자료를 바탕으로 말놀이, 신체 놀이, 수수께끼 등 흥미로운 활동을 계획하기(문법), 언어의 놀이적 성격을 인지하도록 하고 다양한 말놀이의 재미와 가치를 느끼게 하기(문학) 등을 제시하였다. 수학과에서는 놀이 및 게임을 호기심과 흥미 유발 및 자신감과 의사소통역량을 기르는 교수 · 학습 방안으로 강조하였다.

통합교과인 바른생활과에서도 교수 · 학습 방안으로 상황극, 역할놀이 등을 제시하였고, 특히 '놀이 경험 중심 교과'인 즐거운 생활과에서 놀이는 목표 및 내용 요소인 동시에 과정 · 기능의 측면에서 중요한 교수 · 학습 방법이다. 즐거운 생활과에서는 아동이 놀이와 문화 활동을 즐기면서 자신의 삶을 향유할 수 있는 교육을 지향하며 목표를 '놀이를 하면서 지금여기-우리 삶을 즐긴다(교육부,2022, p.88)'로 명시하였다. 그리고 목표 성취를 위해 놀이의 의미를 일정한 규칙이나 방법에 따라 노는 좁은 의미의 놀이 활동뿐만 아니라 아동이 자발적으로 참여하고 몰입함으로써 자유로움과 즐거움을 느낄 수 있는 모든 활동으로 정의하였다(교육부, 2022, p.90). 놀이의 유형으로는 '교실에서 정한 통합 주제'에 맞는 신체 놀이, 감각 놀이, 리듬 놀이, 표현 놀이 등 다양한 놀이 경험을 전개할 것을 강조하였다.

이와 같은 국가 수준 교육과정의 지침에 따라 지역교육청에서도 저학년 교육과정으로 놀이 중심의 교육과정을 지향하고 있다. 사례로 서울특별시교육청, 대전광역시교육청, 경기도교육청에서는 저학년 교육과정으로 아동의 발달 특성에 맞춘 놀이 중심의 교육과정을 운영할 것을 적극 권장하고 있으며, 이와 관련하여 놀이와 연계한 수업방법의 모색, 다양한 놀이 환경의 조성, 자유놀이 시간의 확보 등을 강조하고 있다(경기도교육청, 2023; 대전광역시교육청, 2023; 서울특별시교육청, 2023). 이에 초등교육현장에서는 블록 시간제의 운영을 통해 중간 휴식 및 자유놀이 시간으로 20~30분 정도를 제공하고 있으며 실내 · 외에 다양한 놀잇감을 비치하여 아이들이 자유롭게 놀 수 있도록 운영하는 학교들이 늘고 있다.

지금까지 제시한 발달에 적합한 교육의 개념, 발달에 적합한 교육과정의 특성, 발달에 적합한 교육과정인 놀이의 특성 등을 종합하여 볼 때 유아교육기관과 초등학교 저학년 아동의 발달에 적합한 교육은 학문 중심적이며 구조화된 교사 주도의 학습, 기계적인 암기와 반복, 학습지, 직접적인 교수법, 교과 중심의 학습 등과는 거리가 멀다는 것을 알 수 있다. 그보다는 아동 주도적이며, 능동적인 학습을 증진시키기 위해 아동의 발달특성뿐만 아니라 개별 아동의 흥미, 욕구, 사회문화적 배경 등을 최대한 반영하는 놀이 중심, 활동 중심, 경험 중심, 상호작용 중심 등의 통합교육 등이 유아교육기관과 초등학교 저학년 아동의 발달에 적합한 교육이라 할 수 있다. 많은 심리학자와 교육학자들도 아동은 자신이 흥미 있어 하는 일에 대해 탐구하며 활동할 수 있는 기회가 주어질 때, 그리고 자기의 발달 수준에 맞는 교구나 교재를 갖고 사회적 상호작용하거나 놀이할 때 가장 효과적으로 배울 수 있다는 데 의견을 같이하고 있다. 이와 같은 관점에서 볼 때, 우리나라 2019 누리과정과 2022 초등 저학년 교육과정이 놀이 중심의 통합교육과정으로 구성되어 있는 것은 유 · 초 연계의 관점에서 긍정적으로 평가될 수 있다.

제4장

유아 · 초등 저학년 아동의 발달특성

유아교사와 초등교사가 연계교육을 잘 수행하기 위해서는 기본적으로 3, 4세에서 6, 7세에 이르는 아동의 발달특성을 잘 이해하는 것이 필요하다. 따라서 본 장에서는 유아기와 초등학교 저학년 시기에 해당되는 아동들이 갖고 있는 신체적, 사회 · 정서적, 인지 · 언어적 발달특성을 간단히 살펴보기로 한다.

01 신체적 발달

영아기 때 급속한 발달을 보였던 신체의 발달은 유아기에 들어서면서는 꾸준한 성장을 나타낸다. 신체의 다른 부분에 비해 머리의 비중이 크던 상태에서 차츰 팔다리가 자라면서 균형 있는 체형으로 변화된다. 신체운동 능력도 꾸준히 발달하여 3, 4세가 되면 걸음걸이도 유연하고 민첩해지며 자동화된다. 30~60cm의 높이에서 뛸 수 있으며 두 발로 동시에 뛰는 것도 가능하다. 유아들은 능숙하지는 않으나 수영을 배울 수 있고 스케이트나 썰매도 탈 수 있다. 3세 유아 90% 정도가 세발자전거를 탈 수 있으며 5세와 7세 사이에 세발자전거에서 두발자전거로 옮겨가게 된다(장휘숙, 2001). 6세가 되면 뛰는 능력은 상당한 수준에 도달하게 되며 던지는 능력도 크게 발달한다.

유아기에는 특히 소근육 운동기술이 크게 발달한다. 3세가 되면 직선을 그리거나 원을 베낄 수 있게 되며 물감을 칠할 수도 있다. 특히 젓가락 사용이 시작되어 성인들이 잡는 것과는 다르게 엇갈리게 하여 음식을 집을 수 있게 된다. 4세가 되면 간단한 형태를 그릴 수 있고 특히 세 부분으로 된 사람을 그리기 시작한다. 스스로 옷도 입을 수 있고 서투르지만 자신의 이름과 몇 개의 숫자를 쓸 수도 있게 된다. 그러나 쓰는 동작은 느리고 글자의 모양은 조화되지 못하고 크다. 선을 따라 가위로 자를 수도 있다. 5세가 되면 구슬을 꿸 수 있으며 눈에 보이는 단추를 잠글 수 있고 지퍼를 올리고 내릴 수 있다. 그러나 아직까지 신발의 왼쪽과 오른쪽을 구별하지 못하고 바꿔 신는 경우가 많다. 6~7세가 되면 이전에 비해 성장속도가 더디어져 체중은 크게 늘지는 않지만, 유치를 갈기 시작한다. 공차기, 줄넘기, 균형 잡기 등 신체적 활동 능력이 발달하여 자신의 신체를 잘 조절할 수 있게 되며 주의 집중하는 시간도 좀 더 길어지게 된다.

02 사회 · 정서적 발달

유아기에 유아들의 사회성과 정서는 크게 발달한다. 유아들이 3세가 되면 아직은 병행놀이에 익숙하여 또래와의 상호작용은 많지는 않으나 점점 또래와 노는 것에 관심을 가지기 시작한다. 자기중심적이어서 양보나 공유하는 데에 어려움이 있다. 정서적으로는 감정의 표현이 충동적이고 짧은 시간에도 다양한 반응을 보인다. 또래의 웃는 얼굴에 쉽게 같이 웃다가도 또래가 혀를 내밀면 금방 짜증을 내거나 우는 등 상황에 따라 긍정적인 정서와 부정적인 정서가 쉽게 교체된다. "싫어!", "아냐, 내가 할래!"와 같은 말이나 고개를 돌린다든가 밀치는 행동과 같은 부정과 반항의 표현이 많다.

4세가 되면 친구에 대한 관심이 커지고 함께 놀이하고 싶은 친구와 좋아하는 친구, 그렇지 않은 친구를 구별하기 시작한다. 특히 동성의 친구에게 관심이 많아지며, 자기중심적이긴 하나 친구관계를 통해 조금씩 다른 사람을 이해하는 능력이 발달되기 시작한다. 친구와의 놀이를 통해 양보하기, 공유하기, 도와주기 등의 사회적 기술도 조금씩 배워간다. 유아들은 동일한 것을 경험한다 하더라도 사람마다 다른 감정이 있을 수 있음을 이해하기 시작하나 자기의 감정을 통제하는 것에는 여전히 어려움을 느낀다(윤희경, 2003). 그래서 작은 사건에도 쉽게 웃으며 다른 사람들이 모두 웃으면 쉽게 따라 웃는다. 유머감각이 발달하기 시작하여 '똥'과 같은 단어를 사용하여 친구들을 사귀고 자기도 즐거워한다. 또한, 넘어져 다치거나 아파서 병원에 가는 등 다른 사람이 자기와 유사한 경험을 했을 때 그 사람의 느낌을 이해하고 동정심을 나타낸다. 동일시를 통한 두려움이 나타나기 시작하여 동화의 무서운 내용을 실제와 구별하지 못하고 그와 비슷한 장소에서 두려움을 나타내기도 한다.

5세가 되면 더 사회적이 되어서 성인보다 또래 친구들을 더 좋아하는 경향이 나타난다. 친구들의 놀잇감을 빼앗거나 때리면 친구들이 자기를 싫어하게 될 것이라고 생각하는 등 친구와 잘 지내거나 노는 방법을 터득하게 되고, 또래의 인정에도 민감하게 반응한다. '우리 유치원 친구', '우리 아파트 친구' 등의 표현에 나타나는 것과 같이 사회적 소속감이 발달되며, 공정하고 정의로운 행동에도 관심을 보인다. 기초적인 사회적 규칙과 협동 기술은 알고 있으나 자기중심적인 측면으로 인해 친구가 아닌 또래와는 갈등이 많이 발생하기도 한다. 정서적으로는 스스로 감정을 조절하여 표현하기 시작한다. 속상한 일이 있더라도 신체적인 공격과 같은 행동적 표현보다는 말로 자신의 감정을 표현하게 되며, 상황에 따라서는 부정적인 정서를 감추기도 한다. 다른 사람의 기쁨과 슬픔, 실망과 염려 등과 같은 감정을 얼굴 표정을 통해 읽을 수 있으며 자신의 감정도 보다 세밀하게 표현할 수 있다. 상상력이 크게 발달하여 상상적인 공포감이 나타나기도 한다.

6~7세가 되면 친구에 대한 선호가 더 분명해지며 친구 간의 우정을 소중히 여기기 시작한다. 학교생활을 통해 또래와 효과적인 친구관계를 형성하는 능력은 이 시기에 이루어야 할 중요한 발달과업 중의 하나이다. 또한, 새롭게 시작된 초등학교 생활, 특히 초등학교의 학업 성취 과정에 적응하지 못할 경우 아동은 스

트레스를 받게 되고 자신에게 열등감과 부적절감도 느낄 수 있다. 성인(교사와 부모)에게 인정받고자 하는 욕구가 강하게 나타나는데 성인의 기대가 아동의 능력수준을 넘어서게 될 때 자아존중감이 손상될 수도 있다. 이 시기의 아동은 행동에 대한 도덕적 규율을 내면화하면서 양심이 싹트기 시작하므로, 교사와 부모는 양심에 따라 자기 스스로를 조절할 수 있도록 도와주어야 한다(Bredekamp & Copple, 1995). 정서표현에 있어서는 행동보다는 말과 글로 자신의 감정을 표현하게 되나, 남아의 경우 여아보다는 행동으로 표현하는 경우가 많아 갈등이 발생하기도 한다.

03 인지 · 언어적 발달

유아기는 피아제에 의하면 사고의 논리적 조작이 가능하지 않는 전조작적 사고기이며, 이 시기는 2~4세까지의 전개념적 사고단계와 4~7세까지의 직관적 사고단계로 구분된다. 전개념적 사고단계에서는 조작적 사고가 거의 나타나지 않으나 직관적 사고단계로 넘어가면서 조작적 사고가 어느 정도는 가능해진다.

전개념적 사고기에 있는 유아들은 자기중심적으로 사고(egocentrism)하고 눈앞에 없는 것을 머릿속에 그릴 수 있는 표상 능력이 발달되면서 상상놀이를 하는 것을 좋아한다. 따라서 유아들은 늘 자기의 사고와 느낌으로 가득 차 있으며 다른 사람과 의사소통하기보다는 혼잣말이나 집단독백(collective monologue)을 많이 한다(조복희, 1999; Feldman, 1999). 또한, 언어 발달이 급속히 이루어지면서 말하는 것을 즐겨 하나 또래들과 계속적으로 이야기를 주고받는 것이 쉽지 않고 다른 사람의 말을 듣는 것에 어려움을 느낀다. 새 단어에 관심이 많으며 우스운 소리나 재미있는 말을 이용한 놀이를 좋아한다.

직관적 사고기에 들어와서 유아들은 계속적으로 자기중심적인 사고를 하지만 다른 사람의 견해를 인식하기 시작하며, 주위 사물을 포함한 자기를 둘러싼 세계에 대한 관심이 증가하고 질문이 많아진다. 예를 들면, 떨어지는 나뭇잎을 보며 나뭇잎이 춤을 추는 것 같다고 말하며 "나뭇잎은 왜 떨어지나요?"라는 질문을 하는 등 주위 사물이 어떻게 만들어지는지, 어디서 오는지 등을 궁금해하고 질문이 많아진다. 또한, 사물을 한 가지 특성으로 분류하다가 차츰 한두 가지 이상의 특성으로 분류하는 것도 가능해진다. 사물을 비교하여 가장 짧은 것에서 긴 것으로 차례로 늘어놓거나 가장 긴 것에서 짧은 것으로 늘어놓을 수도 있게 된다. 그러나 아직 보존 개념이 부족하여 구체물을 이용한 조작이 없을 때는 수, 양, 길이 등의 개념을 이해하기는 힘들며, 거꾸로 사고하는 능력인 가역적 사고가 완전하지 못하여 사물의 순서, 위치, 모양이 바뀌면 사물의 길이나 수도 변한다고 생각한다. 예를 들어, [그림 4-1]과 같이 같은 수의 단추를 두 줄로 동일하게 배열한 뒤 두 줄의 수가 같은지 질문하면 유아는 같다고 대답하나 그중 한 줄의 단추만을 길게 펼친 후 두 줄의 수가 같은지 다시 질문하면 유아는 길게 펴놓은 줄이 더 많다고 대답한다. 이와 같은 수 보존 개념은 빠르면 5세 이후부터 발달되기 시작한다.

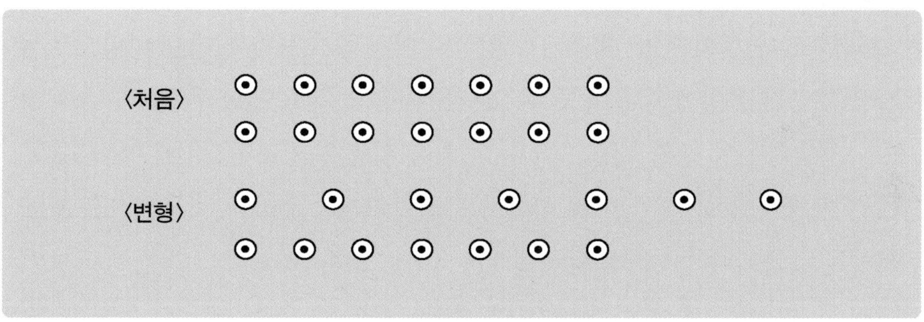

[그림 4-1] 수 보존 개념

이 시기에는 언어 능력도 크게 발달하여 한 문장에서 사용하는 단어의 수가 많아지고 문장의 구조도 복잡해진다. 단어, 동사, 시제, 주어, 존칭어 사용의 혼돈이 줄고 정확해지며, 자신의 생각을 말로 표현하는 능력이 크게 향상된다. 책 속의 등장인물을 극화하여 언어로 표현하거나 자기의 관심이 있는 것과 관련된 한글 단어나 어휘를 배우려 하면서 한글 이해력이 높아지게 된다.

제5장

유아교육기관과 초등 저학년의 통합교육과정

최근 우리나라 교육 분야에서 통합교육에 대한 관심이 점점 더 높아지고 있다. 이러한 동향은 전통적으로 놀이 중심의 통합교육을 전개해 왔던 유아교육기관보다는 초등학교 저학년 교육에서 더 많은 변화가 있었다. 이미 제 7차 초등학교 저학년 통합교과 교육과정에서는 아동들의 발달특성과 교육적 필요를 고려하여 교과와 교과 간의 통합 개념에서 벗어나 아동들의 생활 경험을 바탕으로 주제 중심의 통합적 운영이 이루어질 수 있도록 구성할 것을 강조하였다(교육과학기술부, 2007). 이에 아동의 생활 경험, 놀이, 구체적 활동을 강조하고, 세 통합교과에서 관련 주제 및 내용을 뽑아 함께 학습하도록 교과서의 순서와 내용을 바꾸거나 재구성하게 하였고 수업시간의 융통성 있는 조절도 허용하였다.

그러나 교육현장에서 주제 중심의 통합교육이 실효를 거두지 못하자 2009, 2015 초등학교 저학년 교육과정에서 통합교과인 바른 생활과, 슬기로운 생활과, 즐거운 생활과의 세 교과서를 한 권의 주제별 통합교과서로 개편하고 교사의 자율성을 보장하는 등 주제중심 통합교육이 보다 쉽게 실현되도록 노력을 기울였다. 이 같은 주제 중심 통합교육의 운영은 탈교과적 성격에 따른 교과 구성 및 주제 중심의 통합적 운영을 강조한 것이다. 이후 제 4차 산업혁명과 기후변화 등 미래사회 불확실성에 대한 대비할 수 있는 역량 함양이 강조되면서 2022 초등학교 교육과정에서는 탈학문적인 접근으로 교사와 아동들이 직접 주제를 개발하여 주제 중심 통합교육을 전개하도록 하였고, 이를 위해 교사의 자율성이 더욱 강화되었다.

본 장에서는 유아교육과 초등 저학년 교육에서 강조하는 통합교육을 이해하기 위한 기초로 통합교육의 의미와 일반적 가치, 유아교육과 초등 저학년 교육에 적용할 필요성, 통합적 교수 · 학습의 원리 등에 관해 알아보고자 한다.

01 통합교육의 의미와 가치

국어사전에서는 통합을 "모두 합쳐 하나로 만듦"의 뜻으로 풀이하고 있다. 이러한 정의에 따르면, 교육에서의 통합은 "학습자의 마음과 세계의 사건이나 사물을 합쳐서 하나로 만들어 나가는 과정이나 그 결과"라고 볼 수 있을 것이다. 또 학습자 내부에는 무수히 많은 여러 종류의 마음이 존재할 것이므로 이를 조화롭게 통일시켜서 전체로 만들어 가는 과정까지 통합의 정의에 포함시켜야 할 것이다. 즉, 마음과 세계의 통합, 마음과 마음의 통합을 통하여 '통일된 전체로서의 자아'를 형성시켜 나갈 수 있도록 돕는 활동이 곧 통합교육의 의미가 된다. 본질적으로 인간은 전인격적인 통합체로서 각 측면의 발달이 서로 밀접하게 연결되어 통합적으로 성장, 발달하는 존재이므로 교육에서의 통합은 당연한 것으로 받아들여야 할 것이다.

통합교육의 대표적인 예로서 널리 알려진 영국의 유아학교 및 초등학교의 통합된 일과에서 요구하는 통합의 의미를 살펴보면 다음과 같다(Brown & Precious, 1968).

- 아동의 과거 경험과 현재의 요구 및 흥미의 통합
- 아동이 한계 내에서 원하는 곳에 자유롭게 갈 수 있다는 의미로 공간과 아동과의 통합
- 학교와 지역사회와의 통합

- 아동의 흥미와 교재와의 통합
- 혼합된 사회를 위하여 아동을 사회적으로 통합
- 다양한 연령집단을 경험하도록 연령의 통합
- 교사 상호 간 통합 및 교사와 아동 간의 생활 통합
- 아동의 가정생활과 학교생활과의 통합

한편 통합의 의미는 인간과 자연(세계)의 본질이 신이므로 근본적으로 하나라는 통일 사상을 피력한 프뢰벨의 관점(곽노의, 1996)에서도 엿볼 수 있다. 프뢰벨이 유치원을 '어린이 정원(kindergarten)'이라고 명명한 일, 유아의 마음에 존재하고 있는 신성의 특질인 활동성과 창조성, 표현성을 발현시키도록 은물을 제작하여 교육에 활용한 일, 보이지 않는 생명력을 경험하고 그것의 존재를 깨우치기 위해 정원활동을 강조한 일 등은 모두 유아가 자연과 더불어 조화와 통일을 이루면서 자연스러운 성장 · 발달을 꾀하도록 하는 통합의 노력이라 생각할 수 있다. 이러한 관점에서 볼 때 통합교육의 궁극적인 목적은 학습자가 통일된 전체로서의 자아, 다시 말해서 마음이 가장 이상적으로 통합된 모습인 '전인'에 이르도록 하는 것이다. 전인은 인간의 마음이 통합에 통합을 거듭하여 도달하게 되는 것으로서 총체로서의 세계를 내 것으로 받아들여 총체로서의 조화로운 마음을 획득한 경지를 말한다(유한구 · 김승호, 1998).

이상에서 볼 때 교육에서의 통합의 개념은 아동의 전인적인 발달과 효율적인 학습을 위하여 아동의 경험, 흥미 및 요구와 교육내용을 통합하고 아동과 아동 주변의 인적 및 물적 환경을 통합하며, 교과목들을 통합적으로 재조직하여 가르치는 방법으로 정의할 수 있다(교육부, 2000).

최근 유아교육과 초등학교 저학년뿐만 아니라 전반적인 초 · 중등 교육 분야에서도 통합교육을 지향하는 경향이다. 이러한 경향은 오늘날 사회 및 과학의 급속한 발달에 의한 영향으로 초래된 것이라 할 수 있다. 나날이 급증하는 지식과 정보, 점점 더 짧아지는 지식의 생명주기, 미래사회의 불확실성, 제4차 산업혁명 및

AI발달, 생명 경시 풍토와 극도의 개인주의 등은 교육에서의 통합적 접근의 필요성을 가중시키고 있다. 여기에서는 통합교육이 주는 몇 가지 이점을 간단히 살펴보고자 한다.

첫째, 통합교육은 지식의 변화에 대처할 수 있게 한다. 최근에는 5~10년 사이에 지식이 배로 급증하고 있으며, 이에 따라 기존 지식의 생명력은 점점 더 짧아지는 추세라고 한다. 이러한 경향은 앞으로 더욱 심화될 전망이다. 그러면 이렇게 급변하는 현실 속에서 미래를 살아갈 어린이에게는 과연 어떤 지식을 교육해야 할 것인가? 하는 문제가 제기된다.

고기를 잡아서 주기보다는 고기 잡는 법을 가르쳐야 하듯이, 학습하는 방법을 익힐 수 있게 도와야 할 것이다. 이러한 생각은 바로 브루너 등이 강조하고 있는 '지식의 구조'를 교육에서 중시해야 한다는 필요성을 절감케 한다. 지식의 구조는 여러 교과의 관련 영역을 종합한 핵심적인 지식 또는 하나를 알면 열을 알 수 있을 정도의 전이가치가 높은 지식을 의미한다.

예를 들어, 동물의 개념을 갖고 있는 유아는 생전 보지 못했던 물체를 만났을 때, 그것이 동물인지 아닌지를 가려낼 수 있을 것이다. 이처럼 구조화된 개념을 습득하게 하는 일은 근본적으로 유아교육기관의 유아와 초등학교 6학년 아동 간에 차이가 있을 수 없다. 예를 들어, 유아기에 동물인 것과 아닌 것에 대해서 공부한다면 6학년 아동은 동물의 한 종류로서 곤충의 생활에 대해서 공부할 수 있을 것이다. 이것은 지식의 구조를 중심으로 한 나선형 교육과정 형태의 내용 구성이며, 나아가서 교과내용 또는 발달 영역의 '종적인 통합'을 의미한다.

둘째, 통합교육은 지식의 유용성과 의미를 더욱 높여 준다. 오늘날 교육 분야에서 학생에게 길러 주고자 하는 지적 능력은 단편적인 지식이 아니라 문제해결력, 사고력, 창의성 등이라 할 수 있다. 이러한 지적 능력은 학습자의 생활 경험이 배제된 채 이루어지는 교과 위주의 지식 교육으로는 획득되기 어렵다. 아동이 학습의 주체자가 되어 자신의 생활 경험과 흥미와 필요에 따른 주제를 중심으로 학습할 때, 보다 의미 있게 배울 수 있을 것이며, 또한 실생활에 적용할 수 있는 능력이 한층 더 배양될 것이다.

예를 들어, 아동의 관심거리로 선정된 '시장놀이'를 통해서 물건 사기에 대한 계획 세우기, 물건 값에 대한 정보, 시장에서 파는 물건, 시장 사람들이 하는 일, 화폐의 쓰임 등 여러 가지 개념을 실질적으로 배울 수 있게 된다. 이런 의미에서 통합교육은 지식의 유용성과 의미를 높여준다.

셋째, 통합교육은 학습자의 발달 수준과 필요에 적합한 교육의 실시를 용이하게 하며, 학습자의 전인적인 인격 성장을 돕는다. 지적, 신체적, 정서적, 사회적 발달을 조화롭게 이루고자 하는 전인교육은 어떠한 형태의 교육에서든지 궁극적인 목적으로 삼는 교육의 이상이다. 그러나 교사 중심의 주입식 교육 형태보다는 아동의 능동적인 활동, 그리고 자신의 발달 수준에 맞추어 스스로 선택하여 학습활동하는 통합교육에서 아동의 총체적인 성장 · 발달에 기여할 수 있다. 아동이 분리된 교과 학습을 수행하는 경우, 제 발달 영역의 통합을 가져오기 힘들고, 자칫 의미 없는 학습이 지속될 때 올 수 있는 학습에 대한 지루함, 싫증, 부정적 인식, 낮은 자아개념 등이 초래될 수도 있다.

넷째, 통합교육은 교수 · 학습 과정에서 협동성을 길러 주며, 학교와 가정 및 사회를 연결시켜 준다. 교과 중심 교육에서는 지식습득과 개별적인 성취결과를 강조하는 반면, 통합교육에서는 흔히 주제나 원리를 중심으로 교사와 교사, 교사와 학생, 학생과 학생 간에 대화와 공동의 활동이 활발히 이루어진다. 이런 활동속에서 자연히 상호 간에 협동심을 키울 수 있게 된다. 또 통합교육은 흔히 실제적인 사회문제나 아동의 관심사가 탐구주제로 선정됨으로써 실용적이며 실제적인 일의 세계에 접하는 기회를 제공하며, 학교와 가정, 나아가서 사회를 연결시켜 준다.

02 유아교육기관과 초등 저학년 통합교육과정의 필요성

통합교육은 학습자 자신의 필요 및 흥미와 발달 수준에 적합한 활동을 전개할 수 있게 하고, 오늘날 필요로 하는 지적 능력의 배양과 협동심을 증진시키며, 사회문제에 대한 관심과 해결의 노력, 가정과 학교 및 사회를 연결시켜 주는 기능 등을 수행하는 데에 보다 유용할 수 있다는 점을 앞에서 살펴보았다.

이러한 일반적인 통합교육의 가치를 생각할 때, 유아 및 초등 저학년 시기의 아동과 같이 아직 자기중심적이고 주의집중시간이 짧으며 동적인 특성이 강하고 미분화된 사고의 발달특성을 보이는 아동들을 대상으로 실시하는 교육에서는 놀이 및 활동 중심, 주제 중심 형태의 통합교육과정을 적용할 필요성이 크다.

다음에서 통합교육을 실시해야 할 필요성을 아동의 연령 및 발달적 측면, 교육의 효율성 측면, 유·초등 교육의 연계성 측면, 그리고 가정과의 연계 측면의 네 가지로 나누어 살펴보고자 한다.

1) 연령 및 발달적 측면

어린이는 자신의 연령과 발달에 적합한 방법으로 학습할 때 더욱 즐겁고 효과적으로 배울 수 있다. 20세기의 많은 발달심리학자 및 교육자들은 어린이가 자신이 흥미 있어 하는 일에 대하여 탐구할 수 있는 기회가 주어질 때, 또 구체적 사물이나 활동을 할 수 있을 때 가장 효과적으로 배울 수 있다는 견해에 의견을 같이한다. 그러므로 통합적 접근방법은 특히 신체적으로 대단히 활동적이고, 미분화 단계의 자기중심적인 사고를 하며, 논리적인 분석이 어려운 시기에 있는 유아 및 초등학교 1, 2학년 아동들에게는 매우 바람직한 교육방식이다.

아동의 발달적 측면에서 통합교육의 필요성을 간단히 두 가지로 요약해 보면 다음과 같다.

첫째, 미분화 상태의 발달적 특성이다. 어린이는 자신의 생활과 놀이, 학습을 엄격히 구분하기 힘들며, 특히 학습내용과 활동이 통합된 놀이를 통해 전개된다. 그러므로 미분화 상태에 있는 어린이를 대상으로 교육할 때 발달 영역별 또는 교과 영역별로 따로 구분지어 지도하는 것은 그다지 실효성을 거두기 어렵다.

둘째, 자기중심적 성향이 강하고 주의집중 시간이 대체로 짧으며 정적인 활동보다는 동적인 활동을 즐긴다. 어린이는 자기중심적 성향에 따라 타인이 주도하는 학습에 대한 집중력이 짧기 때문에 어느 한 영역 또는 한 교과의 학습에 오랫동안 관심을 갖고 임하기가 쉽지 않다. 또한, 활동성이 강하기 때문에 교사의 설명이나 반복적 연습을 통하여 학습하는 데에는 발달적으로 큰 어려움이 따른다.

2) 교육의 효율성 측면

어린이는 자신이 흥미 있어 하는 일에 오랫동안 관심을 집중시키고, 자신의 친숙한 생활 경험과 관련된 경우 관련 개념이나 지식을 쉽게 받아들일 수 있다. 이것은 교사 중심의 계획적인 교육과정이나 지시적인 교수방법보다는 놀이나 생활 경험, 구체적 조작 등을 이용한 통합교육방식에 의해 교육의 효율성이 더 높아진다는 것을 의미한다.

한 예로, 수학 학습의 경우 어린이가 구체적인 경험을 통하여 사물이나 사건을 보다 잘 이해할 수 있는 반면에, 성인의 설명이나 암기 위주의 기계적인 수학 교수방법은 어린이들을 성인의 지시에 의존하게 하고, 새로운 문제에 대처하는 자신감을 잃게 하며(Skemp, 1996), 어린이들이 수학적 개념을 형성할 기회를 부여하지 못하는 단점을 보여준다(Wolfinger, 1988). 교과 중심의 교사 중심 교육방법에 비해서 활동 중심의 통합교육방법이 보다 우수한 결과를 가져온다는 사실은 몇몇 연구 결과로도 검증된 바 있다(김창복, 1992; 황정숙, 1996).

3) 유아교육과 초등교육의 연계성 측면

유아교육기관과 초등학교 1, 2학년에서는 통합교육과정을 적용하고 있다. 유아교육기관에서는 교과서 없이 유아가 주도하는 놀이와 활동을 중심으로 하루 일과를 운영하면서 신체건강 · 운동, 사회관계, 예술경험, 의사소통, 자연탐구의 5개 영역을 통합한 교육과정을 다루고 있다. 반면, 초등학교 저학년에서는 3~6학년과는 다르게 통합교과인 바른 생활과 슬기로운 생활과 즐거운 생활과의 영역(우리는 누구로 살아갈까? 우리는 어디서 살아갈까? 우리는 지금 어떻게 살아갈까?, 우리는 지금 무엇을 하며 살아갈까) 및 핵심 아이디어를 기반으로 교실현장에서 직접 개발한 주제를 중심으로 통합교육을 실행하도록 하고 있다. 그리고 각 교과의 교수학습의 방향으로 학생의 관심사를 반영한 주제를 중심으로 통합교과뿐만 아니라 다른 교과인 국어과와 수학과, 그리고 창의적 체험활동과 통합하여 주제 중심 학습의 효율성을 높일 것을 강조하고 있다. 현행 바른 생활과 교수 · 학습의 방향에 제시된 내용을 살펴보면 다음과 같다.

> 바른 생활과는 영역 및 핵심아이디어를 기반으로 슬기로운 생활과와 즐거운 생활과를 통합하여 교수 · 학습할 수 있다. 아울러 학생의 관심사를 반영한 주제를 중심으로 다른 교과, 창의적 체험활동을 통합할 수 있다.
>
> —교육부, 2022, p.60.

초등학교의 국어와 수학은 기초교과로서 별도로 구성되어 있지만 실제 학습내용이나 방법 면에서는 아동의 생활 경험, 놀이 등의 구체적 활동을 강조하는 통합적 교육과정 형태로 편성되어 가는 경향이다. 이미 2009 초등교육과정 1학년 수학 교과서부터 일상적 생활 경험, 놀이, 게임, 구체물 조작 등의 학습 활동으로 구성되었다. 이것은 학습지 형태로 수학을 학습하도록 내용 구성이 되어 있던 이전 교육과정의 수학 교과서와는 크게 달라진 변화이다. 이러한 측면에서 볼 때, 2019 누리과정의 놀이를 통한 다양한 경험의 강조는 초등학교 교육과정과 연계성 측면에서 볼 때 긍정적으로 평가할 수 있다.

4) 가정과의 연계 측면

교육에 있어서 부모의 역할은 교사 못지않게 지대하므로 소기의 교육효과를 기대하려면 가정과 조화로운 연계를 이루어 교육을 행하여야 한다. 가정과 학교가 상호 연계하여 교육할 수 있는 가장 적합한 접근방식은 통합교육이라 할 수 있다. 통합교육은 교과서의 내용을 단편적으로 학습하는 것이 아니라 아동 자신의 생활 경험, 놀이, 다른 사람과의 대화, 실제 사물의 구체적 조작 등의 방식으로 학습하는 교육경험이기 때문이다.

실로 아동은 부모의 보살핌을 받으면서 일상적 생활을 하는 동안에 배울 수 있는 것들이 매우 많다. 어떤 것들을 어떻게 배울 수 있는지를 부모가 알고 이끌어 줄 수 있다면, 요리, 장보기, 집안일, 만들기 등의 생활 경험이나 다양한 놀이 활동을 통해 의미 있는 통합교육의 실천이 쉽게 이루어질 수 있다. 현재 전국 모든 학교에서는 운영되는 토요 휴업일 및 주 5일제 수업, 그리고 교육과정 운영의 자율화는 학생중심의 학습기회 마련, 가정과 사회의 교육적 기능 회복이라는 목적으로 아동들이 교실을 벗어나 다양한 체험을 할 수 있도록 실시하는 것이다. 이러한 취지는 아동들의 자기 주도적인 학습 능력을 신장시킬 수 있고 다양한 통합적 경험을 통해 바람직한 인성 및 창의융합적 지식을 함양하는 데 도움이 되기에 앞으로 더욱 강조되어야 할 것이다.

03 통합교육과정의 교수 · 학습 원리

통합교육의 이론적 기초는 어느 한 두 명의 학자에 의해 마련된 것은 아니다. 코메니우스, 루소, 페스탈로치, 프뢰벨, 듀이, 몬테소리, 피아제, 비고츠키 등이 각각 주장해 오던 유아교육과 관련된 개념들, 즉 놀이 · 활동 · 감각교육 · 개별성 · 아동의 독립심 · 자유와 선택 · 아동에 대한 존중성 · 상호작용 · 아동중심교육과정에 대한 개념들이 통합되어 나타난 것이라 할 수 있다. 따라서 통합교육은 아동 중심적 교육관에 따라 교육하는 방식으로서, 아동들을 인간으로서 마땅히 존중할 뿐 아니라 그들 나름대로의 사고방식을 갖고 있는 능동적인 학습자로서 간주하고 그들의 발달특징에 초점을 맞추어 교육하는 것을 의미한다. 통합교육은 유아 자신으로부터 교육이 시작되어 유아 자신의 발달과 성장을 교육이 추구하는 궁극적인 목표로 삼아 아동중심 교육철학을 교육현장의 실제에 적용해 보고자 하는 노력의 일환인 것이다.

통합교육의 실제로서 통합교육에서 사용되는 일반적인 교수 · 학습 원리와 그에 따른 특징을 개략적으로 살펴보면 다음과 같다.

첫째, 아동을 존중한다.

아동을 존중한다는 의미는 교육의 중심을 항상 아동 자신에게 두고, 그들의 개별성을 존중하면서 교육하는 것을 뜻한다. 통합교육에서는 아동중심교육 사상에 바탕을 두고, 아동마다 나름대로의 독특성을 지닌 존재이기 때문에 각 아동의 창의적인 특성을 격려하고 키우고자 노력한다. 그러므로 모든 면에서 아동들이 다르게 사고하고 표현할 수 있도록 허용적인 분위기를 마련한다.

둘째, 아동의 흥미를 교육의 출발점으로 삼고 개념이 확대되도록 돕는다.

학습동기를 유발하는 힘은 아동 각 개인의 흥미에 있다. 듀이에 의하면 흥미는 단순히 외부에서 가해지는 어떤 자극에 의해서 생겨나는 수동적인 것이 아니라, 능동적인 속성을 가지고 있다. 그러므로 아동이 나타내는 흥미수준은 곧 그의 지적, 도덕적 성장 수준을 반영한다. 따라서 성인은 아동이 흥미 있어 하는 것을 관찰함으로써 그들의 이해수준이나 발달 수준을 짐작할 수 있기 때문에, 이를 교육의 출발점으로 삼고 개념이나 지식을 확대할 수 있도록 도와줄 필요가 있다. 이로써 아동의 사고와 경험이 확장되어 나가는 진정한 교육의 성과를 기대할 수 있게 된다.

셋째, 교육활동에서 아동 자신의 흥미에 따른 선택을 중시하고, 주제 및 활동은 융통성 있게 다룬다.

아동은 자기 스스로 의사를 결정하고 활동을 선택하는 과정에서 자율성과 책임감을 기를 수 있다. 흥미 영역별 환경구성을 갖추고 자유선택활동을 행할 수 있게 하는 것은 바로 이러한 측면의 목적을 갖는다. 그리고 아동과의 합의로 선정된 주제에 따라 활동을 전개할 때도 아동의 흥미를 존중하여 융통성 있게 전개하는 노력이 필요하다. 일부 아동이 주제에 흥미를 보이지 않는다면 그들의 흥미를 중시하여 융통성 있게 활동할 기회를 허용함으로써 의미 있는 학습이 이루어지도록 한다.

넷째, 놀이와 일상생활에서의 구체적인 경험을 통한 학습활동을 중시한다.

아동은 학교 또는 학교 밖에서의 일상생활 및 놀이 경험을 통하여 자연스럽게 학습을 수행한다. 실제로 학교 교실에서만 이루어지는 학습은 그 효율성이 낮다. 아동들은 학교에서 배우는 학습내용이 일상생활에서 유용하다는 것을 느낄 때, 학습에 대한 욕구와 흥미가 높아진다. 따라서 교실 내에서만 학습이 이루어질 것을 기대하기보다는 가정이나 사회에서도 아동의 학습 기회를 제공하여 학습의 효과를 높이려는 노력이 필요하다. 이렇게 할 때, 아동들은 학교에서 배운 학습내용이 일상생활에서 필요하다는 사실을 깨닫게 될 것이며, 추상적인 내용이 아닌 실물, 실제 경험, 의사소통을 기초로 행하여지는 풍부한 학습 경험의 장으로서 가정이나 일상생활에서 경험을 활용할 수 있을 것이다.

다섯째, 학습과정에서 교사와의 상호작용 및 교사의 적절한 중재를 중시한다.

통합교육은 지식을 전달하기보다는 아동의 흥미와 활동을 중시하는 교육이지만, 그렇다고 해서 아동방임을 의미하거나 교사의 역할을 가볍게 여기지 않는다. 통합교육을 통하여 궁극적으로 아동이 획득하여야 할 지식을 결코 경시할 수 없으며, 또한 교사가 적절히 상호작용하며 보조해 줄 때에 학습의 효과를 높일 수 있기 때문이다. 진보주의 교육을 주창한 듀이 역시, 교사의 적절한 개입을 강조하고 있다. 듀이(1916)는 마치 장인 목수가 견습공에게 해야 할 것을 안내해 주듯이, 아동보다 사고, 기술, 경험이 풍부한 교사의 제안은 아동의 사고, 개성, 능력을 발달시키는 데에 필수적이라고 하였다. 단, 교사는 권위적인 존재로서가 아니라 아동과 동등한 참여자로서 해야 할 것 등에 대하여 생각을 나누며 제안하는 존재여야 한다고 강조하였다. 요약하건대, 통합교육에서의 교사의 역할은 과거 지식의 전달자로서가 아니라 관찰자, 안내자, 연결자, 제안자, 중재자로서 그 역할이 달라진 것뿐이며, 아동 자신이 지니고 있는 축적된 경험과 아울러 성인의 역할 수행 및 책임이 매우 중요하다.

여섯째, 교육에서 부모의 역할을 중시하며, 동반자적인 부모참여를 통하여 부모와 교사 간의 합의 및 동의가 끊임없이 이루어지도록 노력한다.

교육에 있어서 부모의 역할은 교사 못지않게 중요하다. 따라서 소기의 교육효과를 기대하려면 가정과 조화로운 연계를 이루어 교육을 행하여야 한다. 만일, 유아교육기관이나 학교에서 전인교육을 강조하고 개개인의 개성과 능력에 맞추어 활동 중심의 통합학습을 수행한다고 하더라도, 가정에서 성인이 아동으로 하여금 지식 편중의 학습을 수행할 것을 지시하고 강요한다면 교육의 효과가 나타나기 어려울 뿐더러 아동의 불안과 혼란만 가중될 우려가 있다. 따라서 동반자적 부모참여를 통하여 부모와 교사가 상호 간에 의견을 존중하고 활발한 의사소통을 통해 정보를 주고받음으로써 교육의 방향, 방법 등에서 합의를 이루어 나갈 필요가 있다.

일곱째, 아동의 성장·발달을 목표로 끊임없이 다양한 평가를 실시한다.

통합교육을 실시하는 궁극적인 목적은 각 아동의 타고난 능력을 최대로 계발하여 전인으로 성장하게 하는 데 있다. 따라서 통합교육에서는 선다형 일변도의 지필검사를 지양하고, 서술형 주관식 평가와 태도, 표현, 기능 등의 평가 방법을 활용하며, 특히 관찰에 의한 평가를 가장 중시한다. Schiller(1995)가 설명한 것처럼, 아동이 일부 측면에서 보이는 기량(skills)만으로는 모든 측면에서의 성취를 알 수 없고, 오직 관찰만이 아동의 삶의 방식과 성장 방법을 파악하게 하며 아동이 행하는 모든 행동의 질적 수준을 판단할 수 있게 해 주기 때문이다. 또한, 전인교육을 목표로 하는 이와 같은 맥락에서, 통합교육에서는 아동끼리 비교하는 평가를 하지 않고 아동 자신의 활동 과정, 특징, 진보 상황 등에 대하여 평가를 한다. 비단 아동만이 아니라 교사 및 교육과정 평가 등을 포함한다. 또한, 교사가 아동을 평가하는 것뿐 아니라, 아동이 늘 자신의 활동을 계획하고 실행하고 평가해 보는 등의 과정을 거치도록 함으로써 평가를 교육활동, 그 자체로 간주한다.

제3부

유아교육과정 및 초등학교 저학년 교육과정의 이해

제6장

2019 누리과정과 2022 초등학교 교육과정의 구성 및 운영

유아교육기관과 초등학교 연계교육의 첫걸음은 유아교사와 초등교사가 자기 및 상대 교육과정을 이해하는 것이다. 연계교육의 내실화를 위해서는 자기 및 상대 교육에 대한 교사의 심층적인 이해가 필수적으로 선행되어야 한다. 또한, 유아의 놀이 경험을 토대로 폭넓게 다루어지는 유아교육과정은 초등학교 1~2학년 저학년뿐만 아니라 3~4학년까지 연계될 수 있다는 점에 유의할 필요가 있다. 본 장에서는 유 · 초 교사들이 자기 및 상대 교육과정에 대해 바르게 이해하도록 2019 누리과정과 2022 초등학교 교육과정의 구성과 운영에 대해 살펴보고자 한다.

2019 누리과정의 영역은 신체운동 · 건강, 의사소통, 사회관계, 예술경험, 자연탐구라는 5개 영역으로 구성되었다. 이 누리과정은 유치원교육과정과 표준보육과정을 통합하여 구성된 '유아 · 놀이 중심의 교육과정'으로 이전 누리과정과 비교할 때 구성 체계, 영역별 내용의 간소화, 유아 주도의 놀이를 통한 배움 강화, 교사의 자율성 및 책무성 강화 등이 달라졌다.

2022 초등학교 교육과정은 핵심역량 중심의 교육과정으로 2009 초등학교 교육과정에서의 학년군과 교과군을 유지한다. 또한, 2015 초등학교 교육과정에서의 핵심역량 중심의 교육 강화, 창의적 체험활동 및 통합교과의 내용 간소화, 교사의 자율성 강화 등을 유지하되, 미래사회 변화에 대응할 수 있는 기초소양과 역량 함양, 지역 · 학교 교육과정의 자율성 확대, 학생 주도의 맞춤형 학습, 저학년

탈학문적 성격의 통합교육 및 만들어가는 교육과정 등을 더욱 강조하였다.

따라서 본 장에서는 2019 누리과정과 2022 초등학교 교육과정이 어느 정도 연계를 이루는가를 알아보기 위해 교육과정의 성격, 구성 방침, 교육 목적과 목표, 교육과정의 편제와 운영 등을 비교해 보고, 두 교육과정의 연계를 위한 개선방안을 살펴볼 것이다.

01 2019 누리과정과 2022 초등학교 교육과정의 성격 비교

2019 개정 누리과정(교육부 고시 제2019-189호, 보건복지부 고시 2019-152호)은 유아교육법 제13조 제2항 및 영유아보육법 시행규칙 제30조에 의거하여 고시된 만 3~5세 유아를 교육과 보육을 위한 국가 수준의 공통교육과정이며, 2022 개정 초등학교 교육과정(교육부 고시 제2022-33호)은 초·중등교육법 제23조 제2항에 의거하여 고시된 국가 수준의 공통교육과정이다.

2019 누리과정은 2017년 교육부의 출발선 평등 실현을 위한 '유아교육 혁신방안'에서 시작되었다. 일부 유아교육현장에서는 교사용 지도서에 의존하여 누리과정을 획일적으로 운영하거나 교사가 계획한 자유선택활동을 중심으로 놀이를 실행해 왔는데, 이 같은 교육방식으로는 유아가 자유롭게 놀이를 주도하면서 그 놀이를 통해 배움을 즐기고 행복하게 성장하는 데는 한계가 있다는 합의가 이루어졌다. 2015 초등학교 교육과정에서 이미 학습자의 경험을 강조하고, 학습 경험의 질 개선을 위하여 '배움을 즐기는 행복 교육'을 추구하고 있다는 점과 유아는 각자 자신에게 가장 적합한 방식으로 스스로 놀이하며 배운다는 점에 주목하여 2019년 7월 '유아가 주도하는 놀이 중심 교육과정'으로의 개정이 이루어졌고 2020년부터 실행되고 있다. 2019 누리과정이 추구하는 핵심은 유아의 놀이에 귀를 기울여 유아가 중심이 되고 유아의 자발적인 놀이가 살아나는 교육을 전개하는 것이다. 이를 위해 교사가 유아 놀이의 가치와 의미를 이해하고 유아의 놀이를 통

한 배움을 지원하도록 할 것을 강조하였고, 교사의 계획보다는 유아의 놀이 실행에 중점을 두었다.

2022 초등학교 교육과정은 우리나라 교육과정이 그동안 추구해 온 교육 이념과 인간상을 바탕으로하여 미래 사회가 요구하는 핵심역량을 함양하고 포용성과 창의성을 갖춘 주도적인 사람을 잘 키워내기 위해 개정되었다. 교과별로 영역 및 핵심 아이디어에 기초하여 미래 사회의 불확실성에 능동적으로 대응하기 위해 필수적으로 배워야하는 내용요소(지식 · 이해, 과정 · 기능, 가치 · 태도)를 중심으로 학습내용을 정선하여 감축하였고, 창의적 체험활동 및 범교과 학습주제도 통합 및 감축하여 교육과정 자율화 · 분권화를 높였다. 또한 학습자 주도의 맞춤형 교육과정체제 구축 및 교과 간 연계와 통합을 강화하여 학습 부담을 줄였고, 학습자 중심의 경험과 진정한 배움의 즐거움을 느낄 수 있는 행복 교육을 지향하였다(교육부, 2015). 2022 초등학교 교육과정은 2022년 고시된 후 2024년부터 적용되어 2024년에는 1~2학년군, 2025년에는 3~4학년군, 2026년에는 5~6학년군에서 실행될 것이다.

2019 누리과정에서는 이전 누리과정에 없던 성격이 신설되었다. 누리과정의 성격으로 제일 먼저 국가가 고시한 공통수준의 교육과정임을 명시하였는데 3~5세 유아가 다니는 유치원과 어린이집에서 누리과정을 편성 · 운영할 때 필요한 공통적이고 일반적인 기준을 제시한 교육과정이라는 것이다. 이와 동시에 지역 및 기관, 개인 수준의 다양성도 강조하였다. 또한, 국가 수준 교육과정으로서 2019 누리과정은 유아가 중심이 되고 놀이가 중심이 되는 교육과정을 추구하여, 유치원과 어린이집은 국가 수준에서 제시하는 공통성을 바탕으로 유아 · 놀이 중심 교육과정을 다양하게 실천해 갈 수 있다. 누리과정의 실행 주체인 교사는 국가가 제시하는 유아 · 놀이 중심 교육과정을 기초로 하되 자율적으로 유아와 함께 만들어 나가는 교육과정을 실천할 수 있게 되었다. 2019 누리과정의 첫머리에 제시된 누리과정의 성격(교육부, 2019)은 〈표 6-1〉과 같다.

2022 초등학교 교육과정은 성격의 측면에서 이전 초등학교 교육과정이 추구했던 '국가의 공통성과 지역, 학교, 개인 수준의 다양성을 추구하는 교육과정', '학

습자 중심의 교육과정', '교육청과 학교, 지역사회, 교원 · 학생 · 학부모가 함께 실현해 가는 교육과정', '교육의 질적 수준을 관리, 개선하기 위한 교육과정'의 성격을 그대로 유지하고 있다. 이 같은 초등학교 교육과정의 성격은 교육과정이 국가에서 일방적으로 만들어서 '주어지는 교육과정'이 아니라 교육을 직접 실천하는 각 학교 수준에서 편성 · 운영하는 '만들어 가는 교육과정'이라는 것을 보여 준다. 초등학교 교육과정(교육부, 2022)의 첫머리에 제시된 초등학교 교육과정의 성격은 〈표 6-1〉과 같다.

〈표 6-1〉 2019 누리과정과 2022 초등학교 교육과정의 성격 비교

2019 누리과정	2022 초등학교 교육과정
누리과정은 3~5세 유아를 위한 국가 수준의 공통교육과정이다.	이 교육과정은 초 · 중등교육법 제23조 제2항에 의거하여 고시한 것으로, 초 · 중등학교의 교육 목적과 교육목표를 달성하기 위한 국가 수준의 교육과정이며, 초 · 중등학교에서 편성 · 운영하여야 할 학교 교육과정의 공통적이고 일반적인 기준을 제시한 것이다. 이 교육과정의 성격은 다음과 같다.
가. 국가 수준의 공통성과 지역, 기관 및 개인 수준의 다양성을 동시에 추구한다. 나. 유아의 전인적 발달과 행복을 추구한다. 다. 유아 중심과 놀이 중심을 추구한다. 라. 유아의 자율성과 창의성 신장을 추구한다. 마. 유아, 교사, 원장(감), 학부모 및 지역사회가 함께 실현해 가는 것을 추구한다.	가. 국가 수준의 공통성을 바탕으로 지역, 학교, 개인 수준의 다양성을 추구할 수 있도록 학교 교육과정의 기준과 내용에 관한 기본사항을 제시한다. 나. 학교 교육과정이 학생을 중심에 두고 주도성과 자율성, 창의성의 신장 등 학습자 성장을 지원할 수 있도록 교육과정의 기준과 내용을 제시한다. 다. 학교의 전반적인 교육 체제를 교육과정 중심으로 운영할 수 있도록 교육과정의 기준과 내용을 제시한다. 라. 학교 교육과정이 추구하는 교육 목적의 실현을 위해 학교와 시 · 도 교육청, 지역사회, 학생 · 학부모 · 교원이 함께 협력적으로 참여하는 데 필요한 사항을 제시한다. 마. 학교 교육의 질적 수준을 국가와 시 · 도 교육청, 학교 수준에서 관리하고 개선하기 위해 기반으로 삼아야 할 교육과정의 기준과 내용을 제시한다.

2019 누리과정과 2022 초등학교 교육과정의 성격을 비교해 보면, 두 국가 수준의 교육과정은 모두 총론에 앞서 교육과정의 '성격'을 먼저 제시하고 있다. 교육과정에서 제시되는 성격은 국가 수준 교육과정의 구성 체계를 확립하는 출발점이기 때문이다. 누리과정의 성격을 초등학교 교육과정의 성격과 비교하면 연계의 측면에서 대동소이한 양상을 보이고 있다. 먼저 기본 성격으로 초등학교 교육과정에서와 같이 국가 수준의 공통교육과정임을 명시하되 초등학교 교육과정에서 학교급별 간에 '공통적이고 일반적인 기준'임을 명시한 반면, 누리과정에서는 유·보 통합의 의미를 반영하여 '3~5세 유아를 위한 국가 수준 공통교육과정'으로 기술하였다. 세부 항목에서도 초등학교 교육과정의 성격과 연계를 이루면서 특히 유아교육의 고유한 특성에 주목하여 유아의 전인적 발달과 행복 추구의 목적, 유아 중심과 놀이 중심 추구의 방법적 측면을 강조하여 기술하고 있다(교육부, 2019).

그러나 교육과정의 성격에서 국가 수준의 근거를 나타내는 법의 명시에서는 두 교육과정 간에 차이가 있다. 초등학교 교육과정의 성격에서는 근거법으로 '「초·중등교육법」 제23조 제2항'을 명시하고 있으나, 누리과정에서는 근거법을 명시하지 않고 있다. 2018년 12월 누리과정 공청회에서 소개된 2019 누리과정의 초안에서는 성격의 근거법으로 '「유아교육법」 제13조 제2항'과 '「영유아보육법」 제29조 제2항'이 명시되었으나, 2019년 7월 최종 공시에서는 삭제되었다(김창복·이신영, 2020). 앞으로 초등학교 교육과정과의 연계 측면을 고려하여 누리과정에서도 근거법을 제시하는 것에 대한 논의가 이루어질 필요가 있겠다.

02 2019 누리과정과 2022 초등학교 교육과정이 추구하는 인간상과 구성의 중점 비교

1) 누리과정과 초등학교 교육과정이 추구하는 인간상 비교

우리나라의 교육은 기본적으로 홍익인간의 이념 아래 모든 국민으로 하여금 인격을 도야하고, 자주적 생활 능력과 민주 시민으로서 필요한 자질을 갖추게 하여 인간다운 삶을 영위하게 하고, 민주 국가의 발전과 인류 공영의 이상을 실현하는 데 이바지하게 함을 목적으로 하고 있다. 그리고 이러한 교육이념을 바탕으로, 2019 누리과정이 추구하는 인간상은 '건강한 사람', '자주적인 사람', '창의적인 사람', '감성이 풍부한 사람', '더불어 사는 사람'이라는 5개의 인간상을, 2022 개정 초등학교 교육과정에서는 '자기 주도적인 사람', '창의적인 사람', '교양 있는 사람', '더불어 사는 사람'이라는 4개의 인간상을 추구하고 있다(교육부, 2022). 2022 초등학교 교육과정이 추구하는 인간상은 불확실한 미래사회 대응을 강조하기 위해 2015 초등학교 교육과정 인간상 중 '자주적인 사람'을 '자기주도적인 사람'으로 바꾸었고 '더불어 사는 사람'의 내용에서 '협력'을 추가하였다(교육부, 2022). 그 외에는 2015 초등학교 교육과정이 추구하는 인간상의 맥을 그대로 유지하였다.

〈표 6-2〉 누리과정과 초등학교 교육과정이 추구하는 인간상

2019 누리과정의 인간상		2022 초등학교 교육과정의 인간상
건강한 사람 자주적인 사람	⇨	전인적 성장을 바탕으로 자아정체성을 확립하고 자신의 진로와 삶을 스스로 개척하는 자기주도적인 사람
창의적인 사람	⇨	폭넓은 기초 능력을 바탕으로 진취적 발상과 도전을 통해 새로운 가치를 창출하는 창의적인 사람
감성이 풍부한 사람	⇨	문화적 소양과 다원적 가치에 대한 이해를 바탕으로 인류 문화를 향유하고 발전시키는 교양 있는 사람
더불어 사는 사람	⇨	공동체 의식을 바탕으로 다양성을 이해하고 서로 존중하며 세계와 소통하는 민주시민으로서 배려와 나눔, 협력을 실천하는 더불어 사는 사람

2019 누리과정은 국가 수준의 교육과정으로서 추구해야 할 교육적 비전으로 추구하는 인간상은 건강한 사람, 자주적인 사람, 창의적인 사람, 감성이 풍부한 사람, 더불어 사는 사람인데, 이는 미래의 핵심역량을 반영한 초등학교 교육과정의 인간상과 연계되어 있다. 다만, 누리과정의 인간상 중 '건강한 사람'은 누리과정에서만 제시된 인간상으로 일생에서 가장 중요한 신체와 정신 건강의 기초를 형성하는 유아기의 특성을 반영한 것이다. '감성이 풍부한 사람'은 초·중등학교 교육과정에서 '교양 있는 사람'에 해당되지만, 유아기 특성을 고려하여 적절한 표현으로 조정한 것이다.

그런데 2022 초등학교 교육과정에서는 인간상의 구현을 위해 중점적으로 길러야 되는 미래사회의 핵심역량 여섯 가지를 직접 명시하고 있다. 그리고 모든 교과 및 창의적 체험활동의 '성격'과 '교수·학습 방향'에도 관련되는 교과 역량들을 설명하며 그 역량들을 향상시키는 데 초점을 둘 것을 강조하고 있다. 2015 초등학교 교육과정의 핵심역량과 비교할 때 '의사소통역량'이 '협력적 소통 역량'으로 바뀌었고 의미에서 불확실한 미래사회에 대응하기 위한 내용들로 일부 수정·보완되었다. 〈표 6-3〉에 제시된 초등학교 교육과정의 6대 핵심역량의 의미를 살펴보면, 이미 유아교육현장에서 다양한 유아교육 프로그램을 통해 구현되고 있는 역량이다. 그러나 2019 누리과정에서는 미래사회의 핵심역량을 반영하였을 뿐 초등학교 교육과정처럼 역량중심 교육과정은 아니라는 점에서 명시되지 않았다(임부연, 2019). 앞으로 연계교육의 측면에서 누리과정에서의 핵심역량 명시는 더 논의될 필요가 있다고 본다.

〈표 6-3〉 2022 초등학교 교육과정의 6대 핵심역량

핵심역량	의미
자기관리 역량	자아정체성과 자신감을 가지고 자신의 삶과 진로에 필요한 기초 능력과 자질을 갖추어 자기 주도적으로 살아갈 수 있는 역량
지식정보처리 역량	문제를 합리적으로 해결하기 위하여 다양한 영역의 지식과 정보를 깊이 있게 이해하고 비판적으로 탐구하며 활용할 수 있는 지식정보처리 역량

핵심역량	의미
창의적 사고 역량	폭넓은 기초 지식을 바탕으로 다양한 전문 분야의 지식, 기술, 경험을 융합적으로 활용하여 새로운 것을 창출하는 역량
심미적 감성 역량	인간에 대한 공감적 이해와 문화적 감수성을 바탕으로 삶의 의미와 가치를 성찰하고 향유하는 심미적 감성 역량
협력적 소통 역량	다른 사람의 관점을 존중하고 경청하는 가운데 자신의 생각과 감정을 효과적으로 표현하며 상호협력적인 관계에서 공동의 목적을 구현하는 협력적 소통 역량
공동체 역량	지역 · 국가 · 세계 공동체의 구성원에게 요구되는 개방적 · 포용적 가치와 태도로 지속 가능한 인류 공동체 발전에 적극적이고 책임감 있게 참여하는 공동체 역량

2) 누리과정과 초등학교 교육과정의 구성의 중점 비교

2019 누리과정 구성의 중점에서는 누리과정의 개정 시 중점을 둔 내용에 초점을 맞추어 설명하고 있고, 2022 초등학교 교육과정에서는 초 · 중등학교의 학교급별 특성을 고려한 교육과정 구성의 중점 내용을 기술하고 있어 내용상 큰 차이를 보이고 있다. 이는 각 학교급 수준에 알맞게 교육과정 구성 시 중점을 두어야 할 사항을 제시한 것이기에 차이가 나타난 것으로 볼 수 있다(김은영, 2018).

2019 누리과정 구성의 중점에서는 만 3~5세 유아의 발달특성을 고려하여, 신체운동 · 건강, 의사소통, 사회관계, 예술경험, 자연탐구의 5개 영역을 중심으로 연령 구분 없이 3~5세 유아가 모두 경험할 수 있는 내용으로 구성할 것을 명시하였다. 그리고 누리과정이 추구하는 인간상 구현을 위해 지식, 기능, 태도 및 가치를 반영하여 유아가 놀이하며 배우는 경험과 연계할 것을 강조하였으며, 특히 연계 차원에서 주목할 것은 초등학교 교육과정과 0~2세 표준보육과정과의 연계성을 강조하여 구성할 것을 제시했다는 점이다(교육부 · 보건복지부, 2019a).

2019 누리과정 구성의 중점에서 인간상 구현을 강조한 것은 초등학교 교육과정과의 연계성을 지향한 것으로 볼 수 있다. 2022 초등학교 교육과정 구성의 중점에

서는 교육이념과 구현된 인간상을 바탕으로 미래사회가 요구하는 핵심역량을 함양하여 바른 인성을 갖춘 창의 · 융합형 인재를 양성하는 데에 중점을 둔다고 명시하였는데, 구현된 인간상은 누리과정에서부터 구현되어야 하는 인간상과 맥을 같이 하기 때문이다.

2022 초등학교 교육과정 구성의 중점이 되는 세부 사항으로는 미래 사회의 불확실성에 능동적으로 대응할 수 있는 자기 주도성과 학습자 맞춤형 교육과정 체제 구축, 학교교육과 평생교육 차원에서 학습의 기초인 언어 · 수리 · 디지털 기초소양 강화, 사회 구성원 모두의 행복을 위한 공동체 의식 함양, 역량 함양을 위해 통합교육의 강조(교과 간 연계와 통합, 학생의 삶과 연계 등), 교육과정 자율화 · 분권화에 기반한 학습자 중심의 학습 강화 등이 있다. 이 중 자기 주도성과 학습자 맞춤형 교육과정 체제 구축은 누리과정 구성 시 유아가 배워야 할 내용이 아닌 놀이와 활동을 통해 스스로 '경험해야 할 내용'으로 구성하는 것과 의미적으로 연계된다. 유아가 놀이와 활동을 통해 스스로 '경험해야 할 내용'으로 교육과정을 구성하는 것이 자기주도성이요 학생 맞춤형 교육과정이기 때문이다. 그 외 사회 구성원 모두의 행복을 위한 공동체 의식 함양, 역량 함양을 위해 통합교육의 강조, 교육과정 자율화 · 분권화에 기반한 학습자 중심의 학습 등은 누리과정 구성의 중점에 명시되지는 않았으나 누리과정 해설서를 통해 강조되고 있다.

다만, 2022 초등학교 교육과정에서 아쉬운 점은 2019 누리과정에서는 이전 누리과정에 연이어 초등교육과의 연계성을 고려하여 교육과정을 구성할 것을 강조하고 있는데 비해 초등학교 교육과정에서는 구성의 중점 사항 중 '평생학습'이 단어가 있을 뿐 유 · 초 연계교육을 강조하여 명시하지 않았다. 각 교과의 교육과정에서는 누리과정의 영역과의 연계에 대해 기술하였으나 총론에서는 유 · 초 연계교육을 강조하여 명시하지 않았다. 예를 들어, 바른 생활과의 경우 '교수 · 학습의 방향'에서는 '바른 생활과의 교수 · 학습에서는 특히 누리과정의 신체운동 · 건강, 사회관계 등 내용 영역과 초등학교 3학년 이후 도덕과 교육과정 등과의 연계를 고려한다.'라고 기술되어 있다(교육부, 2022, p.61). 교육부 발표(교육부, 2021)에 따르면

2022 초등학교 교육과정의 변화 중에 하나가 진로연계교육을 강조한 것인데, 앞으로 누리과정과 초등학교 교육과정 총론에서 구성의 중점 내용으로 유·초 연계교육을 강조한다면 교육현장에서 유·초 연계교육의 질적 수준 제고에 도움이 되리라 생각된다.

〈표 6-4〉 누리과정과 초등학교 교육과정의 구성의 중점 비교

2019 누리과정 구성의 중점	2022 초등학교 교육과정 구성의 중점
	이 교육과정은 우리나라 교육과정이 추구해 온 교육 이념과 인간상을 바탕으로, 미래사회가 요구하는 핵심역량을 함양하여 포용성과 창의성을 갖춘 주도적인 사람으로 성장하게 하는 데 중점을 둔다. 이를 위한 교육과정 구성의 중점은 다음과 같다.
• 3~5세 모든 유아에게 적용할 수 있도록 구성한다. • 추구하는 인간상 구현을 위한 지식, 기능, 태도 및 가치를 반영하여 구성한다. • 신체운동·건강, 의사소통, 사회관계, 예술경험, 자연탐구의 5개 영역을 중심으로 구성한다. • 3~5세 유아가 경험해야 할 내용으로 구성한다. • 0~2세 보육과정 및 초등학교 교육과정과의 연계성을 고려하여 구성한다.	가. 디지털 전환, 기후·생태환경 변화 등에 따른 미래 사회의 불확실성에 능동적으로 대응할 수 있는 능력과 자신의 삶과 학습을 스스로 이끌어가는 주도성을 함양한다. 나. 학생 개개인의 인격적 성장을 지원하고, 사회 구성원 모두의 행복을 위해 서로 존중하고 배려하며 협력하는 공동체 의식을 함양한다. 다. 모든 학생이 학습의 기초인 언어·수리·디지털 기초소양을 갖출 수 있도록 하여 학교 교육과 평생 학습에서 학습을 지속할 수 있게 한다. 라. 학생들이 자신의 진로와 학습을 주도적으로 설계하고, 적절한 시기에 학습할 수 있도록 학습자 맞춤형 교육과정 체제를 구축한다. 마. 교과 교육에서 깊이 있는 학습을 통해 역량을 함양할 수 있도록 교과 간 연계와 통합, 학생의 삶과 연계된 학습, 학습에 대한 성찰 등을 강화한다. 바. 교육과정 자율화·분권화를 기반으로 학교, 교사, 학부모, 시·도 교육청, 교육부 등 교육 주체들 간의 협조 체제를 구축하여 학습자의 특성과 학교 여건에 적합한 학습이 이루어질 수 있도록 한다.

03 2019 누리과정과 2022 초등학교 교육과정의 목적 및 목표 비교

2019 누리과정과 2022 초등학교 교육과정의 목적은 해당 교육에서 이루어지는 교육의 특성을 규정하고 교육의 의지나 방향을 거시적인 관점에서 제시해 준다. 또한, 누리과정과 초등학교 교육과정이 추구하는 교육 목적을 실현하기 위해 두 교육과정에 제시된 교육목표는 교과별 또는 영역별 목표를 설정하는 일반적인 지침이 되며 단위 유아교육기관 및 학교에서 편성, 운영되는 교육과정의 총체적인 방향을 제시하기에 중요하다.

먼저 2019 누리과정에 제시된 목적과 초등교육의 목적을 비교해 보면(표 6-5), 유아교육의 목적은 누리과정에서, 그리고 초등교육은 초 · 중등교육법 을 근거로 각각 목적을 제시하고 있다는 데서 차이를 보이고 있다. 또한, 각 내용을 구체적으로 살펴보면 누리과정에서는 유아 행동의 가장 핵심적인 특성인 '놀이'와 인간이 지녀야 할 포괄적인 목적에 해당하는 '심신의 건강과 조화로운 발달', '바른 인성', '민주시민의 기초'를 강조하는 데 비해, 초등교육에서는 '국민생활에 필요한 기초적인 초등교육'이라고 하여 초 · 중등학교에서 초등학교의 학교급 수준을 염두에 둔 내용으로 목적을 제시하고 있다. 그러나 내용을 넓은 의미로 볼 때 그 의미는 연결된다고 생각되며, 특히 초등학교 교육과정의 총괄 목표에 제시된 내용 중 '바른 인성'이란 용어를 2019 누리과정 목적에 새로이 추가함으로써 유 · 초 연계의 측면에서 향상된 모습을 보이고 있다(김창복 · 이신영, 2020). 그러나 이미 누리과정을 통해 유아교육이 공교육화되어 국가 공통교육과정으로 운영되고 있으므로 추후 교육과정의 개정 시 유 · 초 연계의 측면에서 두 교육과정의 목적이 좀 더 연계를 이루도록 수정되길 기대한다.

두 번째로 2019 누리과정의 목표와 초등학교 교육과정의 세부 목표를 비교해 보면 두 교육과정의 목표가 모두 추구하는 인간상에 부응하여 기술됨으로써 유 · 초 연계를 지향하고 있다. 이와 같은 양상은 유아교육에서부터 초 · 중등교육에 이르기까지 궁극적으로 추구하는 인간상 구현을 위한 목표는 각 학교급 수준에 알맞게 연계하여 제시될 필요가 있으므로(김은영, 2018) 긍정적으로 볼 수 있다.

〈표 6-5〉 누리과정과 초등학교의 목적 비교

	2019 누리과정	2022 초등교육
목적	누리과정은 유아가 놀이를 통해 심신의 건강과 조화로운 발달을 이루고 바른 인성과 민주시민의 기초를 형성하는 것을 목적으로 한다.	초등학교는 국민 생활에 필요한 기초적인 초등교육을 하는 것을 목적으로 한다 (초 · 중등교육법 제38조).

〈표 6-6〉 누리과정과 초등학교 교육과정의 목표 비교

<table>
<tr><th></th><th>2019 누리과정의 목표</th><th>2022 초등교육의 목표</th></tr>
<tr><td>일반 목표</td><td></td><td>초등학교 교육은 학생의 일상생활과 학습에 필요한 기본 습관 및 기초 능력을 기르고 바른 인성을 함양하는 데에 중점을 둔다.</td></tr>
<tr><td rowspan="5">세부 목표</td><td>① 자신의 소중함을 알고, 건강하고 안전한 생활습관을 기른다(건강한 사람).</td><td rowspan="2">① 자신의 소중함을 알고 건강한 생활습관을 기르며, 풍부한 학습 경험을 통해 자신의 꿈을 키운다(자기 주도적인 사람).</td></tr>
<tr><td>② 자신의 일을 스스로 해결하는 기초 능력을 기른다(자주적인 사람).</td></tr>
<tr><td>③ 호기심과 탐구심을 가지고 상상력과 창의력을 기른다(창의적인 사람).</td><td>② 학습과 생활에서 문제를 발견하고 해결하는 기초 능력을 기르고, 이를 새롭게 경험할 수 있는 상상력을 키운다(창의적인 사람).</td></tr>
<tr><td>④ 일상에서 아름다움을 느끼고 문화적 감수성을 기른다(감성이 풍부한 사람).</td><td>③ 다양한 문화 활동을 즐기고 자연과 생활 속에서 아름다움과 행복을 느낄 수 있는 심성을 기른다(교양 있는 사람).</td></tr>
<tr><td>⑤ 사람과 자연을 존중하고 배려하며 소통하는 태도를 기른다(더불어 사는 사람).</td><td>④ 일상생활과 학습에 필요한 규칙과 질서를 지키고 서로 돕고 배려하는 태도를 기른다(더불어 사는 사람).</td></tr>
</table>

04 2019 누리과정과 2022 초등학교 교육과정 편제와 운영 비교

1) 누리과정과 초등학교 교육과정의 편제 비교

2019 누리과정은 유치원과 어린이집 만 3~5세의 유아들이 신체운동 · 건강, 의사소통, 사회관계, 예술경험, 자연탐구의 5개 영역을 균형 있게 통합적으로 편성한 유아 · 놀이 중심 교육과정이다. 중요한 변화는 교사가 유아와 함께 자율적으로 만들어 가는 교육과정이라는 것이다. 이에 영역별 수업시간 수는 제시하지 않았으며, 누리과정 운영시간은 1일 4~5시간이다. 누리과정 운영시간은 유아가 중심이 되고 놀이가 살아나는 유아 · 놀이 중심 교육과정의 운영시간이며 동시에 국가가 누리과정 운영에 필요한 행정적 · 재정적 지원을 하는 시간을 의미한다. 각 기관의 실정과 지역적 특성을 반영하여 융통성 있게 편성될 수 있다(교육부 · 보건복지부, 2019a).

2022 초등학교 교육과정의 편제는 교과교육과 창의적 체험활동으로 구성된다. 먼저 교과교육을 살펴보면, 1~2학년은 기초교과인 '국어'와 '수학' 교과와 주제 중심 통합교육을 위한 통합교과인 '바른 생활', '슬기로운 생활', '즐거운 생활' 교과로 구성된다. 2022 초등학교 교육과정의 편제에 나타난 큰 변화는 국어과 수업 시수가 2015 초등학교 교육과정에 비해 36시간 증가한 것과 2015 초등학교 교육과정에서 창의적 체험활동 속에 포함시켜 강조했던 '안전한 생활(64시간)'교육을 통합교과에서 통합하여 교육한다는 것이다. 기존의 안전한 생활 성취기준과 내용요소를 통합교과로 재구조화하여 교과와 연계한 생활 중심 안전교육으로 실행할 수 있게 개편함으로써 창의적 체험활동의 시수는 줄고 바른 생활과, 슬기로운 생활과, 즐거운 생활과의 수업시수는 증가되었다.

2015 초등학교 교육과정의 편제와 마찬가지로 2022 초등학교 교육과정의 편제에서도 3~4학년의 교과는 국어, 사회/도덕, 수학, 과학, 체육, 예술(음악/미술), 영어의 교과로 구성되며, 이 중 사회/도덕과 예술(음악/미술)이 교과군이다. 5~6학년에서는 3학년 교과목에 과학/실과가 교과군으로 추가된다.

시간 배당도 2015 초등학교 교육과정과 같이 학년군, 즉 1~2학년군, 3~4학년군, 5~6학년군으로 이수시간을 제시하였다. 시간 배당은 교과군별로 이루어지며 연간 34주를 기준으로 하여 2년간의 최소기준 수업시수를 제시하였다. 교육과정의 자율성과 분권화가 더욱 강화되어 초등학교 저학년 교과의 주당 수업시수는 제시하지 않으며 단위학교 및 학급별 상황에 따라 융통성 있게 운영된다.

또한, 1학년 3월에 운영되는 입학 초기 활동도 창의적 체험활동과 통합교과에 포함하여 실행하도록 변화되었다. 2015 초등학교 교육과정에서는 입학 초기 적응활동을 창의적 체험활동에 포함시켜 68시간 내외로 융통성 있게 운영하도록 했으나 2022 초등학교 교육과정에서는 입학 초기 적응활동은 창의적 체험활동과 통합교과에서 나누어 실행하기에 창의적 체험활동 시간이 감축되었다.

〈표 6-7〉 2022 초등학교 교육과정의 교과 시간 배당 기준표

<table>
<tr><th colspan="2">학년군
교과군</th><th>1~2학년</th><th>3~4학년</th><th>5~6학년</th></tr>
<tr><td rowspan="8">교과(군)</td><td>국어</td><td rowspan="2">국어
482</td><td>408</td><td>408</td></tr>
<tr><td>사회/도덕</td><td>272</td><td>272</td></tr>
<tr><td>수학</td><td rowspan="2">수학
256</td><td>272</td><td>272</td></tr>
<tr><td>과학/실과</td><td>204</td><td>340</td></tr>
<tr><td>체육</td><td rowspan="2">바른생활
144</td><td>204</td><td>204</td></tr>
<tr><td>예술(음악/미술)</td><td>272</td><td>272</td></tr>
<tr><td>영어</td><td>슬기로운 생활
224
즐거운 생활
400</td><td>136</td><td>204</td></tr>
<tr><td>소계</td><td>1,506</td><td>1,768</td><td>1,972</td></tr>
<tr><td colspan="2">창의적 체험활동</td><td>238</td><td>204</td><td>204</td></tr>
<tr><td colspan="2">학년군별 총 수업시간 수</td><td>1,744</td><td>1,972</td><td>2,176</td></tr>
</table>

출처: 교육부(2022) .p. 18

〈표 6-8〉 누리과정과 초등학교 저학년의 편제 비교

	2019 누리과정	2022 초등학교 1~2학년군
영역 및 교과	• 5개 영역 – 신체운동 · 건강, 의사소통, 사회관계, 예술경험, 자연탐구	• 5개 교과와 창의적 체험활동 – 통합교과(바른 생활, 슬기로운 생활, 즐거운 생활), 기초교과(국어, 수학) – 창의적 체험활동
시간 배당 및 운영	• 1일 4~5시간을 기준으로 편성한다. • 일과 운영에 따라 확장하여 편성할 수 있다. • 누리과정을 바탕으로 각 기관의 실정에 적합한 계획을 수립하여 운영한다. • 하루 일과에서 바깥 놀이를 포함하여 유아의 놀이가 충분히 이루어지도록 편성하여 운영한다. • 성, 신체적 특성, 장애, 종교, 가족 및 문화적 배경 등으로 인한 차별이 없도록 편성하여 운영한다. • 유아의 발달과 장애 정도에 따라 조정하여 운영한다. • 가정과 지역사회와의 협력과 참여에 기반하여 운영한다. • 교사 연수를 통해 누리과정의 운영이 개선되도록 한다.	• 1시간 수업은 40분을 원칙으로 하되, 기후 및 계절, 학생의 발달 정도, 학습내용의 성격, 학교 실정 등을 고려하여 탄력적으로 편성 · 운영할 수 있다. • 학년군의 교과(군)별 및 창의적 체험활동 시간 배당은 연간 34주를 기준으로 2년간의 기준 수업시수를 나타낸 것이다. • 학년군별 총 수업시간 수는 최소 수업시수를 나타낸 것이다. • 실과 수업시간은 5~6학년 과학/실과의 수업시수에만 포함된다. • 정보교육은 실과의 정보영역 시수와 학교자율시간 등을 활용하여 34시간 이상 편성 · 운영한다.

초등학교 저학년 통합교과의 이해

초등학교 바른 생활과, 슬기로운 생활과, 즐거운 생활과는 주제 중심 통합교육과정으로 운영된다. 2022 초등학교 교육과정에서는 2015 초등학교 교육과정보다 통합교육을 더 강화하여 탈학문적인 4 개의 영역(질문)과 8개의 핵심아이디어를 기반으로 교실에서 교사와 학생들이 함께 주제 및 차시를 개발하여 통합교육을 실행하도록 하고 있다. 주제별 교과서에는 주제 및 차시 계발을 돕기 위해 주제의 예시들을 수록되어 있고, '주제별 교과서(1-1학기 : 학교, 사람들, 우리나라, 탐험)'뿐만아니라 '플랫폼형 교과서'과 '모듈형 교과서'도 함께 보완하여 활용하도록 하였다. 이 같은 변화는 '만들어가는 교육과정'체계를 구축할 수 있는 의미있는 변화라 할 수 있다.

2022 저학년 통합교과의 내용체계					
영역	핵심 아이디어	범주	내용요소		
			바른 생활	슬기로운 생활	즐거운 생활
우리는 누구로 살아 갈까	• 우리는 내가 누구인지 생각하며 생활한다. • 우리는 서로 관계를 맺으며 생활한다.	지식 · 이해	• 학교생활 습관과 학습 습관 • 자기 이해 • 생태환경	• 학교 안팎의 모습과 생활 • 자아인식 • 가족과 주변 사람 • 사람 · 자연 · 동식물	• 건강과 안전 • 신체 인식과 감각 • 자연의 아름다운 장면
		과정 · 기능	• 습관 형성하기 • 관계 맺기	• 탐색하기 • 설명하기 • 탐구하기	• 놀이하기 • 소통하기 • 감상하기
		가치 · 태도	• 안전하고 건강한 생활 • 자기 존중 • 배려 • 더불어 사는 삶	• 안전한 학교생활	• 어울림 • 건강한 생활 • 안전한 생활
우리는 어디서 살아 갈까	• 우리는 여러 공동체 속에서 생활한다. • 우리는 삶의 공간을 넓히며 생활한다.	지식 · 이해	• 공동체 생활 모습 • 우리나라의 소중함	• 마을의 모습과 생활 • 우리나라의 모습과 문화 • 다른 나라의 모습과 문화 • 궁금한 세계	• 우리나라의 문화 예술 • 다른 나라의 문화 예술
		과정 · 기능	• 실천하기 • 호기심 갖기	• 살펴보기 • 조사하기 • 탐구하기 • 매체 활용하기 • 탐색하기	• 문화 예술 활동하기 • 표현하기 • 상상하기
		가치 · 태도	• 나라 사랑 • 다양성 존중 • 적극성과 도전 의식	• 관심 • 호기심	• 문화 예술 향유

2022 저학년 통합교과의 내용체계					
영역	핵심 아이디어	범주	내용요소		
			바른 생활	슬기로운 생활	즐거운 생활
우리는 지금 어떻게 살아 갈까	• 우리는 여러 유형의 주기로 생활한다. • 우리는 과거, 현재, 미래를 생각하며 생활한다.	지식·이해	• 인물의 삶 • 지속가능한 삶의 방식	• 하루의 변화와 생활 • 계절과 생활 • 과거–현재–미래	• 자연의 변화 • 전통문화 • 아동권리
		과정·기능	• 하루 생활 관리하기 • 변화에 대응하기 • 실천하기	• 탐색하기 • 탐구하기 • 살펴보기	• 자연에서 놀이하기 • 창의적으로 표현하기 • 권리 누리기
		가치·태도	• 시간의 가치 • 적절성 • 공동체성 • 지속가능성	• 상상력	• 활기찬 생활 • 전통의 소중함 • 안전과 안녕
우리는 무엇을 하며 살아 갈까	• 우리는 경험하고 상상하고 만들며 생활한다. • 우리는 느끼고 생각하고 표현하며 생활한다.		• 모두를 위한 생활 환경 • 학습 습관 • 생활 습관	• 생활 도구의 모양과 기능 • 다양한 매체와 재료 • 관심 주제 • 배운 것과 배울 것	• 생각과 느낌
			• 참여하기 • 생각이나 의견 나누기 • 협력하기 • 되돌아보기	• 바꾸기 • 매체 활용하기 • 상상하여 구현하기 • 조사하기 • 연결하기 • 탐색하기	• 고치기와 만들기 • 놀이하기 • 전시하기 • 공연하기 • 경험 떠올리기
			• 모두를 위한 마음 • 개방성 • 자발성	• 창의성	• 자유로운 상상 • 의미 부여

출처: 교육부(2022). p. 71

영역: 아동 개인의 관심사와 공동체의 문제를 아우를 수 있는 4가지 질문이다.

핵심 아이디어 : 영역으로 제시된 네 개의 탈학문적 질문에 대한 표준적이고 일반적인 대답이면서 성취기준을 해석하는 초점이나 방향이다. 또한, 통합교과별 성취기준을 통합적으로 이수한 학생이 갖추게 될 보편적인 생각이나 사고방식이다.

내용요소: 통합교과의 수업을 구성하고 실행하는 과정에 활용할 기본 요소로서 교과별 구체적인 교육과정 내용을 쉽게 파악할 수 있도록 지식·이해, 과정·기능, 가치·태도로 구분하여 제시한 것이다(교육부, 2022).

2) 누리과정과 초등학교 교육과정의 편성 · 운영 비교

2019 누리과정과 2022 초등학교 교육과정은 편성 및 운영의 측면에서는 기본적으로 연계되고 있다. 누리과정과 초등학교 교육과정은 모두 이전 교육과정과 마찬가지로 국가 수준 교육과정에 기초하여 유아교육기관과 초등학교 학급 실정에 알맞은 교육과정을 자율적으로 편성 · 운영하도록 하고 있기 때문이다. 단위 유아기관의 누리과정과 초등학교 교육과정의 편성 및 운영에서 나타나는 공통점을 살펴보면 다음과 같다.

첫째, 단위 유아교육기관과 초등학교에서는 모든 교원이 전문성을 발휘하여 참여하는 민주적인 절차와 과정을 거쳐 국가고시교육과정에 기초하면서도 단위 유아교육기관과 초등학교 실정에 알맞은 교육과정을 자율적으로 편성 · 운영한다.

둘째, 누리과정과 초등교육과정의 교과(영역)별 내용은 반드시 지도의 순서를 의미하는 것이 아니며 내용을 지역별 특성과 아동의 요구와 교사의 필요에 따라 융통성 있게 편성하여 운영한다.

셋째, 단위 유아교육기관과 초등학교에서 교육과정을 편성 · 운영함에 있어서는 교원 조직, 유아의 실태, 학부모의 요구, 지역사회의 실정, 교육 시설 · 설비 및 교육 여건과 환경이 충분히 반영되도록 한다.

넷째, 단위 유아교육기관과 초등학교는 교사 모임, 현장 연구, 자체 연수 등을 통해서 교사들의 교육활동이 개선되도록 한다.

다섯째, 단위 유아교육기관과 초등학교는 장애아를 위한 특수 학급을 설치하는 경우, 장애 정도와 능력에 따라 교육과정을 조정하여 운영하거나 특수학교 교육과정 및 교수 · 학습 자료를 활용할 수 있다.

끝으로 단위 유아교육기관과 초등학교는 교육과정 편성과 운영의 적합성, 타당성, 효과성을 자체 평가하여 문제점과 개선점을 추출하고, 다음 학년도의 교육과정 편성 · 운영에 그 결과를 반영한다.

2019 누리과정과 2022 초등학교 교육과정에 제시된 교육과정 편성 및 운영 시 고려할 점을 구체적으로 살펴보면 다음과 같다(교육부, 2022; 교육부 · 보건복지부, 2019a).

2019 누리과정 편성·운영 시 고려할 점

- 1일 4~5시간을 기준으로 편성한다.
- 일과 운영에 따라 확장하여 편성할 수 있다.
- 누리과정을 바탕으로 각 기관의 실정에 적합한 계획을 수립하여 운영한다.
- 하루 일과에서 바깥 놀이를 포함하여 유아의 놀이가 충분히 이루어지도록 편성하여 운영한다.
- 성, 신체적 특성, 장애, 종교, 가족 및 문화적 배경 등으로 인한 차별이 없도록 편성하여 운영한다.
- 유아의 발달과 장애 정도에 따라 조정하여 운영한다.
- 가정과 지역사회와의 협력과 참여에 기반하여 운영한다.
- 교사 연수를 통해 누리과정의 운영이 개선되도록 한다.

2022 초등학교 교육과정 편성·운영 시 고려할 점

- 학교는 모든 교육활동을 통해 학생의 기본생활습관, 기초 학습 능력, 바른 인성을 함양할 수 있도록 교육과정을 편성 · 운영한다.
- 학교는 학년(군)별 교과(군)와 창의적 체험활동의 수업 시수를 학년별, 학기별로 자율적으로 편성하여 학생과 학부모에게 안내한다.
- 학교는 각 교과의 기초적, 기본적 요소들이 체계적으로 학습되도록 교육과정을 편성 · 운영한다. 특히 국어 사용 능력과 수리 능력의 기초가 부족한 학생들을 대상으로 기초 학습 능력 향상을 위한 별도의 프로그램을 편성 · 운영할 수 있다.
- 학교는 학교의 특성, 학생 · 교사 · 학부모의 요구 및 필요에 따라 교과(군)별 20% 범위 내에서 시수를 증감하여 편성 · 운영할 수 있다. 단, 체육, 예술(음악/미술) 교과는 기준 수업시수를 감축하여 편성 · 운영할 수 없다.

- 학교는 교육의 효과를 높이기 위하여 필요한 경우 학년별, 학기별로 교과 집중 이수를 실시할 수 있다.
- 전입 학생이 특정 교과목을 이수하지 못한 경우, 교육청과 학교에서는 보충 학습 과정 등을 통해 학습 결손이 발생하지 않도록 한다.
- 학년을 달리하는 학생을 대상으로 복식 학급을 편성 · 운영하는 경우에는 교육내용의 학년별 순서를 조정하거나 공통 주제를 중심으로 교재를 재구성하여 활용할 수 있다.
- 3~6학년 교육과정에서는 학년별로 지역과 연계하거나 다양하고 특색 있는 교육과정 운영을 위해 학교자율시간을 편성 · 운영한다.
- 학교는 1학년 학생의 학교생활 적응 및 한글 해득 교육 등의 입학 초기 적응 프로그램을 교과와 창의적 체험활동 시간을 활용하여 진로연계교육으로 운영한다.
- 학교는 학생의 발달 특성을 고려하여 1~2학년 학생에게 실내 · 외 놀이 및 신체 활동의 기회를 충분히 제공한다.
- 1~2학년의 안전교육은 바른 생활 · 슬기로운 생활 · 즐거운 생활 교과의 64시간을 포함하여 교과 및 창의적 체험활동을 활용하여 편성 · 운영한다.
- 정보통신 활용 교육, 보건 교육, 한자 교육 등은 관련 교과와 창의적 체험활동 시간을 활용하여 체계적인 지도가 이루어질 수 있도록 한다.

정리하면, 연계교육의 차원에서 2022 초등학교 교육과정 설계 및 운영에 나타난 주목할 만한 변화는 첫째, '진로연계학기'로 1학년 1학기를 규정하고 창의적 체험활동 시수뿐만 아니라 통합교과 시수를 활용하여 1학년 아동의 학교생활 적응과 한글 해득 교육을 위한 입학 초기 적응 프로그램을 운영한다는 점이다. 이를 통해 창의적 체험활동과 통합교과의 내용이 중첩되는 것을 피하고 창의적 체험활동 시수도 감축되었다. 둘째, 아동의 발달 특성을 고려하여 1~2학년 아동들에게 실내 · 외 놀이 및 신체 활동의 기회를 충분히 제공하도록 했다는 점이다.

이러한 변화는 연계교육의 차원에서 아이들의 행복한 초등학교 적응과 성장을 돕는 것이기에 의미있는 변화라 할 수 있다.

이상과 같이 2019 누리과정과 2022 초등학교 교육과정의 총론을 살펴볼 때 성격, 추구하는 인간상, 목표, 구성의 중점 등 총론의 전반적인 구성은 유 · 초 연계교육의 측면에서 진전되었다고 볼 수 있다. 특히 역량 중심의 초등학교 교육과정의 취지와 내용이 2019 누리과정의 인간상과 교육목표 등에 반영되어 초등학교 교육과정과 연계를 이루고 있는 점, 누리과정 5개 영역의 내용이 초등학교 1학년의 교육내용을 상회하지 않도록 유의할 것을 강조한 점, 교육내용의 축소 및 대강화, 교사의 자율성을 강화한 점 등은 유 · 초 연계교육의 차원에서 긍정적으로 평가할 수 있다.

그러나 구성체계의 연계 측면에서 볼 때, 2019 누리과정에서 인간상 구현을 위한 핵심역량의 재조명이 요구된다. 핵심역량 중심의 교육과정에 대해서는 학자에 따라 다양한 관점이 있지만 결국 좋은 교육의 연속성 차원에서 볼 때, 핵심역량은 유아기 때부터 다루어질 필요가 있으므로 누리과정에 핵심역량을 명시하는 것과 관련하여 앞으로 심층적인 연구와 논의가 수반되어야 할 것이다(김창복 · 이신영, 2020). 이외에도 교육과정상의 유 · 초 연계를 위하여 누리과정에 '관련 법규'를 제시하는 것에 대한 재검토가 필요하다. 현재 초등학교 교육과정에서만 성격과 인간상 등에서 바탕이 되는 관련 법규를 제시하고 있는데 교육과정에 관련 법규를 제시하는 것은 교육과정의 합법성 차원에서 큰 의미를 가지므로(이기숙, 2015; 이승미, 2015) 유 · 초 연계의 측면과 유 · 보 통합의 차원을 고려하여 관련 법규의 추가에 대한 충분한 연구와 논의가 이루어질 필요가 있다.

제7장

2019 누리과정 영역과 2022 초등학교 저학년 교과의 연계

2019 누리과정 영역과 2022 초등학교 저학년 교과의 연계를 살펴보면, 〈표 7-1〉과 같이 의사소통 영역은 국어과와, 예술경험 영역은 즐거운 생활과와 연계되지만, 그 외의 영역들은 초등학교의 여러 교과와 중첩되어 연계된다. 2022 초등학교 저학년 교육과정이 탈학문적 접근의 주제 중심 통합교육을 강조하면서 그 특성상 이전 교육과정에 비해 좀 더 중첩되는 경향을 보인다. 신체운동 · 건강 영역은 바른 생활과 및 즐거운 생활과와 주로 연계되나 안전교육으로 인해 슬기로운 생활과도 일부 연계된다. 사회관계 영역은 바른 생활과 및 슬기로운 생활과와 주로 연계되나 즐거운 생활과도 일부 연계된다. 자연탐구 영역은 수학과와 슬기로운 생활과 중심으로 연계되나 바른 생활과와도 부분적으로 관련된다. 2019 누리과정 영역과 2022 저학년 교과의 중첩된 연계는 교사들의 상호 교육과정에 대한 이해를 어렵게 하는 원인이 될 수 있기에 추후 논의될 필요가 있다.

〈표 7-1〉 2019 누리과정 영역과 2022 초등학교 1~2학년 교과의 연계

구분	국어	수학	바른 생활	슬기로운 생활	즐거운 생활	초 3~4 교과	비고
신체운동·건강			✔	✔*	✔	✔	초 3~4 체육
의사소통	✔					✔	초 3~4 국어
예술경험					✔	✔	초 3~4 예술(음악/미술) 체육
사회관계			✔	✔	✔*	✔	초 3~4 사회/도덕
자연탐구		✔	✔*	✔		✔	초 3~4 과학, 수학

2022 초등학교 교육과정(통합 교과별 '교수·학습의 방향')에 제시된 내용에 기초하여 구성함
*초등학교 교육과정에 명시되지 않았으나 내용상 연계되기에 표시함

01 2019 누리과정 영역과 2022 초등 저학년 교과의 목표 및 내용

유아교사 및 초등교사에게 실질적인 도움을 주기 위해 〈표 7-1〉에 근거하여 2019 누리과정의 영역별 목표 및 내용과 2022 저학년 교과의 목표 및 내용이 어떻게 관련되는지를 간단히 살펴보고자 한다. 초등학교 교과의 내용은 내용요소와 성취기준을 통해 파악할 수 있지만, 내용요소보다는 성취기준이 상세하기에 성취기준을 제시하였다.

1) 누리과정 신체운동·건강 영역과 초등학교 바른생활·즐거운 생활의 목표 및 내용

(1) 목표

2019 누리과정 신체운동 건강 영역의 목표를 2022 초등학교 바른 생활과 및 즐거운 생활과의 목표와 비교하여 제시하면 〈표 7-2〉와 같다. 신체운동 건강 영역

의 기본목표와 바른 생활과의 기본목표를 살펴보았을 때, 신체운동 건강 영역의 기본목표는 즐거운 생활의 기본목표와는 의미적으로 연계되나 바른 생활과 기본목표와는 연계성을 찾기 어렵다. 이는 2022 초등학교 통합교과에서는 '지금-여기-우리 삶'을 위한 배움을 추구하면서 아동 개인의 관심사와 공동체의 문제를 아우를 수 있는 탈학문적 질문들에 기초하여 교과별 기본목표를 명시했기 때문이다. 하위목표는 신체운동 건강 영역의 하위목표 '2. 건강한 생활습관을 기른다.', '3. 안전한 생활습관을 기른다.'가 바른 생활과의 하위목표 중 '나. 자신이 속한 공동체에서 살아가는 데 필요한 생활 습관과 학습 습관을 형성한다.'와 의미적으로 연계된다. 또한 신체운동 건강 영역의 하위목표 '1. 신체 활동에 즐겁게 참여한다.'는 즐거운 생활과의 하위목표 중 '가. 문화 예술 활동과 신체 활동을 통해 지금을 즐긴다.'와 의미적으로 연계된다.

〈표 7-2〉 누리과정 신체운동 · 건강 영역과 초등학교 바른 생활과, 즐거운 생활과의 목표 비교

구분	2019 누리과정	2022 초등학교 교육과정(1~2학년군)	
	신체운동 · 건강	바른 생활	즐거운 생활
기본 목표	실내 · 외에서 신체활동을즐기고, 건강하고 안전한 생활을 한다.	공동체 구성원으로서 '지금-여기-우리 삶'의 문제를 성찰하고 실천한다.	놀이를 하면서 '지금여기-우리 삶'을 즐긴다.
하위 목표	1. 신체활동에 즐겁게 참여한다. 2. 건강한 생활습관을 기른다. 3. 안전한 생활습관을 기른다.	가. 지금 만나는 삶의 문제를 인식하고 스스로 해결하려 노력한다. 나. 자신이 속한 공동체에서 살아가는 데 필요한 생활 습관과 학습 습관을 형성한다. 다. 주변 사람들과 소통하고 배려하며 생활한다.	가. 문화 예술 활동과 신체 활동을 통해 지금을 즐긴다. 나. 자신이 속한 장소에서 놀이를 즐기며 감정과 정서를 표현한다. 다. 공동체와 더불어 생각이나 느낌을 나누며 창작하고 표현하는 활동에 참여한다.

(2) 내용

2019 누리과정 신체운동 · 건강 영역의 내용과 2022 초등학교 세 통합교과의 내용(성취기준)을 관련지어 제시하면 〈표 7-3〉과 같다. 신체운동 · 건강 영역의 내용은 즐거운 생활과 및 바른 생활과의 내용과 연계된다. 그런데 목표 비교할 때와 달리 슬기로운 생활과를 포함시켜 〈표 7-3〉로 제시한 것은 2022 초등학교 교육과정에서 안전교육을 세 통합교과의 내용에 포함시켰기 때문이다. 목표상으로는 신체운동 · 건강 영역과 슬기로운 생활과가 연계되지 않지 않아 제시하지 않았으나 내용상으로 신체운동 · 건강 영역의 내용범주 '안전하게 생활하기'가 슬기로운 생활과의 내용(성취기준) '학교 안팎의 모습과 생활을 탐색하며 안전한 학교생활을 한다.'와 연계를 이루고 있다.

〈표 7-3〉 누리과정 신체운동 · 건강 영역과 초등학교 세 통합교과의 내용 비교

2019 누리과정		2022 초등학교 교육과정(1~2학년군)		
신체운동 · 건강		바른 생활	즐거운 생활	슬기로운 생활
내용범주	내용	성취기준	성취기준	성취기준
신체활동 즐기기	신체를 인식하고 움직인다.		놀이하며 내 몸의 움직임이나 감각을 느낀다.	
	신체 움직임을 조절한다.			
	기초적인 이동 운동, 제자리 운동, 도구를 이용한 운동을 한다.			
	실내 · 외 신체활동에 자발적으로 참여한다.			

<table>
<tr><th colspan="2">2019 누리과정</th><th colspan="3">2022 초등학교 교육과정(1~2학년군)</th></tr>
<tr><th colspan="2">신체운동 · 건강</th><th>바른 생활</th><th>즐거운 생활</th><th>슬기로운 생활</th></tr>
<tr><th>내용 범주</th><th>내용</th><th>성취기준</th><th>성취기준</th><th>성취기준</th></tr>
<tr><td rowspan="4">건강하게 생활하기</td><td>자신의 몸과 주변을 깨끗이 한다.</td><td rowspan="2">학교 생활 습관과 학습 습관을 형성하여 안전하고 건강하게 생활한다.</td><td></td><td></td></tr>
<tr><td>몸에 좋은 음식에 관심을 가지고 바른 태도로 즐겁게 먹는다.</td><td></td><td></td></tr>
<tr><td>하루 일과에서 적당한 휴식을 취한다.</td><td></td><td>하루를 건강하고 활기차게 지낸다.</td><td></td></tr>
<tr><td>질병을 예방하는 방법을 알고 실천한다.</td><td></td><td>안전과 안녕을 위한 아동의 권리가 있음을 알고 누린다.</td><td></td></tr>
<tr><td rowspan="6">안전하게 생활하기</td><td rowspan="3">일상에서 안전하게 놀이하고 생활한다.</td><td rowspan="3">학교 생활 습관과 학습 습관을 형성하여 안전하고 건강하게 생활한다.</td><td>즐겁게 놀이하며, 건강하고 안전하게 생활한다.</td><td rowspan="6">학교 안팎의 모습과 생활을 탐색하며 안전한 학교생활을 한다.</td></tr>
<tr><td>자유롭게 상상하며 놀이한다.</td></tr>
<tr><td>자연의 변화를 느끼며 놀이한다.</td></tr>
<tr><td>TV, 컴퓨터, 스마트폰 등을 바르게 사용한다.</td><td></td><td rowspan="3">안전과 안녕을 위한 아동의 권리가 있음을 알고 누린다.</td></tr>
<tr><td>교통안전 규칙을 지킨다.</td><td></td></tr>
<tr><td>안전사고,화재, 재난, 학대, 유괴 등에 대처하는 방법을 경험한다.</td><td>계절의 변화에 대응하며 생활한다.</td></tr>
</table>

2) 누리과정의 사회관계 영역과 초등학교 바른 생활 · 슬기로운 생활 · 즐거운 생활의 목표 및 내용

(1) 목표

2019 누리과정 사회관계 영역의 목표와 2022 초등학교 통합교과의 목표를 비교하여 제시하면 〈표 7-4〉와 같다. 누리과정 사회관계 영역은 초등학교 바른 생활과의 기본목표와만 의미적으로 연계됨을 알 수 있다.

그러나 하위목표에서는 사회관계 영역의 하위목표가 세 통합교과의 하위목표와 의미적으로 연계되고 있다. 사회관계 영역의 하위목표 '1.자신을 이해하고 존중한다.'와 '2. 다른 사람과 사이좋게 지낸다.'는 바른생활과의 하위목표 모두와 관련된다. 또한, 사회관계의 영역 하위목표 '2. 다른 사람과 사이좋게 지낸다.'는 슬기로운 생활과의 하위목표 '다. 탐구 과정에서 형성한 이해를 공동체와 공유하며 확장한다.'와 즐거운 생활과의 하위목표 '다. 공동체와 더불어 생각이나 느낌을 나누며 창작하고 표현하는 활동에 참여한다.'와 관련된다. 사회관계의 영역의 기본목표 '3.우리가 사는 사회와 다양한 문화에 관심을 가진다.'는 슬기로운 생활과의 하위목표 '가. 자신과 주변에 관심을 가지고 질문을 제기하며 지속적으로 탐구한다.' 및 '나. 탐구 과정에서 필요한 지식이나 기능을 다루면서 주변을 탐구하는 태도를 기른다.'와 관련되고, 즐거운 생활과 기본목표 '가. 문화 예술 활동과 신체 활동을 통해 지금을 즐긴다.'와도 관련된다.

〈표 7-4〉 누리과정 사회관계 영역과 초등학교 세 통합교과의 목표 비교

구분	2019 누리과정	2022 초등학교 교육과정(1~2학년군)		
	사회관계	바른 생활	슬기로운 생활	즐거운 생활
기본 목표	자신을 존중하고 더불어 생활하는 태도를 가진다.	공동체 구성원으로서 '지금-여기-우리 삶'의 문제를 성찰하고 실천한다.	'지금-여기-우리 삶'에 지속적으로 관심을 갖고 탐구한다.	놀이를 하면서 '지금여기-우리 삶'을 즐긴다.
하위 목표	1. 자신을 이해하고 존중한다. 2. 다른 사람과 사이 좋게 지낸다. 3. 우리가 사는 사회와 다양한 문화에 관심을 가진다.	가. 지금 만나는 삶의 문제를 인식하고 스스로 해결하려 노력한다. 나. 자신이 속한 공동체에서 살아가는 데 필요한 생활 습관과 학습 습관을 형성한다. 다. 주변 사람들과 소통하고 배려하며 생활한다.	가. 자신과 주변에 관심을 가지고 질문을 제기하며 지속적으로 탐구한다. 나. 탐구 과정에서 필요한 지식이나 기능을 다루면서 주변을 탐구하는 태도를 기른다. 다. 탐구 과정에서 형성한 이해를 공동체와 공유하며 확장한다.	가. 문화 예술 활동과 신체 활동을 통해 지금을 즐긴다. 나. 자신이 속한 장소에서 놀이를 즐기며 감정과 정서를 표현한다. 다. 공동체와 더불어 생각이나 느낌을 나누며 창작하고 표현하는 활동에 참여한다.

(2) 내용

2019 누리과정 사회관계 영역의 내용과 2022 초등학교 바른 생활과, 슬기로운 생활과, 즐거운 생활과의 내용(성취기준)를 관련지어 제시하면 〈표 7-5〉와 같다. 사회관계 영역의 모든 내용이 바른 생활과 및 슬기로운 생활과의 내용과 주된 연계를 보이고 있고, 즐거운 생활과의 내용과는 일부내용에서 연계되고 있다.

〈표 7-5〉 누리과정 사회관계 영역과 초등학교 세 통합교과의 내용 비교

<table>
<tr><th colspan="2">2019 누리과정</th><th colspan="3">2022 초등학교 교육과정(1~2학년군)</th></tr>
<tr><th colspan="2">사회관계</th><th>바른 생활</th><th>슬기로운 생활</th><th>즐거운 생활</th></tr>
<tr><th>내용 범주</th><th>내용</th><th>성취기준</th><th>성취기준</th><th>성취기준</th></tr>
<tr><td rowspan="4">나를 알고 존중하기</td><td>나를 알고 소중히 여긴다.</td><td>나를 이해하고 존중하며 생활한다.</td><td rowspan="4">나를 탐색하여 나에 대해 설명한다.</td><td></td></tr>
<tr><td rowspan="2">나의 감정을 알고 상황에 맞게 표현한다.</td><td>새로운 활동에 호기심을 갖고 도전한다.</td><td rowspan="2">기억에 남는 경험을 떠올리며 의미를 부여한다.</td></tr>
<tr><td>하루의 가치를 느끼며 지금을 소중히 여긴다.</td></tr>
<tr><td>내가 할 수 있는 것을 스스로 한다.</td><td>지금까지의 생활 습관과 학습 습관을 되돌아본다.</td><td></td></tr>
<tr><td rowspan="6">더불어 생활하기</td><td rowspan="2">가족의 의미를 알고 화목하게 지낸다.</td><td>가족이나 주변 사람을 배려하며 관계를 맺는다.</td><td>가족이나 주변 사람에게 관심을 갖고 함께 살아가는 모습을 탐구한다.</td><td rowspan="2">가족이나 주변 사람과 소통하며 어울린다.</td></tr>
<tr><td>여러 인물의 삶을 통해 공동체성을 기른다.</td><td>관심 있는 대상의 과거와 현재를 살펴보고 미래를 상상한다.</td></tr>
<tr><td rowspan="2">친구와 서로 도우며 사이좋게 지낸다.</td><td>공동체에서 내가 할 수 있는 일을 찾아보고 실천한다</td><td rowspan="2">사람과 자연, 동식물이 어우러져 사는 생태를 탐구한다.</td><td rowspan="2"></td></tr>
<tr><td>여럿이 하는 활동에 관심을 갖고 자발적으로 협력한다.</td></tr>
<tr><td>친구와의 갈등을 긍정적인 방법으로 해결한다.</td><td>공동체 속에서 지속가능성을 위한 삶의 방식을 찾아 실천한다.</td><td></td><td></td></tr>
<tr><td>서로 다른 감정, 생각, 행동을 존중한다.</td><td>다양한 생각이나 의견에 대해 개방적인 태도를 형성한다.</td><td></td><td></td></tr>
</table>

<table>
<tr><th colspan="2">2019 누리과정</th><th colspan="3">2022 초등학교 교육과정(1~2학년군)</th></tr>
<tr><th colspan="2">사회관계</th><th>바른 생활</th><th>슬기로운 생활</th><th>즐거운 생활</th></tr>
<tr><th>내용 범주</th><th>내용</th><th>성취기준</th><th>성취기준</th><th>성취기준</th></tr>
<tr><td>더불어 생활하기</td><td>약속과 규칙의 필요성을 알고 지킨다.</td><td></td><td></td><td></td></tr>
<tr><td rowspan="6">사회에 관심 가지기</td><td rowspan="3">내가 살고 있는 곳에 대해 궁금한 것을 알아본다.</td><td rowspan="3">새로운 활동에 호기심을 갖고 도전한다.</td><td>학교 안팎의 모습과 생활을 탐색하며 안전한 학교 생활을 한다.</td><td rowspan="3"></td></tr>
<tr><td>우리가 살고 있는 마을과 사람들이 생활하는 모습을 살펴본다.</td></tr>
<tr><td>궁금한 세계를 다양한 매체로 탐색한다.</td></tr>
<tr><td>우리나라에 대해 자부심을 가진다.</td><td>우리나라의 소중함을 알고 사랑하는 마음을 기른다.</td><td>우리나라의 모습이나 문화를 조사한다.</td><td></td></tr>
<tr><td rowspan="2">다양한 문화에 관심을 가진다.</td><td rowspan="2">차이나 다양성을 서로 존중하면서 생활한다.</td><td rowspan="2">알고 싶은 나라를 탐구하며 다른 나라에 관심을 갖는다.</td><td>다양한 세상을 상상하고 표현한다.</td></tr>
<tr><td>다른 나라의 문화 예술을 체험한다.</td></tr>
</table>

3) 누리과정의 예술경험 영역과 초등학교 즐거운 생활의 목표 및 내용

(1) 목표

2019 누리과정 예술경험 영역의 목표와 2022 초등학교 즐거운 생활과의 목표를 비교해보면 〈표 7-6〉과 같다. 예술경험과 즐거운 생활과의 기본목표는 '즐긴다'라는 측면을 제외하고는 잘 연계되지 않고 있으나 하위목표를 보면, 예술경험의 세 목표가 즐거운 생활과의 세 목표와 의미적으로 연계됨을 볼 수 있다.

〈표 7-6〉 누리과정 예술경험 영역과 초등학교 즐거운 생활과의 목표 비교

구분	2019 누리과정	2022 초등학교 교육과정(1~2학년군)
	예술경험	즐거운 생활
기본 목표	아름다움과 예술에 관심을 가지고 창의적 표현을 즐긴다.	놀이를 하면서 '지금 여기-우리 삶'을 즐긴다.
하위 목표	1. 자연과 생활 및 예술에서 아름다움을 느낀다. 2. 예술을 통해 창의적으로 표현하는 과정을 즐긴다. 3. 다양한 예술표현을 존중한다.	가. 문화 예술 활동과 신체 활동을 통해 지금을 즐긴다. 나. 자신이 속한 장소에서 놀이를 즐기며 감정과 정서를 표현한다. 다. 공동체와 더불어 생각이나 느낌을 나누며 창작하고 표현하는 활동에 참여한다.

(2) 내용

2019 누리과정 예술경험 영역의 내용과 2022 초등학교 즐거운 생활과의 내용(성취기준)을 관련지어 제시하면 〈표 7-7〉과 같다. 예술경험 영역의 내용과 즐거운 생활과의 내용이 연계됨을 알 수 있다.

〈표 7-7〉 누리과정 예술경험 영역과 초등학교 즐거운 생활과의 내용 비교

2019 누리과정		2022 초등학교 교육과정(1~2학년군)
예술경험		즐거운 생활
내용범주	내용	성취기준
아름다움 찾아보기	자연과 생활에서 아름다움을 느끼고 즐긴다.	우리를 둘러싼 자연의 아름다움을 감상한다.
		자연의 변화를 느끼며 놀이한다.
	예술적 요소에 관심을 갖고 찾아본다.	우리나라의 문화 예술을 즐긴다.
		내가 참여할 수 있는 문화 예술을 향유한다.
창의적으로 표현하기	노래를 즐겨 부른다.	전통문화를 새롭게 표현한다.
	신체, 사물, 악기로 간단한 소리와 리듬을 만들어본다.	

2019 누리과정		2022 초등학교 교육과정(1~2학년군)
예술경험		즐거운 생활
내용범주	내용	활동요소
창의적으로 표현하기	신체나 도구를 활용하여 움직임과 춤으로 자유롭게 표현한다.	다양한 세상을 상상하고 표현한다.
	신체나 도구를 활용하여 움직임과 춤으로 자유롭게 표현한다.	다양한 세상을 상상하고 표현한다.
	다양한 미술 재료와 도구로 자신의 생각과 느낌을 표현한다.	전통문화를 새롭게 표현한다.
		주변의 물건을 활용하여 놀잇감을 만든다.
	극놀이로 경험이나 이야기를 표현한다.	생각이나 느낌을 살려 전시나 공연 활동을 한다.
예술 감상하기	다양한 예술을 감상하며 상상하기를 즐긴다.	생각이나 느낌을 살려 전시나 공연 활동을 한다.
		기억에 남는 경험을 떠올리며 의미를 부여한다.
	서로 다른 예술표현을 존중한다.	내가 참여할 수 있는 문화 예술을 향유한다.
	우리나라 전통예술에 관심을 갖고 친숙해진다.	우리나라의 문화 예술을 즐긴다.

4) 누리과정의 의사소통 영역과 초등학교 국어의 목표 및 내용 비교

(1) 목표

2019 누리과정 의사소통 영역과 2022 초등학교 1~2학년군 국어의 목표를 비교하면 〈표 7-8〉과 같다. 그런데 초등학교 국어는 1~9학년까지 공통과정으로 편성되어 기본목표와 하위목표가 9년 동안 학습자가 도달해야 할 성취 기준으로 제시되었다. 따라서 누리과정 의사소통 영역의 목표와 비교할 때 국어과의 목표는 수준의 차가 크게 나타난다. 그래도 누리과정 의사소통 영역의 목표와 국어과 목표를 비교해 보면, 언어생활 영역의 기본목표가 초등학교 국어과 기본목표의 기초

가 됨을 알 수 있다. 그러나 하위목표는 언어생활 영역과 국어 간에 표현의 차이가 커서 연계를 살펴보기에는 무리가 있다. 누리과정 의사소통 영역과 초등 1~2학년군 국어과 목표의 연계를 이해하기 위해서는 초등 국어과 교육과정에서 학년군별로 목표가 제시될 필요가 있다.

〈표 7-8〉 누리과정 의사소통 영역과 초등학교 국어과의 목표 비교

구분	2019 누리과정	2022 초등학교 교육과정
	의사소통 영역	국어
기본 목표	일상생활에 필요한 의사소통 능력과 상상력을 기른다.	국어 의사소통의 맥락과 요소를 이해하고 다양한 의사소통의 과정에 협력적으로 참여하면서 언어생활을 성찰하고 국어문화를 향유함으로써 미래 사회에서 요구되는 높은 수준의 국어 능력을 기른다.
하위 목표	1. 일상생활에서 듣고 말하기를 즐긴다. 2. 읽기와 쓰기에 관심을 가진다. 3. 책이나 이야기를 통해 상상하기를 즐긴다.	가. 다양한 유형의 담화, 글, 국어 자료, 작품, 복합 매체 자료를 비판적으로 이해하고 자신의 생각을 창의적으로 표현한다. 나. 다양성에 대한 이해를 바탕으로 타인의 의견과 감정, 가치관을 존중하면서 협력적으로 의사소통한다. 다. 민주시민으로서 의사소통에 적극적으로 참여하여 개인과 공동체의 문제를 해결한다. 라. 공동체의 언어문화를 탐구하고 자신의 언어생활을 성찰하고 개선한다. 마. 다양한 사상과 정서가 반영되어 있는 국어문화를 감상하고 향유한다.

(2) 내용

2019 누리과정 의사소통 영역의 내용과 2022 초등학교 1~2학년군 국어과의 내용(성취 기준)을 비교하여 제시하면 〈표 7-9〉와 같다. 국어과는 듣기 · 말하기, 문학, 읽기, 쓰기, 문법, 매체의 여섯 영역으로 구성되며 이중 매체 영역이 2022 초

등학교 교육과정에서 신설되었다.

누리과정의 의사소통 영역의 내용범주는 '듣기와 말하기', '읽기와 쓰기에 관심 가지기', '책과 이야기 즐기기'이다. 반면, 초등학교 1~2학년군 국어과 영역에서는 의사소통 영역의 '책과 이야기 즐기기'를 문학으로 표현하였고 문법과 매체 영역을 추가하였다. 〈표 7-9〉를 보면, 누리과정 의사소통 영역의 내용과 초등학교 1~2학년군 국어과의 내용은 연계되고 있다. 또한, 2022 초등학교 교육과정에서는 한글을 미리 배워 오지 않아도 충분하도록 1학년의 한글 교육시간을 2015 초등학교 교육과정에 비해 증가시켰는데 연계교육의 차원에서 매우 바람직한 변화라 할 수 있다.

〈표 7-9〉 누리과정 의사소통 영역과 초등학교 1~2학년군 국어과의 내용 비교

2019 누리과정 의사소통 영역		2022 초등학교 국어(1~2학년군)	
내용범주	내용	영역	내용 성취 기준
듣기와 말하기	• 말이나 이야기를 관심 있게 듣는다. • 자신의 경험, 느낌, 생각을 말한다. • 상황에 적절한 단어를 사용하여 말한다. • 상대방이 하는 이야기를 듣고 관련해서 말한다. • 바른 태도로 듣고 말한다. • 고운 말을 사용한다.	듣기 · 말하기	(1) 상황에 어울리는 인사말을 주고받는다. (2) 일이 일어난 순서를 고려하며 듣고 말한다. (3) 자신의 감정을 표현하며 대화를 나눈다. (4) 듣는 이를 바라보며 바른 자세로 자신 있게 말한다. (5) 말하는 이와 말의 내용에 집중하며 듣는다. (6) 바르고 고운 말을 사용하여 말하는 태도를 지닌다.
읽기와 쓰기에 관심 가지기	• 말과 글의 관계에 관심을 가진다. • 주변의 상징, 글자 등의 읽기에 관심을 가진다.	읽기	(1) 글자, 낱말, 문장을 소래 내어 읽는다. (2) 의미가 잘 드러나도록 문장과 짧은 글을 알맞게 띄어 읽는다. (3) 글을 읽고 중심 내용을 확인한다. (4) 인물의 마음이나 생각을 짐작하고 이를 자신과 비교하며 글을 읽는다. (5) 읽기에 흥미를 가지고 즐겨 읽는 태도를 지닌다.

2019 누리과정 의사소통 영역		2022 초등학교 국어(1~2학년군)	
내용범주	내용	영역	내용 성취 기준
읽기와 쓰기에 관심 가지기	• 자신의 생각을 글자와 비슷한 형태로 표현한다.	쓰기	(1) 글자와 단어를 바르게 쓴다. (2) 쓰기에 흥미를 가지며 자신의 생각이나 느낌을 문장으로 표현한다. (3) 주변 소재에 대해 소개하는 글을 쓴다. (4) 겪은 일을 표현하는 글을 자유롭게 쓰고, 쓴 글을 함께 읽고 생각이나 느낌을 나눈다.
		문법	(1) 한글 자모의 이름과 소릿값을 알고 정확하게 발음하고 쓴다 (2) 소리와 표기가 다를 수 있음을 알고 단어를 바르게 읽고 쓴다. (3) 문장과 문장 부호를 알맞게 쓰고 한글에 호기심을 가진다.
책과 이야기 즐기기	• 책에 관심을 가지고 상상하기를 즐긴다. • 동화, 동시에서 말의 재미를 느낀다. • 말놀이와 이야기 짓기를 즐긴다.	문학	(1) 말놀이, 낭송 등을 통해 말의 재미와 즐거움을 느낀다. (2) 작품을 듣거나 읽으면서 느끼거나 생각한 점을 말한다. (3) 작품 속 인물의 모습, 행동, 마음을 상상하여 시, 노래, 이야기, 그림 등으로 표현한다. (4) 시나 노래, 이야기에 흥미를 가진다.
		매체	(1) 일상의 다양한 매체와 매체 자료에 흥미와 관심을 가진다. (2) 일상의 경험과 생각을 글과 그림으로 표현한다.

5) 누리과정의 자연탐구 영역과 초등학교 수학, 슬기로운생활, 바른 생활의 목표 및 내용

(1) 목표

2019 누리과정 자연탐구 영역과 2022 초등학교 수학과, 슬기로운 생활과 및 바른 생활과의 목표를 비교하여 제시하면 〈표 7-10〉과 같다. 먼저 기본목표를 살펴보면, 누리과정 자연탐구 영역의 기본목표는 초등학교 수학과 및 슬기로운 생활과의 기본목표와 의미적으로 연계된다. 또한 자연탐구 영역의 '~자연과 더불어 살아가는 태도를 가진다.'의 부분에서 바른 생활과의 기본목표와도 의미적으로 관련된다.

하위목표를 살펴보면, 자연탐구 영역의 하위목표 세 개가 슬기로운 생활과의 하위목표들과 의미적으로 관련된다. 또 자연탐구 영역의 하위목표 중 '2. 생활 속의 문제를 수학적, 과학적으로 탐구한다.'는 바른 생활과의 하위목표 중 '가. 지금 만나는 삶의 문제를 인식하고 스스로 해결하려 노력한다.'와 관련되고, 자연탐구 영역의 '3. 생명과 자연을 존중한다.'는 바른 생활과의 하위 목표 중 '다. 주변 사람들과 소통하고 배려하며 생활한다.'와 의미적으로 관련된다. 자연탐구 영역과 수학과의 하위목표를 비교해보면, 수학과가 1학년부터 9학년까지 도달해야할 목표를 제시하고 있어 직접적인 연계를 비교하기에는 무리가 있으나 의미적으로 볼 때 자연탐구 영역의 하위목표 '1. 일상생활에서 호기심을 가지고 탐구하는 과정을 즐긴다.'와 '2. 생활 속의 문제를 수학적, 과학적으로 탐구한다.'가 수학과의 하위목표 '가. 수학적 지식을 이해하고 활용하여 적극적이고 자신감 있게 여러 가지 문제를 해결한다.'와 직접 연계되며 그 외 하위목표들의 기초가 될 것이라 생각된다.

〈표 7-10〉 누리과정 자연탐구 영역과 초등학교 수학과, 슬기로운 생활과, 바른 생활과의 목표 비교

구분	2019 누리과정	2022 초등학교 교육과정(1~2학년군)		
	자연탐구 영역	수학	슬기로운 생활	바른 생활
	탐구하는 과정을 즐기고, 자연과 더불어 살아가는 태도를 가진다.	수학의 개념, 원리, 법칙을 이해하고 수학의 가치를 인식하며 바람직한 수학적 태도를 길러 수학적으로 추론하고 의사소통하며 다양한 현상과 연결하여 정보를 처리하고 문제를 창의적으로 해결하는 수학 교과 역량을 함양한다.	'지금-여기-우리 삶'에 지속적으로 관심을 갖고 탐구한다.	공동체 구성원으로서 '지금-여기-우리 삶'의 문제를 성찰하고 실천한다.
	1. 일상에서 호기심을 가지고 탐구하는 과정을 즐긴다. 2. 생활 속의 문제를 수학적, 과학적으로 탐구한다. 3. 생명과 자연을 존중한다.	가. 수학적 지식을 이해하고 활용하여 적극적이고 자신감 있게 여러 가지 문제를 해결한다. 나. 수학적 사실에 대해 흥미와 관심을 갖고 추측과 정당화를 통해 추론한다. 다. 수학적 사고와 전략에 대해 의사소통하고 수학적 표현의 편리함을 인식한다. 라. 수학의 개념, 원리, 법칙 간의 관련성을 탐구하고 실생활이나 타 교과에 수학을 적용하여 수학의 유용성을 인식한다. 마. 목적에 맞게 교구나 공학 도구를 활용하며 자료를 수집하고 처리하여 정보에 근거한 합리적 의사 결정을 한다.	가. 자신과 주변에 관심을 가지고 질문을 제기하며 지속적으로 탐구한다. 나. 탐구 과정에서 필요한 지식이나 기능을 다루면서 주변을 탐구하는 태도를 기른다. 다. 탐구 과정에서 형성한 이해를 공동체와 공유하며 확장한다.	가. 지금 만나는 삶의 문제를 인식하고 스스로 해결하려 노력한다. 나. 자신이 속한 공동체에서 살아가는 데 필요한 생활 습관과 학습 습관을 형성한다. 다. 주변 사람들과 소통하고 배려하며 생활한다.

(2) 내용

2019 누리과정 자연탐구 영역의 내용과 2022 초등학교 1~2학년군 수학과, 슬기로운 생활과 및 바른 생활과의 내용(성취기준)을 비교하여 제시하면 〈표 7-11〉, 〈표 7-12〉와 같다. 〈표 7-11〉를 살펴보면, 자연탐구 영역의 내용 범주 중 '생활 속에서 탐구하기' 중 수학교육의 내용이 1~2학년군 수학과 내용과 모두 연계되고 있다. 또한 〈표 7-12〉를 살펴보면, 누리과정 자연탐구 영역의 3개 내용범주인 '탐구하는 과정 즐기기', '생활 속에서 탐구하기', '자연과 더불어 살기'의 하위 내용이 슬기로운 생활과의 내용과 연계됨을 알 수 있다. 아울러 의미적으로 바른 생활과의 내용과도 관련됨을 알 수 있다.

〈표 7-11〉 누리과정 자연탐구 영역과 초등학교 1~2학년군 수학과의 내용 비교

2019 누리과정		2022 초등학교 교육과정(1~2학년군)		
자연탐구 영역		수학		
내용 범주	내용	영역	내용	성취 기준
생활 속에서 탐구하기	물체를 세어 수량을 알아본다.	수와 연산	네 자리 이하의 수	(1) 수의 필요성을 인식하면서 0과 100까지의 수 개념을 이해하고, 수를 세고 읽고 쓸 수 있다. (2) 일, 십, 백, 천의 자릿값과 위치적 기수법을 이해하고, 네 자리 이하의 수를 읽고 쓸 수 있다 (3) 네 자리 이하의 수의 범위에서 수의 계열을 이해하고, 수의 크기를 비교할 수 있다. (4) 하나의 수를 두 수로 분해하고 두 수를 하나의 수로 합성하는 활동을 통하여 수 감각을 기른다.
			두 자리 수 범위의 덧셈과 뺄셈	(1) 덧셈과 뺄셈이 이루어지는 실생활 상황과 연결하여 덧셈과 뺄셈의 의미를 이해한다. (2) 두 자리 수의 범위에서 덧셈과 뺄셈의 계산 원리를 이해하고 그 계산을 할 수 있다. (3) 덧셈과 뺄셈의 관계를 이해한다. (4) 두 자리 수의 범위에서 세 수의 덧셈과 뺄셈을 할 수 있다. (5) □가 사용된 덧셈식과 뺄셈식을 만들고, □의 값을 구할 수 있다.

2019 누리과정		2022 초등학교 교육과정(1~2학년군)		
자연탐구 영역		수학		
내용 범주	내용	영역	내용	성취 기준
생활 속에서 탐구하기	물체를 세어 수량을 알아본다.	수와 연산	한 자리 수의 곱셈	(1) 곱셈이 이루어지는 실생활 상황과 연결하여 곱셈의 의미를 이해한다. (2) 곱셈구구를 이해하고, 한 자리 수의 곱셈을 할 수 있다.
	물체의 위치와 방향, 모양을 알고 구별한다.	도형	입체도형의 모양	(1) 교실 및 생활 주변에서 여러 가지 물건을 관찰하여 직육면체, 원기둥, 구의 모양을 찾고, 이를 이용하여 여러 가지 모양을 만들 수 있다. (2) 쌓기나무를 이용하여 여러 가지 입체도형의 모양을 만들고, 그 모양에 대해 위치나 방향을 이용하여 말할 수 있다.
	물체의 위치와 방향, 모양을 알고 구별한다.	도형	평면도형과 그 구성요소	(1) 교실 및 생활 주변에서 여러 가지 물건을 관찰하여 삼각형, 사각형, 원의 모양을 찾고, 이를 이용하여 여러 가지 모양을 만들 수 있다. (2) 삼각형, 사각형, 원을 직관적으로 이해하고, 그 모양을 그릴 수 있다. (3) 삼각형, 사각형에서 각각의 공통점을 찾아 말할 수 있다.
	일상생활에서 길이, 무게 등의 속성을 비교한다.	측정	양의 비교	(1) 구체물의 길이, 들이, 무게, 넓이를 비교하여 각각 '길다, 짧다', '많다, 적다', '무겁다, 가볍다', '넓다, 좁다' 등을 구별하여 말할 수 있다.
			시각과 시간	(1) 시계를 보고 시각을 '몇 시 몇 분'까지 읽을 수 있다. (2) 1시간과 1분의 관계를 이해하고, 시간을 '시간', '분'으로 표현할 수 있다. (3) 실생활 문제 상황과 연결하여 1분, 1시간, 1일, 1주일, 1개월, 1년 사이의 관계를 이해한다.
			길이	(1) 단위 1cm와 1m를 알고, 이를 이용하여 주변 사물의 길이를 측정할 수 있다. (2) 1m와 1cm의 관계를 이해하고, 길이를 '몇 m 몇 cm'와 '몇 cm'로 표현할 수 있다. (3) 여러 가지 물건의 길이를 어림하고, 길이에 대한 양감을 기른다. (4) 실생활 문제 상황과 연결하여 길이의 덧셈과 뺄셈을 할 수 있다.

<table>
<tr><th colspan="2">2019 누리과정</th><th colspan="3">2022 초등학교 교육과정(1~2학년군)</th></tr>
<tr><th colspan="2">자연탐구 영역</th><th colspan="3">수학</th></tr>
<tr><th>내용 범주</th><th>내용</th><th>영역</th><th>내용</th><th>성취 기준</th></tr>
<tr><td rowspan="4">생활 속에서 탐구 하기</td><td>주변에서 반복되는 규칙을 찾는다.</td><td>규칙성</td><td>규칙 찾기</td><td>(1) 물체, 무늬, 수 등의 배열에서 규칙을 찾아 여러 가지 방법으로 나타낼 수 있다.
(2) 자신이 정한 규칙에 따라 물체, 무늬, 수 등을 배열할 수 있다.</td></tr>
<tr><td rowspan="3">일상생활에서 모은 자료를 기준에 따라 분류한다.</td><td rowspan="3">자료와 가능성</td><td>자료의 정리</td><td>(1) 여러 가지 사물을 정해진 기준 또는 자신이 정한 기준으로 분류하여 개수를 세어 보고, 기준에 따른 결과를 말할 수 있다.</td></tr>
<tr><td>표 만들기</td><td>(2) 자료를 분류하여 표로 나타내고, 자료를 표로 나타내면 편리한 점을 말할 수 있다.</td></tr>
<tr><td>그래프 그리기</td><td>(3) 자료를 분류하여 ○, ×, / 등을 이용한 그래프로 나타내고, 자료를 그래프로 나타내면 편리한 점을 말할 수 있다.</td></tr>
</table>

〈표 7-12〉 누리과정 자연탐구 영역과 초등학교 슬기로운 생활과, 바른 생활과의 내용 비교

<table>
<tr><th colspan="2">2019 누리과정</th><th colspan="2">2022 초등학교 교육과정(1~2학년군)</th></tr>
<tr><th colspan="2">자연탐구 영역</th><th>슬기로운 생활</th><th>바른 생활</th></tr>
<tr><th>내용범주</th><th>내용</th><th>성취기준</th><th>성취기준</th></tr>
<tr><td rowspan="6">탐구과정 즐기기</td><td rowspan="2">주변 세계와 자연에 대해 지속적으로 호기심을 가진다.</td><td>학교 안팎의 모습과 생활을 탐색하며 안전한 학교 생활을 한다.</td><td rowspan="2">새로운 활동에 호기심을 갖고 도전한다.</td></tr>
<tr><td>우리가 살고 있는 마을과 사람들이 생활하는 모습을 살펴본다.</td></tr>
<tr><td rowspan="3">궁금한 것을 탐구하는 과정에 즐겁게 참여한다.</td><td>배운 것과 배울 것을 연결하며 앞으로의 배움을 상상한다.</td><td rowspan="3">여럿이 하는 활동에 관심을 갖고 자발적으로 협력한다.</td></tr>
<tr><td>나를 탐색하여 나에 대해 설명한다.</td></tr>
<tr><td>경험한 것 중에서 관심 있는 주제를 정하고 조사한다.</td></tr>
<tr><td>탐구하는 과정에서 서로 다른 생각에 관심을 가진다.</td><td>우리의 생활과 관련된 지속가능성의 다양한 사례를 찾고 탐색한다.</td><td>다양한 생각이나 의견에 대해 개방적인 태도를 형성한다.</td></tr>
</table>

2019 누리과정		2022 초등학교 교육과정(1~2학년군)	
자연탐구 영역		슬기로운생활	바른생활
내용범주	내용	성취기준	성취기준
생활 속에서 탐구하기	물체의 특성과 변화를 여러 가지 방법으로 탐색한다.	생활도구의 모양이나 기능을 탐색하고 바꾸어본다.	
		상상한 것을 다양한 매체와 재료로 구현한다.	
	도구와 가계에 대해 관심을 가진다.	경험한 것 중에서 관심 있는 주제를 정하고 조사한다.	모두를 위한 생활환경을 만드는 데 참여한다.
		궁금한 세계를 다양한 매체로 탐색한다.	
자연과 더불어 살기	주변의 동식물에 관심을 가진다. 주변의 동식물에 관심을 가진다.	사람과 자연, 동식물이 어우러져 사는 생태를 탐구한다.	생태환경에서 더불어 살기 위해 노력한다. 공동체 속에서 지속가능성을 위한 삶의 방식을 찾아 실천한다.
		관심 있는 대상의 과거와 현재를 살펴보고 미래를 상상한다.	
	생명과 자연환경을 소중히 여긴다.	우리의 생활과 관련된 지속가능성의 다양한 사례를 찾고 탐색한다.	
	날씨와 계절의 변화를 생활과 관련짓는다.	계절과 생활의 관계를 탐구한다.	
		하루의 변화와 사람들이 하루를 살아가는 모습을 탐색한다.	

이상에서와 같이 2019 누리과정 영역의 목표와 내용을 2022 초등학교 교육과정 교과별 목표와 내용과 비교해 보았을 때 목표가 내용에 비해 연계의 수준이 떨어짐을 알 수 있다. 의미상으로 연계된다 할지라도 매끄럽지 않은 연계를 보이고 있고, 내용 기술의 방식 및 표현에서의 차이는 연계교육의 질을 저해하는 요인이 되므로 추후 개선될 필요가 있다. 또한, 누리과정 영역의 명칭과 초등학교 교과의 명칭이 다르고 누리과정의 영역들과 초등학교 교과들이 중첩되어 연계되어 있는 것은 유·초 연계를 저해하는 큰 요인으로서 교사들이 상호 교육과정을 이해하는 데 어려움을 줄 수 있다. 앞으로 이와 관련하여 지속적인 연구와 논의가 이루어져야 할 것이다.

02 2019 누리과정과 2022 초등학교 저학년 교육과정의 교수 · 학습 방법

2019 누리과정과 2022 초등교육 저학년 교육과정에 제시된 교수 · 학습 방법을 비교해 보면, 누리과정은 초등학교 저학년 교육과정이 교과별로 교수 · 학습 방법을 제시한 것과는 달리 모든 영역에 적용되는 일반적인 교수 · 학습 방법을 간략히 제시하고 있다. 2019 누리과정에 제시된 일반적인 교수 · 학습 방법과 2022 초등학교 저학년 교육과정에 제시된 교과별 교수 · 학습 방법을 살펴보면 다음과 같다.

1) 누리과정의 교수 · 학습 방법

2019 누리과정에서 강조하는 교수 · 학습 방법은 자유놀이의 강조, 놀이를 통한 배움, 유아 · 교사 · 환경과의 상호작용, 통합교육 등이다(교육부 · 보건복지부, 2019a). 구체적으로 살펴보면 다음과 같다.

- 유아가 흥미와 관심에 따라 놀이에 자유롭게 참여하고 즐기도록 한다.
- 유아가 놀이를 통해 배우도록 한다.
- 유아가 다양한 놀이와 활동을 경험할 수 있도록 실내 · 외 환경을 구성한다.
- 유아와 유아, 유아와 교사, 유아와 환경 간에 능동적인 상호작용이 이루어지도록 한다.
- 5개 영역의 내용이 통합적으로 유아의 경험과 연계되도록 한다.
- 개별 유아의 요구에 따라 휴식과 일상생활이 원활히 이루어지도록 한다.
- 유아의 연령, 발달, 장애, 배경 등을 고려하여 개별 특성에 적합한 방식으로 배우도록 한다.

2) 초등학교 교육과정의 교수 · 학습 방법

교육과정의 자율화와 분권화를 강조한 2022 초등학교 교육과정은 단위 학교별로 교육과정을 설계 · 운영할 때 강조되어야 할 교수 · 학습의 원칙을 총론을 통해 제시하고 있다. 그 내용을 간략히 제시하면 다음과 같다(교육부, 2022).

- 핵심역량: 학교는 학생들이 깊이 있는 학습을 통해 핵심역량을 함양할 수 있도록 교수 · 학습을 설계하여 운영하되 학생의 발달 단계에 따라 학습 경험의 폭과 깊이를 확장할 수 있도록 수업을 설계한다.
- 통합교육: 학교는 교과 내 영역 간, 교과 간 내용 연계성을 고려하여 수업을 설계하고 지도함으로써 학생들이 융합적으로 사고하고 창의적으로 문제를 해결하는 능력을 함양할 수 있도록 한다. 특히 저학년 바른 생활과, 슬기로운 생활과, 즐거운 생활과는 동일한 주제를 중심으로 경험 중심 통합교육을 실행한다.
- 삶과 연결된 학습 경험: 학교는 학교에서의 학습이 학생의 삶에 의미 있는 학습 경험이 되도록 학습 내용을 실생활 맥락 속에서 이해하고 적용하는 기회를 제공한다.
- 자기 주도적 학습: 학교는 학생이 여러 교과의 고유한 탐구 방법을 익히고 자신의 학습 과정과 학습 전략을 점검하며 개선하는 기회를 제공하여 스스로 탐구하고 학습할 수 있는 자기주도 학습 능력을 함양할 수 있도록 한다.
- 즐거운 배움: 학교는 학생들이 수업에 능동적으로 참여하여 학습의 즐거움을 경험할 수 있도록 토의, 토론 등 학생 참여형 수업을 활성화하고, 견학 등의 체험 및 탐구 활동 경험이 충분히 이루어도록 한다. 또한, 개별 학습 활동과 함께 소집단 협동 학습 활동을 통하여 협력적으로 문제를 해결하는 경험을 충분히 갖도록 한다.

- 학생맞춤형 수업 활성화: 학교는 학생의 능력, 적성, 진로 및 교과의 특성을 고려하여 학습 활동과 방법을 다양화하고, 학생 특성에 따라 다양한 학습 집단을 구성한다.
- 유연하고 안전한 교수 · 학습 환경: 학교는 교사와 학생 간, 학생과 학생 간 상호 신뢰와 협력이 가능한 유연하고 안전한 교수 · 학습 환경을 지원하고, 디지털 기반 학습이 가능하도록 교육공간과 환경을 조성한다.

3) 초등 통합교과의 교수 · 학습 방법

통합교과인 바른 생활, 슬기로운 생활, 즐거운 생활의 교수 · 학습 방법은 '주제 중심 통합교육'으로 전개된다. 교육과정에서는 탈학문적 접근으로 제시된 영역과 핵심아이디어를 기반으로 교사가 아동과 함께 주제 및 차시를 개발하고, 개발된 주제 및 차시를 중심으로 다양한 '실천 경험 중심 활동(바른 생활)', '탐구 경험 중심 활동(슬기로운 생활)', '놀이 경험 중심 활동(즐거운 생활)'이 실행하도록 제시하고 있다. 주제 중심 통합교육의 교수 · 학습 과정은 '주제 개발–차시 개발–차시조직–실행(교수 · 학습)'의 단계로 진행된다(교육부, 2022).

[주제 개발] 통합단원의 이름이 될 만한 주제를 개발하는 단계이다.

- 아동들이 관심 주제에 대해 자유롭게 제안하며 공부할 주제를 정하는 과정에 참여할 수 있다.
- 주제는 통합단원 이름이 될 만한 것으로 주변의 문제, 교과 개념, 성취기준, 동화, 행사, 인물, 일화 등을 고려해서 개발할 수 있다.
- 주제는 아동들의 관심사나 흥미를 살피면서 학교, 마을 등 주변에서 다룰 수 있는 쟁점이나 지역, 국가, 세계적인 쟁점 등을 고려하여 개발할 수 있다.
- 주제를 개발할 때 교사는 영역, 핵심아이디어, 내용요소, 성취기준을 살펴보며 무엇을 다루어야 할지와 무엇을 다룰 수 있는지 판단한다.

[차시 개발] 개발된 주제와 관련해서 알고 싶은 것, 탐구하고 싶은 것, 놀이나 활동하고 싶은 것 등을 찾아보는 단계이다. 이 과정을 통해 '질문 및 활동 목록'이 구성된다.

- 이야기 나누기를 통해 개발된 주제와 관련하여 일상에서 직면할 수 있는 다양한 문제와 해결방안(바른 생활과), 관심을 갖고 탐구할 수 있는 활동(슬기로운 생활과), 관심 있는 놀이나 활동(즐거운 생활과) 등 찾아본다.
- 이때 아동들은 주제와 관련해서 알고 있는 것을 서로 이야기할 수 있고, 주제와 관련해서 알고 싶은 것에 관해 질문할 수 있다.
- 제시된 질문들을 서로 의논해서 '질문 및 활동 목록'으로 만든다. 이때 교사와 아동은 교과서를 포함한 다양한 교수 · 학습 자료를 활용할 수 있다.

[차시 조직] 교사와 아동이 정한 '질문 및 활동 목록'의 학습 순서를 정하는 단계이다.

- 차시는 미리 조직해 놓고 실행할 수 있고, 실행하면서 다음 차시를 정하는 방식(꼬리 잇기 방식)으로 할 수 있다.
- 차시는 개인적 실천 차시와 집단적 실천 차시로 조직할 수 있다.
- 차시는 대집단 활동, 소집단 활동, 짝 활동, 개인 활동으로 구분하여 조직하고 이를 순환하거나 선택하여 수행할 수 있다.
- 차시는 40분, 80분, 하루, 일주일 등 다양한 주기로 조직할 수 있다.
- 차시의 교수 · 학습 절차는 일반적으로 활용하는 '도입–전개–정리' 단계를 활용할 수 있고, 통상적인 주제학습처럼 '주제 만나기–주제 학습하기–주제학습 마무리하기'를 활용할 수 있으며 문제 기반 학습으로 '문제 진술하기–문제 해결하기–경험 나누기', '탐색하기–해결하기–생활화하기' 등 다양하게 조직할 수 있다.

[실행(교수·학습] 조직된 차시(질문 및 활동 목록)를 실행하는 단계이다.

- 질문 및 활동목록과 관련하여 다양한 놀이(역할놀이, 신체놀이, 감각놀이 등), 협력활동(봉사, 캠페인, 토의 · 토론 등), 탐구활동(현장체험, 견학, 기르기 등), 표현활동(만들기, 그리기 등), 디지털 도구를 활용한 비대면 활동 등이 실행된다.

– 이때 교사는 학생과 협의하여 학생이 원하는 활동에 몰입해서 꾸준히 즐길 수 있도록 차별화, 개별화, 개인화 등 여러 가지 교수 · 학습 방법을 광범위하게 활용할 수 있다.

이 같은 주제 중심 통합교육의 과정은 유아 통합교육 프로그램 중의 하나인 케츠와 차드의 프로젝트 접근법의 과정과 유사함을 알 수 있다. 또한, 초등학교 교육과정에서는 통합 교과별 교수 · 학습 방향도 상세히 안내하는데 정리하여 제시하면 다음과 같다(교육부, 2022).

바른 생활의 교수 · 학습 방향

- 바른 생활과는 영역 및 핵심아이디어를 기반으로 슬기로운 생활과와 즐거운 생활과를 통합하여 교수 · 학습할 수 있다. 아울러 학생의 관심사를 반영한 주제를 중심으로 다른 교과(국어, 수학), 창의적 체험활동을 통합할 수 있다.
- 바른 생활과 교수 · 학습 시 유의할 것은 덕목 중심의 표준적 태도나 행동을 습득하게 하는 것이 아니라, '맥락'과 '공동체'에 적절한 행위와 판단의 사례를 찾아보고 실천하면서 윤리적 감각을 기르도록 해야 한다.
- 교수 · 학습 내용은 학생이 일상생활에서 개인적, 사회적, 보편적으로 만나는 시의적절한 문제 상황에서 찾을 수 있다.
- 관련 문제를 다루는 교수 · 학습 과정에서 내용 체계에 제시하는 준비하기(준비물 챙기기 등), 질문하기(예상하기, 문제 찾기, 문제 진술하기 등), 계획하기(단계화하기, 순서 정하기 등), 조사하기(자료 수집하기 등), 관련짓기(관계망 만들기 등), 의논하기(소통하기, 나누기, 공감하기, 갈등 해결하기 등), 나타내기(메모하기, 요약하기, 발표하기 등), 평가하기(나누기, 되돌아보기, 성찰하기 등) 등 과정 · 기능과 함께 다룰 수 있다.
- 바른 생활과의 교수 · 학습 과정에서 문제를 다루는 실천 경험은 특히 자기관리 역량, 협력적 소통 역량, 공동체 역량 등과 밀접한 관련이 있다.
- 바른 생활과의 교수 · 학습은 학생이 속해서 살아가는 여러 삶의 장(場)과

연계하여 지도하는 것이 중요하다. 특히 교수 · 학습의 방법적 측면뿐만 아니라 교수 · 학습 내용까지도 가정 및 지역 생활과 연계할 수 있다.

- 바른 생활과에서는 학습 문제를 공동으로 정하고 해결하는 과정을 통해 더불어 살아가는 민주시민 태도를 기를 수 있다.
- 바른 생활과에서는 학생 주도의 유의미한 실천이 중요하므로 학습에서도 계획과 실천에 이르는 교수 · 학습 전 과정에 학생이 주체적으로 참여할 수 있도록 한다.
- 바른 생활과의 교수 · 학습에서는 특히 누리과정의 신체운동 · 건강, 사회관계 등 내용 영역과 초등학교 3학년 이후 도덕과 교육과정 등과의 연계를 고려한다.
- 바른 생활과와 안전 교육을 연계하여 실생활 체험과 활동을 중심으로 실천적인 안전 교육을 한다.
- 바른 생활과 교수 · 학습은 언어 소양, 디지털 소양과 더불어 안전 · 건강 교육, 인성 교육, 진로 교육, 민주시민 교육, 인권 교육, 다문화 교육, 통일 교육, 독도 교육, 환경 · 지속가능발전 교육 등의 범교과 학습 주제를 연계하여 계획할 수 있다.

슬기로운 생활의 교수 · 학습 방향

- 슬기로운 생활과는 영역 및 핵심아이디어를 중심으로 바른 생활과와 즐거운 생활과를 통합하여 교수 · 학습할 수 있다. 아울러 학생의 관심사를 반영한 주제를 중심으로 다른 교과, 창의적 체험활동을 통합할 수 있다.
- 슬기로운 생활과는 영역 및 핵심아이디어를 중심으로 바른 생활과와 즐거운 생활과를 통합하여 교수 · 학습할 수 있다. 아울러 학생의 관심사를 반영한 주제를 중심으로 다른 교과, 창의적 체험활동을 통합할 수 있다.
- 슬기로운 생활과의 교수 · 학습은 학생 내부에서 시작하는 흥미와 관심에 집중한다. 또한 학생이 배움의 즐거움을 잃지 않고 생생한 학습이 이루어질 수 있도록 학습 환경을 구성한다.

- 슬기로운 생활과에서 탐구 주제는 학생이 생활하며 만나는 주변의 모습, 주변의 변화, 주변의 상호 관계에서 찾을 수 있다.
- 슬기로운 생활과의 교수 · 학습 과정에서 내용 체계표에 제시하는 준비하기(준비물 챙기기 등), 질문하기(문제 만들기, 예상하기 등), 계획하기(절차 만들기, 내용 및 방법 정하기 등), 조사하기(정보 수집하기 등), 관련짓기(무리짓기, 관계망 그리기 등), 의논하기(협의하기, 의사 결정하기 등), 나타내기(설명하기, 발표하기 등), 평가하기(확인하기, 진단하기 등) 등 과정 · 기능들을 다룰 수 있다.
- 슬기로운 생활과의 교수 · 학습 과정에서 주변을 탐구하는 경험은 특히 지식정보처리 역량, 창의적 사고 역량, 협력적 소통 역량 등과 밀접한 관련이 있다.
- 슬기로운 생활과는 학생에게 친숙한 '주변'이 탐구 주제이기 때문에 학생의 일상적 경험을 벗어나지 않도록 유의한다. 단 학생에게 물리적으로 친숙한 '주변' 이외에도 심리적으로 친숙한 '주변'도 다루도록 한다. 학생의 발달 단계에 부합하지 않더라도 교사는 학생이 관심을 갖는 대상에 주의를 기울여 이를 수업에 반영하도록 한다.
- 슬기로운 생활과를 통해 주변의 인물과 자연에 대한 존중, 이를 대하는 태도를 배움으로써 지구 안에서 함께 살아가는 기본적인 민주시민 태도를 기를 수 있도록 한다.
- 슬기로운 생활과에서 탐구는 학생이 지닌 궁금증, 호기심, 흥미, 관심에서 출발하므로 학습에서도 계획실천에 이르는 교수 · 학습 전 과정에 학생이 주체적으로 참여할 수 있도록 한다.
- 슬기로운 생활과의 교수 · 학습에서는 특히 누리과정의 사회관계, 자연탐구 등 내용 영역과 초등학교 3학년 이후 사회과, 과학과 교육과정 등과의 연계를 고려한다.
- 슬기로운 생활과 안전 교육을 연계해서 학생들의 실생활 중심으로 체험이나 실습을 할 수 있도록 지도한다.

• 슬기로운 생활과에서는 언어 소양, 수리 소양, 디지털 소양과 더불어 안전 · 건강 교육, 인성 교육, 진로 교육, 민주시민 교육, 인권 교육, 다문화 교육, 통일 교육, 독도 교육, 경제 · 금융 교육, 환경 · 지속가능발전 교육 등의 범교과 학습 주제를 연계하여 교수 · 학습을 계획할 수 있다.

즐거운 생활의 교수·학습 방향

• 즐거운 생활과는 영역 및 핵심아이디어를 중심으로 바른 생활과와 슬기로운 생활과를 통합하여 교수 · 학습할 수 있다. 아울러 학생의 관심사를 반영한 주제를 중심으로 다른 교과, 창의적 체험활동을 통합할 수 있다.
• 즐거운 생활과의 놀이는 학생이 일상생활 속에서 경험할 수 있는 구체적인 놀이뿐만 아니라 학생이 관심과 흥미를 갖고 스스로 몰입하여 즐길 수 있는 모든 경험을 포괄한다. 따라서 즐거운 생활과의 교수 · 학습은 학생이 놀이 자체를 즐기고 놀이 과정에서 다양한 정서와 감정을 발산할 수 있도록 한다.
• 즐거운 생활과의 교수 · 학습은 다양한 놀이를 즐기는 경험을 대상으로 한다. 학생이 일상생활에서 이미 접한 놀이나 새롭게 고안한 놀이와 함께 학생의 희망에 따라 교사가 적절한 놀이를 제안하거나 안내해 줄 수도 있다. 특히 이 과정에서 학생들이 마음껏 움직일 수 있는 실내외 공간에서 신체 활동을 충분히 경험할 수 있도록 돕는다.
• 즐거운 생활과 교수 · 학습 과정에서는 학생이 움직임, 소리, 이미지와 관련한 놀이에 몰입하여 즐기는 가운데 내용 체계에 제시한 준비하기(도구 준비, 자료 준비하기 등), 질문하기(예상하기, 문제 진술하기 등), 계획하기(절차 정하기, 순서 정하기, 방법 정하기 등), 조사하기(자료 찾기, 매체 찾기 등), 관련짓기(그림으로 관련짓기 등), 의논하기(나누기, 공감하기 등), 나타내기(몸, 소리, 색, 물질, 도구, 매체를 사용하여 표현하기 등), 평가하기(감상하기, 체크하기 등) 등을 과정 · 기능으로 다룰 수 있다.
• 즐거운 생활과의 교수 · 학습 과정에서 놀이에 몰입하는 경험은 특히 협력적 소통 역량, 공동체 역량, 심미적 감성 역량 등과 밀접한 관련이 있다.
• 즐거운 생활과의 교수 · 학습은 놀이를 중심으로 예술 활동을 통합하여 다룬다.

- 즐거운 생활과에서 여럿이 함께하는 놀이와 협력하여 표현할 수 있는 활동을 안내함으로써 학생이 서로 돕고 협동하는 기초적인 민주시민의 태도를 형성할 수 있도록 한다.
- 즐거운 생활과의 활동은 학생 개인의 관심과 흥미에서 출발한다. 이에 즐거운 생활의 교수 · 학습 전 과정에 학생이 주체적으로 참여할 수 있도록 유도한다. 이를 통해 학생이 생활 속에서 꾸준히 신체 활동을 즐기며 자신의 감정을 적절히 표출함으로써 건강한 삶을 지속할 수 있도록 안내한다.
- 즐거운 생활과의 교수 · 학습에서는 특히 누리과정의 신체운동 · 건강, 예술경험 등 내용 영역과 초등학교 3학년 이후 체육과, 음악과, 미술과 교육과정 등과의 연계를 고려한다.
- 즐거운 생활과의 놀이나 활동과 안전 교육을 연계해서 체험이나 실천 중심으로 실질적인 안전 교육을 실시한다.
- 즐거운 생활과의 교수 · 학습은 언어 소양, 디지털 소양과 더불어 안전 · 건강 교육, 인성 교육, 진로 교육, 민주시민 교육, 인권 교육, 다문화 교육, 통일 교육, 환경 · 지속가능발전 교육 등의 범교과 학습 주제를 연계하여 교수 · 학습을 계획할 수 있다.

4) 초등학교 저학년군 국어과 교수 · 학습 방법

초등학교 국어과는 기초교과로서 1~9학년(중 3)까지 공통과정으로 되어 있기에 공통된 교수 · 학습의 방향과 교수 · 학습 방법을 제시하고 있다. 즉, 1~2학년군 별도의 교수 · 학습의 방향과 교수 · 학습 방법은 제시하지 않고 있다. 대신 듣기 · 말하기, 읽기, 쓰기, 문학, 문법, 매체의 6개 영역 별 '성취기준 적용 시 고려사항'에 교수 · 학습 방법 및 유의사항이 설명되어 있다. 6개 영역 중 '매체'는 시대적 흐름을 반영하여 2022 개정부터 신설되었다. 1~2학년 국어과의 교수 · 학습 방법의 이해를 돕기 위해 2022 초등학교 교육과정에 공통과정으로 제시된 국어과 교수 · 학습의 방향과 교수 · 학습 방법, 6개 영역별 교수 · 학습 방법 및 유의사항

(성취기준 적용 시 고려 사항)을 정리하여 제시하면 다음과 같다(교육부, 2022).

국어과 교수·학습 방향과 교수·학습 방법(1~9학년)

[교수·학습의 방향]

- 국어과의 목표와 성취기준을 고려하여 미래 사회에서 요구하는 국어과 역량인 '비판적 · 창의적 사고 역량', '디지털 · 미디어 역량', '의사소통 역량', '공동체 · 대인 관계 역량', '문화 향유 역량', '자기 성찰 · 계발 역량'을 기를 수 있도록 하고, 학습자의 실생활과 가까운 학습 맥락을 제공하여 흥미와 동기를 높이며, 학습자가 상호 협력적으로 문제를 해결할 수 있도록 교수 · 학습을 계획하고 운용한다.
- 학습자의 다양한 능력 수준, 관심과 흥미, 적성과 진로, 언어와 문화 배경 등 개인차를 고려하고, 학습자가 교수 · 학습의 과정에서 자신의 학습 방법이나 학습 소재 등을 주도적으로 선택할 수 있도록 함으로써 학습자 개개인의 발달과 성장을 지원할 수 있는 학습자 맞춤형 교수 · 학습 및 자기 선택적 교수 · 학습을 계획하고 운용한다.
- 디지털 환경에서의 의사소통 맥락을 고려하여 온오프라인 수업을 적절하게 활용하고 온라인 수업에서도 교사와 학생 간의 상호 작용 및 학생과 학생 간의 상호 작용을 촉진할 수 있도록 하며, 학습자가 실생활에서 활용할 수 있는 디지털 도구를 적극적으로 활용할 수 있도록 교수 · 학습을 계획하고 운용한다.
- 문자 기반의 국어 활동 외에도 디지털 기반의 음성, 시각, 영상, 복합양식 자료 등을 활용하여 새로운 정보와 지식을 창출하고, 공동체의 구성원과 적극적으로 소통하는 국어 활동 과정에서 자신과 사회의 문제를 적극적으로 해결할 수 있는 언어 소양과 디지털 소양을 기를 수 있도록 교수 · 학습을 계획하고 운용한다.
- 초등학교 · 중학교 · 고등학교 간의 교육 내용이 자연스럽게 연계되도록 하

고, 진로연계교육과 관련하여 다양한 국어 활동을 통해 학습자가 자신의 적성과 소질을 탐색하여 스스로 미래를 설계하고 꾸준히 자신의 진로에 관심을 가지면서 진로를 탐색하는 습관이 형성될 수 있도록 교수 · 학습을 계획하고 운용한다.

- 국어과의 학습 도구적 성격을 이해하고 타 교과와의 통합, 비교과 활동 및 학교 밖 생활과의 통합을 통해 학습자가 다양한 주제에 대해 비판적이고 창의적으로 국어 활동을 하는 데에 중점을 둔다. 또한 학습자가 다양한 담화, 글과 자료, 작품 등을 주제 통합적으로 이해하여 자신의 관점과 의견을 주도적으로 생성하며 이를 효과적으로 표현할 수 있도록 교수 · 학습을 계획하고 운용한다.
- 국어과 성취기준에 대한 통합적이고 깊이 있는 학습을 위해 한 권 이상의 도서를 긴 호흡으로 읽을 수 있도록 선정하고, 이를 다양한 성취기준의 통합, 영역 간 통합, 교과 간 통합 수업에 활용할 수 있다. 이를 위해 개별 관심사와 진로를 고려하여 학습자가 자기 선택적으로 도서를 선정하도록 하고, 종이책이나 전자책 등 상황에 적합한 도서 준비와 충분한 독서 시간 확보 등의 물리적 여건을 조성한다.

[교수·학습 방법]

- 국어과를 통해 자기주도적인 학습이 가능하도록 학습자가 자신의 학습 계획을 수립하고, 스스로 자신의 학습 상황을 점검 및 조정하는 개별화 수업을 활용할 수 있다. 특히 학습자의 준비도, 흥미, 학습 유형 등을 고려하여 학습 소재, 학습 과정, 학습 환경 등을 개별화함으로써 학습자 개개인이 최적의 학습을 진행할 수 있도록 지원하는 것에 초점을 둔다.
- 국어과를 통해 학습자가 실생활과 연계된 국어 학습 경험을 하게 하고, 학습한 내용을 자신의 언어생활에 적용하는 역량을 갖추게 하며, 학습자가 주도적으로 국어과 교수 · 학습에 참여하게 하기 위해서는 프로젝트 기반의 수업을 활용할 수 있다. 이때 프로젝트 수행 과정에서 학습자가 스스로 문

제의식을 가지고 주도적으로 문제를 탐구하도록 하고, 조사 및 연구, 발표 및 공유, 평가에 이르는 전 과정에 적극적으로 참여하는 것에 초점을 둔다.

- 국어과를 통해 다양한 정보를 분석 · 평가 · 종합하여 대안을 제시하는 문제 해결 능력을 신장하고 학습자의 적극적인 참여와 상호 작용을 독려하기 위해서는 토의 · 토론 및 협동 수업을 활용할 수 있다. 이때 범교과 학습 주제를 고려하여 국어과와 타 과목 간의 주제 통합적인 수업을 구성할 수 있다.
- 국어과의 교수 · 학습을 통해서 학습자가 최소 수준 이상의 학습 능력을 갖출 수 있도록 기초학력을 보장하고, 타 교과 학습의 기본이 되는 국어 능력을 신장시킬 수 있도록 지도한다.
- 국어과 학습 과정에서 학습자의 깊이 있는 학습이 이루어질 수 있도록 영역별 성취기준의 특성을 고려하여 효과적인 교수 · 학습 방법을 적용한다.

'듣기 · 말하기'의 교수 · 학습 방법 및 유의사항

- 학습자가 학교생활에 적응하는 과정에서 다른 사람과 상호 작용하는 데 필요한 기초적인 듣기 · 말하기 능력을 갖출 수 있도록 한다. 일상생활에서 친숙하게 접할 수 있는 주제로 대화하는 상황, 교사나 동료 학습자 앞에서 자신의 경험이나 배경지식을 바탕으로 간단히 발표하는 상황을 중심으로 듣기 · 말하기 활동이 이루어지도록 한다. 또한 다양한 놀이를 통해 듣기 · 말하기에 흥미를 잃지 않도록 한다.
- 올바른 구어 의사소통 습관을 형성할 수 있도록 학습자의 삶과 연계하여 지도한다. 말차례 지키기나 바르고 고운 말로 말하기에 대해 학습하는 수업 시간뿐만 아니라 평소 학교생활이나 가정생활에서도 말차례 지키기와 바르고 고운 말 사용하기를 실천하도록 한다 .
- 학습자가 경험할 수 있는 실제적이고 구체적인 상황 맥락을 설정하여 학습자가 듣기 · 말하기 활동에 관심과 흥미를 가지고 자발적으로 참여할 수 있도록 하고, 그 과정에서 자연스럽게 평가가 이루어지도록 하여 평가에 대한 부담을 느끼지 않게 한다.

- 감정 나누기를 지도할 때는 화자의 감정을 일방적으로 전달하는 데 그치지 않고 상대의 감정 표현도 이해하며 서로의 감정을 교류할 수 있도록 한다.
- 발표하기를 지도할 때는 학습자가 공적 발표 상황에 대해 부담감이나 불안감을 느낄 수 있으며 발표 수행 결과에 따라 부정적인 자아 개념을 형성할 수도 있다는 점에 유의하여, 동료 학습자의 발표에 대해 긍정적으로 반응하고 상호 격려하는 교실 문화를 조성하도록 한다.

'읽기'의 교수·학습 방법 및 유의사항

- 읽기 성취기준과 타 영역의 성취기준을 분리해서 지도하기보다 상호 연계하여 국어 활동의 총체성을 구현하도록 한다. 예를 들어 정확히 소리 내어 읽기와 관련한 성취기준은 글자와 단어를 바로 쓰기에 대한 쓰기 성취기준, 소리와 표기가 다름을 알고 정확하게 발음하고 쓰기에 대한 문법 성취기준, 말놀이와 낭송에 관한 문학 성취기준 등과 연계하여 지도한다.
- 정확히 소리 내어 읽기나 알맞게 띄어 읽기를 지도할 때는 학습자가 해당 성취기준에 대한 학습 시간에는 물론이고, 일상생활에서도 학교 안내판, 학급 게시판, 광고지 등 주변에서 접할 수 있는 읽기 자료를 보고 스스로 읽기 활동에 적극적으로 참여할 수 있도록 관심을 기울여 지도한다. 나아가 가정에서도 쉽게 접할 수 있는 읽기 자료를 보고 정확히 소리 내어 읽고 알맞게 글을 읽는지 점검하도록 안내하여 학교 안팎에서의 기초 읽기 능력이 균형 있게 발달할 수 있도록 한다.
- 알맞게 띄어 읽기는 함께 읽기와 혼자 읽은 후 짝과 함께 상호 점검하며 읽기 등의 방법을 활용한다. 이때 의미에 따라 여러 단위에서 띄어 읽기가 가능하므로 기계적으로 띄어 읽기를 하지 않도록 유의한다.
- 학습자가 한글 학습에 흥미를 느끼고 지속적으로 참여할 수 있도록 몸으로 문자를 표현하는 등의 신체 놀이, 첫음절이 같은 단어를 다양하게 떠올려 보는 연상 놀이 등을 활동 중심 수업과 연계하여 지도할 수 있다. 또한 이

시기는 한글 학습을 통해 기초적인 읽기 능력 계발뿐만 아니라 학습자가 읽기에 대한 흥미를 형성하는 매우 중요한 시기이다. 따라서 학습자가 자신의 수준과 흥미에 맞는 책을 읽은 후 자신의 생각을 표현하는 놀이나 활동·체험 등을 연계하여 즐거운 독서 경험을 통해 독서에 대한 긍정적인 태도를 기를 수 있도록 지도한다.

- 일반 학습자를 포함하여, 다문화 배경 학습자나 느린 학습자 등의 특별한 요구가 있는 경우에는 해당 성취기준에 대한 개별화 맞춤형 수업을 통해 정확히 소리 내어 읽기와 알맞게 띄어 읽기 등의 한글 깨치기 학습이 충실히 이루어질 수 있도록 지도한다.

'쓰기'의 교수·학습 방법 및 유의사항

- 글자를 정확하게 쓰기 위해서 바른 자세로 필순과 글자의 짜임에 맞게 낱자를 쓰게 한다. 글자의 복잡성 정도를 고려하여 처음에는 받침이 없는 간단한 글자부터 시작하여 점차 받침이 있는 복잡한 글자를 쓸 수 있게 한다. 글자를 어느 정도 익히고 난 후에는 단어부터 문장 쓰기까지 경험하도록 한다.
- 쓰기의 기초에 해당하는 내용은 읽기 영역의 '읽기의 기초'와 문법 영역의 '한글의 기초와 국어 규범'과 연계하여 지도할 수 있다.
- 기초 한글 학습이 부족한 학습자를 위해서 문자 학습에 흥미를 느낄 수 있도록 신체 놀이, 연상 놀이, 질문 놀이 등 놀이 중심으로 교수·학습을 진행한다.
- 학습자가 쓰기 분량에 부담을 갖지 않도록 자신의 생각을 한두 문장으로 자유롭게 구성하도록 지도하며, 맞춤법이나 띄어쓰기와 같은 규범을 강조하기보다 쓰기에 흥미를 가질 수 있도록 지도하는 데 중점을 둔다.
- 학습자가 쉽게 글감을 마련하여 쓸 수 있도록 인상 깊었던 일이나 자신이 경험한 일을 친구에게 이야기하듯이 글로 쓰도록 지도한다. 문자 언어의 관습과 규범에 익숙하지 않은 학습자들이 큰 어려움을 느끼지 않으며 글을 쓸

수 있도록 자신의 경험을 글과 그림으로 함께 표현하도록 지도하는 것도 가능하다.

- 자신이 쓴 글을 다른 사람들과 나누는 과정을 통해 쓰기에 대해 긍정적인 인식을 갖게 하여 쓰기가 자신을 표현하고 사람들과 소통하는 방법임을 깨닫도록 한다.
- 받아쓰기는 글자를 정확하게 쓰는 데 도움이 될 수 있으나, 학습자가 부담을 갖게 되면 국어 활동에 자신감을 잃을 수도 있으므로 신중하게 활용한다. 학습자의 수준을 넘는 어려운 글자나 복잡한 띄어쓰기가 포함된 문장을 피하도록 한다.

'문법'의 교수·학습 방법 및 유의사항

- 읽기 영역의 '읽기의 기초', 쓰기 영역의 '쓰기의 기초' 성취기준과 연계하여 '낱자, 글자, 단어, 문장'에 대한 순차적이고 체계적인 학습을 제공함으로써 입학 초기 기초 문식성을 지원하도록 한다.
- 단어를 다룰 때는 소리와 표기가 일치하는 단어부터 소리와 표기가 일치하지 않는 단어로 학습 범위를 점차 확장하여, 소리와 표기가 일치하지 않지만 자주 쓰이는 단어를 어법에 맞게 적고 바르게 읽을 수 있도록 지도한다.
- 기초적인 한글 학습을 위해 문법을 지도할 때는 성취기준 설정 취지에 맞게 단계적이고 순차적으로 학습 요소를 설정한다.
- 다양한 국어 자료를 바탕으로 말놀이나 신체 놀이, 수수께끼 등 흥미로운 활동을 계획하여, 학습자들의 수준이 다르더라도 소외되는 학습자 없이 문법 활동에 모두 적극적으로 참여할 수 있도록 지도한다.
- 한글에 대해 관심과 흥미를 가질 수 있도록 다양한 글이나 담화 자료뿐만 아니라 일상에서 접할 수 있는 다양한 매체 자료를 두루 활용하여, 학습자들이 국어의 표기 수단인 한글에 호기심을 가질 수 있도록 지도한다.

'문학'의 교수·학습 방법 및 유의사항

- 학습자가 문학에 친밀감과 흥미를 느끼게 하는 데 중점을 둔다. 재미있는 발상과 표현이 담긴 작품을 활용하여 말의 재미를 느끼고, 작품을 읽은 뒤 자신의 생각이나 느낌, 작품과 관련된 경험을 다양하게 표현하는 활동을 통해 문학을 향유하는 데 필요한 기초 소양을 기르도록 한다.
- 언어의 놀이적 성격을 인지하도록 의성어와 의태어, 규칙적으로 반복되는 소리, 언어유희, 재치 있는 문답, 수수께끼, 끝말잇기 등에서 말놀이의 재미와 가치를 느끼게 하는 것이 좋다.
- 작품에 대한 생각과 느낌을 표현하는 활동을 할 때는 학습자가 어렵지 않게 수행할 수 있는 수준에서 다른 영역 성취기준과 연계하여 통합적인 국어 능력이 신장될 수 있게 한다.
- 다문화 배경 학습자나 느린 학습자 등 특별한 지원이 필요한 경우 해당 성취기준에 대한 수준별 교과 수업, 협력 수업, 교과 수업 이외의 보충 수업, 기타 학업 지원을 통해 말놀이나 낭송, 작품에 대해 생각한 점 말하기 등의 활동이 충실히 이루어질 수 있도록 지도한다.
- 낭송이나 낭독을 지도할 때는 작품의 분위기나 느낌을 살려서 표현하는 데에 중점을 둔다. 개성 있는 느낌과 분위기를 만들어 낼 수 있도록 융통성을 가지고 허용적인 분위기 속에서 다양한 활동이 이루어지게 한다.
- 교과 외 시간에도 시나 노래, 이야기에 흥미를 가지고 즐겨 접하도록 독려함으로써 문학을 생활화하는 태도를 기르게 한다.

'매체'의 교수·학습 방법 및 유의사항

- 매체란 소통을 매개하는 도구, 기술, 환경으로, 책, TV, 스마트폰, 컴퓨터, 태블릿, 인터넷 등이 이에 속하며, 매체 자료에는 그림책, 만화, 뉴스, 광고, 웹툰, 애니메이션, 영화 등이 있다.
- 매체 경험을 나눌 때는 학습자가 교육적으로 적절한 매체 자료를 선정할 수

있도록 안내를 제공할 필요가 있다. 또한 각자의 고유한 매체 이용 경험을 자유롭게 공유하도록 함으로써 학습자가 매체 및 매체 자료에 대한 흥미와 관심을 가질 수 있도록 한다.

- 일상의 매체 자료에 대해 흥미와 관심을 갖는 활동은 읽기 영역에서 읽기에 흥미를 가지고 즐겨 읽는 태도를 함양하는 활동과 연계할 수 있다. 그리고 일상의 경험을 글과 그림으로 표현해 보는 활동은 쓰기 영역에서 자신의 생각이나 느낌을 문장으로 표현해 보는 활동, 문학 영역에서 작품 속 내용을 시, 노래, 이야기, 그림 등으로 표현해 보는 활동과 연계할 수 있다.

5) 초등학교 저학년군 수학과 교수 · 학습 방법

초등학교 교육과정에서 수학과는 기초교과로서 1학년에서부터 9학년(중3)까지 공통과정으로 제시되어 있으며, 일반적인 교수 · 학습 방향과 교수 · 학습 방법도 1학년부터 9학년까지를 통합하여 설명하고 있다. 1~2학년군에서는 4개 영역별(수와 연산, 변화와 관계, 도형과 측정, 자료와 가능성)로 '성취기준 적용 시 고려할 점'을 제시하고 있을 뿐 별도의 교수 · 학습 방법을 명시하지 않았다. 1~2학년군 수학과 교수 · 학습 방법의 이해를 위해 공통 과정의 교수 · 학습 방향과 교수 · 학습 방법을 정리하여 제시하면 다음과 같다(교육부, 2022).

수학과 교수·학습의 방향

- 수학과 교육과정에 제시된 성격, 목표, 내용 체계, 성취기준, 평가와 일관성을 가지도록 교수 · 학습을 운영한다.
- 자기주도적 학습으로 수학을 학습하여 수학과 교육과정에 제시된 목표를 달성하도록 교수 · 학습을 운영한다.
- 수학과 내용 특성에 적합한 교구나 공학 도구를 선택하여 효율적인 교수 · 학습이 이루어지도록 하고 학생들의 디지털 소양 함양을 도모한다.
- 학생 개인의 필요, 수학 학습 속도, 학습 능력 등을 고려하여 학생 맞춤형 수업을 실시하고 보충 학습과 심화 학습의 기회를 제공한다.

- 범교과 학습(주제: 안전 · 건강, 인성, 진로, 민주 시민, 인권, 다문화, 통일, 독도, 경제 · 금융, 환경 · 지속가능발전 등), 또는 타 교과와의 연계를 고려하여 수학 교수 · 학습 과정을 설계할 수 있다.
- 학교급 전환에 따라 변화되는 수학 내용과 수업 방법을 파악하여 교수 · 학습에 적용하고, 진로연계교육에서 이를 고려한다.

수학과 교수·학습 방법

- 수학 교과 역량 함양(문제해결 역량, 의사소통 역량, 추론 역량, 연결 역량, 정보처리역량 등)을 위해 다양한 교수 · 학습을 방법을 활용하고 실생활에 적용할 기회를 제공한다.
- 학생들이 수학 학습에 주도적으로 참여하는 교수 · 학습 환경과 분위기를 조성한다.

① 수학 학습의 주체가 학생 자신임을 인식하고 수학 학습에 적극적으로 참여하도록 유도한다.

② 스스로 수학 학습 목표와 계획을 세우고 학습 결과를 평가하고 성찰하도록 안내한다.

③ 수학을 효과적으로 학습하는 방법을 탐색하고 자신의 학습 과정과 태도를 돌아보고 조절하는 자기주도적 학습 습관을 형성하도록 지도한다.

④ 교사 및 동료와 협력적 관계 속에서 수학 학습에 대한 조언과 의견을 경청하고 수용할 수 있도록 허용적인 분위기를 조성한다.

⑤ 수학 학습에 자신감을 가지고 실수가 배움의 기회임을 인식하며 끈기 있게 도전하도록 격려하고 지원한다.

- 수학과의 학습 내용, 학생의 학습 능력과 수준 등을 고려하여 다양한 교수 · 학습 방안을 적절히 선택하여 적용한다.

① 설명식 교수 : 교사가 설명과 시연을 통해 수업을 주도하는 교수 · 학습 방안으로, 수업 내용을 구조화하여 체계적으로 지도하는 데 효과적이다. 이

때, 교사는 학생의 적극적인 수업 참여를 유도하고, 사고를 촉진하는 발문을 적절히 활용한다.

② 토의 · 토론 학습 : 특정 주제에 대해 협의하거나 논의하는 교수 · 학습 방안으로, 학생들이 수학 내용을 폭넓게 이해하고 자신의 주장을 효과적으로 표현하고 다른 사람의 의견을 비판적 사고를 통해 수용하여 합리적으로 의사 결정하는 태도를 기를 수 있게 한다.

③ 협력 학습 : 모둠 내의 상호 작용, 의사소통, 참여를 통해 공동의 학습 목표에 도달하도록 하는 교수 · 학습 방안으로, 다른 사람을 존중하고 배려하며 모둠 내의 역할을 수행하고 책임감을 기를 수 있게 한다.

④ 탐구 학습 : 학생이 중심이 되어 수학의 개념, 원리, 법칙을 발견하고 구성하는 교수 · 학습 방안으로, 학생 스스로 자료와 정보로부터 지식을 도출하거나 지식의 타당성을 확인하는 것이 중요함을 알게 할 수 있다.

⑤ 프로젝트 학습 : 학생 스스로 특정 주제나 과제를 탐구하고 해결하기 위해 계획을 수립하고 수행하여 결과물을 산출하고 공유하는 교수 · 학습 방안으로, 자기주도적으로 수학 지식과 경험을 통합하게 할 수 있다.

⑥ 수학적 모델링: 학생의 삶과 연계된 현상을 다양한 수학적 표현 방식을 이용하여 수학적 모델로 만들고 수학적 모델을 다시 실생활이나 사회 및 자연 현상에 적용하는 교수 · 학습 방안으로, 수학의 응용에 대한 넓은 안목을 갖게 할 수 있다.

⑦ 놀이 및 게임 학습: 호기심과 흥미를 유발하는 놀이 및 게임 활동을 활용하는 교수 · 학습 방안으로, 활동 속에서 수학 개념이나 원리를 탐구하고 동료와 경쟁 또는 협력하면서 자연스럽게 수학에 접근하고 수학 학습에 대한 자신감 및 의사소통 역량을 기르게 할 수 있다.

- 수학 교수 · 학습 과정에서 학생의 다양성을 고려하고 학생의 성장을 지원하기 위한 맞춤형 지도를 실시한다.

이상에서와 같이 2019 누리과정에 제시된 교수 · 학습 방법과 저학년 초등교육과정에 제시된 교수 · 학습 방법을 비교해 보면, 두 교육과정의 교수 · 학습 방법은 계속성과 계열성의 측면에서 어느 정도 연계를 이룬다고 볼 수 있다.

첫째, 2019 누리과정은 유아 · 놀이 중심 교육과정으로 유아 주도의 놀이를 통한 배움, 유아와 교사, 유아와 유아, 유아와 환경 간에 능동적인 상호작용, 만들어가는 교육과정을 중요시하는데, 초등학교 저학년 교육과정에서도 동일한 맥락으로 이러한 교수 · 학습 방법을 강조한다. 초등학교 통합교과, 국어과, 수학과 모두 놀이를 교수 · 학습 방법으로 활용하도록 하였으며, 통합교과는 주제 중심 학습의 전 과정에 아동을 주체로 참여시켜 교사와 아동, 아동과 아동, 아동과 환경이 적극적으로 상호작용하며 '만들어가는 교육과정'이 실현하도록 하였다. 국어과와 수학과에서도 상호작용을 강조한다. 또한, 교사 주도 방식으로 교수 · 학습을 전개하는 것이 아니라, 자기 주도적인 학습의 강조로 아동들이 교수 · 학습의 계획에서부터 참여할 수 있게 되었다. 둘째, 누리과정에서 5개 영역의 내용이 통합적으로 유아의 경험과 연계되도록 하였듯이, 초등 저학년 교육과정에서도 세 통합교과별 내용요소들이 통합적으로 아동의 경험과 연계되도록 하였고 국어과, 수학과, 창의적 체험활동과도 연계하여 학습의 효율성을 높이도록 하였다. 교과의 특성상 바른 생활과는 '실천 경험' 중심으로, 슬기로운 생활과는 '탐구 경험' 중심으로, 즐거운 생활은 '놀이 경험' 중심으로 다양한 활동이 전개된다.

셋째, 2019 누리과정이 유아의 연령, 발달, 장애, 배경 등을 고려하여 개별 특성에 적합한 방식으로 배우도록 할 것을 강조하였듯이 초등학교 기초 교과에서도 수준별 개별화 교육을 강조한다. 국어과와 수학과에서는 목표를 선정할 때, 학습과제를 선정하고 제공할 때, 다양한 교수 · 학습 자료와 평가 자료를 개발할 때 학습자의 개별 특성을 고려해야 한다. 특히 교수 · 학습 자료 개발 시 학습자의 관심, 흥미, 선수 학습 경험, 학습 준비도, 학업 성취 수준 등을 고려하여 학습자가 스스로 자신의 능력이나 학습 단계를 점검할 수 있는 자료를 개발할 것을 강조한다.

하지만 누리과정의 교수·학습 방법과 초등 교과별 교수·학습 방법은 서술 양식상 차이가 있어 '누리과정 영역-초등 교과' 간 교수·학습 방법의 연계성을 살펴보는 데 어려움이 있다. 누리과정은 통합교육의 특성을 반영하여 모든 영역에 적용되는 교수·학습 방법을 간단히 제시한 데 비해 초등교육과정에서는 통합교과별로 교수·학습 방법을 상세히 제시하고 있다. 국어과와 수학과에서는 1학년에서 9학년까지 공통되는 교수·학습 방향과 교수학습방법을 제시하지만, 1~2학년군의 특성을 영역별 '성취기준 적용 고려할 점'으로 설명하기에 1~2학년군 교수·학습 방법의 전반적인 이해에 어려움이 있다. 앞으로 교육과정의 교수·학습 방법의 측면에서 유·초 연계의 질적 수준을 높일 수 있도록 계속적인 연구와 논의가 이루어질 필요가 있겠다.

03 2019 누리과정과 2022 초등학교 저학년 교육과정의 평가

2019 누리과정과 2022 초등학교 교육과정에 제시된 평가 방법을 비교해 보면, 누리과정에서는 유치원과 어린이집에서 유아·놀이 중심 교육과정을 운영하는 데 도움이 되고자 평가를 간략화하고 각 기관의 자율적인 평가를 강조하였다. 이에 평가의 목적, 대상, 방법, 결과의 활용을 바탕으로 누리과정 운영 평가 및 유아 평가를 자율적으로 실시할 수 있다. 평가의 패러다임으로는 '배움에 대한 평가'보다는 '배움을 위한 평가', '배움으로서의 평가'를 지향한다.

2022 초등학교 교육과정에서도 자기 주도적 학습과 학습자 맞춤형 교육과정 구축을 강조하면서 평가의 간략화 및 자율적인 평가를 강조하였다. 학생 평가 및 교육과정 운영을 평가하되 학생평가를 더 강조하여 설명하고 있다. 평가의 패러다임도 '교수·학습에 대한 평가', '교수·학습을 위한 평가', '교수·학습으로서의 평가'가 가능하나 '교수·학습을 위한 평가', '교수·학습으로서의 평가'를 더 지향한다. 2019 누리과정에 제시된 평가의 중점과 2022 초등학교 교육과정에 제

시된 저학년 교과별 평가 방법을 살펴보면 다음과 같다.

1) 누리과정의 평가

2019 누리과정에서 기본적으로 강조하는 평가의 중점은 다음과 같다(교육부, 2019).

- 누리과정 운영의 질을 진단하고 개선하기 위해 평가를 계획하고 실시한다.
- 유아의 특성 및 변화 정도와 누리과정의 운영을 평가한다.
- 평가의 목적에 따라 적합한 방법을 사용하여 평가한다.
- 평가의 결과는 유아에 대한 이해와 누리과정 운영개선을 위한 자료로 활용할 수 있다.

2) 초등학교 교육과정의 평가

2022 초등학교 교육과정은 평가와 관련하여 총론(Ⅱ. 학교 교육과정 설계와 운영)에서 학교 교육과정의 평가 시 고려해야 할 원칙과 유의사항을, 그리고 교과 별로 평가의 방향과 평가방법에 설명하고 있다. 초등학교 저학년 교육과정의 평가에 대한 이해를 돕기 위해 교육과정 총론 및 교과 별 평가 내용을 요약하여 제시하면 다음과 같다(교육부, 2022).

초등학교 교육과정의 일반적인 평가 방향

- 평가는 학생 개개인의 교육 목표 도달 정도를 확인하고, 학습의 부족한 부분을 보충하며, 교수 · 학습의 질을 개선하는 데 주안점을 둔다. 교사는 평가 결과를 교수에 환류하고 학생은 자신의 학습에 환류할 수 있다.
- 학교와 교사는 성취기준에 근거하여 교수 · 학습과 평가 활동이 일관성 있게 이루어지도록 한다.
- 학습의 결과만이 아니라 결과에 이르기까지의 학습 과정을 확인하고 환류하여, 학습자의 성공적인 학습과 사고 능력 함양을 지원한다.

- 학생의 인지적 · 정의적 측면에 대한 평가가 균형 있게 이루어질 수 있도록 하며, 학생이 자신의 학습 과정과 결과를 스스로 평가할 수 있는 기회를 제공한다.
- 학생에게 배울 기회를 주지 않은 내용과 기능은 평가하지 않는다.
- 평가는 교수 · 학습에 대한 평가, 교수 · 학습을 위한 평가, 교수 · 학습으로서의 평가를 포괄한다.
- 평가자는 교사일 수 있고, 학생일 수도 있다. 평가 목표는 교사, 학생 또는 학생과 교사가 함께 정할 수 있다.
- 통합교과에서는 하나의 활동으로 여러 성취기준에 대한 학생 성취 여부나 정도를 평가할 수 있다.
- 교과의 특성을 고려하되 점수 매기기, 등급 구분 등의 평가를 지양하고, 학생을 꾸준히 관찰하여 학습한 정도나 변화 정도를 서술형으로 평가할 수 있다.

바른 생활과의 평가 방향 및 방법

- 바른 생활과는 실천 경험 중심의 교과로 가정과 연계하여 평가하되 일회적 평가보다 학생의 생활화 정도를 종합적으로 고려하여 평가한다.
- 바른 생활과의 지식 · 이해, 과정 · 기능, 가치 · 태도를 통합적으로 평가하여 학생의 삶에서 바른 생활과의 역량이 드러나는지를 평가한다. 더불어 문제에 대한 이해, 지속적인 실천 능력, 공동체와 함께하는 태도 등을 함께 평가한다.
- 바른 생활과의 특성을 고려하여 점수 매기기, 등급 구분 등의 평가를 지양하고 학생의 습관 형성을 꾸준히 관찰하여 학습한 정도나 변화 정도를 서술형으로 평가할 수 있다.
- 바른 생활과의 평가는 자기 평가, 동료 평가, 관찰 평가, 체크리스트, 실천 보고서 등 다양한 방법을 사용할 수 있다.

슬기로운 생활과의 평가 방향 및 방법

- 슬기로운 생활과는 탐구 경험 중심의 교과인 만큼 학생이 자신의 일상뿐 아니라 주변에서 일어나는 변화, 관계, 모습 등에 지속적으로 관심을 가지고 탐구하며 이해하는 정도를 종합적으로 고려하여 평가한다.
- 슬기로운 생활과의 지식 · 이해, 과정 · 기능, 가치 · 태도를 통합적으로 평가하여 학생이 삶 속에서 슬기로운 생활과의 역량인 지금-여기-우리 삶을 살아가는 힘 혹은 탐구하는 힘을 발휘하는가를 평가한다. 이와 더불어 주변 모습과 관계에 대한 기초적인 이해, 주변 현상을 이해하는 데 필요한 다양한 탐구 기능, 주변 현상을 탐구하고자 하는 흥미와 호기심, 자발성 등을 평가한다.
- 학생은 탐구 과정에서 탐구한 바를 다양한 방식으로 드러낼 수 있다. 따라서 점수 매기기, 등급 구분 등의 평가를 지양하고, 학생을 충분히 관찰한 후 학생이 어떠한 방식으로 탐구한 바를 나타내는지가 드러나도록 평가를 진술한다.
- 슬기로운 생활과를 평가할 때는 탐구 활동 계획서와 보고서, 자기 평가, 동료 평가, 관찰 평가, 포트폴리오, 학습 성찰 보고서 등 다양한 평가 방법을 사용할 수 있다.

즐거운 생활과의 평가 방향 및 방법

- 즐거운 생활과는 놀이 과정에서 문화 예술 활동과 신체 활동을 수행하고 즐기는 정도를 종합적으로 고려하여 평가한다.
- 즐거운 생활과의 지식 · 이해, 과정 · 기능, 가치 · 태도를 통합적으로 평가하여 감정과 정서를 얼마나 창의적으로 표현하고 풍부하게 누리는지 평가할 수 있다. 지식 · 이해에 대한 평가는 안전, 신체, 다양한 문화 예술 등에 대한 이해를 주로 다룬다. 과정 · 기능에 대한 평가는 놀이를 즐기는 과정에서 표현과 감상, 기본 움직임 등에 대한 기능을 주로 다룬다. 가치 · 태도에

대한 평가는 즐기며 누리는 태도, 적극적으로 참여하는 태도 등을 주로 다룬다.

- 즐거운 생활과를 평가할 때는 학생의 발달, 역량, 경험, 체력, 배경 등을 고려하여 개별화된 평가를 진행할 수 있다.
- 즐거운 생활과를 평가할 때는 작품 포트폴리오, 자기 평가, 동료 평가, 관찰 평가, 학습 성찰 보고서, 실연법, 작품 분석 등 다양한 방법을 사용할 수 있다.

초등 국어과 평가 방향 및 방법

2022 초등학교 교육과정의 국어과에서는 1~9학년(중 3)까지 공통과정으로 제시하고 있기에 공통적인 평가 방향 및 방법으로 1~9학년까지를 통합하여 설명할 뿐, 1~2학년군 듣기 · 말하기, 읽기, 쓰기, 문법, 문학, 매체의 6개 영역의 평가 방법을 별도로 제시하지 않고 있다. 이에 공통적인 국어과 평가 방향 및 방법에서 1~2 학년군에 관련되는 내용을 정리하여 제시하면 다음과 같다(교육부, 2022).

- 국어과의 성취기준을 고려하여 구체적인 평가 요소를 도출하고, 이들 평가 요소에 학습자가 도달한 수준을 정확하게 판단할 수 있도록 지필 및 수행 평가방법을 선정한다.
- 국어과의 성취기준을 고려하여 평가하되, 실제 언어생활 맥락에서 학습한 내용을 적용할 수 있는 역량을 평가할 수 있도록 한다.
- 학습자의 수준과 관심사를 고려하여 평가의 난이도, 과제 내용 등을 계획하고, 학습자가 평가에 참여하는 동안 흥미와 동기를 가지고 적극적으로 참여할 수 있도록 한다.
- 교사 주도의 평가 외에도 자기 평가나 동료 평가 등 학습자가 자기주도적으로 자신의 학습 상태를 점검하고 개선할 수 있도록 평가를 계획하고 운용한다.
- 결과 중심의 평가 외에 수행평가와 형성평가 등 과정 중심의 평가를 적극적으로 활용하여 학습자가 성취기준에 도달해 가는 과정을 평가하고, 학습자가 성장할 수 있는 기회를 제공한다.
- 국어과의 정규 수업 과정을 벗어난 평가를 지양하고, 수행평가를 할 때 포

트폴리오,등을 활용 등 학습자의 학습 과정을 누적적으로 평가하는 과정 중심의 수행평가를 지향한다.

- 지필평가나 수행평가 외에도 수업 중 관찰, 대화, 질의응답, 면담 등 교사와 학생 간의 적극적인 상호 작용을 활용하여 학습자의 학습 상태를 점검하고 지원할 수 있도록 평가를 계획하고 운영한다.
- 상시적이고 누적적인 평가를 통해서 기초학력에 도달하지 못할 가능성이 있는 학습자를 사전에 파악하여 적시에 지원하고, 평가의 과정과 결과에 대한 충분한 피드백을 제공한다.
- 국어과 평가를 통해 일상적인 언어생활 및 타 교과 학습의 바탕이 되는 기초 문식성을 점검하고 지원할 수 있도록 한다.
- '듣기 · 말하기' 영역에서는 듣기와 말하기를 유기적으로 통합하여 구어 의사소통에 적극적이고 협력적으로 참여하는 데 필요한 능력과 상대를 배려하고 공감하는 소통 태도를 중점적으로 평가한다.
- '읽기' 영역에서는 교과서의 제재뿐 아니라 교과서 밖의 적절한 제재도 활용하여 실제적인 읽기 능력과 읽기 태도, 다양한 독서 경험 등을 종합적으로 평가하는 데 중점을 둔다.
- '쓰기' 영역에서는 상황 맥락과 사회 · 문화적 맥락을 고려하여 글을 쓰는 능력과 긍정적이고 적극적인 쓰기 태도에 중점을 두어 평가한다.
- '문법' 영역에서는 문법 지식을 단순 암기하는 데 그치지 않고 국어의 구조와 문법의 작동 원리를 파악하고 이를 생활 속에 적용, 실천할 수 있도록 문법 지식의 이해와 탐구 및 적용 능력에 중점을 두어 평가한다.
- '문학' 영역의 평가는 문학 영역의 지식을 이해하고 문학 작품을 해석, 감상, 비평하며 문학 작품을 창작할 수 있는 능력에 중점을 두어 평가한다.
- '매체' 영역에서는 매체와 관련한 개념이나 지식의 단순 암기에 그치지 않고 실제 언어생활 맥락에서 매체를 수용하고 생산하는 능력에 중점을 두어 평가하되, 이 과정에서 '국어'의 타 영역과 긴밀하게 통합하여 평가 과제를 구

성할 수 있도록 한다.

초등 수학과 평가 방향 및 방법

2022 초등학교 교육과정의 수학과에서는 1~9학년(중 3)까지 공통과정으로 제시하고 있기에 공통적인 평가 방향 및 방법으로 1~9학년까지를 통합하여 설명할 뿐, 1~2학년군 수학과 평가 방법을 별도로 제시하지 않고 있다. 이에 공통적인 수학과 평가의 방향 및 방법 중에서 1~2 학년군에 관련되는 내용을 정리하여 제시하면 다음과 같다(교육부, 2022).

- 수학과 교육과정에 제시된 성격, 목표, 내용 체계, 성취기준, 교수 · 학습과 일관성을 가지도록 평가를 실시한다.
- 학생의 수학 학습에 대한 정보를 수집 · 활용하여 학생의 주도적 학습과 성장을 지원하고 교사의 수업 개선을 돕도록 지속적으로 평가를 실시한다.
- 학생의 수학 학습을 돕기 위해 수업과 평가를 통합하여 '과정을 중시하는 평가'를 실시한다. 수학 내용 체계의 지식 · 이해, 과정 · 기능, 가치 · 태도를 학습 결과뿐 아니라 학습 과정에서 균형 있게 평가한다.
- 학생이 평가 과정에 적극적으로 참여하고 스스로 설정한 수학 학습 목표에 대한 달성 여부를 점검할 수 있게 한다.
- 학생의 사회 · 문화적 배경, 신체 특성 등이 불리하게 작용하지 않도록 평가를 실시하고, 학생의 사전 지식, 수학에 대한 흥미, 학습 유형, 학습 수준을 고려하여 평가 목적, 교수 · 학습 내용 및 방법에 따라 다양한 평가 방법을 적용한다.
- 진단평가, 형성평가, 총괄평가 등을 적절히 활용하여 수학 학습 과정과 결과에 대한 구체적인 정보를 바탕으로 학생의 특성과 학습 결손을 파악하고 개별적 지원 방안을 마련한다.
- 평가 절차를 개방적이고 공정하게 시행하고 학생의 수학 학습에 대한 의미 있는 정보를 학생, 학부모에게 제공한다.
- 수학 교과 역량인 문제해결 역량, 추론 역량, 의사소통 역량, 연결 역량, 정

보처리 역량도 균형있게 평가한다.

• 학생의 수학 학습 과정과 결과는 다양한 평가 방안을 사용하여 양적 또는 질적으로 평가한다.

① 지필평가는 수학 내용 체계의 지식 · 이해, 과정 · 기능을 평가하는 데 활용할 수 있고, 선택형, 단답형, 서 · 논술형 등의 다양한 문항 유형을 사용할 수 있다.

② 프로젝트 평가는 학생 스스로 특정 주제나 과제를 탐구하고 해결하기 위해 계획을 수립하고 수행하는 과정과 그 결과물을 평가하는 방안으로, 수학 내용 체계의 세 범주를 종합적으로 평가할 때 활용할 수 있다.

③ 포트폴리오 평가는 학생의 성장에 대한 정보를 얻기 위해 수학 학습 수행과 그 결과물을 일정 기간 수집하여 평가하는 방안으로, 수학 교과 역량의 발달을 종합적으로 평가할 때 활용할 수 있다.

④ 관찰 평가, 면담 평가, 구술 평가는 학생 개인 및 소집단을 관찰, 학생과의 질의응답, 학생의 발표를 통해 평가하는 방안으로, 학생의 사고 방법, 수행 과정, 수학 내용 체계의 가치 · 태도 등을 평가할 때 활용할 수 있다.

⑤ 자기 평가는 학생 스스로 자신의 학습 과정과 결과를 평가하는 방안으로, 수학 내용의 이해와 수행 과정, 문제해결과 추론 과정의 반성, 자신의 생각 표현, 수학 내용 체계의 가치 · 태도 등을 평가할 때 활용할 수 있다.

⑥ 동료 평가는 동료 학생들이 상대방을 서로 평가하는 방안으로, 협력 학습 상황에서 학생 개개인의 역할 수행이나 집단 활동의 기여를 평가할 때 활용할 수 있다.

• 교구나 공학 도구를 활용하여 평가할 때는 교구나 공학 도구의 기능 및 조작이 아닌 수학 내용의 탐구 과정을 평가한다.

• 온라인 수학 교수 · 학습 환경에서 평가할 때는 학생의 활동에 근거한 구체적인 자료를 사용하여 평가한다. 온라인 학습 플랫폼이나 학습 관리 시스템을

이용하여 학생의 수행 과정을 관찰하고 개별 맞춤형으로 환류할 수 있다.

이상의 2019 누리과정에 제시된 교육 평가와 2022 저학년 초등교육과정에 제시된 교육 평가 방법을 정리해 보면, 누리과정은 유아의 평가 못지 않게 누리과정 운영의 평가를 중요하게 다루고 있다. 유아 평가는 유아의 놀이, 일상생활, 활동 속에서 유아 고유한 특성이나 의미 있는 변화를 발견하고, 그것을 바탕으로 유아의 배움과 성장을 돕기 위해 평가하는 것으로 설명한다. 이는 '배움(학습)에 대한 평가'보다는 '배움(학습)을 위한 평가', '배움(학습)으로서의 평가'를 강조하는 것이다. 또한 평가에 있어서 교사의 자율성을 강조하여 평가 목적에 적합한 평가 방법을 자율적으로 다양하게 선정하여 활용하도록 하고 있다. 초등학교 교육과정은 학생의 평가를 교육과정 운영의 평가보다 훨씬 중요하게 다루고 있다. 또한 평가를 결과 중심이 아닌 과정 중심의 평가로서 평가과정이 수업의 촉진제로 작용하도록 할 것을 강조하고 있다. 이것은 누리과정과 마찬가지로 초등학교에서도 '학습에 대한 평가'보다는 '학습을 위한 평가', '학습으로서의 평가'를 강조하는 것으로 볼 수 있다. 또한, 교과 역량의 향상을 평가하되 포트폴리오, 수행 평가, 자기 평가, 동료 평가 등 다양한 방법을 자율적으로 활용할 것을 권장하고 있다.

국어과 수학과의 경우, 1~2학년의 특성을 고려한 평가 방법을 별도로 설명하고 있지 않아 유 · 초연계의 차원에서 1학년 국어과와 수학과 평가를 이해하는데 어려움이 있다. 그러나 전체적인 맥락으로 볼 때, 누리과정과 초등학교 저학년 교육과정의 평가는 자율성 강조, 평가방법의 다양화, 학습을 위한 또는 학습으로서의 평가 강조, 유아와 아동을 평가의 주체로 존중하는 것 등 연계가 향상되었다.

제8장

초등학교 창의적 체험활동과 1학년 입학 초기 적응활동

01 창의적 체험활동

초등학교 교육과정에서 창의적 체험활동은 교육과정을 통해 아동들이 궁극적으로 달성해야 할 '전인적 성장'을 포괄적으로 제시한다. 초등학교 창의적 체험활동은 아동의 바른 인성 및 기초생활습관의 형성, 공동체 의식의 함양, 잠재된 개성과 소질의 발현에 중점을 두기에 입학 초기 적응활동을 포함하여 범교과적인 다양한 활동이 창의적 체험활동 시간에 전개될 수 있다.

2015 초등학교 교육과정부터 안전교육이 강화되면서 창의적 체험활동 시간을 활용하여 안전교육이 실행되었으나, 2022 초등학교 교육과정에서는 안전교육이 주로 세 통합교과(바른 생활, 슬기로운 생활, 즐거운 생활, 총 64시간) 수업에서 실행되도록 변화되었다.

1) 창의적 체험활동의 정의 및 교육적 의의

창의적 체험활동은 교과와 상호보완적 관계에 있는 활동으로 아동의 전인적인 성장을 위하여 학교가 자율적으로 설계 · 운영할 수 있는 경험과 실천 중심의 교육과정 영역을 의미한다(교육부 2022). 창의적 체험활동을 통해 앎을 적극적으로 실천하고 나눔과 배려를 할 줄 아는 창의성과 바른 인성을 겸비한 미래 지향적 인재를 양성하는 것을 목직으로 한다.

창의적 체험활동의 교육적 의의가 2022 초등학교 교육과정에는 명시되지 않았지만 유아교사의 이해를 돕기 위해 2009 초등학교 교육과정에 제시된 내용을 살펴보면 다음과 같다(교육과학기술부, 2009b).

- 창의적 체험활동은 '창의성'을 강조한다. 창의성은 '새로운 것을 창안해 내는 특성'인데 창의성 발현을 위해서는 학교 내 · 외의 다양한 교육활동 과정에서 보고, 듣고, 느끼고, 생각하고, 체험하는 활동이 무엇보다도 중요하다고 보았기 때문이다.
- 창의적 체험활동은 말 그대로 '체험활동'을 통한 학습자의 수행 능력을 강조한다. 체험을 강조한다는 것은 경험과 활동이 중심이 되어 실천을 통한 학습을 강조하는 것이다. 체험은 학습자가 직 · 간접적으로 겪은 경험을 의미하는데 이러한 체험은 '겪은 경험' 그 자체로서 결과와 다양한 활동, 경험의 누적으로 학습자에게 내면화되는 적극적인 체험의 결과를 모두 포함한다. 즉, 창의적 체험활동의 목적인 배려와 나눔을 실천하는 창의적 인재 양성은 적극적인 체험의 결과를 통해 이루어진다고 본 것이다.
- 창의적 체험활동은 배려와 나눔의 정신을 실천하는 창의적인 인재 양성을 통해 전인교육을 실현하는 교육활동이다. 전인교육은 인지적, 정서적, 기능적인 모든 측면에서 조화롭게 발달된 인간을 육성하는 자아실현을 위한 교육이다. 이런 의미에서 창의적 체험활동은 체험 중심의 실천 활동을 통해 배려와 나눔을 실천하는 전인적인 인격체로서 갖추어야 할 역량을 형성하게 하는 데 있어서 중요한 의미를 갖는 교육활동이라 할 수 있다.
- 창의적 체험활동은 학습자 중심의 교육과정을 지향한다. 교과활동과 달리 창의적 체험활동은 적극적인 체험활동이라는 점에서 주체가 학습자(아동)이다. 따라서 창의적 체험활동의 내용 선정 및 조직, 평가 결과의 기록에 있어

서 학습자의 적극적이고 창의적인 참여를 필요로 한다.

- 이와 같은 창의적 체험활동의 교육적 의의로 인해 국가, 교육청, 지방자치 단체는 창의적 체험활동 운영의 내실화를 지원하는 데 적극 협력할 것을 강조하고 있다.

2) 창의적 체험활동의 성격

2022 초등학교 교육과정에 제시된 창의적 체험활동의 성격을 살펴보면 다음과 같다(교육부, 2022, p.504).

- 창의적 체험활동은 '역량 함양'을 위한 '학습자 주도의 교육과정'이다. 창의적 체험활동의 자율 · 자치활동, 동아리 활동, 진로 활동을 통해 학생의 자기관리 역량, 지식정보처리 역량, 창의적 사고 역량, 심미적 감성 역량, 협력적 소통 역량, 공동체 역량의 증진을 도모한다.
- 창의적 체험활동은 교과와의 연계, 학교급 간 및 학년 간, 그리고 영역 및 활동 간의 '연계와 통합'을 추구한다.
- 창의적 체험활동은 학교급별 특성을 반영하여 설계한다. 학교는 학생의 흥미와 관심, 교육적 필요와 요구, 지역 사회의 특성 등을 고려하여 특정 영역과 활동에 중점을 두고 융통성 있게 설계할 수 있다.
- 학교는 창의적 체험활동 교육과정을 설계하고 운영함에 있어 '자율성'을 발휘한다. 창의적 체험활동의 설계 주체는 '학교', '교사', '학생'이다. 이에 창의적 체험활동에서는 교사와 학생이, 학생과 학생이 공동으로 계획을 수립하고 역할을 분담하여 실천한다. 이를 위해 국가 및 지역 수준에서는 학교와 지역의 특색을 고려하여 전문성을 갖춘 인적 · 물적 자원을 충분히 제공할 수 있는 기반을 마련한다.

3) 창의적 체험활동의 목표와 영역

목표

창의적 체험활동의 일반적 목표는 학생들이 창의적인 다양한 활동에 주도적으로 참여함으로써 개인의 소질과 잠재력을 계발 · 신장하여 창의적인 삶의 태도를 기르고 공동체 의식을 함양하는 것이다. 특히 초등학교에서는 자신의 개성과 소질을 탐색하고 발견하여 공동체 생활에 필요한 기본 생활 습관과 시민의식을 기르는 것을 목표로 한다(교육부, 2022).

영역별 활동

창의적 체험활동은 자율 · 자치활동, 동아리 활동, 진로 활동의 세 영역으로 구성된다. 영역별로 살펴보면, 자율 · 자치활동 영역은 자율활동과 자치활동으로, 동아리 활동 영역은 학술 · 문화 및 여가 활동과 봉사활동으로, 진로 활동 영역은 진로 탐색 활동과 진로 설계 및 실천 활동으로 구성된다. 학교는 영역별 활동과 내용을 토대로, 학교급과 학년(군) 및 학생 개개인의 특성에 따른 교육적 요구를 고려하여 활동을 영역별로 제시하거나 영역 통합적인 활동, 교과와 연계한 활동 등을 창의적으로 편성 · 운영할 수 있다(교육부, 2022). 창의적 체험활동의 영역, 활동별 정의 및 목표, 활동별 내용사례를 제시하면 다음과 같다.

〈표 8-1〉 창의적 체험활동의 영역과 활동별 정의 및 목표

영역	활동	정의	목표
자율 · 자치 활동	자율활동	자기주도성과 창의성을 함양하기 위한 활동이다.	학생이 주제를 스스로 선택하여 활동함으로써, 신체적 · 정신적 · 환경적 변화에 적응하고 자신의 삶을 개척해 나가는 자기주도성을 함양한다.
	자치활동	자신의 삶을 능동적이고 주도적으로 영위하며, 공동체를 조직하고 운영하는 역량을 함양하기 위한 활동이다	성숙한 민주시민으로서 타인과 원활하게 소통하고 공동체의 문제를 상호 연대하여 해결할 수 있는 역량을 함양한다.

영역	활동	정의	목표
동아리 활동	학술·문화 및 여가 활동	자신의 흥미 및 진로를 탐색하여 관련한 소질과 적성을 기르기 위한 동아리 활동이다.	동아리 활동을 통해 다양한 학술 분야와 문화에 대해 관심을 가지고 탐구력과 심미적 감성을 함양한다.
	봉사활동	공동체와 사회에 기여함으로써 포용성과 시민성을 함양하기 위한 활동이다.	학교 안팎에서 나눔과 봉사를 실천함으로써 포용성과 시민성을 함양한다.
진로 활동	진로 탐색 활동	자신의 진로와 관련된 교육 및 직업 정보를 탐색하기 위한 활동이다.	긍정적인 자아 개념을 형성하고 진로 및 직업 세계의 특성과 변화를 이해하여 자신의 진로와 관련된 건강한 직업 가치관을 확립한다.
	진로 설계 및 실천 활동	희망하는 진로와 직업의 경로를 설계하고 실천하기 위한 활동	자신의 진로에 대한 이해를 바탕으로 희망하는 진로와 직업의 경로를 설계하고 실천한다.

- 자율 · 자치활동의 활동별 내용 사례

① 자율 활동

- 주제 탐구 활동: 개인 연구, 소집단 공동 연구, 프로젝트 등
- 적응 및 개척 활동: 입학 초기 적응, 학교 이해, 정서 지원, 관계 형성 등
- 프로젝트형 봉사활동: 개인 프로젝트형 봉사활동, 공동 프로젝트형 봉사활동 등

② 자치 활동

- 기본생활습관 형성 활동: 자기 관리 활동, 환경 · 생태의식 함양 활동, 생명존중 의식 함양 활동, 민주시민 의식 함양 활동 등
- 관계 형성 및 소통 활동: 사제동행, 토의 · 토론, 협력적 놀이 등
- 공동체 자치활동: 학급 · 학년 · 학교 등 공동체 중심의 자치활동, 지역 사회 연계 자치활동 등

- 동아리 활동의 활동별 내용 사례

① 학술 · 문화 및 여가 활동

- 학술 동아리: 교과목 연계 및 학술 탐구 활동 등
- 예술 동아리: 음악 관련 활동, 미술 관련 활동, 공연 및 전시 활동 등
- 스포츠 동아리: 구기 운동, 도구 운동, 계절 운동, 무술, 무용 등
- 놀이 동아리: 개인 놀이, 단체 놀이 등

② 봉사 활동

- 교내 봉사활동: 또래 상담, 지속가능한 환경 보호 등
- 지역 사회 봉사활동: 지역 사회참여, 캠페인, 재능 기부 등
- 청소년 단체 활동: 각종 청소년 단체 활동 등

- 진로활동의 활동별 내용 사례

① 진로 탐색 활동

- 자아탐색 활동: 자기이해, 생애 탐색, 가치관 확립 등
- 진로 이해 활동: 직업 흥미 및 적성 탐색, 진로 검사, 진로 성숙도 탐색 등
- 직업 이해 활동: 직업관 확립, 일과 직업의 역할 이해, 직업 세계의 변화 탐구 등
- 정보 탐색 활동: 학업 및 진학 정보 탐색, 직업 정보 및 자격(면허) 제도 탐색, 진로진학 및 취업 유관기관 탐방 등

② 진로 설계 및 실천 활동

- 진로 준비 활동: 진로 목표 설정, 진로 실천 계획 수립 등
- 진로계획 활동: 진로 상담, 진로 의사 결정, 진로 설계 등
- 진로체험활동: 지역 사회 · 대학 · 산업체 연계 체험활동 등

4) 창의적 체험활동의 설계

학교는 학생들의 자발적인 참여와 체험 중심의 창의적인 교육활동이 가능하도록 학생의 발달 단계와 교육적 요구 등을 고려하여 시간, 장소, 영역별 활동 구성 등을 자율적으로 설계한다. 창의적 체험활동의 설계의 원칙은 다음과 같다(교육부, 2022).

- 영역 및 활동의 설계: 학교는 창의적 체험활동 교육과정 편성 · 운영 시 영역과 영역별 활동의 특성에 따라 각각 운영하거나 각 영역 및 활동을 연계 · 통합한 활동으로 설계할 수 있다. 학교급별, 학년(군)별, 학기별로 학생의 특성과 요구에 따라 일부 영역과 활동을 선택하여 집중적으로 편성 · 운영하는 등 영역 및 활동의 편성에 있어 다양한 운영 방식으로 설계할 수 있다.
- 시수 편성 기준: 총론의 학교급별 교육과정 편성 · 운영 기준에 제시된 시간 배당 기준 등에 따르며 학교는 자율적으로 창의적 체험활동의 20% 범위 내에서 시수를 증감하여 편성 · 운영할 수 있다. 그러나 특정 학년이나 학기에 편중하여 편성하지 않도록 하며 초등학교 1학년은 입학 초기 적응활동으로 입학 후 3월 중 34시간을 배정한다.

〈표 8-2〉 창의적 체험활동의 영역 및 시간 배당 기준

구분	시간 배당 기준	비고
초등학교 1~2학년	238	• 학년군의 창의적 체험활동 시간 배당은 연간 34주를 기준으로 2년간의 기준 수업 시수를 나타낸 것이다. • 초등학교 1~2학년군은 입학 초기 적응활동으로 인해 34시간이 더 많다.
초등학교 3~4학년	204	
초등학교 5~6학년	204	

- 설계 · 운영 관련 자율성 확보 : 입학 초기 및 상급 학교(학년)로 진학하기 전 학기의 일부 시간을 활용하여 학교급 간 전환 시기의 연계와 생활 적응을 지원하기 위해 '진로 연계 교육'을 운영할 수 있다. 범교과 학습 주제의 경우 관련 있는 교과 교육과정에서 우선하여 교육하고 필요시 창의적 체험활동에서 다루도록 한다.

- 모든 학생을 위한 교육 기회의 제공: 학생들의 흥미와 소질, 학교와 지역의 실정을 고려하여 수립하되, 특히 학습 부진 학생, 특정 분야에서 탁월한 재능을 보이는 학생, 특수교육 대상 학생, 귀국 학생, 다문화 가정 학생 등 개별적 특성을 충분히 고려하여 모든 학생이 창의적 체험활동에 참여할 수 있도록 한다.
- 교내외 체험활동에 따른 안전교육: 교내외 체험활동에 앞서 반드시 체계적이고 실효성 있는 안전교육을 실시하고, 관련 법령 및 상급기관의 안전 관련 지침을 따른다.
- 설계의 주체: 창의적 체험활동 교육과정 설계의 주체는 학교, 교사, 학생이다. 특히 교사와 학생이 공동으로 또는 학생이 자기주도적으로 계획을 수립하고 역할을 분담하여 실천하도록 한다. 학교는 창의적 체험활동의 운영에 필요한 인적 · 물적 자원의 활용 등과 관련하여 교육청의 지원을 받을 수 있다.

5) 창의적 체험활동의 운영 및 평가

초등학교 창의적 체험활동의 운영에서 중점을 두어야 할 사항을 요약하면 〈표 8-3〉 같다.

〈표 8-3〉 초등학교 창의적 체험활동의 영역별 운영 중점

영역	운영 중점
자율 · 자치활동	• 생활 속 여러 문제를 해결하는 능력 함양 • 정서적 · 심리적 안정과 입학 초기 및 사춘기 적응 • 즐거운 학교생활 및 다양한 주제 활동 경험 • 학생 자치 회의, 학급회의 등 공동체를 통한 의사소통 경험 • 민주적 의사 결정의 기본 원리 이해와 실천
동아리 활동	• 창의 · 융합적 사고를 통한 현재와 미래의 문제 해결 • 다양한 경험과 문화, 예술, 체육 프로그램 체험 • 삶을 풍요롭게 하는 신체 활동 및 놀이 • 인간과 환경의 공존을 위한 지속가능한 환경보호

영역	운영 중점
진로 활동	• 긍정적인 자아 개념 형성 • 일의 중요성을 이해하기 위한 진로 체험 • 다양한 직업 세계 탐색 • 진로 기초 소양 함양

또한, 초등학교 창의적 체험활동의 평가에서 고려할 사항은 다음과 같다.

- 창의적 체험활동의 영역 또는 활동별로 평가 관점을 마련하고 평가 기준을 작성, 활용한다. 학생 개개인의 성장, 발달, 변화를 평가하여 그 결과를 학생의 소질과 잠재력의 계발을 돕는 자료로 활용한다.
- 평가를 위하여 일화 기록법, 체크리스트법, 평정 척도법 등 학생의 활동 상황에 대한 관찰, 의식 · 태도 조사, 자기 평가, 상호 평가 등 질문지 등을 활용한 조사, 작품 평가, 활동의 기록 분석, 작문, 소감문 분석 학생의 작품과 기록에 대한 분석, 교사 간 의견 교환 등의 다양한 평가 방법을 활용할 수 있다.
- 학교는 교육과정의 질 관리를 위해 창의적 체험활동 교육과정을 평가하고 그 결과는 이후 창의적 체험활동 교육과정을 개선하기 위한 자료로 활용한다.

02 초등학교 1학년 입학 초기 적응활동

2009 초등학교 교육과정부터 초등학교에서는 창의적 체험활동(자율활동) 시간을 활용하여 입학 초기 적응활동을 자체적으로 편성 · 운영해왔다. 즉, '우리들은 1학년' 교과서를 활용하지 않고 학교 자체적으로 창의적 체험활동을 통해 아동들의 특성을 고려한 입학 초기 적응 프로그램을 편성 · 운영하였다. 이는 '우리들은 1학년' 교과 자체가 새로운 환경에의 원만한 적응을 목적으로 하나, 취학 전 교육기관 및 교육 기회의 확대로 인해 특정 교과로까지 편성할 필요는 없다고 보았기

때문이다(교육과학기술부, 2009b). 그런데 2022 초등학교 교육과정부터는 창의적 체험활동뿐만 아니라 통합교과 첫 주제단원 '학교'를 통해 입학 초기 적응활동이 실행된다.

1) 입학 초기 적응활동의 정의

초등학교 1학년의 입학 초기 적응활동은 학교생활의 원만한 시작과 적응을 돕고 학습자의 학습 능력 출발점의 차이를 최소화하기 위한 활동으로 첫째, 일상생활에 필요한 기본생활습관 및 가치를 형성하는 활동, 둘째, 바르고 원만한 인간관계를 형성하여 학교생활을 즐겁게 하는 활동, 셋째, 학습에 필요한 최소한의 기초적인 학습 태도 및 기능을 습득하게 하는 교육활동으로 정의할 수 있다(교육과학기술부, 2009b).

2) 입학 초기 적응활동의 운영 및 지도

초등학교에서는 입학 초기 적응활동을 학습자의 수준, 학교 및 지역사회의 여건을 고려하여 자율적 · 탄력적으로 편성 · 운영할 수 있다. 입학 초기 적응활동의 내용도 학습자의 수준 및 학교 특성에 따라 구성하여 운영할 수 있다. 이처럼 입학 초기 적응활동의 내용, 방법 등에 대한 자율 재량권이 학교에 주어진 것은 취학 전 교육이 지역에 따라, 또는 개인에 따라 차이가 나므로 학교별로 지역특성이나 아동의 필요를 적절히 반영하여 융통성 있게 운영케 한 것이다.

2022 초등학교 교육과정부터는 이전에 비해 교육과정의 간략화가 더 강조되면서 입학 초기 적응활동이 창의적 체험활동(34시간)과 통합교과 시간(3월의 주제단원 '학교')에 함께 이루어지게 되었다. 이는 입학초기 적응활동과 통합교과의 내용의 중첩에서 오는 교육의 비효율성을 방지하는 위한 것이다.

입학 초기 적응활동을 통해 1학년 아동들은 새로운 학교라는 물리적 공간의 특성을 이해하고 안전하게 이용할 수 있게 되며, 새 선생님 및 새 친구들과 관계 형성, 기초적인 학습 태도 및 기초 학습 능력 함양 등 학교생활 적응에 도움을 받게 된다. 입학 초기 적응활동의 내용을 사례로 간략히 사례로 제시하면 〈표 8-5〉과 같다.

〈표 8-4〉 초등학교 1학년 입학 초기 적응활동의 내용사례

학교생활 적응 영역	학습 습관 형성 영역
• 교실 · 학교 모습 알기 • 학교 시설물 사용하기 • 기본생활습관 익히기 • 안전하게 생활하기 • 바르게 인사하기 • 새로운 친구 사귀기 등	• 기본 학습 태도 익히기 • 학습 용구 바르게 사용하기 • 한글 기초 익히기 • 수 익히기 등

초등학교에서 입학 초기 적응활동을 편성하고 교수 · 학습하는 과정에서 유의할 점은 다음과 같다(교육과학기술부, 2009b).

첫째, 초등학교에 입학한 신입생들이 공식적인 학교생활에 잘 적응할 수 있도록 교사와의 일대일 학습활동도 중요시 한다.

둘째, 초등학교 저학년 학습자의 발달 단계를 고려하여 구체적인 조작 활동에 참여할 수 있는 활동들로 구성하되, 반복적인 지도를 통해 기초 · 기본의 생활습관과 학습 태도의 형성에 유의하여야 한다.

셋째, 학습자가 기초 학습 능력을 즐겁게 습득하게 하여, 이후 학습에 흥미를 잃지 않도록 유의하여야 한다.

넷째, 초등학교 1학년 입학 초기 적응활동을 지도하기 위한 자료는 교육청이나 학교에서 개발한 것도 사용할 수 있다.

다섯째, 평가 및 기록은 학습자의 발달과 관련하여 별도로 기술할 필요가 있을 시 그 결과를 기록하는 것을 원칙으로 한다.

3) 입학 초기 적응활동을 위한 제도적 노력

최근 서울특별시교육청을 비롯한 전국의 시 · 도 교육청에서는 유 · 초 연계교육의 중요성을 강조하며, 특히 초등현장에서 1~2학년 아동의 발달 특성을 고려한 저학년 특별 교육과정 운영과 교육환경 개선을 위해 많은 노력을 기울이고 있다. 시 · 도 교육청에서 강조하는 저학년 교육과정의 사례를 들면, 서울특별시교육청의 「안정과 성장 맞춤 교육과정」, 대전광역시교육청의 「유 · 초 연계 꿈자람

과정」, 충청북도교육청의 「아이성장 놀이학년제」 등을 들 수 있다. 그중 대표적인 노력으로 서울특별시교육청에서 진행하고 있는 「안정과 성장 맞춤 교육과정」과 「1학년 교실 리모델링 사업(꿈잼교실 만들기)」 그리고 대전광역시교육청의 「유 · 초 연계 꿈자람 과정」 등을 간단히 소개하면 다음과 같다(대전광역시교육청, 2018; 서울특별시교육청, 2016, 2023; 충청북도교육청, 2024).

서울특별시교육청의 「안정과 성장 맞춤 교육과정」

서울특별시교육청의 '안정과 성장 맞춤 교육과정'은 유치원과 연계한 초등학교 저학년 교육환경 조성을 통해 심리적인 안정과 발달 단계에 맞는 교육과 성장을 지원하는 초등학교 1~2학년 학생 맞춤형 교육과정으로 일명 '안성 맞춤 교육과정'이라 부른다. 이 교육과정은 2016년에 계획되고 2017년 적용단계를 거쳐 2018년부터 계속적으로 서울특별시 전체 초등학교에서 운영되고 있다.

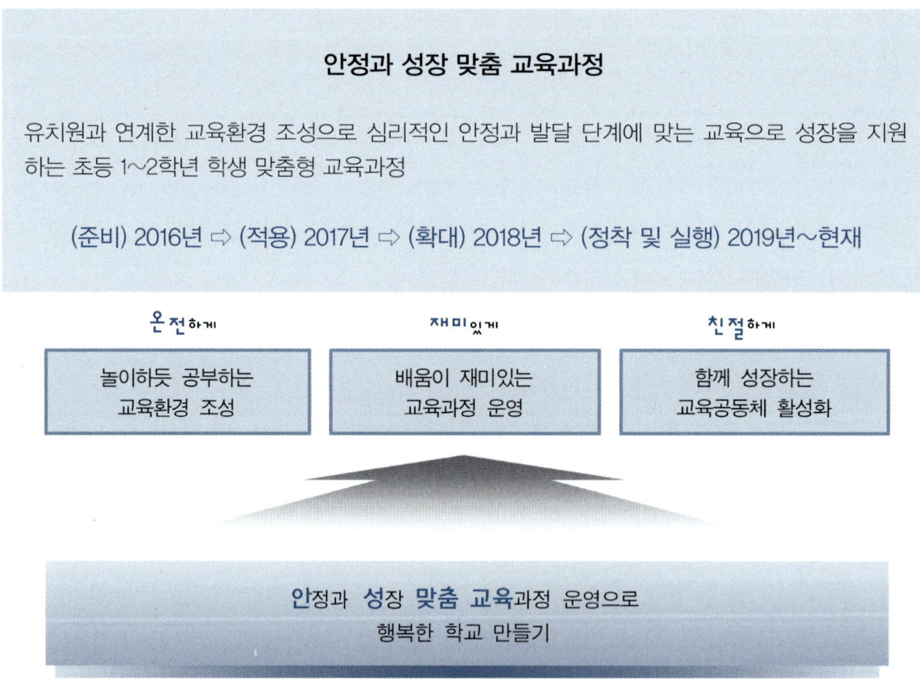

[그림 8-1] 서울특별시교육청 「안정과 성장 맞춤 교육과정」

〈표 8-5〉 서울특별시교육청 '안정과 성장 맞춤 교육계획안' 사례(서울특별시교육청, 2018)

실천 과제	실천 내용	대상	시기
놀이하듯 공부하는 교육환경 조성	• 안정과 성장 맞춤 놀이 수업 교구 확충	1, 2학년	3월
	• 놀이 중심 교육활동을 위한 안전하고 깨끗한 교실환경 조성	1학년	3월
	• 교과 연계 놀이 수업 전개를 위한 안정된 교실환경 구성	1학년	3월
	• 불필요한 숙제 없는 교실 만들기	1, 2학년	연중
	• 한글 미해득 학생에게 부담을 주지 않는 교육활동 운영	1, 2학년	연중
	• 쉼이 있는 중간놀이시간 운영	1, 2학년	연중
	• 함께 만들어 가는 학년 교육과정 운영	1, 2학년	연중
배움이 재미있는 교육과정 운영	• '쉬운 한글' 국어 교육과정 운영	1학년	연중
	• '재미있는 수학' 수학 교육과정 운영	1, 2학년	연중
	• 학년 협의회를 통한 놀이 중심 수업 운영	1, 2학년	연중
	• 학생 개개인의 성장과 발달을 돕는 평가 및 교사의 수업 개선을 돕는 평가	1, 2학년	연중
함께 성장하는 교육 공동체 활성화	• 안정과 성장 맞춤 교육과정 운영을 위한 자발적 학습공동체 운영	교사	연중
	• 안정과 성장 맞춤 교육과정 정착을 위한 교원 연수	교사	2, 8월
	• 안정과 성장 맞춤 교육과정 이해를 위한 학부모 연수	학부모	3월

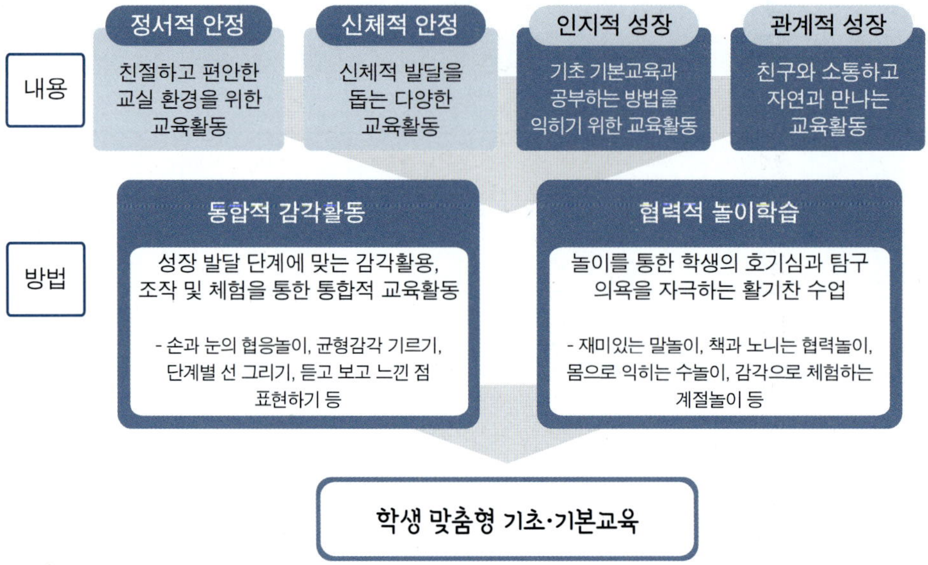

[그림 8-2] 서울특별시교육청 「2023 안정과 성장 맞춤 교육과정」의 내용과 방법

출처: 서울특별시교육청(2023, p.5)

서울특별시교육청의 「꿈잼교실」 운영

2017년부터 서울특별시 초등학교에서는 1, 2학년 교실의 리모델링이 전개되고 있다. 이는 '꿈잼 교실'을 조성하기 위한 것인데 유아교육기관과 초등교육기관 사이의 상이한 물리적 환경에서 벗어나 교실환경의 연계성을 추구함으로써 아동의 초등학교 적응을 돕고 아동들이 심리적으로 안정되도록 하기 위해 마련된 교육정책이다. 꿈잼 교실은 1,2학년 아동들이 통합적 감각활동, 협력적 놀이학습 등 학생 맞춤 교육을 통해 재미있게 꿈을 키워가는 교실을 의미한다. 서울특별시교육청은 교실 리모델링 외에 꿈잼 교실 운영을 위한 놀이교구비, 학습준비물비 등으로 2023년의 경우 학급당 100만원 내외로 지원하였다(서울시교육청, 2023). 2017년 '꿈을 담은 교실' 사업으로 시작된 '꿈잼교실' 정책은 아동들의 학교 적응 및 행복한 배움에 실질적인 도움을 제공하는 우수사례라 할 수 있다. 이로 인해 교실은 학습과 놀이가 자유로운 공간, 나만의 다락방이 있는 공간, 같이 협동할 수 있는 공

간 등으로 새롭게 변화될 수 있었고, 아동들의 초등학교 적응에 큰 도움을 주고 있다.

서울○○초등학교에서는 기존 1학년 교실을 '꿈을 담은 교실'로 개선하는 공사를 실시하여 10월 19일(토)에 완료하였습니다. 기존에 틀에 박힌 교실의 모습에서 학습과 놀이가 자유로운 공간, 나만의 다락방이 있는 공간, 같이 협동할 수 있는 공간으로 새롭게 변화되었습니다. 이런 교실의 변화를 통해 1학년 학생들은 학교에 대한 적응력을 높이고, 창의력을 키워 나가면서 다양한 꿈을 꾸는 행복한 학교생활을 할 수 있게 되었습니다.

– 문화일보, 2019. 11. 18.

[그림 8-3] 서울특별시 초등학교 1학년의 꿈잼 교실

「유·초 연계 멘토링」 프로그램

서울특별시 일부 초등학교에서는 초등학교로의 성공적인 전이를 돕기 위해 초등학생과 병설유치원 유아들을 대상으로 하여 다양한 유 · 초 연계교육 프로그램을 개발 · 운영하고 있다. 사례로 서울특별시 한 초등학교에서 실시한 '유 · 초 연계 멘토링' 프로그램을 소개하면 〈표 8-5〉와 같다.

〈표 8-6〉 서울 S 초등학교의 유 · 초 연계 멘토링 프로그램 운영 사례

유 · 초 연계 멘토링 운영 계획안

1. 목적
   1) 유아: 선배와의 애착관계를 형성하여 따뜻하고 안정적 정서 함양
   2) 초등학생: 멘토링 활동을 통해 협력적 인성 및 의사소통 역량 함양
   3) 교사: 유 · 초 연계 교육과정 운영을 통해 인성 및 진로 지도 역량 강화

2. 운영 대상 및 지도교사
   유치원 5세반 16명(담임교사 ○○○), 6학년 7반 23명(담임교사 ○○○)

3. 운영 기간: 2018. 4.~2018. 12.

4. 실행 방침
   1) 멘토링 활동 내용은 유 · 초 교육과정과 연계한 문 · 예 · 체 교육활동으로 구성한다.
      - 책 읽어 주기, 책 만들기, 도서관 행사 등
      - 신체놀이 활동, 어린이날 기념 소체육대회, 가을 대운동회
      - 동요 발표회, 공연 관람, 크리스마스 나눔 활동 등
   2) 교원 학습공동체 유 · 초 연계교육 동아리를 운영하여 멘토링 활동의 내실을 기한다.
      - 유치원 및 초등학교 교육과정 이해
      - 유 · 초 연계 교실환경 구성 및 교수 · 학습 개선
   3) 멘토링 활동은 월 2회 정기적으로 실시하며, 학교 행사와 연계하여 추가적으로 실시한다.
   4) 학생들이 주도적으로 운영하도록 하며 교사의 지도 조언을 받는다.

5. 멘토링 운영 계획

학기	회차	날짜	활동 주제	학기	회차	날짜	활동 주제
1학기	1	4.12	의형제 멘토링 결연식(진로활동)	2학기	9	9.6	찰흙놀이 미술활동
	2	4.26	전래놀이 체육활동		10	9.20	가을 대운동회 활동 연습
	3	5.10	종이접기 및 꾸미기 미술활동		11	10.11	요리활동
	4	5.24	텃밭 가꾸기 활동		12	10.25	이야기 읽어 주기(독서활동)
	5	6.7	이야기 읽어 주기(독서활동)		13	11.8	책 만들기(독서활동)
	6	6.21	오리고 붙이고 미술활동		14	11.22	실내놀이 체육활동
	7	7.5	바깥놀이 체육활동		15	12.6	음악 표현활동
	8	7.19	1학기 마무리 친교활동		16	12.20	편지 전달 및 마무리 친교활동

※ 활동 시간: 2, 4주 목요일 10:50~11:30, 학급교육활동에 따라 변동될 수 있음.

대전광역시교육청의 「유 · 초 연계 꿈자람 과정」

대전광역시교육청에서는 유치원과 초등학교의 바람직한 연계교육을 위하여 5세 누리과정의 5개 영역과 초등학교 1학년 교과 및 창의적 체험활동을 연계한 「유 · 초 연계 꿈자람 과정」을 운영하고 있다. 이와 관련하여 유치원에서는 12월부터 2월까지를 연계 집중 기간으로 정하여 '유치원의 꿈자람 집중 과정'인 '초등학교에 가요'를 편성 · 운영하도록 하고 있고, 초등학교에서는 3월부터 5월까지를 연계 집중 기간으로 정하고 교과와 창의적 체험활동을 연계한 '초등학교의 꿈자람 집중 과정'을 편성 · 운영하도록 하고 있다. 교육방법으로 5세 누리과정 및 1학년 교육과정에서의 공통 놀이 요소를 중심으로 한 놀이통합교육을 강조하고 있다. 놀이통합교육을 위해 5세 유아와 1학년 아동이 함께하는 놀이 공간(꿈자람 놀이터)을 조성하고 있으며 다양한 유 · 초 연계 놀이 활동을 실천하면서 바른 인성의 발달을 도모하고 있다.

〈표 8-7〉 초등학교 꿈자람 집중 과정의 계획안 예시

〈봄〉

유·초 연계 꿈자람과정			5세 누리과정		
단원명	활동 주제(차시)	꿈자람 내용	생활 주제	주제	소주제
1. 학교에 가요	(슬)학교 가는 길(6~7/21)	· 학교 가는 길에 본 것 이야기하기 · 학교 주변 교통안전 규칙 알아보기 · 학교 주변 모습 살펴보기	우리 동네	우리 동네 모습	우리 동네에 관심 가지기
	(슬)운동장에서 (8/21)	· 운동장에 있는 시설물 알아보기 · 운동장 시설물 이용 방법 알아보기	건강과 안전	안전한 놀이와 생활	안전하게 놀이하기

출처: 대전광역시교육청(2018)

〈표 8-8〉 유치원 꿈자람 집중 과정 '초등학교에 가요' 계획안

주제	소주제	활동명	활동목표	활동 유형	5세 누리과정 주요 관련 영역
초등학교에 가요	초등학교 돌아보기	초등학교 가는 길 구성하기	안전한 등교방법을 안다.	쌓기	사회관계 자연탐구
		우리 교실 찾아가기	초등학교 교실에 관심을 가진다.	수·조작	사회관계
		분필로 초등학교 그리기	초등학교에 대해 친근감을 느낀다.	미술	예술경험 사회관계
		우리 학교 운동장	초등학교에 관심을 갖고 즐거운 마음으로 노래를 부른다.	음률	예술경험
		발견 우리학교 이곳저곳	동화를 통해 초등학교 환경에 대해 알아본다.	동화	의사소통
		초등학교 돌아보기	자신이 진학할 초등학교에 관심을 가진다.	현장 학습	사회관계 자연탐구
	초등학교 생활 알아보기	초등학생이 되어보아요	초등학교 교실에서의 일들을 생각하며 역할 놀이를 한다.	역할	사회관계
		초등학교 교과서 탐색하기	교과서의 뜻을 알고 내용에 관심을 가진다.	언어	의사소통
		초등학교에 있어요	초등학교에서 사용하는 물건들에 대해 관심을 가진다.	과학	자연탐구
		실내화 가방 만들기	실내화 가방의 생김새에 대해 알고 만든다.	미술	예술경험 사회관계
		초등학교에 대해 궁금한 점	초등학교 생활에 관심을 가진다.	이야기 나누기	의사소통 사회관계
		책가방 메고 초등학교에 가요	초등학교에 다니게 될 나의 모습에 관심을 갖고 게임에 적극적으로 참여한다.	게임	신체운동·건강
		나의 행복한 하루	초등학교에서의 일과에 관심을 가진다.	동화	의사소통
		급식 안 먹을래요	초등학교에서의 급식에 관심을 가지고 바른 식습관을 기른다.	동화	의사소통
		학교는 즐거워	초등학교에서 즐겁게 생활할 수 있는 마음가짐을 가진다.	동화	의사소통
		틀려도 괜찮아	동화를 통해 나를 소중히 여기고 자신감을 갖는다.	동화	의사소통

출처: 대전광역시교육청(2018).

제4부

유아교육 및 초등 저학년 교육의 실제

제9장

유아교육기관과 초등 저학년의 통합교육과정 운영

01 유아교육기관의 놀이 중심 통합교육과정 운영

유아교육과정의 통합교육과정의 사례는 대부분 유아교육현장에서 실시하는 교육활동 모습에서 쉽게 찾아볼 수 있다. 예를 들어, 외국의 경우 영국의 '유아학교', 미국의 '개방교육', 독일의 '상황 중심 유아교육' 등이 있으며, 우리나라 유치원의 경우 누리과정 뿐만 아니라 누리과정 이전의 '활동 중심 통합교육과정', 연세대 부설 어린이 생활지도연구원의 '연세 개방주의 유아교육과정', 덕성여대 부속유치원의 '상호작용 이론에 기초한 활동 중심의 유아교육과정', 그리고 최근 관심을 모으고 있는 '숲유치원', '레지오 에밀리아 접근법', '프로젝트 접근법' 등이 모두 통합교육과정의 유형에 속한다.

이러한 여러 형태의 교육 프로그램은 각각 추구하는 목적이나 원리, 방법 면에서 다소의 차이가 있지만, 대개 전통적인 교사 중심의 획일적 교육으로부터 벗어나 아동을 최대한 존중하고 그들의 발달과 흥미, 요구를 교육이론 및 실제에 적극 반영하여 교육을 전개하고자 한다는 면에서 공통점이 있다. 즉, 이들은 실제 교육에서 아동의 놀이와 경험을 최대한 살려서 학습에 활용하는 일, 다양한 교재 · 교구를 갖춘 흥미 영역을 마련하고 아동의 흥미에 따라 다양한 놀이 · 게임 ·

활동의 기회를 제공하는 일, 아동과 아동, 아동과 교사의 상호작용을 강조하는 일, 그리고 주제선정 및 여러 가지 놀이 활동에 아동의 의사를 존중하는 일 등을 통해 궁극적으로 5개 영역 간의 통합적인 성장과 발달을 목표로 한다. 따라서 유아교육에서의 통합교육과정이란 유아 개개인의 삶을 귀중히 여기고 그들의 성장을 최대한 도우며, 유아의 발달특성에 맞추어 활동내용을 단편적으로 분리하여 교수하는 것이 아니라 통합적으로 제공함으로써 유아가 행복하고 즐겁게 학습할 것을 목적으로 하는 교육과정이라 할 수 있다.

현행 2019 누리과정은 유아 중심, 놀이 중심을 이전보다 더욱 강조하는 통합교육과정이다. 유아들이 놀이를 통해 다양하게 배우게 하되 내용에 있어 5개 영역의 내용을 포함할 뿐만 아니라 나아가 그 이상의 폭넓은 배움을 경험할 수 있도록 지원하는 통합교육과정이다.

02 초등 저학년 통합교육과정의 운영

초등학교 저학년 통합교육과정은 바른 생활과, 슬기로운 생활과, 즐거운 생활과를 통합하여 운영되는 주제 중심 통합교육과정이다. 2015 초등학교 교육과정까지는 가정, 학교, 지역 사회에서 이루어지는 1~2학년 아동들의 경험 세계를 생활의 관점에서 통합적 접근을 하였다. 일반적으로 교과별 교육과정은 해당 교과의 지식 구조와 탐구 방식에 기초하여 개발되지만 통합교과의 교육과정은 교과별 교육과정과는 달리 아동의 일상적인 생활 모습에 충실한 내용과 방식으로, 그리고 아동이 교과 지식을 일상적으로 경험할 수 있는 형태로 통합 · 조직되었다(교육과학기술부, 2011).

2015 저학년 통합교육과정은 통합교과의 이러한 생활의 관점과 통합적 조직의 원리에 따라 세 통합교과의 대주제(학교, 봄, 가족, 여름, 마을, 가을, 나라, 겨울)을 동일화하여 세 통합교과가 8개의 대주제와 16개의 소주제를 중심으로 상호 연계되도록 편성되었다. 활동주제에서만 통합교과의 개별 특성이 드러났고, 동일한 대 · 소

주제를 조금씩 다른 관점에서 구현한 활동주제를 통해 통합교육이 실행되게 구성하였고, '주제별 통합교과서'를 편찬하여 활용하였다. 그리고 이를 통해 아동들의 흥미와 관심을 적극 반영한 '학생 맞춤형 교육'과 교사와 아동이 함께 '만들어가는 교육과정'을 내실있게 실현하고자 했으나 이미 국가고시 교육과정으로 대 · 소주제와 교과별 활동주제가 상세히 제시되었기에 교육현장에서 그 취지만큼 실현되지는 못했다.

이에 2022 초등학교 저학년 교육과정에서는 통합교육을 더 강화하여 통합교과인 '바른 생활', '슬기로운 생활', '즐거운 생활'과에서는 동일한 4개의 영역과 8개의 핵심아이디어를 기반으로 교실에서 교사와 아동이 함께 주제와 차시를 개발하여 주제 중심 통합교육을 실행하도록 변화되었다. 그동안 국가수준에서 제시한 주제를 중심으로 교과통합형 수업을 실행해왔다면, 2022 초등학교 교육과정부터는 '주제를 개발하는 권한'이 교육과정을 실행하는 본 무대인 학교, 교실로 이양된 것이기에 매우 의미있는 변화라 할 수 있다(교육부, 2022). 또한 누리과정과의 연계적 측면에서도 연계의 질을 높이는 변화라 할 수 있다.

1) 저학년 통합교육과정의 목적

초등학교 저학년 통합교육과정은 궁극적으로 전인교육을 지향하며, 아동들이 현재 및 불확실한 미래사회에 적절히 대응할 수 있는 자기주도적이고 창의적이며 더불어 사는 사람으로 성장할 수 있도록 돕는데 목적이 있다(교육부, 2022). 또한 저학년이 학교생활에 행복하게 적응하며 기본생활습관과 규범을 익히고, 경험을 통해 자신과 주위 현상에 대한 관계를 이해하고 건강한 심신 발달을 이루는 것도 강조한다.

2) 저학년 통합교육과정의 성격

2022 초등학교 교육과정을 중심으로 저학년 통합교육과정의 성격을 정리해보면 다음과 같다(교육부, 2022).

- 초등학교 저학년 아동의 발달특성에 기초한 교육과정이다.
- 탈교과적 접근에서 더 나아가 아동 개인의 관심사와 공동체의 문제를 아우를 수 있는 탈학문적 접근으로 바른 생활, 슬기로운 생활, 즐거운 생활 교과를 통합한다. 이때 탈학문적 질문 '우리는 누구로 살아갈까?', '우리는 어디서 살아갈까?', '우리는 지금 어떻게 살아갈까?', '우리는 무엇을 하며 살아갈까?'가 기반이 된다.
- 초등학교 통합교과는 '지금-여기-우리 삶'에 통합적으로 접근하는 '경험 중심 교과'이다. 바른 생활은 '실천 경험 중심 교과', 슬기로운 생활은 '탐구 경험 중심 교과', 즐거운 생활은 '놀이 경험 중심 교과'로서의 성격을 띠고 있다.
- 바른 생활과는 고정된 가치나 덕목을 습득하고 내면화하는 덕목 중심의 교육을 지양하고, 네 가지 영역별 질문을 기반으로, 나와 공동체 사이의 관계를 주체적으로 만들어가는 교육을 지향한다.
- 슬기로운 생활과는 자연과 사회에 대한 사실이나 정보 중심의 교육을 지양하고, 네 가지 영역별 질문을 기반으로 더불어 사는 우리 존재나 삶을 이야기하면서 사람 · 자연 · 사회의 관계를 지속적으로 탐구하는 활동을 지향한다.
- 즐거운 생활과는 신체적 표현, 음악적 표현, 조형적 표현 등 기능 훈련 중심의 교육을 지양하고, 네 가지 영역별 질문을 기반으로 아동들이 놀이와 문화 활동을 즐기면서 자신의 삶을 향유할 수 있는 교육을 지향한다.
- 교사와 아동들이 함께 개발한 주제를 중심으로 다양한 유형의 놀이, 활동, 경험 등이 실행되는 '만들어가는 교육과정'이다.

3) 저학년 통합교육과정의 내용 체계

2022 초등학교 1~2학년 통합교육의 내용 체계는 영역, 핵심아이디어, 내용요소로 구성된다(표 9-1). 영역은 '우리는 누구로 살아갈까?(정체성)', '우리는 어디서 살아갈까?(공간성)', '우리는 지금 어떻게 살아갈까?(시간성)', '우리는 무엇을 하며 살아갈까?(주체성)'의 네 질문이다. 핵심아이디어는 영역으로 제시된 네 개의 질문

에 대한 표준적이고 일반적인 대답이면서 성취기준을 해석하는 초점이나 방향이다. 또한, 통합교과의 영역별 성취기준을 통합적으로 이수한 학생이 갖추게 될 보편적인 생각이나 사고방식을 의미한다. 내용요소는 통합교과의 수업을 구성하고 실행하는 과정에 활용할 기본 요소이다.

〈표 9-1〉 2022 초등학교 통합교과의 내용체계

<table>
<tr><th rowspan="2">영역</th><th rowspan="2">핵심 아이디어</th><th rowspan="2">범주</th><th colspan="3">내용요소</th></tr>
<tr><th>바른 생활</th><th>슬기로운 생활</th><th>즐거운 생활</th></tr>
<tr><td rowspan="3">우리는 누구로 살아 갈까</td><td rowspan="3">• 우리는 내가 누구인지 생각하며 생활한다.
• 우리는 서로 관계를 맺으며 생활한다</td><td>지식 · 이해</td><td>• 학교생활 습관과 학습 습관
• 자기 이해
• 생태환경</td><td>• 학교 안팎의 모습과 생활
• 자아인식
• 가족과 주변 사람
• 사람 · 자연 · 동식물</td><td>• 건강과 안전
• 신체 인식과 감각
• 자연의 아름다운 장면</td></tr>
<tr><td>과정 · 기능</td><td>• 습관 형성하기
• 관계 맺기</td><td>• 탐색하기
• 설명하기
• 탐구하기</td><td>• 놀이하기
• 소통하기
• 감상하기</td></tr>
<tr><td>가치 · 태도</td><td>• 안전하고 건강한 생활
• 자기 존중
• 배려
• 더불어 사는 삶</td><td>• 안전한 학교생활</td><td>• 어울림
• 건강한 생활
• 안전한 생활</td></tr>
<tr><td rowspan="3">우리는 어디서 살아 갈까</td><td rowspan="3">• 우리는 여러 공동체 속에서 생활한다.
• 우리는 삶의 공간을 넓히며 생활한다.</td><td>지식 · 이해</td><td>• 공동체 생활 모습
• 우리나라의 소중함</td><td>• 마을의 모습과 생활
• 우리나라의 모습과 문화
• 다른 나라의 모습과 문화
• 궁금한 세계</td><td>• 우리나라의 문화 예술
• 다른 나라의 문화 예술</td></tr>
<tr><td>과정 · 기능</td><td>• 실천하기
• 호기심 갖기</td><td>• 살펴보기
• 조사하기
• 탐구하기
• 매체 활용하기
• 탐색하기</td><td>• 문화 예술 활동하기
• 표현하기
• 상상하기</td></tr>
<tr><td>가치 · 태도</td><td>• 나라 사랑
• 다양성 존중
• 적극성과 도전 의식</td><td>• 관심
• 호기심</td><td>• 문화 예술 향유</td></tr>
</table>

영역	핵심 아이디어	범주	내용요소		
			바른 생활	슬기로운 생활	즐거운 생활
우리는 지금 어떻게 살아 갈까	• 우리는 여러 유형의 주기로 생활한다. • 우리는 과거, 현재, 미래를 생각하며 생활한다.	지식 · 이해	• 인물의 삶 • 지속가능한 삶의 방식	• 하루의 변화와 생활 • 계절과 생활 • 과거-현재-미래	• 자연의 변화 • 전통문화 • 아동권리
		과정 · 기능	• 하루 생활 관리하기 • 변화에 대응하기 • 실천하기	• 탐색하기 • 탐구하기 • 살펴보기	• 자연에서 놀이하기 • 창의적으로 표현하기 • 권리 누리기
		가치 · 태도	• 시간의 가치 • 적절성 • 공동체성 • 지속가능성	• 상상력	• 활기찬 생활 • 전통의 소중함 • 안전과 안녕
우리는 무엇을 하며 살아 갈까	• 우리는 경험하고 상상하고 만들며 생활한다. • 우리는 느끼고 생각하고 표현하며 생활한다.		• 모두를 위한 생활 환경 • 학습 습관 • 생활 습관	• 생활 도구의 모양과 기능 • 다양한 매체와 재료 • 관심 주제 • 배운 것과 배울 것	• 생각과 느낌
			• 참여하기 • 생각이나 의견 나누기 • 협력하기 • 되돌아보기	• 바꾸기 • 매체 활용하기 • 상상하여 구현하기 • 조사하기 • 연결하기 • 탐색하기	• 고치기와 만들기 • 놀이하기 • 전시하기 • 공연하기 • 경험 떠올리기
			• 모두를 위한 마음 • 개방성 • 자발성	• 창의성	• 자유로운 상상 • 의미 부여

4) 저학년 통합교육과정의 주제 개발 및 운영

2022 저학년 통합교과 교육과정에는 교사와 아동이 함께 [주제개발→차시개발→차시조직]의 과정을 거치며 주제와 차시를 개발하고 차시순서도 정하도록 제시되어 있다(교육부, 2022). 이전에는 국가수준에서 제시한 대주제(단원)를 중심으로 교과통합형 수업을 실행해왔다면, 2022 초등학교 교육과정부터는 '주제를 개발하는

권한'이 교육과정을 실행하는 본 무대인 교실로 이양되었기에 교사와 아동이 지금-여기-우리 삶을 함께 성찰하며 주제를 개발하고 그 주제를 중심으로 수업을 직접 만들어서 할 수 있게 되었다(교육부, 2022, 2024).

[1단계] 주제 개발

- 아동들은 관심 주제에 대해 자유롭게 제안하며 공부할 주제를 정하는 과정에 참여할 수 있다.
- 주제는 통합단원 이름이 될 만한 것으로 주변의 문제, 교과 개념, 성취기준, 동화, 행사, 인물, 일화 등을 고려해서 개발할 수 있다.
- 주제는 아동들의 관심사나 흥미를 살피면서 학교, 마을 등 주변에서 다룰 수 있는 쟁점이나 지역, 국가, 세계적인 쟁점 등을 고려하여 개발할 수 있다.
- 주제를 개발할 때 교사는 영역, 핵심아이디어, 내용요소, 성취기준을 살펴보며 무엇을 다루어야 할지와 무엇을 다룰 수 있는지 판단할 수 있다.

[2단계] 차시개발

- 개발된 주제와 관련하여 일상에서 직면할 수 있는 문제와 해결방안, 탐구할 수 있는 활동, 관심 있는 놀이 등을 찾아본다.
- 아동은 주제와 관련해서 알고 있는 것을 서로 이야기할 수 있고, 주제와 관련해서 알고 싶은 것에 관해 질문할 수 있다.
- 여기에서 나온 질문을 서로 의논해서 '질문 및 활동 목록'으로 만들 수 있다.
- 위의 과정에서 교사와 아동은 학생은 교과서를 포함한 다양한 교수 · 학습 자료를 활용할 수 있다.

[3단계] 차시 조직

- 교사와 아동이 정한 '질문 및 활동 목록'을 통해 학습할 순서를 정하는 일 등을 한다.
- 차시는 미리 조직해 놓고 실행할 수 있고, 실행하면서 다음 차시를 정하는 방식(꼬리잇기 방식)으로 할 수 있다.
- 차시는 개인적 실천 차시와 집단적 실천 차시로 조직할 수 있다.
- 차시는 대집단 활동, 소집단 활동, 짝 활동, 개인 활동으로 구분하여 조직하고 이를 순환하거나 선택하여 수행할 수 있다.
- 차시는 40분, 80분, 하루, 일주일 등 다양한 주기로 조직할 수 있다.
- 차시의 교수 · 학습 절차는 일반적으로 활용하는 '도입-전개-정리' 단계를 활용할 수 있고, 통상적인 주제학습처럼 '주제 만나기-주제 학습하기-주제학습 마무리하기'를 활용할 수 있으며 문제 기반 학습으로 '문제 진술하기-문제 해결하기-경험 나누기', '탐색하기-해결하기-생활화하기' 등 다양하게 조직할 수 있다.

또한 교육부에서는 교사와 아동들의 주제 개발 및 차시 개발을 돕기 위한 자료로 '주제별 교과서'를 개편하였다. 또한, 교사와 아동이 함께 수업을 만들어가는 공간으로 배움지도를 구성하는데 용이한 '플랫폼형 교과서'와 주제 단원 별로 네 개의 모듈(주제 수업, 놀이 수업, 안전 수업, 만들기 수업)을 묶음으로 제시한 '모듈형 교과서'도 개발하여 제공하였다. 따라서 교사와 아동은 주제중심 통합교육을 실행할 때 세 종류의 교과서를 활용하여 주제 및 차시를 개발할 수 있다. 즉, 교사는 아동들과 함께 주제 및 차시를 개발하고 차시를 조직하기 위해 이야기를 나누며 주제별 교과서의 '주제 묶음'과 '놀이 묶음'에서 주제나 놀이를 선택하거나 수정(재구성)할 수 있고, 아동의 흥미를 반영하여 아동들과 함께 교과서에 없는 주제나 놀이도 직접 개발할 수 있다. 이때 플랫폼형 교과서와 모듈형 교과서를 보완하여 활용하면 '만들어가는 교육과정'을 좀 더 수월하게 구성할 수 있다. 한 개의 주제 단원은 보통 한 달 동안 다룰 수 있으나 아동들의 흥미와 관심를 고려하여 융통성 있게 전개한다. 한 주제 단원별로 놀이활동은 최소 8시간, 안전교육은 최소 4시간이 운영되어야 한다.

5) 저학년 주제별 교과서

2022 초등학교 교육과정의 1~2학년 주제별 교과서는 총 16권이고, 이때 16개의 주제별 교과서의 이름은 16개의 주제 단원을 의미한다. 1학년 1학기의 주제별 교과서는 '학교', '사람들', '우리나라', '탐험'의 4권이고, 1학년 2학기의 주제별 교과서는 '하루', '약속', '상상', '이야기'의 4권이다. 이 중 '학교'는 3월에 고정하여 운영하고 '이야기'는 12월에 고정하여 운영된다. 그러나 나머지 6개의 주제 단원들은 권장 시기를 참고하여 자율적으로 운영할 수 있다. 2학년 1학기의 주제별 교과서는 '나', '자연', '마을', '세계'의 4권이고, 1학년 2학기의 주제별 교과서는 '계절', '인물', '물건', '기억'의 4권이다. 이 중 '기억'만 12월에 고정하여 운영되고 나머지 7개의 주제 단원은 권장 시기를 참고하여 자율적으로 운영할 수 있다. 한 개의 주제별 교과서는 한 달 동안 활용하도록 구성되었으나 아동들의 흥미와 관심을 고려하여 융통성 있게 전개할 수 있다(교육부, 2024).

[그림 9-1] 1학년 1학기 주제별 교과서

〈표 9-2〉 학년별 주제별 교과서의 명칭

학년	주제별 교과서 명칭
1학년	학교, 사람들, 우리나라, 탐험, 하루, 약속, 상상, 이야기
2학년	나, 자연, 마을, 세계, 계절, 인물, 물건, 기억

2022 저학년 통합교과 교육과정에서는 수업하는 교실에서 교사와 아이들이 함께 주제와 차시를 개발하도록 하였기에 이전 주제별 교과서와는 다르게 교과서에 대주제(단원) 중심의 학습과정을 순서대로 제시하지 않았고, 교사와 아동들이 선택하여 활용할 수 있는'주제 묶음'을 제시하였다. 또한, 2022 초등학교 저학년 교육과정에서 신체놀이를 강화하였기에 주제별 교과서에 다양한 놀이를 소개하는'놀이 묶음'을 제시하였고, 이전과는 달리 안전교육이 세 통합교과에서도 이루어지기에 '안전 묶음'자료도 제시하였다. 주제별 교과서를 살펴보면 첫 페이지에 주제 묶음, 놀이 묶음, 안전 묶음 [그림 9-2]와 같다. [그림 9-2]의 왼쪽 '함께 골라요' 에서 선택하여 배움지도를 완성해가면서 학습할 수도 있고, 주제별 교과서의 '함께 만들어요'페이지를 참고하여 한 달동안 학습할 주제 수업을 직접 만들어서 할 수도 있다.

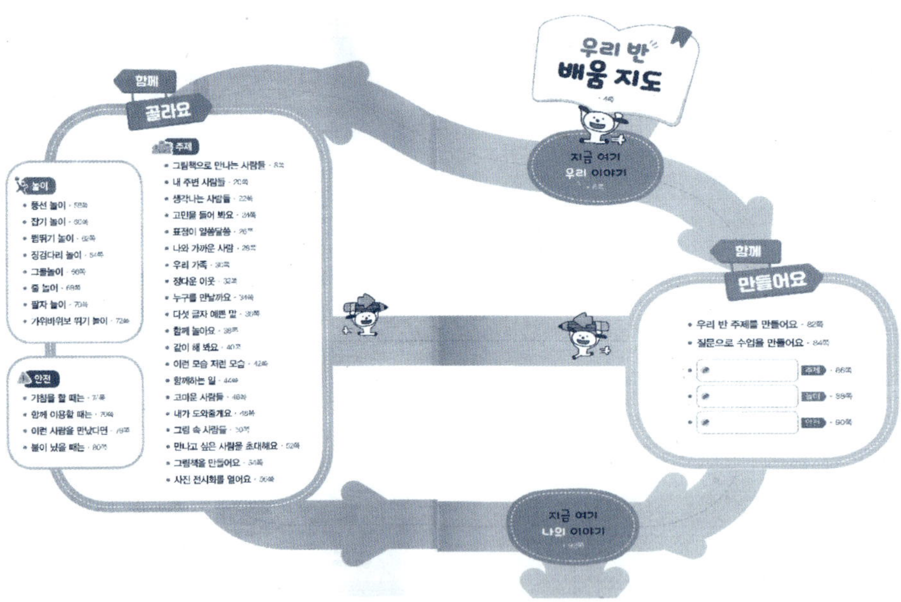

[그림 9-2] 1학년 1학기용 주제별 교과서 '사람들'(pp. 1~2)

03 유아교육기관 및 초등 저학년의 통합적 교수·학습 방법

유아 및 초등 저학년 학생들은 사고가 미분화되어 있고, 학습 지속시간이 짧으며 수시로 흥미와 관심의 대상이 바뀌는 특성을 가지고 있다. 따라서 어린 아동의 교육이 의미 있는 학습으로 전개되려면 흥미 중심의 통합, 놀이·활동 중심의 통합, 생활 경험 중심의 통합, 교과 통합 등이 이루어져야 한다(김창복, 2008).

유아교육기관과 초등학교 1, 2학년 교육에서 적용하고 있는 통합교육과정에서는 교육내용을 엄격한 교과로 구분하여 지도하는 것을 피하고, 교육주제나 제재 중심의 통합적인 방식으로 어린이의 발달적 요구와 흥미를 고려한 융통성 있는 교수·학습의 운영을 지향한다. 따라서 유아교사와 초등교사가 통합교육과정의 취지와 방향에 알맞은 교수·학습 방법을 적용하여 어린이의 발달적 요구를 반영하는 동시에 교육의 효과를 높일 수 있도록 노력하는 것이 매우 필요할 것이다.

통합교육과정에 충실한 교육은 국가교육과정에서 제시하고 있는 교수·학습 방법의 지침을 최대한 반영하는 교육을 통하여 가능해질 수 있다. 그러면 통합교육과정에 충실한 교육이란 어떤 것이며, 또 두 교육과정에서는 어떠한 지침을 제시하고 있는가? 누리과정과 초등학교 저학년 교육과정에 근거하여 통합적 교수·학습의 연계 방안을 보다 세부적으로 제시해 보면 다음과 같다(김창복, 2006; 곽노의·김창복·이경순, 2005; 나정·장명림, 1997).

1) 놀이 중심, 활동 중심, 생활 중심, 주제 중심의 통합 교육방법 활용

유아교육기관과 초등학교 저학년에서는 놀이 중심, 활동 중심, 생활 중심, 주제 중심의 통합적 교육방법을 주로 활용하고 있다. 일반적으로 교과서 없이 수업을 진행하는 유아교육기관에서는 유아의 발달특성과 흥미를 고려하여 다양한 놀이와 활동 및 생활 경험을 주로 활용하여 5개 영역의 내용을 다루는 주제 중심의 통합적 교육방법을 적용해 왔다. 그러나 2019 누리과정에서는 '놀이를 통해 행복하게 배우는 유능한 유아'에 초점을 맞추고 놀이 경험을 중심으로 한 통합적인 교육방법을 더욱 강조하고 있다. 유아는 어디서나 자유롭게 놀이하며 배울 수 있지만, 특히 교육과정으로서 누리과정을 운영하는 유치원과 어린이집에서 이루어지는 놀이는 교사의 지원을 통해 더욱 유의미한 배움이 될 수 있다고 보기 때문이다. 유아교사는 자율성을 발휘하여 다양한 방식으로 유아가 놀이를 통해 배우고 성장할 수 있도록 돕고 지원하는 역할을 해야 한다(교육부 · 보건복지부, 2019b).

2022년 초등학교 저학년에서도 주제를 중심으로 하는 통합교육과정을 더욱 강조하면서 통합교과인 바른 생활과, 슬기로운 생활과, 즐거운 생활과에서 주제단원 중심으로 편집된 주제별 교과서를 사용하도록 하고 있다. 그러나 주제별 교과서는 활용할 수 있는 다양한 자료 중의 하나일 뿐, 초등학교 저학년에서 통합교육과정을 적용하는 것을 볼 때 유아교육기관과 연계된다고 볼 수 있다. 일반적으로 통합교육과정에서는 교육내용을 엄격한 교과로 구분하여 지도하는 것을 피하고 주제 중심의 통합적인 방식으로 아동의 발달적 요구와 흥미를 고려한 융통성 있는 교수 · 학습을 전개하도록 하고 있다. 이에 2022 개정 초등학교 교육과정에서는 초등학교 1, 2학년 아동들의 발달특성과 교육적 필요를 고려하여 교과와 교과 간의 통합 및 학문적 통합 개념에서 벗어나 아동들의 경험을 바탕으로 주제 중심의 통합적 운영이 이루어질 수 있도록 주제별 교과서를 사용하고 있는 것이다(교육과학기술부, 2011b; 교육부, 2022). 2019 누리과정과 2022 초등학교 교육과정에서 놀이, 활동, 생활 경험 중심의 주제 중심 통합적 교육방법을 강조하는데 이와 관련하여 교육과정에 제시된 내용을 살펴보면 다음과 같다.

2019 누리과정

- 유아 중심과 놀이 중심을 추구한다(교육부 · 보건복지부, 2019, 성격).
- 3~5세 유아가 경험해야 할 내용으로 구성한다(교육부 · 보건복지부, 2019, 구성의 중점).
- 하루 일과에서 바깥놀이를 포함하여 유아의 놀이가 충분히 이루어지도록 편성하여 운영한다(교육부 · 보건복지부, 2019, 편성 · 운영).

- 유아가 흥미와 관심에 따라 놀이에 자유롭게 참여하고 즐기도록 한다(교육부 · 보건복지부, 2019, 교수 · 학습 방법).
- 유아가 다양한 놀이와 활동을 경험할 수 있도록 실내 · 외 환경을 구성한다(교육부 · 보건복지부, 2019, 교수 · 학습 방법).
- 유아와 유아, 유아와 교사, 유아와 환경 간에 능동적인 상호작용이 이루어지도록 한다(교육부 · 보건복지부, 2019, 교수 · 학습 방법).
- 5개 영역의 내용이 통합적으로 유아의 경험과 연계되도록 한다(교육부 · 보건복지부, 2019, 교수 · 학습 방법).

2022 초등학교 교육과정

- 영역 및 핵심아이디어를 기반으로 바른 생활과, 슬기로운 생활과, 즐거운 생활과는 통합하여 교수 · 학습할 수 있다. 아울러 학생의 관심사를 반영한 주제를 중심으로 다른 교과(국어, 수학), 창의적 체험활동을 통합할 수 있다(교육부, 2022, 바른 생활).
- 바른 생활과 교육과정에서는 가르치는 일과 배우는 일이 이루어지는 지금 여기에서 학생과 교사가 적절한 주제를 개발하도록 하고자 한다. 이는 '만들어가는 교육과정'을 실현하기 위한 것이다(교육부, 2022, 바른 생활).
- 주제를 개발할 때 학생은 자유롭게 제안하며 공부할 주제를 정하는 과정에 참여할 수 있다(교육부, 2022, 바른 생활).
- 바른 생활과의 교수 · 학습은 학생이 속해서 살아가는 여러 삶의 장(場)과 연계하여 지도하는 것이 중요하다. 특히 교수 · 학습의 내용까지도 가정 및 지역 생활과 연계할 수 있다(교육부, 2022, 바른 생활).
- 슬기로운 생활과의 교수 · 학습은 학생 내부에서 시작하는 흥미와 관심에 집중한다. 또한 학생이 배움의 즐거움을 잃지 않고 생생한 학습이 이루어질 수 있도록 학습 환경을 구성한다(교육부, 2022, 슬기로운 생활).
- 슬기로운 생활과는 학생에게 친숙한 '주변'이 탐구 주제이기 때문에 학생의 일상적 경험을 벗어나지 않도록 유의한다. 단 학생에게 물리적으로 친숙한

'주변' 이외에도 심리적으로 친숙한 '주변'도 다루도록 한다(교육부, 2022, 슬기로운 생활).

- 즐거운 생활과는 학생이 놀이를 통해 '지금-여기-우리 삶'의 즐거움을 누리는 '놀이 경험 중심 교과'이다. 즐거운 생활과의 놀이는 학생이 자발적으로 참여하고 몰입함으로써 자유로움과 즐거움을 느낄 수 있는 모든 활동(경험)을 의미한다(교육부, 2022, 즐거운 생활).
- 즐거운 생활과의 교수 · 학습은 놀이를 중심으로 예술 활동을 통합하여 다룬다(교육부, 2022, 즐거운 생활).
- 즐거운 생활과의 활동은 학생 개인의 관심과 흥미에서 출발한다. 이에 즐거운 생활의 교수 · 학습 전 과정에 학생이 주체적으로 참여할 수 있도록 유도한다(교육부, 2022, 즐거운 생활).
- 학습자가 한글 학습에 흥미를 느끼고 지속적으로 참여할 수 있도록 몸으로 문자를 표현하는 등의 신체 놀이, 첫음절이 같은 단어를 다양하게 떠올려 보는 연상 놀이 등을 활동 중심 수업과 연계하여 지도할 수 있다. 또한 학습자가 자신의 수준과 흥미에 맞는 책을 읽은 후 자신의 생각을 표현하는 놀이나 활동 · 체험 등을 연계하여 즐거운 독서 경험을 통해 독서에 대한 긍정적인 태도를 기를 수 있도록 지도한다(교육부, 2022, 국어).
- 매체란 소통을 매개하는 도구, 기술, 환경으로, 책, TV, 스마트폰, 컴퓨터, 태블릿, 인터넷 등이 이에 속하며, 매체 자료에는 그림책, 만화, 뉴스, 광고, 웹툰, 애니메이션, 영화 등이 있다(교육부, 2022, 국어).
- 수학과 실생활, 사회 및 자연 현상, 타 교과의 내용을 연계하는 과제를 활용하여 수학의 유용성을 인식하게 한다(교육부, 2022, 수학).
- 수학 교수 · 학습에서 가정, 학교, 지역사회와의 연계나 타 교과와의 연계를 고려하여 범교과 학습 주제에 대한 프로젝트를 수행할 수 있다(교육부, 2022, 수학).
- 수학적 모델링을 활용하여 타 교과의 내용을 맥락으로 수학의 개념, 원리, 법칙 등을 다루는 연계 수업을 할 수 있다(교육부, 2022, 수학).

2) 수업시간 길이 및 수업 내용의 융통성 있는 운영

유아교육기관과 초등학교에서는 교사의 자율성이 강화되어 수업시간의 길이 및 수업 내용 등을 융통성 있게 운영할 수 있다. 대체로 유아교육기관에서는 하루 일과가 놀이, 일상생활, 활동 등으로 융통성 있게 운영된다. 이에 비해 초등학교 현장에서는 대개 수업시간과 쉬는 시간이 분명한 편이며, 등교 후 아침 자습부터 시작하여 평균적으로 4~5교시의 수업활동을 일정하게 진행하는 편이다. 이와 같이 초등학교의 하루 일과가 엄격하게 이루어지는 경우에 갓 입학한 1학년 아동들은 초기 학교생활에 대하여 심리적, 신체적으로 부담을 느끼고 적응하기까지 힘들어할 수도 있다(이영석, 1989; 정대현 · 지성애, 2006). 이에 초등 저학년에서는 수업시간 길이 및 수업 내용을 융통성 있게 운영하는 것이 특히 필요한데, 교육과정상으로 이를 강조하고 있다. 이와 관련하여 2019 누리과정과 2022 초등학교 교육과정에 제시된 사항을 살펴보면 다음과 같다.

2019 누리과정

- 1일 4~5시간을 기준으로 편성한다(교육부 · 보건복지부, 2019, 편성 · 운영).
- 일과 운영에 따라 확장하여 편성할 수 있다(교육부 · 보건복지부, 2019, 편성 · 운영).
- 누리과정을 바탕으로 각 기관의 실정에 적합한 계획을 수립하여 운영한다(교육부 · 보건복지부, 2019, 편성 · 운영).

2022 초등학교 교육과정

- 학교는 학년(군)별 교과(군)와 창의적 체험활동의 수업 시수를 학년별, 학기별로 자율적으로 편성할 수 있다(교육부, 2022, 총론–편성 · 운영).
- 부담을 적정화하고 의미 있는 학습 활동이 이루어질 수 있도록 학기당 이수 교과목 수를 조정하여 집중이수를 실시할 수 있다(교육부, 2022, 총론–편성 · 운영).
- 교과와 창의적 체험활동의 내용 배열은 반드시 따라야 할 학습 순서를 의미하는 것은 아니며, 학생의 관심과 요구, 학교의 실정과 교사의 필요, 계절

및 지역의 특성 등에 따라 각 교과목의 학년군별 목표 달성을 위해 지도 내용의 순서와 비중, 교과 내 또는 교과 간 연계 지도 방법 등을 조정하여 운영할 수 있다(교육부, 2022, 총론-편성 · 운영).

- 학교는 학교의 특성, 학생 · 교사 · 학부모의 요구 및 필요에 따라 교과(군)별 20% 범위 내에서 시수를 증감하여 편성 · 운영할 수 있다(교육부, 2022, 총론-편성 · 운영).
- 차시는 40분, 80분, 하루, 일주일 등 다양한 주기로 조직할 수 있다(교육부, 2022, 바른 생활).
- 차시는 대집단 활동, 소집단 활동, 짝 활동, 개인 활동으로 구분하여 조직하고 이를 순환하거나 선택하여 수행할 수 있다(교육부, 2022, 바른 생활).
- 1시간의 수업은 40분을 원칙으로 하되, 기후 및 계절, 학생의 발달 정도, 학습 내용의 성격, 학교 실정 등을 고려하여 탄력적으로 편성 · 운영할 수 있다(교육부, 2022, 총론-편성 · 운영).
- 학교는 1학년 학생의 학교생활 적응 및 한글 해득 교육 등의 입학 초기 적응 프로그램을 교과와 창의적 체험활동 시간을 활용하여 진로연계교육으로 운영한다.(교육부, 2022, 총론-편성 · 운영).
- 교사와 학생은 서로의 요구를 바탕으로 학습을 계획하고 여러 방법을 광범위하게 활용할 수 있다(교육부, 2022, 즐거운 생활).

3) 통합교육의 효과를 높일 수 있는 교실환경 구성

유아교육기관과 초등학교 저학년에서는 통합교육의 효과를 높일 수 있도록 교실환경을 구성해야 한다. 유아교육기관에서는 어린이의 놀이 및 활동 중심의 교육을 위한 교실을 구성하고 있다. 최근 초등학교 저학년 교실도 놀이 중심 교육의 강조로 인해 다양한 놀이나 활동을 전개할 수 있는 교실로 변화되고 있다. 기본적으로 책상이 아동 수만큼 있고, 교실 앞쪽에는 대형칠판, TV, 컴퓨터, 실물화상기 등의 멀티미디어와 교탁 등이 놓여져 있다. 교실 후면과 측면에는 사물함, 책꽂이, 다양한 놀이 활동이 담긴 교구장 등이 배치되어 있다. 그러나 수업 유형이나 놀이 및 활동 유형에 따라 교실을 융통성 있게 재구성하고 있으며, 서울특별시의 '꿈잼 교실' 등 전국적으로 실행되고 있는 저학년 교실의 리모델링은 매우 바람직한 변화라 할 수 있다.

유아교육기관과 초등학교 1학년의 교실환경이 차이가 많이 날수록 아동들은 초등학교 적응에 어려움을 겪을 수 있다. 교실환경의 차이는 연계교육에 있어 중요한 부분이므로 아동의 입장에서 행복한 교육환경을 제공해 줄 수 있도록 계속 고민할 필요가 있다.

한편 이러한 문제를 논의하는 과정에서 반드시 함께 고려해야 할 것은 어떤 환경 구성이 통합교육과정의 취지를 살려 교육하는 데에 적합할 것인가 하는 문제이다. 여기서 환경 구성의 기준을 유아교육기관과의 연계성 측면만이 아니라 통합교육과정의 취지를 기준으로 삼아야 할 필요가 있다. 이것은 초등학교 저학년 교육에서 바라보는 연계성의 의미는 어린 연령의 유아들만이 아니라 이후 3, 4학년 어린이의 생활과 학습을 연결시켜 주어야 하는 측면을 동시에 고려해야 하기 때문이다. 이런 맥락에서 개정된 초등학교 교육과정에서는 입학 초기 학생들의 정서 안정 및 주도적인 학습을 위해 환경을 다양하게 구성할 것을 강조하고 있다. 따라서 초등학교 저학년 교실의 환경 구성은 아동의 흥미와 참여를 높일 수 있도록, 그리고 교과 학습의 성격에 따라 수업 효과를 극대화할 수 있도록 조절될 필요가 있다. 이와 관련하여 초등학교 교육과정에 명시된 사항을 살펴보면 다음과 같다.

2019 누리과정

- 유아가 다양한 놀이와 활동을 경험할 수 있도록 실내 · 외 환경을 구성한다(교육부 · 보건복지부, 2019, 편성 · 운영).
- 유아와 유아, 유아와 교사, 유아와 환경 간에 능동적인 상호작용이 이루어지도록 한다(교육부 · 보건복지부, 2019, 교수 · 학습).

2022 초등학교 교육과정

- 교사와 학생 간, 학생과 학생 간 상호 신뢰와 협력이 가능한 유연하고 안전한 교수 · 학습 환경을 지원하고, 디지털 기반 학습이 가능하도록 교육공간과 환경을 조성한다(교육부, 2022, 총론-설계 · 운영).
- 학교는 1~2학년 학생에게 실내 · 외 놀이 및 신체 활동의 기회를 충분히 제공한다(교육부, 2022, 총론-편성 · 운영).

제10장

유아교육기관과 초등 저학년의 교육방법과 교육환경

01 유아교육기관과 초등 저학년의 일반적인 교수 · 학습 방법 비교

1) 유아교육기관의 교수 · 학습 방법

유아교육과정의 목표와 내용은 교수 · 학습 과정을 통해 실현되므로 교수 · 학습의 원리와 방법은 유아교육의 실제에 있어서 교육의 꽃이라 할 수 있을 정도로 매우 중요하다. 유아 교수 · 학습의 원리와 방법은 유아교육의 철학적 · 심리적 이론 및 프로그램에 따라 다양하지만 일반적으로 유아교육에서 중요시되는 교수 · 학습의 원리와 방법을 살펴보고자 한다.

(1) 유아교육을 위한 바람직한 교수 · 학습 방법의 원리

놀이 중심의 원리

놀이는 유아에게 삶, 그 자체이다. 유아를 이해할 때 놀이를 제외하고는 이해할 수 없다. 유아들은 놀이를 통해 사회적, 정서적, 신체적, 인지적, 창의성의 측면에서 전인적인 성장과 발달을 하게 되므로, 놀이는 유아 교수 · 학습의 가장 핵심적인 원리라 할 수 있다. 이에 2019 누리과정은 유아중심, 놀이중심 교육과정을 표방하고 있으며 유아가 주도하고 교사가 지원하는 놀이 및 활동을 통해 만들어 가는 교육과정을 실현하며 유아의 행복한 배움과 성장을 구현하고 있다. 유아에게 놀이는 자기주도적인 학습 그 자체이므로 교사는 유아가 스스로 놀이를 선택하고, 계획하고, 전개하고 확장하고 통합시켜가도록 계속 격려하며 적절한 놀이 자료 및 놀이환경을 안내하거나 제공해주어야 한다. 그럴 때 유아들은 사물 및 또래와 적극적으로 상호작용하며 자연스럽게 의미있는 배움에 이르게 되는 것이다.

생활 중심의 원리

유아의 실생활 중에 일어나는 호기심, 질문, 갈등, 해결 등은 유아에게 직접적이고 구체적이기에 유의미한 학습 경험이라 할 수 있다. 지금—여기–유아의 삶이 연결되는 경험에 기초하여 교수 · 학습교육이 전개되므로 유아가 주체가 된 교육이 이루어질 수 있다. 유아들은 생활 중심의 교수 · 학습을 통해 이전–현재–미래의 다양한 경험을 통합하고 자연, 사람, 사물, 현상에 대한 지식, 기술, 태도, 가치 등을 체험적으로 학습하게 된다.

개별화의 원리

유아마다 흥미와 발달수준, 심리적 · 물리적 환경 등이 다를 수 있기 때문에 교수 · 학습에 있어서 개별화의 원리는 중요하다. 교사는 유아 개개인의 발달 수준, 기질, 적성 등을 고려하여 놀이 및 활동 자료를 지원하고 상호작용해주어야 한다. 무엇보다 개별 수준을 파악하기 위해 주의 깊게 관찰하며 귀 기울여야 한다. 개별 수준에 적합한 다양한 활동 자료를 제공하고 평가가 이루어져야 한다.

자발성의 원리

학습의 주체는 유아이다. 따라서 유아의 학습은 유아가 흥미와 의욕을 가지고 능동적으로 참여할 때 더 잘 성취된다. 이것은 동기가 내재된 학습원리로서 흥미의 원리, 자기활동의 원리라고도 표현한다. 교사는 유아의 지속적인 동기유발을 위해 유아의 표현에 귀기울여주고, 격려하며 개방적으로 질문하고, 적절한 환경을 구성해주어야 한다.

탐구 학습의 원리

유아들의 배움은 유아가 주도하는 탐구하는 활동으로 전개될 때 더 효과적이다. 교사의 전달식 설명보다는 유아들이 스스로 감각적으로 탐색하고, '왜 그럴까'를 생각할 때 유아들은 더 성장한다. 유아들이 생활 및 주위 환경에서 문제를 파악하고 스스로 탐구하며 해결해가는 과정은 창의성 및 뇌 발달에 유용하고 자기효능감, 자존감 등의 자아개념도 발달시킨다. 교사는 유아의 탐구능력을 지원하기 위해 풍부한 경험의 기회를 제공하고 창의적으로 탐구하도록 격려해야 한다.

구체성의 원리

유아의 활동 자료는 만지고 조작할 수 있는 구체물을 주는 것이 효과적이다. 유아의 사고 발달은 구체적인 것을 가지고 충분히 조작한 후에야 추상적이고 상징적인 것으로 진전되기 때문이다. 이에 코메니우스, 루소, 페스탈로찌 등 자연주의 교육사상가들은 모두 실물교육을 강조하였다. NAEYC도 유아를 위한 교수·학습 전략으로 구체물을 이용한 놀이나 활동이 아닌 워크북이나 학습지, 성인이 만든 미술작품을 그대로 따라하게 하는 것 등은 6세 이전에는 적합하지 않다고 주장하였다(Bredekamp, 1992).

다양성 및 융통성의 원리

다양한 흥미와 능력을 갖고 있는 유아들이 놀이와 활동을 통해 스스로 의미있는 배움에 이르게 하려면, 유아들이 선택할 수 있는 다양한 놀이나 활동자료를 충분히 제공해 주어야 한다. 또한, 유아들의 관심와 흥미를 반영하여 흥미 영역이나 공간 구성, 놀이시간 등이 융통성 있게 운영되어야 한다.

통합의 원리

통합은 유아의 과거 경험과 현재 흥미 및 경험이, 유아의 흥미와 공간·환경이, 유아의 관심과 교사의 관심이, 유아의 생활과 배움이, 누리과정의 5개 영역이, 유아교육기관과 가정 및 지역사회가 서로 분리되지 않고 의미있게 관련되는 것을 뜻한다(Brown & Precious, 1968). 통합의 원리는 유아 중심·놀이 중심 교육과정의 기초가 되는 중요한 교수 · 학습의 원리이며, 유아들의 관심 주제를 중심으로 전개되는 다양한 놀이 및 활동 속에 이 원리가 충분히 적용될 때, 유아들은 행복한 배움을 경험하며 성장하게 될 것이다.

(2) 유아 교수 · 학습 방법

유아교육기관에서 실천하는 프로그램에 따라 교수 · 학습 방법은 다양하지만 하루 일과에 포함되는 여러 활동에 공통적으로 적용되는 교수 · 학습 방법을 소개하면 다음과 같다(교육과학기술부, 2012; 이원영 · 박찬옥 · 노영희, 1992).

놀이 중심의 통합교육

교육현장에서는 유아의 발달과 흥미에 기초한 놀이 중심의 통합교육을 가장 중요시한다. 유아교육에서 놀이는 학습의 방법인 동시에 교수의 방법이다. 따라서 유아교육기관에서 계획하고 실행하는 교육활동은 놀이를 통해 이루어지는 것이 대부분이며 유아는 누구에게 배운다기 보다는 스스로 그리고 함께 즐겁게 배워가면서 성장한다.

다양한 상호작용

유아를 위한 놀이 및 활동은 유아의 발달단계와 흥미를 고려할 뿐만 아니라 유아와 유아, 유아와 환경, 유아와 교사 간의 바람직한 상호작용이 포함되도록 해야 한다. 이러한 과정을 통해 유아는 스스로, 그리고 함께 배우며 지식을 능동적으로 구성하고 현재 및 미래사회에 꼭 필요한 협동, 공감, 배려 등의 공동체적 역량도 함양하게 될 것이다.

창의적 사고의 발달을 촉진하는 개방적 질문

교사의 적절한 질문은 유아의 흥미와 사고를 촉진하는 중요한 교수 방법이므로 활동별 특성을 고려한 바람직한 질문을 통해 유아들이 창의적으로 사고하도록 지원해야 한다. 특히 개방적인 질문은 유아의 자유로운 사고와 탐구를 촉진하는 질문법으로 유아의 다양한 사고와 답변을 이끌어 낼 수 있다는 장점이 있다. 교사가 새로운 사물이나 개념에 대해 소개할 때, 자칫하면 설명 위주로 하기 쉬운데 이때 개방적인 질문을 사용하면 유아의 흥미와 관심을 높이고 창의적인 사고를 촉진할 수 있다.

자기표현 활동

유아들의 다양한 자기표현 활동은 놀이를 통해 자연스럽게 전개되거나 교사의 교수·학습의 결과로 이루어진다. 유아들이 자신의 느낌과 생각을 언어, 신체, 음악, 미술 등으로 다양하게 표상하는 것인데, 유아들이 그 과정 자체를 즐거워하여 정서발달에 도움이 될 뿐만 아니라 전인적인 발달에도 도움이 되므로 많이 격려될 필요가 있다. 유아들의 자기표현 활동의 방식을 보면 다음과 같다.

- 행동적 표현 – 역할놀이, 구성놀이, 게임, 음악적 표현, 신체적 표현 등
- 조형적 표현 – 그리기, 만들기, 꾸미기, 전시하기
- 언어적 표현 – 감정을 말로 표현하기, 문제해결 방안을 말로 표현하기, 지식들을 이야기 나누기

지속적인 관찰과 적절한 지원

교사는 유아의 잠재력이 발현되도록 유아를 지속적으로 관찰하며 필요할 경우 적절히 지원해야 한다. 이 같은 교사의 역할은 2019 누리과정의 실행에서 매우 중요하다. 교사가 유아에게 제공하는 지원은 비고츠키의 '비계 설정'으로, 문제를 해결하는 과정에 답을 주기보다는 유아의 사고가 촉진되도록 도움의 유형이나 수준을 조절하는 것이다. 이러한 지원을 통해 유아의 잠재적 능력과 문제해결능력이 발현되고 유아의 자율적인 활동은 촉진된다.

직접적이고 구체적인 경험 제공

교사는 주변의 다양한 자료와 자연물을 적극 활용하여 유아들이 직접적이고 구체적인 경험을 할 수 있도록 지원해야 한다. 지속적으로 자연 속으로 나가는 경험을 갖는 것이 좋으며 오감각을 자극하고 놀이성을 발달시킬 수 있는 다양한 자

료를 수집하여 제공할 필요가 있다.

토의하기

교사는 유아들이 관심을 갖는 주제나 갈등 상황에 대해 함께 의견을 나누며 토의하게 함으로써 주제 및 친구에 대한 이해를 높이고 해결방안도 스스로 찾아보게 할 필요가 있다. 유아들은 제시된 의견의 공통점과 차이점을 살피면서 좋은 해결방안을 모색하게 되고, 이를 통해 자기와 타인을 좀 더 이해하게 된다. 또한 의사소통기술과 문제해결능력도 발달시키게 된다.

설명하기

유아의 개념 획득을 위해 사용하는 방법 중의 하나로 유아에게 일반적 원리를 설명한 다음 이 원리를 구체적으로 적용해 보게 하는 연역적 방법이다. 이 방법도 유아교육에서 꼭 필요한 교수 · 학습 방법이다. 접하기 어려운 개념 및 지식을 유아에게 지도할 때 설명하기를 사용할 수 있으며, 설명 방법의 효과를 높이기 위해 유아의 주의를 끌 수 있는 시청각자료, 구체적 사례, 다양한 관련 자료 등이 사용된다.

계절, 주제, 행사 및 유아의 요구 등에 따른 놀이 환경의 재구성

교사가 놀이 환경을 적절하게 구성하면, 유아는 교사의 도움 없이 자신의 발달 속도에 맞추어 스스로 선택한 활동에 몰두하며 배움에 이르게 되고 성취감을 느끼게 된다. 따라서 교사는 유아가 자발적으로 놀이하며 스스로 배우도록 환경을 재구성하면서 풍부한 놀이자료를 제공해야 한다. 이때 계절, 주제, 유아의 요구 등의 특성이 반영된다.

2) 초등 저학년의 교수 · 학습 방법

초등학교 저학년 교육에 적용되고 있는 일반적인 교수 · 학습 원리와 방법을 살펴보면 다음과 같다(교육과학기술부, 2009a, 교육부, 2018, 2022).

(1) 초등 저학년의 교수 · 학습 방법의 원리

통합학습의 원리

초등학교 저학년 교육과정에서 통합학습의 원리는 교육과정 운영의 근간이 되는 핵심적인 교수 · 학습의 원리이다. 바른 생활과, 슬기로운 생활과, 즐거운 생활과는 통합교육을 위한 교과로서 '지금–여기–우리 삶'에 통합적으로 접근하는 경험 중심 교과이다. 이에 아동들은 통합교과의 다양한 경험을 통해 탈학문적 주제를 중심으로 관심사를 탐구하고 당면한 문제를 해결하는 과정에서 다양한 지식을 연계하고 통합하게 된다. 또한 그 과정에서 아동의 관심사를 반영하여 국어과, 수학과, 창의적 체험활동이 자연스럽게 통합된다(교육부, 2022).

이러한 교과간의 통합 외에도 모든 교과와 창의적 체험활동을 통해 '지금–여기–우리 삶'의 관점에서 교과 내, 아동 간, 아동 내, 아동과 교사 간, 가정–학교–지역사회 연계의 통합이 적용되고 있다. 예를 들어 1학년 1학기 수학과의 학습과정을 보면, 매 단원마다 '지금–여기–우리 삶'의 경험과 연계한 '실천 활동'으로 차시가 시작되고, 본 차시에는 '함께 이야기를 해요'와 '다양한 수학 놀이'를 통합하여 아동들이 흥미를 갖고 수학적 개념을 학습하거나 경험하도록 하였다. 또한 학기별로 마지막에는 프로젝트 성격의 단원 '수학과 함께 해요'를 넣어 자신의 삶과 연계한 수학을 실제로 경험하고 문제를 해결하는 과정을 통해 동료와 협력적으로 상호작용하고 반성적으로 성찰하는 경험을 갖도록 하였다(교육부, 2024).

개별화 학습의 원리

개별화 학습이란 학습자의 필요, 흥미, 능력 등을 고려해서 교수 · 학습 방법 및 절차, 교수 · 학습 자료의 선택, 그리고 평가 등에 차이를 둠으로써 개인의 잠재 능력을 최대한 계발시키는 교수 · 학습 활동을 말한다. 이에 학생 맞춤형 교육과정을 강조하는 2022 초등학교 교육과정에서는 개별화 교육을 기본 교육원리로 크게 강조한다. 학습은 학습자의 능동적인 행동을 통해서 일어나며 학습자의 흥미, 태도, 가치 등의 정의적인 특성, 배우는 속도와 방법 등 학습에 관계된 개인의 능력에 의해 영향을 받기 때문이다. 따라서 학습자의 요구와 필요에 따라 다양한 교수학습이 개별화되어야 한다. 교사는 개별화 수업을 위해 먼저 학습자의 선행 학습 정도, 능력, 흥미 등의 특성을 파악을 해야 한다. 개인차를 인정하고 자신이 가르칠 내용에 대해 충분히 연구하여 개별화 학습에 적합한 다양한 학습 유형을 선정하고 학습자료를 준비해야 한다.

개별화 학습방법으로는 수업의 수준별 전략, 대상에 따른 전략, 집단 조직에 따른 전략, 매체 활용에 따른 전략 등을 들 수 있다. 그러나 이 같은 다양한 수업 전략을 이해하는 것보다 더 중요한 것은 교수학습의 질 개선을 위한 교사의 의지이다. 개별화 학습 방법은 매우 다양하며, 주어진 여건 속에서 교사의 아이디어에 따라 얼마든지 다양하게 변화되기 때문이다.

놀이 중심의 학습 원리

현재 초등학교 저학년교육과정은 '놀이 중심 교육과정'을 지향한다. 저학년 아동들의 발달특성상 구체적인 사물을 가지고 재미있는 놀이 활동을 할 때 흥미와 호기심을 유발할 뿐만 아니라 기본 원리와 개념, 지식의 이해가 촉진되기 때문이다. 따라서 전 교과에 걸쳐 다양한 놀이 활동이 교수 · 학습 방법 및 내용으로 포함되어 있다.

다양한 경험활동의 원리

저학년 아동들은 흥미와 호기심이 많고 활동적이므로 교사에 의한 일방적인 전달이나 훈련, 교사의 행동을 따라하는 단순한 모방보다는 다양한 활동을 할 수 있는 가능성을 열어 주고 아동 스스로 선택하거나 찾아보도록 하는 창의적이고 탐구적인 활동을 강조한다. 다양한 경험활동의 제시는 아동의 학습에 대한 관심을 불러일으키고 흥미를 유발하여 학습의 효과를 극대화할 수 있기 때문이다. 따라서 멀티미디어의 활용을 포함해 여러 가지 구체적인 교수 · 학습 자료를 활용하도록 하고 있고, 주제와 내용에 따라 일제식 학습, 소그룹 학습, 개별학습 등 여러 가지 학습형태가 융통성 있게 활용되고 있다. 또한, 각 교과의 특성과 개인차를 고려하여 설명, 시범 보이기, 질문하기, 활동하기 등의 직접 교수법, 문제를 인식하고 해결하기 위해 토의, 실험, 조사, 견학, 프로젝트 등 다양한 방법이 활용되고 있다.

자기 주도적인 학습의 원리

자기 주도적 학습은 학습의 계획부터 목표 설정, 활동 및 방법의 선정, 실행 및 평가에 이르기까지 교육의 전 과정에 아동이 자발적으로 참여하여 주도하는 학습이다. 아동은 수직적이고 위계적인 학습 풍토 속에서 수동적으로 학습에 임하는 객체가 아니라 학습 주체로서 학습 활동의 전 과정에 보다 적극적이며 자율적으로 참여하게 된다. 2022 초등학교 교육과정에서는 교과학습과 창의적 체험활동을 통해 시대의 변화에 대응할 수 있는 자기 주도적인 학습 능력 함양을 더욱 강조하고 있다.자기 주도적인 학습에서 아동들은 스스로 관심이 있는 주제를 선택하고, 그 주제 관련하여 궁금한 점을 해결하기 위한 다양한 활동을 계획하고 실천할 수 있다.

(2) 초등 저학년의 교수 · 학습 방법

초등학교 교육현장에서는 앞에 제시한 교수 · 학습의 원리에 기초하여 저학년 발달수준에 적합한 교수 · 학습을 전개하기 위해 많은 노력을 기울이고 있다. 설명하기, 시범 보이기 등의 직접적 교수법보다는 통합학습 및 자기 주도적인 학습을 위해 주제학습이나 프로젝트법, 몬테소리 교육법 등 다양한 활동 중심 프로그램이 초등교육에 적용되고 있다. 초등학교 저학년 전 교과에서 보편적으로 이루어지는 교수 · 학습의 방법을 제시하면 다음과 같다.

- 놀이, 표현, 조작, 탐구활동 등 구체적인 경험 활동을 통하여 즐거운 수업이 이루어지게 한다.
- 멀티미디어의 활용을 포함해 여러 가지 구체적인 교수 · 학습 자료를 활용하고, 학습내용과 주제에 맞게 일제 학습, 모둠별 협동학습, 개별학습 등의 여러 가지 학습 조직을 융통성 있게 활용한다.
- 학습내용의 성격, 지역, 학교, 아동의 특성을 고려하여 학습내용을 통합하

고 재조직하여 지도하며 제재별 활동 시간의 길이도 융통성 있게 조직하여 지도한다.

- 교과서는 교수 · 학습을 하는 교육자료 중의 하나이므로 교과서에 있는 모든 것을 모두 가르칠 필요는 없으며 관련 교과의 영역 및 핵심 아이디어에 기초하여 통합적으로 지도한다.
- 각 교과의 영역별 특성과 개인차를 고려하여 다양한 교수 · 학습 방법, 즉 설명하기, 시범 보이기, 질문하기 활동하기 등의 직접 교수법, 문제를 인식하고 문제를 해결하기 위해 계획을 세워 시행하고 평가해 보는 문제해결 학습이나 프로젝트 등에서의 토의, 발표, 실험, 조사, 견학 등 다양한 방법을 활용한다.

초등학교 저학년에서 실제 활용되는 다양한 방법을 간단히 살펴보면 다음과 같다(서울O초등학교 1학년 교육과정, 2008).

① 주제(Topic) 학습

아동들의 흥미를 중심으로 주제를 선택하고, 그 주제와 관련하여 정보를 수집하고, 분석하고, 종합 · 정리하여 하나의 활동보고서나 작품으로 마무리하는 학습이다.

② 프로젝트 학습

아동들의 관심 주제를 선택하고 그와 관련된 질문들을 다양한 방법으로 해결하는 통합교육인 동시에 학습방법의 학습이다. 소집단별로 자유로운 탐색과정을 통해 여러 가지 탐구 활동, 조사활동, 표상활동, 체험활동 등을 하며 알게 된 내용을 다양한 방법으로 발표하며 마무리한다.

③ 코너 학습

학습의 개별화를 위해 교실 코너에 다양한 학습 자료, 놀이자료, 구체물 등을 영역으로 배치하고 아동이 스스로 선택하여 활동하게 하는 방법이다. 기본학습 코너, 확장학습 코너, 취미학습 코너 등 다양하게 배치할 수 있으며 이를 통해 집단 학습과 개별학습의 조화를 꾀하고 자기 평가, 조별 평가, 교사 평가가 자연스럽게 이루어지게 된다.

④ **직소**(Jigsaw) **학습**

직소 학습이란 자기에게 부과된 과제를 해결한 후 조별로 모여 다시 종합적으로 해결하는 학습 방법이다. 즉, 각 모둠의 같은 번호의 아동들이 모여 동일한 과제를 해결한 후에 다시 자기 모둠으로 돌아가 자기 조원들에게 전달하는 학습 방법이다. 학습자 주도 학습의 한 형태이다.

⑤ **러그 미팅**(RUG Meeting)

교수 · 학습의 도입 단계에서 동기 유발 및 문제제기를 위해 일정한 장소(카펫, 책상)에서 대화를 나누는 모임이다. 민주적인 분위기 속에서 사고를 요하는 이야기를 나누거나 정리 단계에서 학습내용을 일반화하고 내면화할 때 활용할 수 있다.

⑥ **자기 플랜**(My plan Time)

여유 시간을 이용하여 아동의 개성을 존중하는 활동을 중심으로 하는 자유선택 학습 활동이다.

⑦ **블록 타임**(Block Time)

40분 단위의 수업시간의 기본 틀을 깨고 단일교과 연속 수업이나 두 교과 통합 및 다교과 통합수업, 학습 코너의 다양화(팀티칭, 도움 어머니, 필수 코너, 선택 코너, 취미 코너) 등이 이루어지는 학습 방법이다.

(3) 초등 저학년의 실제 수업사례

초등학교 저학년 교육은 2009 초등학교 교육과정 시기부터 많이 달라졌다. 초등학교 교육이라고 하면, 교사들이 학급 전체 아동을 대상으로 하여 설명하기, 시범 보이기, 반복하여 강화하기 등 교사 중심의 직접 교수법을 많이 사용하는 것으로 인식되어 왔다. 또한, 초등교사는 유아교사보다 엄격한 것으로, 아동의 흥미와 관심을 중심으로 한 개별화 교수 · 학습보다는 교과서 중심의 일제식 교수 · 학습을 많이 하는 것으로 알고 있는 경우가 많다. 다양한 구체물이나 활동 자료를 활용하여 동기 유발시키며 아동과 교사가 함께 주도해 가는 수업을 전개하기 보다는, 교사가 주도하는 수업을 전개하며 원활한 진행을 위해 손을 머리에 얹거나 엎드려 있게 하는 등 강화나 지시를 많이 사용한다는 것이다.

과거 초등학교에서는 이러한 교수 · 학습법으로 수업이 진행되기도 했지만, 이제 초등교육현장은 많이 변화되었다. 우선 초등학교 저학년 교육과정은 통합교육과정으로 다양한 놀이 활동과 경험을 학습내용 및 방법으로 하고 있다. 교사들도 아동의 연령에 맞는 재미있는 놀이와 다양한 멀티미디어 및 시청각 자료를 활용하며 아동 중심의 학습을 전개하고 있다. 2022 초등학교 교육과정에서 주제 중심 통합교육을 통해 만들어가는 교육과정, 학생 맞춤형 교육, 자기 주도적 학습 등이 더욱 강조되면서, 교사들은 교과서 외에도 자율적으로 유아교육 프로그램인 몬테소리 교육법, 프로젝트 접근법, 활동 중심 프로그램 등을 적용하거나 다양한 교수 자료와 활동 자료를 활용하여 '아동이 행복한 교육'을 위해 노력을 기울이고 있다.

초등학교에서 시행되어 온 아동 주도의 개별화 학습 수업 모형 중 몇 가지 모형을 소개하면 다음과 같다(서울송정초등학교, 2004).

활동 과제 선택형 개별화 학습

일주일 단위로 제시된 다양한 학습 활동을 아동들이 스스로 결정한 학습 순서에 따라 학습하는 형태로 학습자 개인의 학습 스타일, 동기, 학습 능력, 학습 속도에 따라 융통성 있게 활동이 전개될 수 있다. 여기에서 주어진 학습 활동들은 목표에 도달하기 위한 기본 활동들이며, 개별화 학습의 원리는 어떤 활동부터 시작해서 어떤 활동으로 끝마칠까 하는 것을 자신이 결정하도록 하는 데 있다. 이때 교사는 관찰자, 촉진자의 역할을 수행한다. 기초 교과의 보충 및 정리 단계나 창의적 체험활동, 아침자습활동으로 활동하면 유용하다.

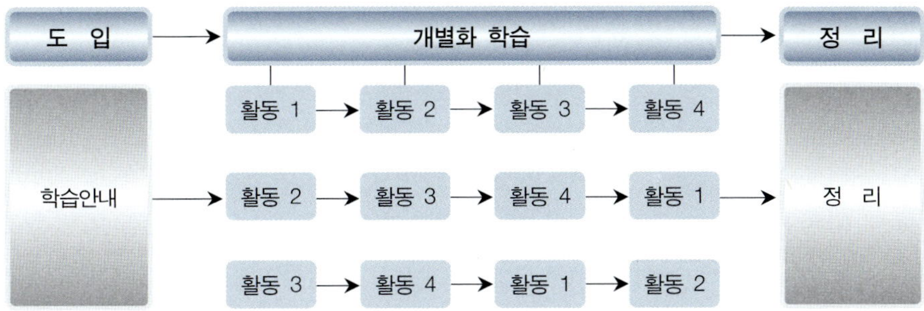

토의·토론 중심 개별화 학습

토의 · 토론 수업 모형에 개별화 학습 원리를 적용한 것이다. 학생들이 적극적으로 참여할 때, 토의 · 토론 수업은 교육의 일반 목표인 사고력 신장과 사회 적응 능력을 기르는 데 가장 바람직한 수업 형태의 하나가 된다. 이것이 토의 · 토론 수업 모형에 개별화 학습의 원리를 적용할 수 있게 하는 이유이다. 토의 · 토론 수업에서 개별화 학습은 자신의 입장을 뒷받침할 철저한 자료 수집 및 개인별 과제 수행 과정에서 주로 이루어진다. 또 토의 · 토론 과정에서 발견되는 새로운 문제를 스스로 해결하려고 계획하는 과정에서도 적용될 수 있다. 짝과 함께 하는 토의나 토론은 학습자 개개인의 보다 적극적인 참여를 가능하게 하는 중요한 과정이므로 시간이 허락하는 한해서 기회를 많이 부여하는 것이 좋다.

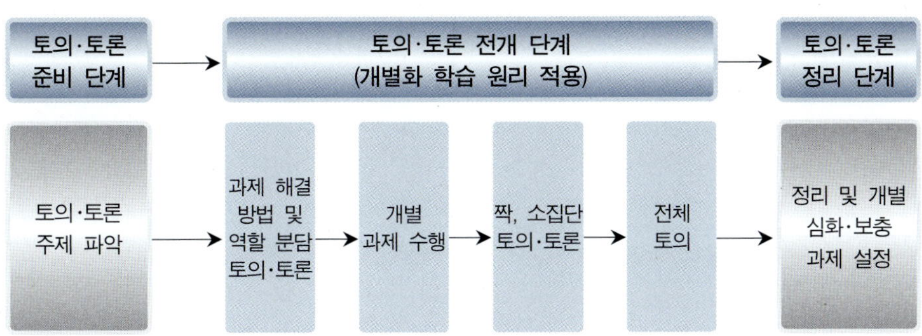

문제해결형 개별화 학습

이 모형은 기존의 문제해결 학습 모형이 가지고 있는 개별화 학습 가능성이 최대한 도출되도록 고안한 것으로 문제해결 방법 탐색과 해결 과정을 학습자 개개인에게 위임한 수업 모형이다. 이 모형에서 개별화 학습은 문제해결 방법을 탐색하고 자료를 수집하는 데서 이루어질 수 있다. 자신이 생각한 해결책이 맞는지 확인하고 문제를 해결하며, 나아가 목표에 도달한 아동들에게는 좀 더 심도 있는 과제를 제시하고, 도달하지 못한 아동들에게는 보충 활동의 기회를 제공하여 목표에 도달하게 하는 데 초점이 있다.

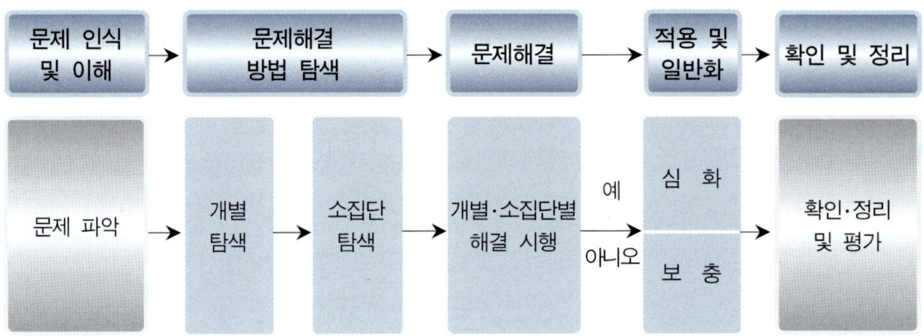

초등학교 저학년에서는 자기 주도적인 활동에 기초한 통합교육과 개별화 교육 및 소집단 활동에 초점을 둔 다양한 교수 · 학습 활동들이 이루어지고 있는데 그 사례로 교수 · 학습 지도안을 제시하면 다음과 같다.

〈표 10-1〉 통합교과 교수 · 학습 지도안 예시

<table>
<tr><td colspan="2">일시</td><td>11월 15일 화요일 3교시</td><td>대상</td><td>1학년</td><td>장소</td><td>교실</td></tr>
<tr><td colspan="2">주제</td><td colspan="5">우리의 전통문화(우리의 음식)</td></tr>
<tr><td colspan="2">핵심 성취 기준</td><td colspan="5">주변의 일상생활 속에서 우리의 전통문화를 찾아본다.</td></tr>
<tr><td colspan="2">수업 목표</td><td colspan="5">우리의 전통 음식에 대해 안다.</td></tr>
<tr><td>단계</td><td>학습과정</td><td>교수 · 학습 활동</td><td>시간</td><td colspan="3">자료 및 유의점</td></tr>
<tr><td>도입</td><td>학습 문제 확인하기 (전체)</td><td>▣ 동기유발 PPT 자료 보여주기
▣ 학습문제 확인하기
우리의 전통 음식에 대해 알아봅시다.</td><td>5분</td><td colspan="3">• 동기유발 PPT 자료</td></tr>
<tr><td rowspan="3">전개</td><td>활동 1 (짝활동)</td><td>▣ 전통 음식 의미 알아보기
– 전통 음식과 아닌 것 구분하기
– 전통 음식의 뜻 알기</td><td></td><td colspan="3">• 활동지
• 4절 전통 음식판</td></tr>
<tr><td>활동 2 (개별활동)</td><td>▣ 우리 음식에 대해 알아보기
– 조사한 음식의 재료를 발표하기
– 우리 음식들을 일상생활에서 먹는 음식과 특별한 날에 먹었던 음식으로 분류하기</td><td></td><td colspan="3">• 학생들이 전통 음식에 대해 미리 조사한다.</td></tr>
<tr><td>활동 3 (모둠활동)</td><td>▣ 우리 음식 소개하기
– 모둠별로 친구들에게 소개하고 싶은 우리 음식을 선정하여 음식 사진을 붙이기
– 소개 글 작성하고 발표하기</td><td></td><td colspan="3">• 모둠별 소개 자료(라벨지, 4절 도화지, 음식 사진)</td></tr>
<tr><td>정리</td><td>학습 정리 (전체 게임)</td><td>▣ 게임을 통한 학습내용 정리
– 모둠별로 한 명씩 대표로 나와 말이나 동작을 만들어 퀴즈를 내고 맞히기
▣ 과제 제시 및 차시 예고
– 과제: '우리의 그릇'</td><td></td><td colspan="3">• 음식 카드</td></tr>
<tr><td colspan="2">수업의 이해</td><td colspan="5">주변의 전통 음식이 무엇인지 이해하고 배경 지식을 활성화하는 수업이 될 수 있도록 한다.</td></tr>
<tr><td colspan="2">수업의 배경</td><td colspan="5">전통이란 말을 전 차시의 집과 문양을 통해 이제 막 들어본 학생들이다. 따라서 기존에 생활 속에서 항상 먹어 왔던 음식들 중에서 전통 음식과 아닌 것을 구분하여 결국 전통 음식이란 무엇인지 알게 하는 생활 밀착형 수업을 설계하였다.</td></tr>
</table>

교수자의 의도	1. 아동들이 직접 느끼고 말하고 활동하는 아동 주도의 활동 중심 수업으로 전개한다. 2. 신체놀이를 정리활동에 도입하여 수업의 마무리 시 집중력이 흐려지는 학급의 특성을 고려하였다. 3. 본 차시는 '슬기로운 생활'이 가장 두각을 나타내는 차시이므로 주변의 음식을 살펴보고 간단한 수준의 조사활동을 통해 주변 전통 음식에 대해 관심과 긍지를 갖게 하는 데 목적이 있다.

▣ 평가계획

영역 \ 내용	평가 관점	평가 방법
인지적 영역	– 우리나라의 음식을 알 수 있는가?	참여 관찰 및 기록
정의적 영역	– 우리나라의 음식에 대해 소중한 마음을 느끼는가?	
기능적 영역	– 우리나라의 음식 소개 글을 만들 수 있는가?	

〈표 10-2〉 창의적 체험활동 교수 · 학습 지도안 예시

일시		3월 20일(수) 5교시	대상	1학년	장소	1-1교실
본시 주제		여러 가지 일				
학습목표		내가 되고 싶은 것을 말할 수 있다				
학습 단계	학습 과정	교수 · 학습 활동			시간	자료(·) 및 유의점(*)
		교수	학생			
도입	노래 부르기 학습 문제 확인	▣ 다 함께 노래 부르기 – 율동을 하며 '나는 나는 자라서' 노래를 불러 봅시다. ▣ 선생님의 어릴 적 꿈은? – 선생님의 어릴 적 꿈은 무엇인지 선생님의 무언극을 보면서 맞혀 봅시다. ▣ 학습문제 확인하기	– 율동을 하며 '나는 나는 자라서' 노래 부르기 – 선생님의 무언극을 보면서 선생님의 어릴 적 꿈은 무엇인지 추측하여 알아맞힌다.		4분	• 플래시 파일 *마음을 열고 즐거운 분위기를 형성한다.
	바르게 말하기	내가 되고 싶은 것을 말해 봅시다.			1분	

학습 단계	학습 과정	교수 · 학습 활동		시간	자료(·) 및 유의점(*)
		교수	학생		
		▣ 다섯고개 놀이하기 – 무슨 일을 하는 사람인지 알아내는 놀이를 해 봅시다. • 1단계: 나는 남을 도와주는 일을 합니다. • 2단계: 나는 사람들을 편안하고 안전하게 생활할 수 있게 도와주는 일을 합니다. (중략) • 5단계: 나는 도둑이 들면 도둑을 잡는 일을 합니다.	–무슨 일을 하는 사람인지 알아맞힌다. –경찰관 –아나운서, 요리사, 소방관 등	10분	• PPT자료 *넓은 범위에서 점차 좁은 범위로 진행한다.
		▣ 나의 꿈 소개하기 – 친구들에게 자신이 되고 싶은 '나의 꿈 그림'을 보여 주며 나의 꿈을 소개해 봅시다.	–친구들에게 '나의 꿈 그림'을 보여 주면서 나의 꿈을 소개합니다.	10분	• 나의 꿈 그림
		▣ '나는 누구일까요?' 무언극 하기 – 주머니에서 직업카드를 꺼내 보고 하는 일을 무언극으로 표현해 봅시다. – 어떤 직업을 가진 사람이 하는 일인가요? (배가 아파요. 의사 선생님께 진찰받는 일을 흉내 내어 보세요.)	–활동지를 보고 무언극으로 표현한다. –무언극을 보고 어떤 직업인지 알아맞힌다. –의사 선생님입니다. –제 꿈이 꼭 이루어졌으면 좋겠어요. 등	10분	• 직업카드 • 주머니 • 플래시 파일
		▣ 정리하기 – 자신의 꿈을 발표하면서 어떤 생각을 하게 되었나요? – '나는 나는 자라서' 노래를 불러 봅시다. – 우리 모두 소중한 나의 꿈을 잘 간직하고 이룰 수 있도록 열심히 노력해 봅시다.	–'나는 나는 자라서' 노래 부르기	5분	
평가 관점		– 자신의 꿈을 친구들에게 소개하며 발표할 수 있는가?			

이상의 유아교육기관과 초등학교 저학년 교수 · 학습 방법을 정리하면, 유아 교수 · 학습 방법은 초등 저학년 교수 · 학습 방법과 상당히 연계를 이루고 있음을 알 수 있다. 유아 교수 · 학습의 일반적인 기본 원리는 놀이 중심, 개별화, 탐구학습, 생활 중심, 통합의 원리 등인데 초등학교 교육과정이 지향하는 저학년의 교수 · 학습의 원리 또한 통합학습, 개별화 학습, 놀이 중심, 다양한 경험활동 중심 및 자기 주도적인 학습의 원리 등으로 자연스러운 연계를 이루고 있는 것이다.

실제적인 교수 · 학습 방법을 보더라도, 유아 교수 · 학습 방법은 놀이 중심의 통합적인 교육활동, 다양한 상호작용, 창의적 사고의 발달을 촉진하는 개방적 질문, 자기표현 활동, 지속적인 관찰과 적절한 지원, 직접적이고 구체적인 경험 제공, 토의하기, 설명하기 등인데, 초등학교 저학년에서도 통합교과뿐 만 아니라 국어과와 수학과에서도 다양한 놀이, 표현활동, 탐구활동 등을 통해 구체적인 경험을 강조하며 즐거운 교육이 이루어지도록 노력하고 있다. 또한, 멀티미디어의 활용을 포함해 여러 가지 구체적인 교수 · 학습 자료를 활용하고, 통합교육의 주제에 따라 일제학습, 소그룹 협동학습, 개별학습 등이 다양하게 이루어지고 있다. 초등학교에는 교수 · 학습 자료로서 유아교육기관에는 없는 교과서가 있는 것이 특징이나, 교과서는 교수 · 학습을 위한 교육 자료 중의 하나로 교과서에 있는 모든 것을 반드시 다 가르치라는 것은 아니다. 통합교과의 주제별 교과서도 교사와 아동이 함께 주제를 선택하거나 재구성하는 데 필요한 자료집이고, 교사와 아동들은 필요하면 교과서 외 새로운 주제도 개발하여 학생 맞춤형 통합교육을 전개할 수 있다.

02 유아교육기관과 초등 저학년의 교육 평가 비교

1) 유아교육기관의 교육 평가

유아교육기관에서 실제로 이루어지는 유아 평가를 이해하기 위해 일반적인 유아 평가 방법을 살펴볼 필요가 있다. 유아교육기관에서 사용하는 유아 평가 방법은 다양하지만 그중 많이 사용하는 평가 방법에는 관찰법, 활동결과물 분석, 포트폴리오, 면담, 검사법 등이 있다.

관찰법

관찰은 유아평가 방법 중에서 가장 오랜 역사를 지닌 것으로 일상생활 속에서 유아가 자연스럽게 활동하는 모습을 교사가 본대로 기록하는 것이다. 유아의 발달특성이나 개별특성 및 문제점을 파악할 수 있다는 장점이 있으며, 관찰법의 종류에는 일화기록, 사건표집, 체크리스트, 평정척도 등이 있다.

- 일화기록: 어떤 짧은 일화에 대한 서술적인 기록으로 한 가지 행동이나 상황에 초점을 맞추어 기록한다. 기록은 사건이 관찰된 직후가 좋지만 그렇게 하기 어려운 때는 간단하게 메모를 해 놓고 수업이 끝난 후에 기록한다.
- 사건표집: 하나의 특정한 행동이나 사건이 일어날 때에만 관찰하는 방법이다. 교사는 특정행동이 나타날 때까지 기다렸다가 발생하면 기록하는 것으로 특정한 유아에게 적절하게 도움을 주기 위하여 어떤 행동이 일어나 원인이 무엇인지를 알아내기 위해서 사용한다.
- 체크리스트: 일반적인 학습목표 달성, 현재 발달지표, 발달의 변화 등을 평가하기 위해 사용하는 방법으로 특정행동이 관찰되면 "예", 관찰되지 않으면 "아니오"에 표시한다.
- 평정척도: 관심이 특정행동이나 특성에 대해 미리 정해 놓은 범주에 따라 평가, 관찰하는 방법이다. 일반적으로 3단계, 5단계의 평정척도를 많이 사용한다.

활동결과물 분석

유아가 활동한 결과물을 분석하는 것은 유아의 행동특성과 발달 수준을 평가할 수 있는 직접적인 증거가 된다. 유아들이 현재 진행하고 있는 활동이나 활동결과물은 모두 평가의 대상이 되며 활동결과물을 정기적으로 수집하여 평가에 이용한다. 이를 위해 수집된 작품에는 날짜, 작품에 대한 유아의 설명, 유아의 태도 등을 기록해 둔다.

포트폴리오

포트폴리오는 유아에 대한 이해를 위해 유아의 발달과 학습에 대한 기록과 자료를 수집하는 과정인 수행평가의 방법 중의 하나이다. 유아에게 중요하다고 생각되는 것들을 시간의 흐름에 따라 모아 놓음으로써 유아의 전체 학습을 보여 주며 유아의 장기간에 걸친 성취나 기술, 태도, 흥미 등을 평가하는 자료가 된다.

면담

유아나 부모로부터 대화를 통해 여러 가지 자료를 수집하는 방법이다. 유아교육에서 쉽게 사용하는 방법으로 서면으로 얻어진 것보다 정확하고 상세하게 파악할 수 있으므로 다른 평가와 병행하여 많이 사용한다.

검사법

유아를 평가하는 검사법에는 표준화 검사와 교사가 제작하여 사용하는 비표준화 검사가 사용된다. 표준화 검사는 검사의 목적, 내용, 대상, 검사방법, 채점 및 결과 해석이 표준화되어 있고, 이 검사로 유아의 발달특성과 학습 등을 평가하는 것이 적합하다고 하는 신뢰도와 타당도가 이미 검증된 평가도구이다. 특히 유아의 성취를 다른 유아와 비교해 봄으로써 유아 간의 차이를 객관적으로 분석할 수 있다는 장점이 있다. 그러나 교사가 원하는 평가 내용이 들어있는 적절한 도구가 없을 때는 교사가 직접 제작하여 사용하기도 한다.

2) 초등 저학년의 교육 평가

초등학교 저학년 교육에서 사용되는 평가 방법을 이해하기 위해 실제 초등 현장에서 이루어지는 일반적인 평가 방법을 살펴볼 필요가 있다. 초등 저학년에서 많이 쓰이는 평가 방법에는 관찰법, 포트폴리오, 실연법, 토론법, 면담법, 서술형 검사(지필 평가) 등이 있다.

관찰법

아동의 평가는 질적인 것이어야 하기 때문에 아동의 일상적인 학습활동을 있는 그대로 관찰하는 관찰법이 유용하게 활용될 수 있다. 초등학교에서 사용되는 관찰법에는 첫째, 행동이나 활동 상황을 주기적으로 또는 필요에 따라 적절한 시기에 서술하여 기록하고 분석하는 방법인 일화기록과 사건표집, 그리고 일지와 같이 날짜 별로 자연스럽게 관찰하여 기록하는 방법 등이 있다. 둘째, 목표, 기준, 장소, 시간 등을 구체적으로 조직하여 관찰 기준을 만든 후, 이것을 척도화하여 평가하는 체크리스트나 평정척도 등이 있다. 특히 초등학교에서는 평소 활동이나 주제별 활동을 요소별 또는 행동별로 확인한 후에, 이를 척도화하여 평가한 후 종합하여 기술을 하는 후자의 방법이 많이 쓰인다.

면담법

아동과 대면하여 질문과 응답을 주고받거나 학습내용 및 특정 주제에 대하여 아동에게 의견을 물어보는 방식으로 이루어지는 평가이다. 면담을 통해 아동의 이해력, 상상력, 창의성, 정서 등 아동의 개별적 특성을 면밀히 파악할 수 있을 뿐만 아니라 학습의 성취도 파악할 수 있다는 장점이 있다. 개인 면담과 집단 면담을 할 수 있으며, 필요할 경우 학부모 면담도 이루어진다.

실연법

총괄평가에서 많이 쓰이는 것으로 놀이나 표현 능력을 알아보기 위해 평가 목표, 평가 장면, 평가 내용을 정한 후 그에 따라 아동들에게 실제의 상황을 실연해 보게 하는 것이다. 여기에는 신체적, 음악적, 조형적 활동의 표현이 포함되며 아동의 지각, 기능 등이 평가 척도가 될 수 있다. 앞에서 말한 관찰법은 아동들의 일상적인 학습 활동 모두가 관찰의 대상이 되는 데 반해 이 실연법은 특정 활동을 별도로 실연하게 한다는 면에서 차이가 있다.

토론법

교사나 아동이 제기한 토론 주제에 대해 아동들이 자기 나름대로의 생각을 발표하거나 찬반의 입장을 설정하여 토론하게 하고 이를 관찰하여 평가하는 방법을 말한다. 이러한 평가를 위해서는 사전에 평가 준거나 채점 기준표를 마련한 후 이에 기초하여 평가한다.

질문지를 활용한 평가 방법

질문지는 아동들의 의견이나 태도, 감정 등을 알아보는 데 있어서 비교적 짧은 시간에 많은 아동들을 대상으로 손쉽게 활용할 수 있다는 장점이 있어 흔하게 사용된다. 그러나 정직한 응답을 하지 않을 경우에는 정확한 평가가 어렵고, 질문지 제작이 어렵다는 단점이 있다. 따라서 질문지의 활용은 조사의 목적이나 질문의 내용에 따라 기입 형식과 방법이 다르겠으나, 질문 내용이 모호하지 않도록 분명하게 작성된다면 유용한 평가 방법으로 활용될 수 있다.

서술형 검사

흔히 주관식 검사라고 하는 것으로 문제의 답을 선택하는 것이 아니라 아동들이 직접 서술 또는 구성하는 검사이다. 이때 제시하는 질문은 단편적인 지식을 묻는 것이 아니라 도덕적 판단력이나 적용 능력을 묻는 문항을 개발하여 활용한다. 다만, 서술형 검사에서는 반드시 사전에 채점 기준표를 작성하여 이를 토대로 채점이 이루어져야 한다.

자기 평가 보고서

아동들이 개별적으로 자기 자신의 학습 활동과 작품, 태도 등의 일정한 척도에 기록 또는 표시를 해 보게 하거나 스스로 학습한 결과와 느낌에 대한 자세한 평가보고서를 작성하여 평가하는 것이다. 예를 들어, 아동 스스로 봉사 활동 계획을 세우고 이를 실천한 과정과 결과 및 자신의 느낌 등을 자세히 보고하면 교사는 이를 토대로 평가하는 것이다.

학생의 상호 평가

아동들의 상호 평가는 학생이 지향하여야 할 행동과 태도의 기준을 열거해 놓고, 그 기준에 접근되었다고 생각되는 사람을 가려내게 하는 방법이다. 또래 평가 자료로 활용되는 자료를 사례로 제시하면 〈표 10-3〉과 같다.

〈표 10-3〉 또래 평가 자료 예시

(　　　　) 활동의 반성 *다음 항목에 해당하는 친구를 2명 쓰시오.		
문항	잘하는 사람의 이름	
1. 우리 반(또는 모둠)에서 1인 1역 활동을 가장 성실하게 수행한 학생은 누구입니까?		
2. 우리 반(또는 모둠)에서 어려운 일을 만난 친구가 있을 때 도와주려고 노력하는 학생은 누구입니까?		

포트폴리오

포트폴리오란 자신이 쓰거나 만든 작품을 지속적이면서도 체계적으로 모아 둔 작품집을 이용한 평가 방법이다. 예를 들어, 통합교과 수업의 과정에서 전개된 활동의 결과물, 체크리스트, 조사보고서 등을 차례차례 모아 평가한다면 아동의 자연스러운 학습 과정이 평가될 수 있고, 시간의 경과에 따른 학습의 진전 정도도 파악할 수 있게 된다.

이상으로 유아교육 평가 방법과 초등 저학년의 평가 방법을 살펴보았을 때 평가의 실제적 측면에서는 유아교육과 초등교육이 연계되고 있음을 알 수 있다.

03 유아교육기관과 초등 저학년의 교육계획 및 운영 비교

1) 유아교육기관의 교육계획 및 운영

유치원과 어린이집은 국가 수준의 교육과정인 2019 누리과정을 바탕으로 각 기관의 실정에 따라 적합한 계획을 수립하여 운영하여야 한다. 2019 누리과정에서 강조하는 교육계획의 특징은 '자율적인 계획안의 수립'과 '놀이를 지원하는 계획안 작성'을 통한 '만들어 가는 교육과정'이다.

자율적인 계획 수립

2019 누리과정은 각 기관의 실정에 맞게 '자율적으로' 교육계획을 수립하고, 일과를 놀이, 일상생활, 활동으로 구성하되 놀이가 충분히 이루어지도록 편성하여 운영할 것을 강조하고 있다. 이에 유치원과 어린이집은 각 기관의 교육철학, 가정과 지역사회의 특성, 유아의 요구 등을 반영하여 자율적으로 교육계획을 수립할 수 있으며, 기존에 활용하였던 연간, 월간, 주간, 일일 계획안을 기관 및 학급(반)의 특성에 적합하게 변경하여 사용할 수도 있다. 즉, 계획안의 종류, 형식, 분량에 있어 교사의 자율성을 매우 강조한다. 따라서 기관 수준에서 매년 작성하는 연간 계획 이외에 월간과 주간, 주간과 일일 계획은 교사가 자율적으로 통합하거나 담당 학급(반) 특성에 따라 간단한 일지 등을 활용하여 계획안을 작성할 수 있다(교육부 · 보건복지부, 2019a, c).

유아의 놀이를 지원하는 계획안 작성

2019 누리과정은 유아가 주도하는 놀이를 중심으로 운영되는 교육과정이다. 유아가 주도하는 놀이는 미리 계획하여 운영하기 어렵기 때문에, 기관에서는 유아가 활동할 내용을 미리 계획하여 안내하는 방식이 아닌 유아가 실제 놀이한 내용과 배움에 대한 기록을 공유하는 방식인 '실행중심의 계획안'으로 운영된다. 이 방식은 사전 계획을 최소화함으로써 교사가 유아들이 주도하는 놀이를 적극적으

로 지원하는 데 중점을 두게 한다. 단, 교사는 필요에 따라 안전과 관련된 사항, 유아 특성에 따라 개별적으로 지원해야 하는 사항 등을 계획할 수 있다(교육부 · 보건복지부, 2019c).

만들어 가는 교육과정

연간 계획은 2019 누리과정에서 추구하는 인간상, 기관의 철학, 지역사회의 특성, 개인 수준의 다양성을 고려하여 자율적으로 수립할 수 있다. 연간 계획은 학급 차원보다는 기관 차원에서 수립하는 것이 일반적이며 1년간의 중요한 경험(예: 기관 적응, 계절, 명절, 국가 및 기관 행사 등)을 미리 염두에 두고 계획한다. 그러나 2019 누리과정에서는 유아에게서 발현되는 놀이 주제가 학기를 진행하는 동안 즉각적으로 반영될 수 있도록 여지를 남기고 연간 계획을 구성할 것을 강조한다(교육부 · 보건복지부, 2019c). 이러한 측면에서 2019 누리과정은 유아와 교사가 함께 '만들어 가는 교육과정'이라 할 수 있고 연간 계획이 수립되었다 하더라도 유아들의 놀이 경험에 따라 융통성 있게 운영될 수 있다.

〈표 10-4〉 만 5세 연간 교육계획 예시

월	주	생활주제	활동주제	기본생활습관	안전교육	독서교육
3	2	유치원과 친구	유치원의 환경	• 바른 태도로 인사하기 • 내 물건 바르게 정리하기 • 친구와 사이좋게 지내기 • 차례를 지켜 줄 서기	• 교실에서 안전하게 생활해요 • 안전한 놀이터 • 안전하게 길 걷기 • 내가 도와줄게 • 약이란 무엇일까요 • 불은 고마워! 불은 위험해!(대피훈련)	• 다 내 거야! • 친구와 사이좋게 놀이하는 모습 그리기
	3		유치원에서의 하루			
	4		유치원에서 만난 친구			
	5		함께 놀이하는 유치원			
4	1	봄	봄 날씨 알기	• 실내에서 걸어 다니기 • 바른 자세로 앉아서 먹기 • 내 물건 잘 정리하기	• 이럴 땐 이렇게(황사, 미세먼지) • 놀이공원에 놀러 갔어요 • 안전띠로 안전하게 • 불이야!(대피훈련) • 아기 양 세 마리와 늑대	• 아빠, 꽃밭 만들러 가요 • 씨앗 심기
	2		봄 풍경 즐기기			
	3		따뜻한 봄 지내기			

월	주	생활주제	활동주제	기본생활습관	안전교육	독서교육
4	4	동식물과 자연	궁금한 동식물	• 손을 깨끗이 닦기 • 옷을 바르게 입기	• 어른들만 사용해요 • 안전한 유치원을 함께 만들어요 • 용감하고 씩씩하게	• 우리를 지켜주세요 • 멸종 동물들에게 편지 쓰기
5	1		동식물과 우리 생활			
	2	나와 가족	나의 몸과 마음	• 이를 깨끗이 닦기 • 부모님께 높임말 사용하기 • 말할 차례 지키기	• 조심해서 길을 건너요 • 비상구를 찾아요 • 소중한 나의 몸! • 옷을 입혀 주세요 • 꿀꿀이네 과자가게	• 우리 엄마 • 효도 쿠폰 만들기
	3		소중한 나와 가족			
	4		행복한 우리 집			
	5	우리 동네	우리 동네 모습과 생활	• 신발을 바르게 정리하기 • 내가 할 일 스스로 하기	• 땅이 흔들려요(대피훈련) • 우리집안전지킴이 • 식중독을 예방해요	• 김청결 아저씨 고맙습니다 • '환경미화원이 없다면' 상상해서 그림 그리기
6	1		우리 동네의 전통과 문화			
	2	건강과 안전	즐거운 운동과 휴식	• 두 손으로 공손히 받기 • 음식을 골고루 먹기 • 적절하게 운동하기	• 안전한 자전거 타는 장소 • 낯선 사람이 다가오면? • 담배는 몸을 아프게 해요 • 우리끼리 불을 만지면(대피훈련) • 옷에 붙은 불을 꺼요	• 난 토마토 절대 안 먹어 • 내가 싫어하는 음식 별명책 만들기
	3		깨끗한 나와 환경/맛있는 음식과 영양			
	4		안전한 놀이와 생활			
7	1	여름	여름 날씨 알기	• 놀이 약속 잘 지키기 • 몸을 깨끗이 씻기 • 도와주고 양보하기	• 안전하고 즐거운 물놀이 • 몸에 해로운 약물이 들어 있는 음료수가 있어요 • 비 오는 날 • 이럴 땐 이렇게(대피훈련) • 햇볕에서 쓰러졌어요 • 위험한 상황을 알아봐요	• 정우의 여름 – 그림일기 쓰기 • 정우의 여름 – 가재 잡기 놀이(게임)
	2		여름 풍경 즐기기			
	3		더운 여름나기			

월	주	생활주제	활동주제	기본생활습관	안전교육	독서교육
8	5	교통기관	교통기관의 종류 고마운 교통기관	• 건널목으로 건너기 • 교통규칙 지키기	• 학용품을 안전하게 사용해요 • 대중교통 이해하기	• 검피 아저씨의 뱃놀이 – 동극
9	1		교통통신과 교통생활			
	2	우리나라	우리나라 사람들의 생활	• 절하는 방법 알기 • 어른께 존댓말 사용하기 • 교실과 복도에서 걸어 다니기	• 빨간 망토와 늑대 • 인터넷 예방교육(대전스마트쉼센터) • 안전이 최고예요 • 119에 신호해요, 119에 장난전화하면(대피훈련)	• 떡 공주가 된 진아 – 우리나라 떡 북아트
	3		우리나라의 놀이와 예술			
	4		우리나라 역사와 자랑거리			
10	1	세계 여러 나라	세계 여러 나라 사람들의 생활과 문화	• 음식 골고루 먹기 • 공공장소 약속 지키기	• 안전한 장소에서 놀이해요 • 놀이기구를 안전하게 이용해요 • 안전해야 편리한 자가용 • 제대로 먹어야 약이지 독이 될 수 있어요	• 돌멩이 수프 • 내가 좋아하는 세계의 음식 상차리기(NIE활동)
	2		세계 여러 나라와의 교류			
	3	가을	가을 날씨 알기	• 공동 물건 아껴 쓰기 • 고마워, 미안해 언어 사용하기 • 안전벨트 매기	• 나는 특별해요 • 애앵! 출동 119(대피훈련) • 도구를 사용하여 안전하게 활동해요	• 울긋불긋 가을 밥상을 차려요 • 자연물로 가을 밥상 차리기
	4		가을 풍경 즐기기			
11	1		풍성한 가을 지내기			
	2	생활도구	다양한 생활도구와 움직이는 힘	• 생활도구 바르게 사용하기 • 정해진 시간에 텔레비전 시청하기	• 교통표지판 이해하기 • 신호등 이해하기 • 사랑의 표현은 어떻게 해야 할까요?	• 꼬비의 물건 여행 • 옛날과 오늘날 생활도구 북아트
	3		다양한 생활도구와 움직이는 힘			
	4	환경과 생활	물, 돌, 흙과 우리 생활	• 수돗물 아껴 쓰기 • 쓰레기 분리해서 버리기	• 스마트폰을 사용하는 올바른 습관을 형성해요 • 조심 조심 불조심!(대피훈련)	• 엄마 물이 나오지 않아요 – 환경보호 포스터 만들기
	5		바람, 공기, 빛, 소리와 우리의 생활			

월	주	생활주제	활동주제	기본생활습관	안전교육	독서교육
12	1	겨울	겨울 날씨 알기	• 옷을 단정히 입기 • 실내에서 모자 벗기 • 빙판길 안전하게 걷기	• 탈것, 안전보호 장구를 착용해요 • 실종, 유괴상황 알고 도움을 요청해요 • 가족폭력이란 무엇일까요? • 스마트폰을 건강하게 사용하는 습관을 만들어요	• 메리크리스마스, 늑대 아저씨! • 크리스마스카드 만들기
	2		겨울 풍경 즐기기			
	3		추운 겨울나기			
2	1	초등학교에 가요	초등학교에 가요	• 바르고 고운 말 사용하기 • 내 물건 바르게 정리하기	• 화재 대피훈련 • 약은 간식이 아니예요 • 흐르는 물에 식혀요 • 어른들이 나를 아프게 하면 어떻게 해야 할까요?	
	2	졸업	졸업			

출처: 대전노은누리유치원(2019)

〈표 10-5〉 2개의 주제를 반영한 월간 교육계획안

계절 주제와 유아의 발현된 놀이 주제가 동시에 진행됨

주		5월 1주	5월 2주	5월 3주	5월 4주
놀이 (바깥 놀이 포함)	봄	• 봄꽃 만들기	• ~~꽃가게 꾸미기~~	• ~~꽃가게 놀이~~	
	봄	• 모형꽃, 화분으로 놀기	• ~~꽃씨 마라카스~~		• ~~티슈로 나비 만들기~~
	봄	• 산책 사진으로 만든 책	• 씨앗 그림책	• ~~꽃모양 막대인형~~	• 봄의 곤충 그림책
	유아의 흥미에 따라 새로운 주제 '반짝이끈'이 시작되었고, 이를 반영함				
	반짝이끈	• 반짝이끈 가지고 나가 놀기 • 반짝이끈 나뭇가지에 묶기 • 반짝이끈으로 만든 도구로 운동하기			
		유아의 흥미에 따라 새로운 주제 '반짝이끈'이 시작되었고, 이를 반영함			
활동		• 우리 교실에는 어떤 장난감이 있으면 좋을까? • 상자와 반짝이끈으로 어떻게 놀이할 수 있을까? • 놀이의 진행과정에 따라 문제해결 의견 나누기			
		• 동화 '우리 가족' 동화 '봄소풍			
		• 노래 '봄에 피는 꽃'	• ~~봄꽃 찾아오기 게임하기~~ • 반짝이끈으로 신체 표현하기	• ~~노래 '씨앗이 자라서'~~ • 반짝이끈으로 게임하기	• ~~노래 '개미'~~ • 애벌레 신체 표현하기
필요한 경우 활동을 통해 유아의 놀이를 지원함					
행사일정		5일 - 원내 어린이날 행사 / 8일 - 원내 어버이날 행사 & 포토존 22일 - 원내 손 씻기 교육 / 29일 - 급식도우미 활동			

출처: 교육부·보건복지부(2019c), p.120

〈표 10-6〉 놀이실행 및 지원을 기록한 주간 교육계획안 예시

주제	우리 동네	목표	내가 살고 있는 곳에 대해 궁금한 것을 알아본다.

요일	실행	지원
…	…	…
목	• 교실 한 켠에 있는 지도에 대해 관심을 가지고 가장 빨리 가는 길에 대한 대화를 나눔	✔ 인터넷을 활용하여 유아가 지도를 잘 볼 수 있도록 지원함
금	• 인터넷으로 본 지도를 보며 그림으로 길을 표상함. 교실에 있는 종이가 작다고 하면서 점점 더 큰 크기의 종이를 요청함	✔ 더 큰 종이를 제공함: 도화지 → 4절지 → 전지 → 전지 이어 붙여서 그림 그리기
월	• 지난주 금요일에 이어 길을 그림으로 표상함. 그림에서 일반도로뿐 아니라 다양한 길(예: 지하철, 고속도로 등)에 대한 표상이 나타남 • 종이를 이어 붙이는 것의 불편함과 더불어 이어 붙인 종이 위에 올라가서 그림을 그리자 다시 그릴 공간이 좁아지는 상황이 벌어짐	✔ 문제해결 방법에 대해 유아들과 토의하였고 복도에 나가서 그림을 그리기로 결정함 ✔ 종이는 계속 이어 붙이기 어려워 바닥에 그림을 그리면 좋겠으나 바닥을 훼손하면 안 되므로 다음 날 교사와 함께 자료실에 가서 바닥에 그리기 적절한 그리기 도구가 있는지 찾아보기로 함
화	• 자료실에 가서 바닥에 그리고 지우기 적절한 그리기 도구를 찾다가 우연히 테이프를 발견하고 테이프로 길을 만들자고 함 • 유아가 선택한 자료인 테이프로 유아는 복도에서 길을 만들기 시작함	✔ 교사와 유아가 함께 자료실에 가서 유아가 선택한 자료(절연 테이프)를 제공함 ✔ 교실 외 놀이공간(복도) 활용함
수	• 복도에서 이어서 놀이함. 길이 더 길어지고 커짐 • 색테이프를 요청함 • 테이프로 벽에도 표상을 시작함 노랑–고속도로 파랑–1호선 초록–2호선 빨강–3호선 "아파트는 바닥 X. 서 있잖아."	✔ 벽까지 올라가서 어떻게 다 떼어 정리하나 걱정도 되었지만 유아들의 놀이를 지켜보기로 함 ✔ 요청에 따라 다양한 색깔의 테이프 추가 제공함 ✔ 테이프로 만든 길 위에 입체적으로 동네를 구성할까 싶어 종이벽돌블록과 소품 일부를 제시해 보았음
목	• 제시한 블록, 소품에 관심을 보이지 않음. 오로지 테이프로만 길 만들기에 집중함 • 복도도 테이프 길로 거의 꽉 차고, 멈춰야 하는지, 다른 공간으로 길을 확장해도 괜찮은지 묻기 시작함 • 유아들과 토의 후 계단, 강당까지 가기로 함 • 길/미로/경사로 관련 대화가 오감	✔ 유아가 안전하게 놀이하도록 교사도 전체를 관찰하지만, 평소 놀이하던 공간이 아니고 다른 학급의 유아들도 오가는 공간이므로 안전하게 놀이할 수 있도록 안전에 대해 짧게 이야기를 나눔 ✔ 유아들의 의견을 받아들여 복도에서 계단, 강당까지 기관 전체로 이어서 놀이하는 것으로 함

요일	실행	지원
금	• 테이프로 길 만드는 유아들이 줄어들고, 복도나 계단에서 길 만들기 놀이를 하기보다는 뛰어다니는 유아들이 많아짐 • 테이프를 떼어 정리하는 과정에서 돌돌 말린 테이프가 공처럼 되었고 테이프 공은 다시 유아들에게 새로운 놀잇감으로 보이기 시작함	✔ 길 만들기 놀이에 대한 관심이 줄어들었음 ✔ 정리도 유아와 함께 진행함. 정리하는 과정에서 새로운 놀이자료(테이프 공)를 발견함 ✔ 테이프 공 활용하여 놀이할 수 있는 방법을 유아들 스스로 창안하기 시작함

출처: 교육부·보건복지부(2019c), p.108

〈표 10-7〉 한 주간의 누리과정 운영을 평가한 사례

<table>
<tr><th colspan="2">기간</th><th colspan="5">5월 2주</th><th></th></tr>
<tr><th colspan="2">요일</th><th>월</th><th>화</th><th>수</th><th>목</th><th>금</th><th></th></tr>
<tr><td rowspan="2">놀이</td><td></td><td colspan="5">• 꽃가게 놀이 확장(조화, 포장지, 끈, 화분, 가위, 테이프, 다양한 종이 등)
• 꽃가게가 구성되면 자연스럽게 놀이가 진행되도록 지원함. 필요에 따라 놀이그룹 또는 학급 전체의 놀이 진행 상황을 공유하기 위한 이야기 나누기를 진행함</td><td></td></tr>
<tr><td></td><td colspan="5">• 그림책 「빨간 끈」
• 반짝이끈 놀이의 진행에 따라 적절한 시기에 그림책을 제공함. 그림책에 대한 관심을 많이 가져 활동을 통해 전체 유아와 함께 읽고 반짝이끈 놀이와 연계하였음
• 반짝이끈과 상자 놀이
• 반짝이끈 속에 몸을 숨기던 유아들이 이제는 놀잇감을 숨기고 찾기 놀이를 함. 유아들 스스로 놀이 규칙을 만드는 과정을 지원함
• 반짝이끈과 상자로 상상놀이하기
• 반짝이끈과 상자를 이용하여 만들고 싶은 것을 만들었고 결과물을 활용하여 상상놀이가 전개됨</td><td>계획에 없었지만 진행된 놀이의 기록</td></tr>
<tr><td colspan="2" rowspan="4">활동</td><td colspan="5">• 이야기 나누기 '놀이에서 생긴 문제를 어떻게 해결할까?' 갈등상황 해결하기 위해 활동으로 진행</td><td rowspan="4">월 안에서 계획했던 내용을 실제 놀이를 반영하여 융통성 있게 실행</td></tr>
<tr><td colspan="5">• 동화 「빨간 끈」 ppt 동화로 진행함</td></tr>
<tr><td colspan="5">• 노래 '씨앗이 자라서' 꽃가게 놀이 경험과 연계하여 진행함</td></tr>
<tr><td colspan="5">• <del>반짝이끈 게임</del> 진행되지 않음</td></tr>
<tr><td colspan="2">바깥놀이</td><td colspan="5">• 풀 찧어 소꿉놀이하기 /반짝이끈 나뭇가지에 묶기</td><td></td></tr>
<tr><td colspan="2">인성교육</td><td colspan="5">• 친구에게 친절하게 말하기</td><td></td></tr>
</table>

기간	5월 2주					
요일	월	화	수	목	금	
일일기록 및 지원	• 반짝이끈 속성을 이용한 놀이로 전개되기 시작함 • 꽃가게를 열기 위해 꽃다발 만들기에 관심을 가짐	• 반짝이끈과 상자를 같이 활용하여 숨기, 보물찾기 놀이를 함	• 반짝이끈을 활용하여 상상놀이를 함 • 바깥놀이 동안 풀에 대한 관심을 많이 표현함	• 반짝이끈 놀이 공간에 대한 갈등 상황이 발생하여 이야기 나누기를 진행	• 반짝이끈 정리하기 • 풀에 대한 관심을 교실로 확장해 보고자 함	일일 및 주간으로 놀이 내용과 지원 계획에 대해 간단히 기록
주간기록 및 지원	• 반짝이끈으로 놀이하고 정리도 유아가 스스로 할 수 있도록 함. 정리 시 반짝이끈을 비닐에 담자 공이 되었고, 바깥놀이 시 신체활동 소품으로 활용해 보았음. 유아들이 즐겁게 활용하며 놀이하여 반짝이끈 공굴리기 게임 및 바깥놀이 시 자유롭게 공놀이하는 자료로 활용해 볼 것임 • 실내놀이에서 지난 2주간 제공하였던 조화와 유아들이 만든 꽃이 어우러져 꽃가게 놀이로 진행됨. 교사가 놀이를 기본적으로 제공하였지만 유아들 사이에서 자발적으로 가게에 필요한 공간구성과 놀이자료를 스스로 만들기 위해 노력하고 의사소통이 활발하게 일어남. • 바깥놀이에서 풀을 뜯어 소꿉놀이, 찧기 등이 나타나며 봄의 식물에 대한 탐구와 심미적 감상이 활발하게 이루어짐. 교실에서 풀과 관련된 놀이가 이어질 것으로 예상됨					

출처: 교육부·보건복지부(2019c), p.121

〈표 10-8〉 일일계획안과 평가를 함께 기록한 사례

학급명	새싹반(만3세)	시기	2019. 12. 5. (목)	수업일수	169/185
생활주제	겨울	주제	겨울 날씨 일기	소주제	겨울의 모습 살펴보기
목표	• 변화된 겨울 모습의 특징에 대해 안다.				
일과 시간표	08:00~09:00 등원 09:00~09:20 인사 나누기 09:20~09:50 게임 〈얼음땡 놀이〉 ➡ 크리스마스트리 꾸미기 09:50~11:30 자유놀이			11:40~12:40 점심 및 이 닦기 12:40~13:50 바깥놀이 〈얼음땡 놀이〉 13:50~14:00 간식 및 일과평가	

시간/활동명	유아경험	활동내용 및 평가	교사지원
09:20 ~09:50 게임	얼음의 모습을 몸으로 표현해 본다.	〈얼음땡 놀이〉 ➡ 크리스마스트리 꾸미기 • 동화 '알래스카의 크리스마스'를 들음 • 크리스마스트리를 꾸미는 이유에 대해 이야기 나눔 – 산타할아버지가 유치원을 잘 찾을 수 있게 알록달록 꾸미는 것 • 크리스마스트리 장식품을 보며 이야기 나눔 • 크리스마스트리 꾸밀 시 지켜야 할 약속에 대해 이야기 나눔 • 멀티실로 이동하여 자유롭게 크리스마스트리를 꾸밈 • 다 꾸민 후 친구와 함께 즉석사진을 찍음 • 게시판에 사진을 게시 후 함께 감상 ➡ 종교적인 내용을 배제하고 크리스마스에 대해 이야기 나누기가 어려울 줄 알았으나 동화를 통해 유아들에게 쉽게 이해하고 접근할 수 있어 좋았음 ➡ 크리스마스트리를 꾸민 후 좋아하는 친구와 함께 사진을 찍고 바로 확인할 수 있어 유아들이 매우 좋아했음 ➡ 크리스마스트리 꾸미기를 경험하지 못했던 유아들에게는 좋은 경험이 된 것 같음	동화, 크리스마스트리 장식품, 폴라로이드 카메라, 필름, 압정 등
09:50 ~11:30 자유놀이	자신이 원하는 놀이를 경험한다.	• 쌓기 영역에 큰 레고블록을 제공함 • 비행기를 만들거나 버스, 미끄럼틀을 만들어 놀이함 • 미술 영역에 제공하였던 백업을 터널처럼 바닥에 붙인 후 자동차들이 지나갈 수 있도록 함 • 레고블록을 높게 쌓은 후 계단처럼 올라갔다 뛰어내리기 등을 함 • 미술 영역에는 눈사람 모양의 스티로폼, 꾸미기 재료, 천사점토 등을 제공하여 유아들이 자유롭게 놀이함 ➡ 새로운 놀잇감 제공으로 모든 유아들이 흥미 있게 놀이함 ➡ 자동차블록이 부족하여 멀티실에 비치되어 있던 자동차를 더 가지고와서 놀이함 ➡ 만 3세 연령에 적합한 놀잇감이었음. 크고 구성하기 쉬워 유아들이 좋아했으나 다소 무게가 가벼워서 잘 넘어지는 경우가 있어 유아들과 안전하게 놀이하는 방법에 대해 이야기 나눔 ➡ 블록이 좀 더 있으면 좋을 것 같고, 큰 블록 이용 시 유아들의 놀이 공간을 충분히 확보하여 안전하게 놀이할 수 있도록 지원해야겠음	

<table>
<tr><td></td><td></td><td> </td><td></td></tr>
<tr><td>총평</td><td colspan="3">가정에서 놀이하는 놀잇감을 가져오는 유아들이 늘어남. 가져와서 놀이하는 것을 허용해 주었더니 더 늘어나는 것 같음. 가정과 연계하고 유치원에서도 익숙한 놀잇감으로 친구와 함께 놀이한다는 것은 의미가 있으나 가져오는 놀잇감이 만화와 관련되어 거친 놀이로 이어지는 것 같아 고민이 됨. 유아들과 가정에서 가져오는 놀잇감에 대해 이야기 나누면 좋을 것 같음</td></tr>
</table>

출처: 대전노은누리유치원(2019)

〈표 10-9〉 보육일지를 통해 계획안과 평가를 제시한 사례

<table>
<tr><th colspan="5">만 3세 슬기로운반 일일보육일지</th></tr>
<tr><td rowspan="2">날짜 및 날씨</td><td rowspan="2">2020년 2월 18일 (화) 날씨 (맑음)
미세먼지 (오전: 좋음, 오후: 좋음)</td><td rowspan="4">결제</td><td>담임</td><td>원장</td></tr>
<tr><td rowspan="3">김유진</td><td rowspan="3"></td></tr>
<tr></tr>
<tr><td>놀이 주제</td><td>• 경사에 따른 놀잇감의 속도의 변화를 경험한다.
• 친구와 함께하는 놀이를 즐긴다.</td></tr>
</table>

<table>
<tr><th colspan="2">활동 구분</th><th colspan="2">교사의 주요 역할 및 활동내용</th></tr>
<tr><td>교사의 준비 및 보육실 점검</td><td>안전 및 청결</td><td>• 보육실 환기하기
• 물품 및 정수기, 양치컵 점검하기
• 일일보고서 작성 준비하기
• 전기콘센트, 플러그 정비하기</td><td>• 보육실 청결 및 세팅하기
• 유아의 개별 소지품 확인하기
• 위생용품 준비하기
• 보육물품이나 비품의 모서리 보호대 점검하기</td></tr>
<tr><td rowspan="2">맞이 및 귀가하기 /가정과의 연계</td><td>맞이하기</td><td>• 집에서의 영아의 상태나 특이사항 이야기 나누기
• 유아의 컨디션 시진하기</td><td>• 체온 재기
• 투약의뢰 살피기</td></tr>
<tr><td>귀가하기</td><td>• 점심 및 간식 상황 전달하기
• 유아의 개별용품 점검 후 요청하기</td><td>• 유아의 건강 및 안전의 특이사항 전달하기
• 어린이집에서의 유아의 활동 간략히 전달하기</td></tr>
</table>

활동 구분		교사의 주요 역할 및 활동내용	
일상생활	점심 및 간식	• 교사의 손 씻기 • 점심 및 간식 테이블 닦기	• 수건, 휴지 등 개인 물품 준비하기
	낮잠 및 휴식	• 보육실 환기하기 • 커튼을 치거나 조도 낮추기 • 자는 유아 수시로 살펴보기	• 잠자리 매트 깔기 • 화장실 확인하기
일과 및 시간	07:30~09:00	• 맞이하기 및 통합보육 (등원 및 맞이하기) 허리 숙이며 인사하기	
	09:05~09:30	• 책 읽기, 만다라, 루크 선택해서 활동하기	
	09:30~09:35	• 손 씻기(손 씻기) 손 씻기 6단계 실천하기	
	09:35~09:55	• 오전 간식 (간식 및 점심) 숟가락 바르게 잡기	
	09:55~10:00	• 놀이계획	
	10:00~11:30	• 오전 자유놀이(실내)	
	(11:30~11:45) ~~11:30~11:40~~	• 정리정돈 오전 자유놀이(실내) 및 정리정돈 (이유: 정리정돈 지연)	
	(11:45~12:00) ~~11:40~12:00~~	• 놀이 이야기	
	12:00~12:10	• 손 씻기 및 화장실 다녀오기 (손 씻기) 손 씻기 6단계 실천하기 (화장실 다녀오기) 속옷, 내복 차례대로 입기	
	12:10~12:50	• 점심 식사 (간식 및 점심) 숟가락 바르게 잡기	
	12:50~13:00	• 양치하기	
	13:00~14:00	• 바깥놀이 (대체: 얼음땡 레고블록)	
	14:00~14:10	• 손 씻기 및 화장실 다녀오기 (손 씻기) 손 씻기 6단계 실천하기 (화장실 다녀오기) 속옷, 내복 차례대로 입기	
	14:10~15:30	• 낮잠 및 휴식	
	15:30~15:40	• 손 씻기 (손 씻기) 손 씻기 6단계 실천하기	
	15:40~16:00	• 오후 간식 및 우유급식 (간식 및 점심) 숟가락 바르게 잡기	
	16:-0~16:30	• 특별활동 – 영어	
	16:30~18:30	• 오후 자유놀이 (실내)	
	18:30~19:30	• 통합보육	

<table>
<tr><th>활동 구분</th><th colspan="3">교사의 주요 역할 및 활동내용</th></tr>
<tr><td>기본 생활습관 /안전</td><td colspan="3">• 물건을 제자리에 정리해요
• 놀잇감을 던지지 않아요</td></tr>
<tr><td>일상생활</td><td colspan="3">• 손 씻기 – 손 씻기 6단계 실천하기 • 화장실 다녀오기 – 속옷, 내복 차례대로 입기
• 간식 및 점심 – 숟가락 바르게 잡기</td></tr>
<tr><th></th><th colspan="2">유아 놀이</th><th>교사 지원</th></tr>
<tr><td rowspan="2">놀이 1</td><td colspan="2">• 경사로 만들기</td><td rowspan="2"></td></tr>
<tr><td></td><td>긴 나무블록을 연결하여 경사 길이를 길게 만들어 봄</td></tr>
<tr><td>놀이 2</td><td colspan="2">• 자석블록으로 자동차길 만들기
자동차가 돌아올 수 있는 회전 구간을 만들어 보며 교사와 친구들과 함께 자동차를 굴려 봄</td><td>상호작용(지지하기)“어제는 직선 길이었는데 오늘은 자동차가 돌아올 수 있다! 선생님도 해보고 싶다. 같이 해도 될까?” 교사의 말에 자동차를 먼저 출발하며 “선생님! 따라와요!” 라고 이야기하며 앞장서 봄. 주변에서 지켜보던 친구들이 자동차를 들고 함께 길을 따라가 봄</td></tr>
<tr><td rowspan="2">놀이 3</td><td colspan="2">• 자석블록으로 집 만들기</td><td rowspan="2"></td></tr>
<tr><td colspan="2">놀이하지 않음</td></tr>
<tr><td rowspan="2">놀이 4</td><td colspan="2">• 공룡인형 뽑기 → (전환) 물고기 낚시</td><td rowspan="2"></td></tr>
<tr><td></td><td>긴 나무블록을 연결하여 경사 길이를 길게 만들어 봄</td></tr>
<tr><td rowspan="2">놀이 5</td><td colspan="2">• 구슬치기</td><td rowspan="2">상호작용(제안하기)구슬을 서로 먼저 치겠다고 이야기하는 친구가 있어 순서를 정할 수 있도록 제안하자, 가위바위보를 하며 순서를 정해 봄</td></tr>
<tr><td></td><td>여러 명의 친구들이 같이하자 가위바위보를 하면서 구슬치기 순서를 정해 봄</td></tr>
</table>

	유아 놀이	교사 지원
놀이 6	• 내 이름 보고 쓰기 놀이하지 않음	
놀이 7	• 바다 만들기 놀이하지 않음	
놀이 8	• 술래잡기 술래가 눈사람 귀신이라고 이야기하며 친구들을 잡으러 뛰어다님	
놀이 9	• 자전거 타기 놀이하지 않음	
놀이 10	• (확장) 눈사람 얼굴 꾸미기  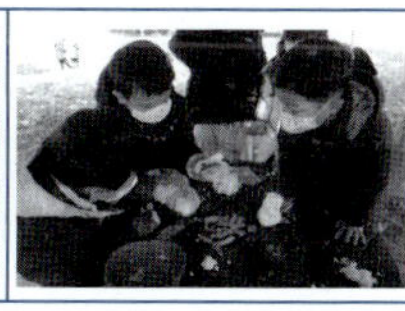	• 요청에 따른 지원 : "울라프 코를 만들려면 당근이 필요해요." 어제 유아가 요청한 당근을 지원해 주니 자연물과 함께 당근의 모양을 비교하며 코, 팔, 입으로 꾸며 봄
놀이 11	• (놀이 2) 교사의 지지에 평소 혼자 놀이하던 아이가 자신감을 가지고 친구들에게 다가가고 함께 놀이하기 시작했다. 혼자 놀이하는 친구들이 놀이 이야기 시간에 다른 친구들의 놀이에 관심을 갖고 놀이 이야기에 귀를 기울이도록 더 격려하며 지지해 주어야겠다. • (놀이 4) 인형 뽑기의 경험과 연계하여, 공룡 인형 뽑기 놀이에서 자석을 발견하자, 아이들은 이전의 낚시 경험을 기억하고 물고기 낚시 놀이로 전환하였다. 아이들이 경험에 기초하여 놀이를 주도적으로 이끌어간 것을 볼 때, 아이들의 유능함과 경험의 중요성을 확인할 수 있었다. 아이들의 경험 이야기를 세밀히 관찰하고 적절한 놀이재료를 제공해야겠다. • (놀이 5) 친구와 함께하는 놀이에서 서로 먼저 하려는 갈등이 발생했다. 아이들이 스스로 해결하지 못해 교사의 제안으로 문제가 해결되었다. 아이들이 협의를 통해서 갈등을 스스로 해결해 가도록 지도해야겠고, 스스로 해결하는 데 도움이 되는 매체(주사위, 동전 등)를 지원해야겠다.	
놀이 12	• 어제와 똑같이 오전에 바깥놀이로 인해 놀이 일과가 변경되었다. 유아들은 눈사람 얼굴 꾸미기에 흥미가 있었는지 정리 시간이 되었는데도 집중하는 모습이 보였기에 놀이 시간이 길어졌다. • 눈사람 얼굴 꾸미기에 사용했던 당근을 놀이하면서 아무렇게나 버려두어 정리시간을 좀 더 늘려 주었다.	

출처: 전남비둘기집어린이집(2020)

2019 누리과정에서 강조하는 일과 구성 및 운영의 기본원리를 살펴보면 다음과 같다(교육부 · 보건복지부, 2019c).

일과 구성 및 운영의 원리

• 놀이시간을 충분히 운영한다.

놀이시간이 분절되지 않고 지속적으로 운영될 때, 유아는 놀이에 몰입하면서 의미 있는 배움의 기회를 가질 수 있다. 그러므로 유아들이 놀이의 흐름이 끊어지지 않고 충분히 놀았다고 느낄 수 있도록 바깥놀이를 포함한 놀이시간을 가장 우선으로 충분히(최소 2시간 이상) 편성해야 한다. 교사는 놀이의 흐름을 중단했을 때 중요한 배움의 순간을 놓칠 수 있다고 판단되면 놀이시간을 연장할 수 있다.

• 일상생활이 융통성 있고 유아 주도적으로 이루어지도록 한다.

유아들은 놀이와 활동뿐 아니라 일상생활을 통해서도 기본생활습관, 안전, 인성 등 다양한 배움의 기회를 갖는다. 교사는 유아가 자율적이고 주도적으로 일상생활을 할 수 있도록 충분한 시간을 허용해 주어 유아가 편안함을 느끼는 가운데 의미 있는 배움이 일어나도록 지원한다.

• 놀이와 연결하여 활동을 운영한다.

교사는 유아의 놀이를 관찰하고, 놀이가 활발하게 이루어질 수 있도록 지원하는 과정에서 필요한 경우 이야기 나누기, 노래, 동화, 게임 등 적절한 유형의 활동을 연결하여 운영할 수 있다. 활동은 교사가 계획하여 제안할 수도 있고, 유아가 다른 유아들과 공유하기 위해 준비할 수도 있다. 활동에 참여하는 유아는 학급 전체가 될 수도 있고 관심 있는 소집단의 유아가 될 수도 있다. 일과 중 활동시간은 교사가 계획하여 실시하거나 놀이의 흐름을 위해 필요하다면 놀이 중간에 잠깐 모여서 활동을 실시하고 다시 놀이로 연결할 수 있다. 활동을 계획했다 하더라도 유아의 흥미와 놀이 진행 상황에 따라 내용과 방법을 변경하거나 운영하지 않을 수도 있다. 활동의 방법 또한 유아 · 놀이 중심 교육과정을 실천할 수 있도록 유아들이 즐겁게 참여할 수 있는 교수방법을 사용하여야 한다.

⊝ 일과를 융통성 있게 운영한다.

일과의 순서는 일관성이 있어야 하지만, 융통성 있게 운영되어야 하고 무엇보다 유아들이 놀이의 흐름이 끊어지지 않고 충분히 놀았다고 느낄 수 있도록 일과를 편성하는 것이 중요하다. 이를 위해 교사는 전날의 놀이 흐름에 대한 기록과 평가를 반영하여 다음 날의 일과를 다른 순서로 조직할 수 있다. 또한, 다른 연령과 놀이 경험을 공유하기 위하여 교사들 간의 협의를 통하여 일과를 조정할 수도 있고, 날씨나 자연현상에 따른 관심을 놀이에 반영하기 위해 일과 순서를 바꿀 수도 있다. 일과의 융통성 있는 운영은 유아가 주도적으로 놀이 경험을 구성해 보는 기회를 제공해 준다.

2) 초등 저학년의 일과계획 및 운영

초등학교 저학년의 경우, 2022 초등학교 교육과정 전까지는 2월에 학급교육과정을 구성하면서 연(월)간 교육계획안을 수립하고, 이에 기초하여 '주간 교육계획안', '1일 교육계획안', '단위 교육계획안'등을 융통성있게 계획하여 운영하였다. 그러나 2022 초등학교 교육과정이 실행되면서 유아교육기관 교육계획과 같은 맥락으로 '자율적인 계획', '아동의 흥미와 관심을 지원하는 계획', '만들어가는 교육과정'으로 전개되고 있다. 2022 초등학교 교육과정에서 교사와 아동이 함께 주체적으로 주제를 개발하여 수업을 전개하는 학급 단위의 '만들어가는 교육과정', '학생 맞춤형 교육과정'이 더욱 강화되면서 초등학교 저학년에도 2019 누리과정을 실행하는 유아교육기관처럼 '미완성 형태의 교육계획안'이 등장하게 된 것이다. 이에 사전에 계획하여 매월, 또는 매주 가정으로 보내던 '월간 계획안'와 '주간계획안'을 생략하는 기관이 늘어났고, 계획안 대신 알림장을 활용하여 학습준비물, 행사 안내 및 유의사항 등을 전달하고 있다. 예시로 제시한 〈표 10-10〉 '1학년 통합교과 교육계획안(3월)'을 보더라도 가능한 수업이나 활동의 주제를 제시한 것일 뿐 선택과 시수는 빈 공란으로 되어 있다. 어떤 것을, 몇 시간할 지는 활동 후 기록한다.

〈표 10-10〉 1학년 통합교과 교육계획안(3월)사례

주제 : 학교						
• 주제(단원) 성취기준 [2바01-01] 학교생활 습관과 학습 습관을 형성하여 안전하고 건강하게 생활한다. [2슬01-01] 학교 안팎의 모습과 생활을 탐색하여 안전한 학교생활을 한다. [2즐01-01] 즐겁게 놀이하며, 건강하고 안전하게 생활한다. • 주제(단원) 학습목표 초등학생으로서 안전에 유의하며 건강하고 즐겁게 생활한다.						
수업 묶음	번호	수업(활동)명	주요 학습 및 활동 내용	쪽수 교과서	선택한 수업 (√)	시수
열기	1	우리 반 배움 지도	– 그림 보며 이야기 나누기 – 단원에서 배우고 싶은 것 말하기 – 우리 반 배움 지도 만들기	4~5		
	2	지금 여기 우리 이야기	– 다른 친구들의 입학식 풍경 살펴보기 – 우리의 입학식 돌아보기 – 초등학교 생활 계획하기	6~7		
함께 준비해요 (초기 적응)	1	괜찮아, 우리 모두 처음이야	– '괜찮아, 우리 모두 처음이야' 그림책 읽어 주기 – 학교 가기 전에 학교에 대해서 우리가 가졌던 생각 나누기 – 내가 상상한 학교, 친구, 선생님 표현하기	8~19		
	2	두근두근, 학교가 궁금해요	– 생각 속의 학교 이야기하기 – 교과서 내용 살펴보기 – 단원 마무리 활동 이야기하기	20~21		
	3	화장실은 이렇게	– 화장실을 사용해 본 경험 이야기하기 – 화장실의 사용 순서 알아보기 – 변기 사용 방법을 알고 실제로 사용해 보기	22~23		
	4	급식은 이렇게	– '급식 시간' 경험 나누기 – 학교에서 급식하는 방법 알아보기 – 식판으로 연습하기	24~25		
	5	실내에서는 이렇게	– 교실 안, 복도, 계단에서 올바른 동행 방법 알아보기 – 올바른 동행 방법을 익혀 직접 실천하기 – '오른쪽으로, 소곤소곤, 한 줄로' 약속하기	26~27		

수업 묶음	번호	수업(활동)명	주요 학습 및 활동 내용	쪽수 교과서	선택한 수업 (√)	시수
함께 준비해요 (초기 적응)	6	자리 정리는 이렇게	– '정리 정돈' 경험 나누기 – 정리하는 방법 알아보고 직접 해 보기 – 약속하고 실천하기	28~29		
	7	가방 정리는 이렇게	– 책가방과 필통을 정리하지 않으면 불편한 점 알아보기 – 필통 정리하기 – 책가방 정리하기	30~31		
	8	여러 가지 선을 그려요	– 색연필 사용 방법 알기 – 다양한 모양의 선 따라 긋기 – 색연필을 사용하여 다양한 선과 색깔로 학교 벽 꾸미기	32~33		
	9	그려 봐요	– 점선 따라 그리기 – 반쪽은 내가 그리기 – 순서대로 따라 그리기	34~37		
	10	색칠하고 오리고 붙이고	– 색연필로 색칠하기 – 도움 자료 색칠하고 선에 맞춰 가위질하기 – 액자 꾸미기	38~39		
	11	앉을 때, 설 때	– 바르게 앉고 서는 방법 알아보기 – 섬 바다 놀이 하기 – 책상과 의자 바르게 사용하는 방법 알아보기	40~41		
	12	발표는 이렇게	– 짝꿍과 대화하기(경청 미션 역할극) – 모둠 발표하기, 개인 발표하기	42~43		
함께 준비해요 (안전 수업)	1	안전하게 사용해요	– 학교에서 쓰는 물건들이 왜 위험한지 생각하기 – 가위와 연필의 안전한 사용법 알아보기 – 책가방과 우산의 안전한 사용법 알아보기	44~45		
	2	안전하게 놀아요	– 놀이기구 이름 알아보기 – 운동장과 놀이터에서의 사고 유형 알아보기 – 안전한 행동 탐구하기	46~47		
	3	안전을 확인해요	– 신호등 색깔의 의미 알아보기 – 도로 횡단 5원칙 알아보기 – 교통 표지판 알아보기	48~49		

<table>
<tr><th rowspan="2">수업 묶음</th><th rowspan="2">번호</th><th rowspan="2">수업(활동)명</th><th rowspan="2">주요 학습 및 활동 내용</th><th>쪽수</th><th rowspan="2">선택한 수업 (√)</th><th rowspan="2">시수</th></tr>
<tr><th>교과서</th></tr>
<tr><td>함께 준비해요 (안전 수업)</td><td>4</td><td>안전하게 건너요</td><td>- 어린이 교통사고 유형 살펴보기
- 안전하게 길을 건너기 위한 세 가지 규칙 알아보기
- 안전하게 길 건너기 놀이하기</td><td>50~51</td><td></td><td></td></tr>
<tr><td rowspan="8">함께 배워요 (놀이 수업)</td><td>1</td><td>나란히 놀이</td><td>- 줄 서기 약속하기
- 나란이 놀이하기
- 나란히 놀이 후 이야기 나누기</td><td>52~53</td><td></td><td></td></tr>
<tr><td>2</td><td>따라 하기 놀이</td><td>- 동물 따라하기
- 각 신체 부위별 몸펴기 동작 하기
- 스트레칭 놀이하기</td><td>54~55</td><td></td><td></td></tr>
<tr><td>3</td><td>훌라후프 놀이</td><td>- 훌라후프 기본 동작 배우기
- 훌라후프 옮기기
- 훌라후프 터널 통과하기</td><td>56~57</td><td></td><td></td></tr>
<tr><td>4</td><td>짝 체조 놀이</td><td>- 준비 운동하기
- 짝 체조하기
- 몸으로 글자 만들기 놀이하기</td><td>58~59</td><td></td><td></td></tr>
<tr><td>5</td><td>균형 잡기 놀이</td><td>- 음악으로 몸 풀기
- 다양한 균형 잡기 동작 창작해 보기
- 균형 잡기 놀이하기</td><td>60~61</td><td></td><td></td></tr>
<tr><td>6</td><td>한 발 술래잡기</td><td>- 다양한 걸음 걷기
- 한 발 술래잡기
- 한 발 술래잡기를 하면서 느낀 점 발표하기</td><td>62~63</td><td></td><td></td></tr>
<tr><td>7</td><td>얼음땡 놀이</td><td>- 바른 자세로 달리는 방법 알아보기
- 술래 정하기
- 얼음땡 놀이하기</td><td>64~65</td><td></td><td></td></tr>
<tr><td>8</td><td>열 발 뛰기 놀이</td><td>- '열 발 뛰기' 전래 놀이 경험 나누기
- '열 발 뛰기' 놀이하기
- 변형 놀이하기</td><td>66~67</td><td></td><td></td></tr>
</table>

<table>
<tr><th rowspan="2">수업 묶음</th><th rowspan="2">번호</th><th rowspan="2">수업(활동)명</th><th rowspan="2">주요 학습 및 활동 내용</th><th>쪽수</th><th rowspan="2">선택한 수업 (√)</th><th rowspan="2">시수</th></tr>
<tr><th>교과서</th></tr>
<tr><td rowspan="10">함께 배워요 (주제 수업)</td><td>1</td><td>어깨동무 내 동무</td><td>– 어깨동무 노래 배우기
– 어깨동무 놀이하기
– 놀이 후 느낌 나누기</td><td>68~69</td><td></td><td></td></tr>
<tr><td>2</td><td>짝꿍이 생겼어요</td><td>– '당신은 누구십니까' 노랫말 바꿔 부르기
– 짝꿍과 함께 이구동성 놀이하기
– 짝꿍을 소개해 보기</td><td>70~71</td><td></td><td></td></tr>
<tr><td>3</td><td>모여라, 우리 반</td><td>– 입학식부터 지금까지 학교에서 있었던 일 떠올리기
– 우리반 친구 얼굴 그리기
– 모여라, 우리 반 협동 작품 만들기</td><td>72~73</td><td></td><td></td></tr>
<tr><td>4</td><td>친구가 좋아</td><td>– 좋은 친구란 어떤 친구인지 이야기하기
– '좋아 좋아' 놀이
– '친구가 되는 멋진 방법' 동요 부르며 다짐하기</td><td>74~75</td><td></td><td></td></tr>
<tr><td>5</td><td>이렇게 말해요</td><td>– 인사를 하면 좋은 점 알아보기
– 상황별 알맞은 말 알아보기
– 인사를 잘하기 위한 마음 다짐하기</td><td>76~77</td><td></td><td></td></tr>
<tr><td>6</td><td>귀를 기울여 봐</td><td>– 경청이 무엇인지 알아보기
– 말 전하기 놀이
– '이어가기 몸으로 말해요' 놀이</td><td>78~79</td><td></td><td></td></tr>
<tr><td>7</td><td>학교를 소개해요</td><td>– 우리 학교 상징 알아보기
– 교가 부르기
– 우리 학교에 대해 알게 된 것 말하기</td><td>80~81</td><td></td><td></td></tr>
<tr><td>8</td><td>학교 나들이</td><td>– 우리 학교 특별 교실 알아보기
– '학교 나들이' 출발
– '학교에 가면' 놀이하기</td><td>82~83</td><td></td><td></td></tr>
<tr><td>9</td><td>도서관에 가 볼까요</td><td>– 학교 도서관 이용 방법 알아보기
– 학교 도서관에서 지켜야 하는 규칙 알아보기
– 규칙을 지키며 학교 도서관 이용해 보기</td><td>84~85</td><td></td><td></td></tr>
<tr><td>10</td><td>접어서 만든 우리 학교</td><td>– 내가 바라는 학교 이야기하기
– 종이접기 기본 방법 알아보기
– 내가 원하는 학교의 모습 말하기/쓰기</td><td>86~87</td><td></td><td></td></tr>
</table>

<table>
<tr><th rowspan="2">수업 묶음</th><th rowspan="2">번호</th><th rowspan="2">수업(활동)명</th><th rowspan="2">주요 학습 및 활동 내용</th><th>쪽수</th><th rowspan="2">선택한 수업 (√)</th><th rowspan="2">시수</th></tr>
<tr><th>교과서</th></tr>
<tr><td rowspan="4">함께 배워요 (주제 수업)</td><td>11</td><td>모두 제자리</td><td>– '모두 제자리' 노래 부르기
– 청소와 정리 정돈 방법 알아보기
– 분리배출 방법 알아보기</td><td>88~89</td><td></td><td></td></tr>
<tr><td>12</td><td>함께 약속해요</td><td>– 학교에서 지켜야 하는 규칙과 약속 알아보기
– 우리 반 약속 정하기
– 규칙이나 약속을 다짐하는 약속 나무 만들기</td><td>90~91</td><td></td><td></td></tr>
<tr><td>13</td><td>알쏭달쏭 우리 학교</td><td>– 우리 학교를 한마디로 이야기해보기
– 우리 학교에 대한 문제 풀어 보기
– 우리 학교에 대한 빙고 놀이하기</td><td>92~93</td><td></td><td></td></tr>
<tr><td>14</td><td>진짜 1학년이 되었어요</td><td>– 첫 한 달 돌아보기
– 나의 학생증 만들기
– 친구를 위한 왕관, 목걸이 만들기</td><td>94~95</td><td></td><td></td></tr>
<tr><td>맺기</td><td>1</td><td>지금 여기 나의 이야기</td><td>– 공부한 내용 돌아보고 우리 반 별자리 그리기
– 진짜 1학년이 된 나의 이야기 만들기
– 나의 별자리 만들기</td><td>96~97</td><td></td><td></td></tr>
</table>

출처: 서울특별시 S초등학교 1학년 통합교과 교육계획안(3월)

* 번호는 학습의 위계나 순서를 의미하지 않습니다.

초등학교 저학년의 하루 일과는 일반적으로 8시 40분부터 시작된다. 아동들은 등교 후 학급에 배치되어 있는 다양한 교구나 책 등으로 '아침 활동'이라 부르는 자율 학습을 하는데, 활동주제는 교사에 의해 정해질 때도 있으나 아동이 스스로 선택하여 활동하는 경우도 많다. 보통 9시가 되면 정규 교과 학습이 시작되는데 초등학교에서는 수업시간 1시간의 기준을 40분으로 하여 1~2학년은 주 23시간 수업이 이루어진다. 1학년 아동은 3월에 자율적으로 편성된 창의적 체험활동과 통합교과 시간을 활용하여 초기 적응활동에 참여하게 된다. 통합교과가 주제 중심 통합교육으로 실행되므로 시간표에는 '바른 생활', '즐거운 생활', '슬기로운 생활' 교과가 아닌 주제별 교과서명이나 학급에서 정한 '주제'가 제시된다. 통합교과의 주제가 월마다 바뀔 수 있으므로 고정된 시간표를 사용하지 않는다. 시간표는 교과 학습내용 및 주제에 융통성 있게 조절할 수 있다. 1학년 시간표와 하루 일과 사례를 제시하면 〈표 10-11〉, 〈표 10-12〉과 같다.

초등학교에는 간식 시간은 별도로 있지 않으며 보통 1교시 후나 2교시 후 휴식 시간에 우유를 간식으로 먹고, 점심은 4교시 수업 후에 급식실이나 교실에서 이루어진다. 수업 종료 후에는 하루의 일과를 반성하고 다음 날의 계획이 이루어지며 귀가한다. 최근 초등학교에서는 아동들의 자유놀이 시간을 확보하기 위해 1, 2교시를 연결하거나 1교시 후 휴식시간을 짧게 줄여 수업하는 블록타임제를 통해 중간 놀이시간을 20~30분씩 운영하는 학교가 늘고 있다. 또한, 방과 후 특별 활동이 많이 개설되어 많은 아동이 자율적으로 참여하고 있다.

〈표 10-11〉 1학년 시간표 예시

<table>
<tr><th>시간</th><th>월</th><th>화</th><th>수</th><th>목</th><th>금</th></tr>
<tr><td>1</td><td>국어</td><td>수학</td><td>국어</td><td>국어</td><td>수학</td></tr>
<tr><td>2</td><td>수학</td><td>국어</td><td>국어</td><td>수학</td><td>국어</td></tr>
<tr><td>3</td><td colspan="4" rowspan="3">사람들
(통합교과)</td><td>수학</td></tr>
<tr><td>4</td><td>창의적 체험 활동</td></tr>
<tr><td>5</td><td>창의적 체험 활동</td></tr>
</table>

〈표 10-12〉 1학년 하루 일과 예시

08:40~09:00	등교 및 아침 자율 활동
09:00~09:40	1교시 (국어)
09:40~09:45	휴 식
09:45~10:25	2교시 (수학)
10:25~10:45	중간놀이
10:45~11:25	3교시 (통합교과-사람들)
11:25~11:30	휴 식
12:30~12:10	4교시 (통합교과-사람들)
12:10~13:00	점심시간
13:00~13:40	5교시 (창의적 체험활동)
13:40~13:50	정리정돈 및 귀가

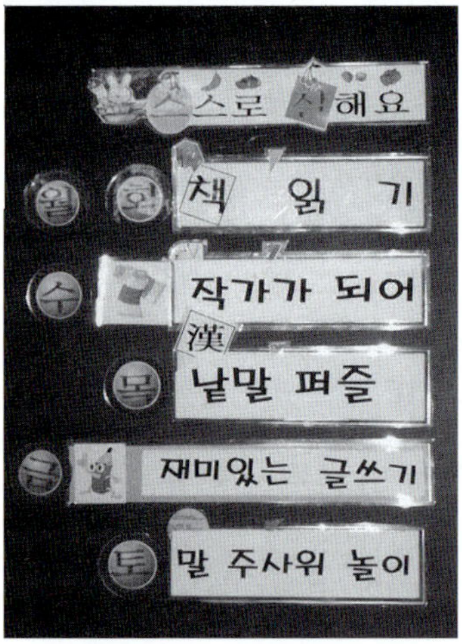

[그림 10-1] 아침 활동 예시

초등학교 저학년에서 편성 · 운영되는 창의적 체험활동에 대한 이해를 돕기 위해 실제 사례를 제시하면 다음(표 10-13, 표 10-14)과 같다.

〈표 10-13〉 창의적 체험활동 1~2학년군 영역별 시수 배당 예시

<table>
<tr><th colspan="2" rowspan="2">구분</th><th colspan="2">자율 · 자치
활동</th><th colspan="2">동아리활동</th><th colspan="2">진로활동</th><th rowspan="2">시수계</th></tr>
<tr><th>활동</th><th>시수</th><th>활동</th><th>시수</th><th>활동</th><th>시수</th></tr>
<tr><td rowspan="2">1, 2
학년군</td><td>1</td><td>자율 · 적응
활동
자치활동</td><td>98</td><td>스포츠 활동
(2W, up! up!)</td><td>30</td><td>자기이해
(꿈길 찾기)</td><td>20</td><td>148</td></tr>
<tr><td>2</td><td>자율활동
자치활동</td><td>36</td><td>스포츠 활동
(2W, up! up!)</td><td>34</td><td>자기이해
(꿈길 찾기)</td><td>20</td><td>90</td></tr>
</table>

〈표 10-14〉 창의적 체험활동 1~2학년군 주요 활동 계획 예시

<table>
<tr><th colspan="3">구 분</th><th>1~2학년</th></tr>
<tr><td rowspan="6">창
의
적

체
험
활
동</td><td rowspan="2">자율
·
자치
활동</td><td>자율활동</td><td>• 입학 초기 적응활동(1학년)
• 줄넘기 인증 • 친구사랑의 날
• 다문화교육 • 성교육
• 꿈 프로젝트
• 학교교육과정 역점사업 및 노력 중점과 연계하여 운영</td></tr>
<tr><td>자치활동</td><td>• 독서장제
• 정보통신기술 교육과정
• 각종 친교 및 놀이 활동
• 1인1역 활동
• 기본생활습관 형성 활동</td></tr>
<tr><td rowspan="2">동아리
활동</td><td>학술 · 문화
및 여가 활동</td><td>• 학년 단위 동아리활동(블록타임 운영) – 역점사업과 연계
• 학급 단위 동아리활동
• 우리들의 전시회</td></tr>
<tr><td>봉사활동</td><td>• 교내봉사(쓰레기 분리수거, 불우이웃돕기, 바자회)
• 월 1회 학교 환경정화
• 교통안전 캠페인</td></tr>
<tr><td rowspan="2">진로
활동</td><td>진로 탐색
활동</td><td>• 자기표현 • 자기이해 • 장점 찾기 • 자기탐색
• 장점 발견 • 자기 꿈 표현(학교 교육과정 노력중점과 연계)</td></tr>
<tr><td>진로 설계 및
실천 활동</td><td>• 부모님 직장 체험의 날</td></tr>
</table>

04 유아교육기관과 초등학교 저학년의 교육환경 비교

1) 유아교육기관의 교육환경

유아교육에 있어 교육환경은 제2의 교사라고 표현될 정도로 교육을 좌우하는 중요한 요인이다. 유아 중심, 놀이 중심 교육과정을 표방하는 2019 누리과정에서는 특히 교사가 유아의 흥미와 관심, 개별 특성을 존중하며 유아의 다양한 놀이와 경험을 지원할 수 있도록 공간을 구성하고, 자료와 시간을 조직하고 상호작용해 주는 것을 매우 중요하게 생각한다. 유아교육기관의 환경을 2019 누리과정 운영의 관점에서 간단히 정리하면 다음과 같다(교육부 · 보건복지부, 2019c).

(1) 놀이공간 구성의 원리

- 학기 초에는 놀이자료를 구분하기 위해 기본적인 흥미 영역을 구분하고 각 영역이 지나치게 협소해지지 않도록 교구장을 적절히 배치하는 것이 좋다.
- 교실 내에 배치되어야 하는 흥미 영역은 고정되어 있는 것이 아니므로 유아의 놀이가 활발히 이루어질 수 있도록 공간을 융통성 있게 구성한다.
- 교사는 유아가 공간에 부여하는 의미를 이해하기 위해 놀이의 전개를 지켜보고 관찰할 필요가 있으며 좁은 공간이 놀이를 방해하는 것으로 판단될 때는 놀이공간을 넓혀 주어야 한다.
- 유치원과 어린이집에서 놀이공간은 실내 · 외 공간 또는 유아가 이용하는 기관 밖의 지역사회 공간까지 포함한다. 따라서 실내 · 외 전체 공간을 놀이를 위해 다양하게 활용할 수 있다. 예를 들어, 놀이주제나 놀이의 흐름에 따라 복도, 계단, 강당, 공원이나 숲 등은 유아들에게 공간에 대한 새로운 시각과 특별한 놀이 경험을 제공하는 공간이 될 수 있다.
- 대부분의 유아들은 공간 구성의 주도권이 교사에게 있다고 생각하는데 유아에게 공간 배치의 주도권을 줄 때 유아는 공간에 자기만의 의미를 부여하며, 공간을 자신들의 놀이에 적합한 공간으로 사용하게 된다.

(2) 놀이자료 제공 시 고려할 점

- 유아가 결정한 자료활용 방법을 격려한다.
- 교사가 제공한 놀잇감일지라도 자신만의 탐색방법이 허용되었을 때 배움이 일어난다. 그러므로 교사는 유아가 어떤 자료에 흥미를 갖고 탐색하고자 하며 놀이를 통해 새롭게 의미를 부여할 때 이를 수용해 주어야 한다(예: 교사는 집 꾸미는 자료로 천을 제공했는데 유아는 옷으로 입고 패션쇼 놀이하는 데 사용했다).
- 자연물이나 자연현상도 자료가 될 수 있다.

  유아는 바깥놀이를 하거나 주변의 숲을 산책하면서 곤충, 풀, 꽃 등의 자연물을 보고 만지고 냄새 맡으면서 발견의 즐거움, 기쁨, 놀라움 등의 감정을 느낀다. 유아는 자연물로 놀이하는 과정에서 색, 모양, 선, 질감과 같은 자연물의 속성과 아름다움에 대한 감성, 생명의 존귀함 등을 스스로 배운다. 빛과 그림자, 눈, 비, 구름 등과 같은 자연현상도 놀이의 매개 또는 주제가 될 수 있다. 이처럼 자연은 매일의 삶 속에서 탐색, 관찰, 몰입을 통해 배움이 일어나도록 매개하는 자료이다.
- 다양한 일상의 사물을 놀이자료로 활용한다.

  유아들은 재활용품을 활용하여 새로운 놀잇감을 만들어 놀이에 활용하였다. 놀이방법이 정형화되어 있는 상업적인 놀잇감보다 일상에서 발견하는 다양한 사물이 유아의 놀이를 더 풍부하게 해 주기도 한다. 유아는 일상의 물건을 놀이자료로 사용하면서 본래의 용도 외에 물질의 고유한 특성과 형태, 색, 질감 등 감각적인 요소를 발견하게 된다. 교사는 상품화되거나 정형화된 놀잇감 이외에 다양한 열린 자료를 지원하도록 한다.
- 자료가 없어도 놀이할 수 있다.

  유아는 몸으로 주변 세계를 알아가고, 자신의 감정과 생각을 표출하고, 여러 가지 놀이를 한다. 실외로 나가면 유아는 놀잇감이 없어도 자신의 몸으로 놀이를 할 수 있고 또 다른 유아와 만나 몸을 이용해 함께하는 놀이를 하기도 한다.

- 실내에서도 유아의 신체 움직임을 지나치게 통제하거나 율동 및 대근육 시간에만 허용하지 말고 유아의 몸 움직임에서 놀이성을 찾아 지원한다. 햇살 좋은 날에 신나게 달리는 것만으로도 놀이는 시작될 수 있다.
- 기존의 자료도 새롭게 활용해 본다.
  기존에 사용하던 생활주제 관련 놀이자료를 모두 새로운 자료로 대체할 필요는 없다. 기존에 기관에서 가지고 있던 흥미 영역별, 생활주제별 자료도 잘 활용한다면 훌륭한 놀이자료가 될 수 있다. 교사는 유아가 기존의 자료를 새로운 방식으로 놀이하는 것을 허용하고 격려한다.

(3) 실내 환경

실내 환경은 대부분 흥미 영역으로 구성되는데 이동이 가능한 분리대나 칸막이를 이용하여 놀이 활동의 성격이나 활동 내용에 따라 교실을 몇 개의 놀이 영역으로 나눌 수 있다. 쌓기놀이, 역할놀이, 수 · 조작놀이, 언어놀이, 과학놀이, 미술놀이, 음률놀이 등의 놀이자료를 유아의 흥미와 놀이의 흐름에 따라 융통성 배치하여 영역을 구성한다. 그러나 유아의 놀이주제의 흐름에 따라 흥미 영역이 놀이에 방해가 된다면 흥미 영역의 수를 줄이거나 영역 구성을 안 할 수도 있다.

유아교육기관에서 실내 환경을 흥미 영역으로 구성하는 이유는 유아의 자발적 놀이 참여를 통해 유아 주도의 배움을 유도하고, 폭넓고 다양한 경험을 제공하기 위함이다. 또한, 분리장이나 칸막이를 이용해 경계를 만듦으로써 유아의 주의 집중에 도움을 주고 심리적인 안정감을 얻게 하며 개별화 학습에 용이한 환경을 구성할 수 있기 때문이다.

교실에 놀이 영역을 배치할 때는 정적인 활동과 동적인 활동, 물이 요구되는 활동과 건조한 활동 등 상반되는 놀이 영역은 분리하여 배치하며 쌓기놀이와 역할놀이 같이 관련성이 많은 놀이는 인접하여 배치한다(이숙재, 2004). 실내놀이로 가능한 놀이를 간단히 소개하면 다음과 같다.

쌓기놀이

쌓기놀이는 나무토막, 플라스틱, 우레탄 등 비교적 깨지지 않는 재질로 만든 블록을 이용해 구조물을 만들었다가 무너뜨리고 다시 쌓는 활동을 하는 놀이이다. 시끄럽고 소음이 나는 활동이므로 바닥에 카펫이나 자라를 깔아 소음을 줄여야 하며, 블록들을 최대한 활용하여 놀이할 수 있도록 충분한 공간을 마련해 주어야 한다. 역할놀이 영역과 인접하게 배치하고 언어나 과학 등의 정적인 놀이 영역과는 떨어져서 배치하는 것이 좋다. 구조물을 쌓을 때 활동에 몰두할 수 있도록 영역의 둘레를 막아 주거나 카펫으로 경계를 구분시켜 주고 통행이 적은 곳에 배치한다.

[놀잇감] 다양한 적목(단위블록, 와플블록, 공간블록, 종이벽돌블록 등), 크고 작은 모형(동물, 사람, 탈것, 인형 등), 사회극 놀이 소품(가면, 교통신호표지판), 기타 자료(쌓기놀이에 도움을 주는 책, 그림 자료) 등

[그림 10-2] 쌓기놀이 영역

역할놀이

유아가 소꿉놀이, 병원놀이, 시장놀이 등 가족원이나 다양한 직업인의 역할을 가작화하며 노는 놀이이다. 쌓기놀이 영역이나 미술 영역에 인접하면 놀이의 확장이 이루어질 수 있다. 유아들은 움직임이 많고 활동이 다양하므로 활동적인 영역에 배치한다.

[놀잇감] 주방 및 가정용품, 교통기관 소품, 가게놀이 소품, 병원놀이 소품, 각종 의상, 인형이나 장신구 등

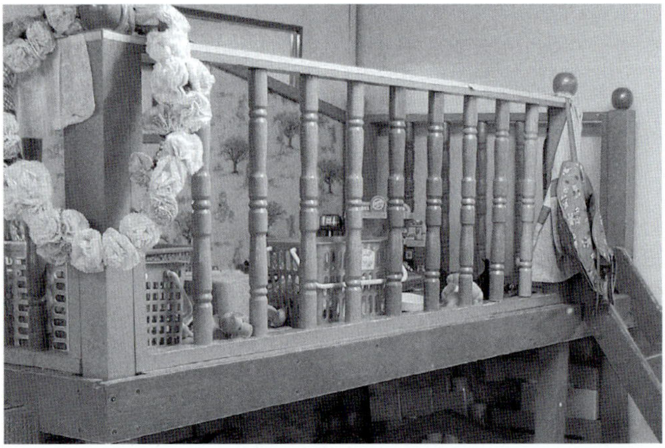

[그림 10-3] 역할놀이 영역

수·조작 놀이

유아들이 논리적인 사고나 문제해결, 소근육 조작 등의 활동을 하게 되는 곳으로 조용한 영역에 배치한다. 바닥에 앉아서 놀 수 있도록 카펫이나 낮은 책상을 준비해 준다.

[놀잇감] • 조작 놀이: 퍼즐류, 끈 끼우기 등의 일상생활 훈련 놀잇감, 짝맞추기 놀잇감, 게임용 자료(주사위와 게임판 등)
• 수 놀이: 수 막대, 숫자나 도형 퍼즐, 다양한 크기의 병이나 병뚜껑, 다양한 색과 형태의 구슬 등

[그림 10-4] 수 · 조작 영역

언어놀이

유아가 듣기, 말하기, 읽기, 쓰기와 관련된 다양한 놀이나 활동을 통해 의사소통 능력을 함양하게 된다. 밝고 조용하며 안정된 공간에 배치하며 원형 탁자나 소파 등을 배치하여 소집단이나 개별 유아가 편안하게 활동하도록 한다.

[놀잇감] 듣기 자료(여러 종류의 동화책, CD 플레이어, 헤드폰 등), 말하기 자료(이야기 꾸미기 자료와 융판, 막대인형이나 퍼펫, 녹음기, 마이크 등), 읽기 자료(다양한 책과 인쇄물, 다양한 글자 카드), 쓰기 자료(종이, 연필, 소형 칠판, 지우개, 크레파스, 컴퓨터와 프린터, 화이트보드와 마커 등)

[그림 10-5] 언어 영역

미술놀이

그리기, 꾸미기, 만들기 등 다양한 조형활동이 전개되므로 조형 영역이라고도 불린다. 밝고 물 쓰임이 편리한 곳에 배치하며 이젤, 비닐 앞치마나 가운 등을 갖추어 놓는다.

[놀잇감] 이젤, 다양한 종이류, 크레파스, 물감, 풀, 두루마리 휴지 속심이나 종이컵 등의 다양한 폐품류 등

[그림 10-6] 미술 영역

과학놀이

유아들이 접하게 되는 주위 자연환경이나 사물에 호기심을 갖고 관찰하고, 탐구하고, 비교하고, 실험하고, 토의하면서 그 특성을 이해하게 되는 활동이다. 탐색적이며 구체적인 경험을 위한 교구 및 자료가 비치되어야 하고 물을 쉽게 공급받을 수 있는 곳에 배치한다.

[놀잇감] 기본 도구(거울, 자석, 돋보기, 전지, 온도계, 관찰용지, 필기도구 등), 물체와 물질의 특성 관련 자료(시계, 모래시계, 자, 저울, 노끈, 여러 가지 물체 등), 생명체 관련 자료(계절에 맞는 식물 자료, 동물, 어항, 새장, 동식물 관련 책 등) 등

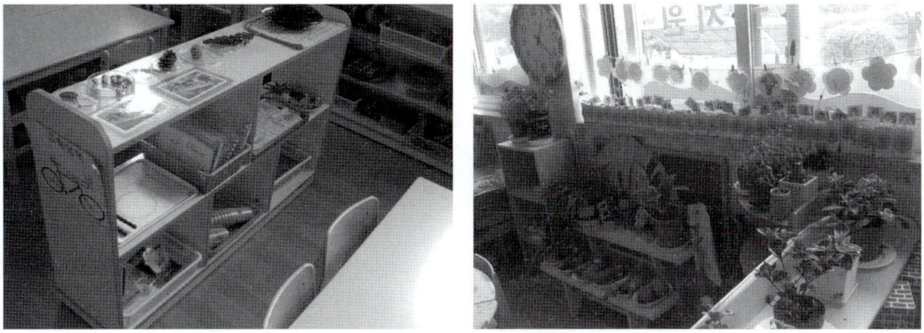

[그림 10-7] 과학 영역

음률놀이

음률 영역은 음악을 듣고 노래를 부르고 여러 가지 악기를 다루거나 음악에 맞추어 신체를 자유로이 움직이는 곳이다. 유아가 소리를 변별할 수 있고 인접 영역에도 방해가 되지 않는 곳에 배치해야 한다. 바닥에는 카펫을 깔아 소음을 줄이고 안정된 분위기를 조성한다.

[놀잇감] 각종 악기, 신체 표현 도구, 카세트 플레이어와 테이프 등

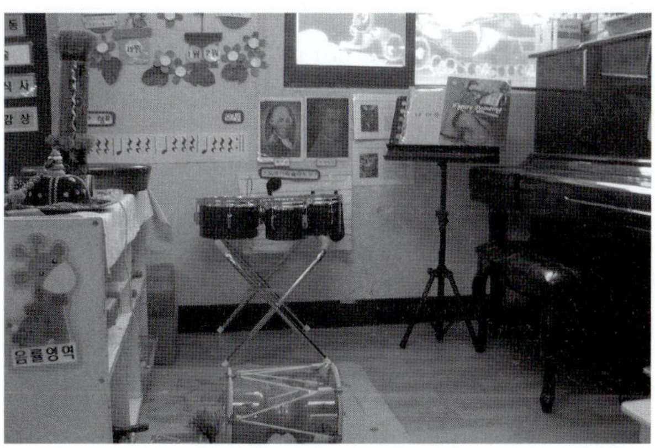

[그림 10-8] 음률 영역

물놀이

실내 · 외 모두 설치할 수 있으며 물 가까이에 배치한다. 실내에서는 물놀이대를 배치하며 비닐 앞치마, 물놀이 기구 등을 배치한다.

[놀잇감] 물놀이대와 각종 그릇류, 물총, 스펀지, 인형 등

모래놀이

실내 · 외 모두 설치할 수 있으며 실내에서는 모래놀이대를 사용하되, 수도 시설이 가깝고 통행이 적은 곳에 배치한다. 놀이대 밑에는 비닐깔개를 깔아 미끄러질 위험을 막도록 하며 빗자루와 쓰레받기를 준비해 준다.

[놀잇감] 모래놀이대, 모래나 모래대 용품(낙엽, 곡식), 그릇, 물뿌리개, 계량컵, 모래체, 모래삽 등

[그림 10-9] 실내 모래놀이 영역

컴퓨터 활동

컴퓨터는 개별적으로 또는 2~3명의 유아가 함께 상호작용을 하면서 이용할 수 있도록 배치한다.

[놀잇감] 컴퓨터 본체와 모니터, 디스켓 보관 상자, 프린터 등

[그림 10-10] 컴퓨터 영역

목공놀이

소음이 많고 위험한 도구를 사용하므로 실내에서는 왕래가 적고 정적 놀이 영역과 격리되는 별도의 장소나 실외에 배치한다. 유아의 키에 알맞은 목공 작업대를 설치하고 작업대 가까이 연장과 부속 자료들을 보관할 선반이나 서랍을 둔다.

[놀잇감] 목공 작업대, 망치, 톱, 나무토막, 모래 종이, 나무못, 접착제 등

요리 활동

싱크대나 수도 시설에 인접하여 배치하되 독립된 영역으로 분리하여 고정적으로 배치하거나 필요할 때마다 융통성 있게 배치할 수 있다.

[놀잇감] 그릇, 계량컵과 스푼, 앞치마 등

(4) 실외 환경

실외는 유아교육기관의 운동장이나 실외놀이터, 근처 공원이나 숲 등을 포함한 공간으로 누리과정의 5개 영역을 다 품을 수 있는 공간이다. 현행 누리과정에서는 하루에 최소 2시간 이상의 바깥놀이를 포함하여 유아들이 주도하는 놀이를 충분히 전개할 수 있도록 교사가 지원할 것을 강조한다. 실내 놀이 환경과 마찬가지로 동적 활동 영역과 정적 활동 영역으로 구분할 수 있고 바닥 표면에 따라 시멘트로 포장된 단단한 곳과 흙, 모래, 잔디밭 등 부드러운 곳에서 감각적 활동

과 다양한 활동을 경험할 수 있다. 실외에 구성될 수 있는 놀이 영역을 간단히 제시하면 다음과 같다.

정적인 놀이 영역

유아들이 편안히 쉬거나 책 보기, 퍼즐 맞추기 등을 할 수 있는 곳으로 왕래가 적고 그늘진 곳에 배치하며 의자나 돗자리를 제공한다.

운동놀이 영역

정적인 놀이 영역과 떨어진 곳에 배치하며 기어오르기, 매달리기, 미끄럼 타기 등을 위해 다양한 놀이 시설물을 배치한다. 또한, 사다리나 널빤지 등의 이동 놀이 기구를 함께 제공한다.

역할놀이 영역

실외 놀이장의 역할놀이 영역은 물, 모래 영역과 인접하게 배치하고 놀이집이나 텐트를 설치하여 아늑한 공간을 제공한다. 다양한 역할놀이를 위해 운전대, 모형 자동차, 흔들 배 등을 제공한다.

물·모래 영역

수도 시설이 가깝고 통행이 적은 곳에 배치한다. 특히 모래밭은 계절에 관계없이 사용하도록 햇살도 비치고 그늘이 있는 곳에 배치한다.

목공놀이 영역

소음과 함께 주위가 지저분해지므로 다른 놀이 영역과 떨어진 곳, 통행이 적은 곳에 배치한다.

동식물 기르기 영역

유아가 쉽게 접근할 수 있는 곳, 바람이 잘 통하고 햇볕이 잘 들고 배수가 잘되는 곳에 배치한다.

2) 초등 저학년의 교육환경

최근 저학년 교육과정의 놀이 중심 교육과정의 지향으로 학교 교육환경이 많이 변화되고 있고, 특히 1학년 교실에 유아교육기관과 연계를 이루기 위한 노력들이 많이 시도되고 있다. 서울에 있는 ○○초등학교 1학년 교실 구성을 사례로 제시하면 다음과 같다.

〈표 10-15〉 초등학교 1학년 교실환경 구성 사례

구분	내용
교실 전면	• 태극기, 대형 칠판, 화이트보드판, 양쪽 게시판, 키보드, 코너활동 영역 • 멀티미디어 및 시청각 교구(TV 50인치, 컴퓨터와 프린터, 실물화상기 등)
교실 측면	• 책꽂이와 학급문고, 교구장을 이용한 코너 구성 • 교구장에 배치된 다양한 교수 활동 교구들
교실 후면	• 사물함, 대형 게시판, 청소함, 옷걸이, 다양한 코너활동 영역

초등학교 교실의 '실내 교육환경'이라 하면 흔히 전통적인 교실환경을 생각하여 앞으로 향하여 일제히 놓여 있는 책상, 교실 앞면의 대형 칠판과 TV, 교실 앞 중앙에 있는 높은 교탁, 교실 뒷면의 빽빽한 아동 작품이 걸려 있는 게시판과 청소함 등을 떠올리며 삭막한 교실 분위기를 연상한다. 이러한 실내 교육환경은 초등교육이 교사 중심의 직접 교수법으로 이루어지는 것에 기인한다.

그러나 초등학교 저학년 교실은 유아교육기관의 교실처럼 여러 공간으로 구분되어 있지는 않지만, 최근 학습자 주도의 놀이 중심 교육과정이 강조되고 주제 중심 통합교육이 적극적으로 실천되면서 교실환경도 변화되고 있다. 통합교과의 성격에 맞게 활동 중심의 다양한 교구와 놀잇감이 배치되어 있고, 프로젝션 TV와 컴퓨터, 실물화상기 등의 다양한 멀티미디어 교구들과 함께 아동들의 편리한 활동을 위해 개인 사물함과 옷걸이 등이 배치되어 있다. 유아교육기관과 같이 영역 구분은 아니더라도 소그룹으로 놀이하거나 개별 활동을 할 수 있도록 코너를 구성하기도 하며, 다양한 놀이와 활동을 위해 지역교육청의 지원을 받아 교실과 복도의 리모델링을 실시하는 학교들이 늘고 있다.

또한, 초등학교는 실내 환경으로 학급의 교실 외에도 전문적인 교육활동을 할 수 있는 특별실로 과학실, 컴퓨터실, 도서실, 실내체육실 등을 갖추고 있고, 이외에 급식실과 보건실 등이 별도로 배치되어 아동들의 생활을 돕고 있다.

[그림 10-11] 전형적인 교실 수업 모습

[그림 10-12] 학습주제에 맞는 다양한 책상의 배치

[그림 10-13] 서울특별시교육청 '꿈잼 교실'사업으로 리모델링된 1학년 교실과 복도

[그림 10-14] 교실에 배치된 다양한 활동 자료 사례(수 막대, 컵인형, 지오보드, 손가락인형, 20각 주사위, 분리수거 놀이판)

[그림 10-15] 교실 측면의 학급문고

[그림 10-16] 교실에 구성된 독서 코너 사례

초등학교의 실외 교육환경은 학교에 따라 차이는 있지만 일반적으로 넓은 운동장, 실외 놀이터, 꽃동산, 야외학습장 등으로 구성된다. 특히 신체 활동을 위한 넓은 운동장은 아동들이 너무나 좋아하는 교육환경으로서 취학 전 유아들이 초등학교에 빨리 입학하고 싶어 하는 이유 중의 한 요인이 되고 있다(이경순, 2006). 운동장은 유아들이 마음껏 뛰고 달릴 수 있는 동적인 활동 영역으로 수업시간 외에도 많은 아동들이 신체 운동을 하고 있으며, 운동장의 한쪽에는 신체 운동 놀이를 위해 놀이터의 유형 중에서 전통적인 놀이터의 형태인 미끄럼틀, 정글짐, 늑목, 구름사다리, 늘임봉, 평균대 등이 설치되어 있다. 그리고 그 주변에는 모래놀이장이 배치되어 있다. 따라서 초등학교에서는 놀이 기구 중심의 실외 놀이터보다는 다양한 신체 운동을 위한 운동장을 강조한다고 볼 수 있다.

학교 건물의 앞쪽이나 학교 담 주변에 있는 꽃동산과 넓은 화단은 자연에 대한 호기심을 불러일으키고 아름다움을 느끼게 해 주는 교육환경으로서 아동들에게 식물학습장의 역할을 한다. 야외학습장은 그늘이 지도록 조성되어 있으며, 운동하다 휴식을 취하거나 다양한 실외 활동을 할 수 있도록 의자들이 놓여 있다. 결국 초등학교의 실외 교육환경은 동적인 활동 영역과 정적인 활동 영역이 함께 구성되어 있으나 동적인 영역을 좀 더 강조하고 있다.

이상의 내용을 종합하여 유아교육기관과 초등학교 저학년의 교육환경을 비교해 보면, 유아교육기관의 교육환경은 유아들의 놀이 및 활동 중심의 교육을 위해 실내·외 환경 모두 다양한 놀이환경으로 이루어져 있다. 유아교육기관에 구성되는 흥미 영역은 역할놀이, 쌓기놀이, 과학, 수·조작, 요리, 물놀이, 모래놀이, 미술놀이, 언어, 음률 등의 영역이며, 유아들은 등원 후 자유놀이 시간에 스스로 하고 싶은 놀이를 선택하여 활동하면서 각 놀이 및 활동이 갖고 있는 교육적 가치들을 발달시키게 된다. 유아교육기관에서는 휴식 및 활동 시간이 초등학교처럼 시간표상으로 정확히 정해져 있지 않고 자유 선택 시간, 소·대집단 활동, 간식 시간, 실외 놀이, 점심식사 등이 융통성 있게 운영된다. 유아는 유아교육기관에서 학습한다고 느끼기보다는 놀이를 한다고 생각하며 스스로 선택한 다양한 놀이를 통해 전인적인 성장을 이룬다.

반면 초등학교 저학년에서 유아교육기관과 같은 다양한 놀이 영역은 찾아보기 어렵다. 일반적으로 책상이 아동의 수만큼 놓여 있고, 유아교육기관과는 달리 대형 칠판, 프로젝션 TV 및 컴퓨터, 실물화상기 등의 멀티미디어 도구와 키보드, 교탁 등이 교실 전면에 놓여 있다. 교실 후면에는 주로 사물함이 놓여 있고, 측면과 코너에는 학급 독서실을 비롯한 다양한 교구들이 담겨 있는 책꽂이나 교구장이 놓여 있다. 그러나 최근 초등학교 교실도 상당히 변화되어 책상 배치도 수업 형태에 따라 다양하게 이루어지며, 자기 주도적 학습 및 개별화 교육을 위한 다양한 활동 교구 및 놀잇감이 배치된 교실들이 늘고 있다. 또한, 지역 교육청의 유·초 연계교육 지원 사업으로 1학년 아동들의 수준을 고려한 교실과 복도의 리모델링도 이루어지고 있다. 대부분의 교육청에서 저학년의 경우 놀이 중심 교육과정을 강조하고 있으므로, 앞으로 초등학교 저학년 교육환경은 유·초 연계의 관점에서 많은 향상이 있을 것이라 기대된다.

제11장

유아교육기관과 초등 저학년의 다양한 통합적 교육 프로그램 적용

유아교육기관과 초등학교 저학년 교육은 모두 아동의 발달에 적합한 교육을 지향하며 개별화 교육과 통합교육을 강조하고 있다. 따라서 유아교육과 초등교육이 자연스러운 연계를 이루고자 한다면 개별화 교육과 통합교육을 강조하고 있는 다양한 교수방법을 활용하는 것도 좋은 방안이 된다. 유아교육에서 개별화 교육을 강조하는 교육 프로그램으로는 대표적으로 몬테소리 교육방법을 들 수가 있고, 통합교육을 통해 아동의 전인적인 발달을 도모하는 교육 프로그램으로는 프로젝트 접근법과 레지오 에밀리아 접근법, 자연주의 유아교육법 등을 들 수 있다. 몬테소리 교육방법은 앞에서도 언급했듯이 이미 초등교육에서 개별화 및 소집단 활동을 위한 교수방법으로 많이 활용되고 있으며 최근에는 프로젝트 접근법과 레지오 에밀리아 접근법도 통합교과 교육 및 창의적 체험활동에 활용되며 긍정적인 반응을 얻고 있다. 따라서 본 장에서는 초등학교에서의 바람직한 통합교육을 위한 대안으로 프로젝트 접근법, 레지오 에밀리아 접근법, 몬테소리 유아교육, 자연주의 교육 접근법, 그리고 적용 가능한 다양한 통합적 교육활동 사례 등을 살펴보고자 한다.

01 프로젝트 접근법

프로젝트 접근법은 최근 유아교육계에서 바람직한 통합적인 교수 · 학습 방법으로 지지를 받고 있는 프로그램 중의 하나이며 또한 초등교육계에서도 많이 활용되고 있는 교육방법 중의 하나이다. 프로젝트 접근법은 "유아들은 자신의 흥미가 중심이 되고 충분히 몰입할 수 있을 때, 가장 잘 학습한다."라는 개념을 기본 전제로 한다. 프로젝트 접근법은 1920년대 듀이와 Kilpatrick에 의해 '프로젝트 방법(Project Method)'으로 시작되었으나 1950년대 진보주의 교육운동이 쇠퇴하고 학문중심 교육과정이 대두되면서 쇠퇴하였고, 1980년에 이르러 Katz와 Chard에 의해 '프로젝트 접근법(Project Approach)'으로 재정립된 교육 프로그램이다.

1) 프로젝트 접근법의 정의

프로젝트 접근법에서 '프로젝트'는 유아가 흥미를 갖거나 또는 교사가 가치 있는 것으로 판단한 한 가지의 주제(topic)에 대해 다양한 측면을 조사하고, 연구하는 확장된 주제 학습(study of a topic) 활동이다(Katz & Chard, 1993).

유아들이 한 프로젝트에 참여만 해도 자신의 능력에 따라 쓰기, 측정, 그리기, 칠하기, 모형 만들기, 이야기 구성하기, 극놀이 등의 다양한 표현 활동을 하게 된다. 또한, 탐색 활동으로 직접 관찰을 통한 정보 수집하기, 관련 전문가와의 인터뷰, 하위 주제와 관련된 실험하기, 물품 수집하기, 찾아낸 결과에 대한 시각적 표상과 언어적 보고서 작성하기 등을 경험하게 된다. 이와 같은 다양한 경험을 통해 유아들은 주변세계에 대한 폭넓은 이해와 사고 능력이 크게 발달하게 되며, 언어, 수, 과학, 사회, 조형 등과 같은 다양한 영역의 지식과 개념들을 통합적으로 획득하게 된다.

정리하면, 프로젝트 접근법은 흥미를 갖는 프로젝트 활동에 유아들이 몰입하도록 함으로써 학습하고자 하는 성향과 주변 세계에 대한 이해를 증진시키고, 나아가 사고 능력이 발달되도록 돕는 교수 · 학습 방법이라 할 수 있다.

2) 프로젝트 접근법의 특징

유아의 발달에 적합한 교육을 지향하는 프로젝트 접근법의 궁극적인 목적은 유아의 '정신(mind)'을 계발하는 데 있다. 여기서 말하는 '정신'은 단순한 지식이나 기술뿐만 아니라 정서적, 도덕적, 심미적인 감수성까지도 포함하므로 프로젝트 접근법은 유아 학습의 전 영역에 걸쳐 긍정적인 영향을 끼치게 된다(Katz & Chard, 1989).

프로젝트 접근법은 체계적인 직접 교수법이나 놀이 중심의 활동과는 구분된다. 프로젝트 활동은 유아들이 적극적으로 활동을 계획하고 일정 기간 동안 지속적으로 몰입하여 활동에 참여한다는 점에서 자유 선택 시간에 이루어지는 자발적인 놀이와도 다르다.

프로젝트 활동은 일반적으로 유아들이 직접 필용한 지식을 탐색하고 조직화하고 기록하는 과정을 거침으로써 스스로 학습 양식을 발달시키게 되며, 공통적인 주제를 갖고 개인 또는 집단별로 책임을 분담하여 활동함으로써 또래 및 교사와의 적극적인 상호작용이 이루어진다. 또한, 과목 및 영역 간의 통합적 접근이 이루어지며, 문제해결을 위하여 다양한 자료와 매체를 활용하는 다매체적 접근이 이루어진다. 프로젝트 접근법이 갖고 있는 특성을 구체적으로 제시해 보면 다음과 같다(지옥정, 1997; Katz & Chard, 1993).

첫째, 프로젝트 접근법은 학습내용 선정 방법과 교수 · 학습을 함께 제시하고 있는 방법적인 이론이다. 프로젝트 접근법에서 학습내용은 교사가 사전에 계획하여 결정하는 것이 아니라 교사와 유아와의 협의 하에 공동 주제망을 형성하게 되며, 그것도 프로젝트 진행 과정에서 아동의 관심을 반영하여 그 내용이 수정되거나 새롭게 추가된다. 교수 · 학습의 방법도 프로젝트의 진행 과정에서 교사와 유아가 능동적으로 참여하는 방법으로 이루어진다.

둘째, 프로젝트 접근법에서는 학습의 목표라고 할 수 있는 지식, 기능, 성향,

정서가 상호보완적이고 유기적인 관계를 맺는 인격적인 통합을 강조한다. 이는 지식, 기술, 성향, 정서가 따로따로 독립적으로 발달하는 것이 아니라 상호 유기적인 관계 속에서 영향을 주고받음으로 발달하기 때문이다.

셋째, 프로젝트 접근법에서는 학습내용이 아동 개개인에게 유의미해야 한다는 점을 강조한다. 유아 개개인은 프로젝트의 주제에 대하여 이전에 각기 다른 경험을 하였기에 그 주제에 대하여 가지고 있는 지식이나 이해, 개념의 정도가 다르며, 또한 각기 발달의 정도나 성숙의 수준도 다를 수 있다. 이 모든 점을 고려하여 프로젝트 접근법에서는 각 유아의 사전 경험 및 현재 그 주제에 대하여 가지고 있는 지식에 기초한 학습내용의 선정과 각 유아의 특성에 따른 다양한 학습활동이 이루어질 것을 강조한다.

넷째, 프로젝트 접근법은 교수·학습 과정의 측면에서 보았을 때 각 단계마다 중심 사건과 과정, 그리고 아동들의 활동 내용이 다르며, 이와 유기적인 관계 속에서 교사의 관심 및 역할이 달라진다. 이는 프로젝트 접근법의 구조적인 특성이다. 프로젝트 접근법의 구조적인 특성이란 프로젝트 각 단계를 토의, 현장 활동, 표현, 조사, 전시 등의 프로젝트 전형적인 요인들로 구조화하는 것이다. 이러한 구조적인 특성으로 인해 교사는 프로젝트 각 단계에 맞게 아동의 활동을 촉진시키는 역할을 수행할 수 있다.

다섯째, 프로젝트 접근법은 바람직한 유아교육을 위해 부모나 주변 사람, 더 나아가 지역사회 구성원들과의 협력적인 관계를 강조한다. 이는 유아의 학습이 이미 교육기관에 입학하기 이전 가정에서부터 시작되었으며 현재도 계속해서 가정의 영향을 받고 있으므로 효율적인 교육이 되기 위해서는 가정, 부모와의 연계가 필요하다는 것이다. 부모는 유아와 함께 프로젝트 주제에 대한 이야기를 나누거나 활동에 필요한 자료를 제공해 줄 수 있으며, 필요시에는 전문가로서 함께 활동할 수 있고 마무리 단계에서는 유아와 함께 공유하는 역할을 할 수 있다. 또한, 지역사회는 프로젝트 활동을 진행해 나가는 데 있어서 필수적인 요소인 현장견학의 장으로서 뿐만 아니라 여러 가지 자원의 원천으로서 유아교육에 대한 책임이 있다.

여섯째, 프로젝트 접근법에서는 전 과정을 통하여 교사와 유아, 유아와 유아 간의 적극적인 사교의 교류와 상호작용 및 협동적인 학습을 강조한다. 프로젝트 접근법에서는 유아들이 공동의 주제 하에서 각자 관심과 흥미가 있는 문제를 조사하고 탐구하는 중 자신이 사고할 수 있는 최고의 수준에서 또래들과 상호작용하면서 공동의 목적을 성취할 것을 강조한다. 교사와 유아의 관계는 일방적으로 가르치고 배우는 수직적인 관계가 아니라 함께 생각을 나누고 학습을 이끌어 가는 협조적인 관계가 된다.

일곱째, 프로젝트 접근법은 직접적인 교수법과 같은 체계적인 교수 · 학습법의 단점을 보완하고 지원해 줄 수 있는 특성을 갖고 있는데 프로젝트 접근법이 체계적 교수 · 학습법을 보완할 수 있는 이유는 다음과 같다.

- 체계적 교수 · 학습법은 유아들이 기본적인 기술을 획득하도록 돕는 반면, 프로젝트 접근법은 유아가 획득한 기술들을 의미 있는 맥락에서 적용하도록 한다.
- 체계적 교수 · 학습법은 교사가 유아들의 모자라는 부분에 초점을 두지만, 프로젝트 접근법은 유아의 잘하는 부분이 활성화되도록 한다.
- 체계적 교수 · 학습법은 기술을 잘 학습할 수 있는 방법에 기초하여 교사가 과제를 세분화하고 순서를 정하지만, 프로젝트 접근법에서는 유아들이 수행할 과제를 선택하고 적합한 난이도의 수준을 선택한다.
- 체계적 교수 · 학습법의 학습자는 수동적이고 반응적인 자세를 취하지만, 프로젝트 접근법에서의 학습자는 활동을 결정하고, 지식과 기술을 적용하며 조사하는 데 적극적으로 참여한다.
- 체계적 교수 · 학습법에서 교사는 유아가 기대에 부응하고자 하는 욕구를 이용하는 반면, 프로젝트 접근법에서는 유아가 몰입하고자 하는 본능적 동기를 유발시킨다.

3) 프로젝트 접근법의 실행 단계

프로젝트 활동의 수행은 주제 선정으로 시작된다. 일단 주제가 선정되면 그 주제의 조직망과 그 주제에 따른 통합적 활동 조직망이 구성되고 활동 범위가 정해지게 된다. 이때부터 본격적인 프로젝트의 활동이 전개되는데 일반적으로 시작, 전개, 마무리의 3단계로 계획되고 진행된다.

(1) 준비 단계

주제 선정

프로젝트 주제의 선정은 중요하다. 프로젝트의 주제는 유아의 흥미, 지식, 경험, 교육적 가치 등이 잘 반영된 것으로 일반적으로 교사나 기관 차원에서 결정되거나 또는 유아에 의해 직접 선정되기도 한다. 때론 경우에 따라 우발적인 상황에서의 유아의 흥미가 주제로 연결되기도 한다. 프로젝트가 운영되는 기간과 규모는 주제에 따라 다양하며 교사는 다음과 같은 기준에 준하여 주제를 선정하게 된다(방인옥 외, 1999).

- 주제는 유아에게 친숙한 환경이나 일상생활 가운데서 조작적이고 직접적인 경험이 될 수 있는 의미 있는 내용으로 선정한다. 유아들은 개별적으로 흥미 있고, 직접적 · 조작적인 경험을 할 수 있는 주제에 대해 더 쉽게 질문을 가지며 답을 구성할 수 있기 때문이다.
- 주제는 탐구, 조사, 견학, 문헌 연구 등의 활동이 가능해야 한다.
- 주제는 여러 교과 영역의 범위를 통합할 수 있어야 한다.
- 주제는 실제적인 직접 경험에서 추상적인 개념 학습으로 발전시켜 나간다.
- 주제는 탐색하고 조사하기에 충분한 잠재력을 가지고 있어서 최소한 1주일 또는 그 이상 지속될 수 있어야 한다.
- 주제는 문제해결의 기회를 제공할 수 있는 것으로 한다. 프로젝트 수행에서 유아들은 질문거리를 만들어 조사하고, 수집한 정보에 기초하여 답을 구성

해 나간다.

- 주제는 유아들이 협동하고 협력할 수 있는 기회를 제공하는 것이어야 한다.

예비 주제망 구성

예비 주제망 구성은 프로젝트 활동에 들어가기 전에 교사가 주제에 대한 생각을 나름대로 조직해 보는 것이다.

- 주제와 관련하여 떠오르는 생각을 기록하기 : 작게 자른 종이조각을 50장 이상 준비하고, 그 종이 위에 주제와 관련된 생각을 자유롭게 연상하여 그림이나 글로 표현한다.
- 유목화 : 테이블 위에 그림이나 글이 표현된 종이들을 펼쳐 놓고 비슷한 내용끼리 그룹지어 분류하고, 분류된 그룹에 제목을 붙여준다. 그 제목이 하위 주제가 된다.
- 주제망 그리기 : 하위 주제별로 유목화하고, 하위 주제들을 다시 조합하여 큰 주제로 확대한 후에 주제망으로 도식화하여 그린다.

기본어휘 및 중심개념 선정

프로젝트 주제를 다룰 동안 유아가 접하고 익히게 될 기본어휘와 중심개념을 교사가 미리 선정한다. 그리고 기본어휘로 선정된 단어는 그림카드로 만들어 프로젝트 초기에 설명해 준 뒤 게시판에 게시하여 유아들이 활용하게 한다.

통합 활동 조직표 구성

중심개념이 선정된 후에는 프로젝트 진행 과정에서 이루어질 것이라 예상되는 학습내용이나 활동들을 중심으로 활동조직표를 구성한다. 즉, 신체운동 · 건강, 사회관계, 예술경험, 의사소통, 자연탐구의 내용과 관련하여 다루어질 수 있는 학습내용이나 활동 등을 표로 조직해 본다.

자원목록 작성 및 준비

프로젝트 주제를 전개시키는 데 필요하리라고 예상되는 자원을 조사하여 표로 만든다. 자원은 유아들이 직접 경험할 수 있는 사물, 관련된 일을 하는 사람, 견학 등의 1차적 자원과 책, 사진, 비디오 등의 간접 경험을 줄 수 있는 2차적 자원으로 조직한다.

부모에게 알리기

프로젝트의 효과적인 진행을 위해 부모들에게 프로젝트에 대해 구체적으로 알려 부모들이 유아들에게 도움을 줄 수 있도록 한다.

(2) 프로젝트 활동의 전개

프로젝트 활동은 앞에 제시한 교사의 여러 가지 준비가 잘 이루어진 후에 시작, 전개, 마무리의 3단계로 본격적으로 진행된다. 이때 교사는 유아가 교육적으로 가치 있는 선택을 할 수 있도록 활동의 범위 및 내용에 대한 가능한 대안들을 신중히 준비하고 제안함으로써 문제해결 상황을 의도적으로 마련해 줄 수 있어야 한다.

단계 1: 시작

첫 단계는 주제에 대해 유아가 알고 있는 것을 나타내고, 알고 싶은 것, 할 수 있는 것에 대해 구상하고 토의하는 단계로서 주제에 대한 유아의 현재 지식과 흥미를 토대로 프로젝트를 계획한다. 토의 처음에 제기된 질문들은 다음 단계를 계획하는 기초가 되므로 교사는 유아들의 잘못된 이해나 착오에 성급하게 답을 해 주거나 재빨리 수정해 주면 안 된다. 이러한 의문들은 유아들이 프로젝트 과정에서 주변 세계에 대한 자신의 이론을 검증하고 조사하는 기초가 된다. 시작 단계에서 이루어지는 활동들은 다음과 같다.

- 유아의 이전 경험 표현하기 주제에 관련하여 유아가 갖고 있는 개인적인 경험 및 관련 지식이 무엇인지 확인하는 단계이다. 말, 글, 그림, 극놀이 등 다양한 표상활동을 통해 주제와 관련된 경험을 표현해 보게 한다.
- 생각 모으기를 통해 교사-유아 공동 주제망 구성하기 브레인스토밍(생각 모으기)을 통해 주제에 관해 생각하는 것을 그리거나 적게 하고, 이를 소주제별로 유목화한 후 정리하여 주제망으로 작성한다.

- 질문 목록 만들기 주제에 대해 알고 싶은 질문거리를 찾아 질문 목록을 만든다.
- 질문을 탐구하기 위한 방법 모색하기 유아들과의 협의를 통해 질문 목록에 대한 해결방법을 찾아야 되는데 프로젝트가 처음인 유아들의 경우에는 해결방법으로 어떠한 방법이 좋은지 모를 수 있으므로 교사가 적절한 해결방안을 제시해 줄 필요가 있다. 이때 교사는 부모들과 협력적인 관계 속에서 부모들이 견학 장소를 주선하거나, 전시할 물건을 빌려주거나, 유아들과 면담하고 정보를 제공하는 식으로 참여하게 한다.

단계 2: 전개

이 단계에서는 1단계에서 작성한 질문목록을 중심으로 탐구활동이 전개된다. 전개단계는 현장 견학 전 활동, 현장 견학 활동, 현장 견학 후 활동으로 구분된다.

- 현장 견학 전 활동 질문목록과 관련하여 자세히 관찰하기, 책이나 인터넷을 통해 조사하기, 부모님을 포함하여 주위사람들에게 물어보기, 실험하기, 읽기, 의견 조사하기 등의 활동이 이루어진다.
- 현장 견학 활동교사는 미리 현장을 사전에 방문하여 프로젝트 진행에 관해 설명하며 협조를 요청하고 공문이 필요한 곳에는 공문을 발송한다. 현장에 있는 사람들에게 질문목록을 미리 전달하여 준비하게 하는 것도 효과적인 방법이다. 유아들은 현장에 가서 볼 것을 예상하여 그림을 그려 보기도 한다. 현장 견학을 나가서는 유아들이 글과 그림, 사진 등으로 자료를 수집할 수 있고, 여러 가지 관련 물품을 직접 수집해 오기도 한다.
- 현장 견학 후 활동 현장견학을 마치고 돌아와 유아들은 그 과정에서 경험한 것에 대해 친구들과 이야기하는 시간을 가지면서 친구들이 자기와 다른 면을 관찰하고 느꼈다는 것을 알게 되고 자기 생각의 부족한 점을 보완하기도 한다(지옥정, 1997). 그 후 현장에서 알게 된 것을 그림, 벤다이어그램이나 그래프, 만들기, 글 등으로 나타내보고, 개사한 노래나 극놀이로도 표현해 본다. 그리고 현장 견학 후 새로운 질문이 제기될 수 있는데 그럴 땐 심화된

조사 활동으로 주제가 확장되어 전개된다.

단계 3: 마무리

마지막 단계에서는 그동안 프로젝트 활동에서 탐구한 내용을 정리하여 평가하고 마무리하는 의미로 전시회 및 발표회의 시간을 갖는다. 이를 통해 프로젝트 시작 시에 가졌던 질문과 알게 된 것을 비교하게 되는 등 자신이 수행한 프로젝트 활동 과정과 결과를 평가하게 된다.

전시하거나 발표하는 내용은 다른 사람들이 쉽게 이해할 수 있도록 재구성되어져 그리기, 글쓰기, 극화 등 다양한 활동이 이루어진다. 전시회나 발표회를 준비하는 과정 자체가 유아에게는 주제에 대해 알게 된 지식을 내면화하는 좋은 기회가 될 뿐만 아니라 주제와 관련하여 새로운 지식을 더 탐색해 가는 과정이 된다.

4) 프로젝트 접근법 사례

미술관에 핀 해바라기

(1) 우리나라 유아교육기관에서의 사례

'미술관에 핀 해바라기' 프로젝트는 인천광역시 C유치원에서 5세반 유아를 대상으로 2008년 8월 25일부터 2008년 9월 26일까지 수행된 프로젝트이다. 이 프로젝트는 유아들이 평소 어렵고 지루하게 느끼는 명화를 문학작품을 통해 접하게 함으로써, 유아들이 쉽게 그림 속으로 들어가 상상력을 발휘하여 명화의 주인공들을 만나는 등 명화를 더 재미있고 친근하게 감상할 수 있게 하려는 목적으로 시작되었다.

교사와 아이들과 함께 전개한 프로젝트의 과정(시작→전개→마무리)을 소개하면 다음과 같다.

시작 단계

1. 이전 경험 이야기하기

집에 있는 그림, 그림을 선물 받았을 때, 미술관에 갔을 때 등 그림과 관련된 경험에 대해 아이들과 이야기를 나누고 그것을 다시 그림과 글로 표현하게 했다.

2. 책의 겉표지 그림 보고 이야기 상상하기

아이들이 동화책에 대해 관심을 갖게 하기 위해 겉표지의 그림만을 보여준 뒤 책의 내용을 상상해 보았다. 먼저 이야기를 나누고 그림을 그렸다.

◀ 동화책 겉표지

강아지가 방에서 공을 갖고 놀다가 해바라기 꽃병을 깨뜨렸어요. 그래서 강아지는 혼났어요. 아이는 꽃병이 깨져서 많이 화났어요.

소녀가 자고 있는데 창문에서 무언가 반짝이더니 요정들이 나타났어요. 해바라기 요정이었어요. 해바라기 요정들이 해바라기를 원래대로 옮겨 놓았어요. 그리고 다시 사라졌어요.

3. 동화 듣기

교사가 아이들에게 '미술관에 핀 해바라기' 책을 직접 읽어 주었고 아이들은 관심 있던 책이었기에 열심히 동화를 들었다.

4. 브레인스토밍

동화를 들은 뒤 아이들은 동화와 관련되어 생각나는 단어를 모두 써 보았다.

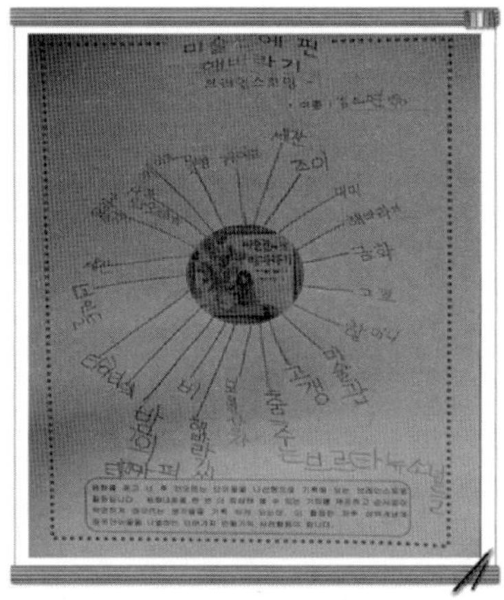

5. 주제망 구성하기

아이들과 교사는 아이들이 브레인스토밍한 단어들을 바탕으로 '단어 친구 찾기'를 통해 주제망(단어가지)을 만들었다.

6. 질문 목록 만들기

동화와 관련하여 아이들이 궁금해하는 것을 적어보았고 이를 통해 질문목록이 만들어졌다. 질문에 대해 교사와 아이들은 이야기를 나누었다. 그 후에도 아이들이 궁금해하는 것은 교실 한쪽에 있는 '궁금이 상자'에 써서 넣을 수 있게 했다.

〈아이들의 질문목록〉

- 땅속에 보물상자가 어떻게 있어요?
- 그림 속에 어떻게 들어갈 수 있나요?
- 비가 오는데 미술관에 왜 갔어요?
- 동화 속에 나오는 미술관이 진짜 있어요?

전개 단계

1. 동화내용으로 노래 가사 만들기

아이들이 알고 있는 노래에 동화내용으로 가사를 바꾸는 활동이다. 아이들은 친구들과 협의하며 동화내용으로 노래가사를 만들었고 함께 그 노래를 불러 보며 즐거워했다. 이를 통해 아이들은 동화의 내용을 더 잘 이해하게 되었다.

2. 단어책 만들기

단어에 맞는 그림 그리기, 숫자에 맞는 단어 찾기, 단어 입양하기, 단어를 이용한 짧은 글짓기 등 다양한 언어활동을 하였고 이것을 묶어 나만의 미니책을 만들어 보았다.

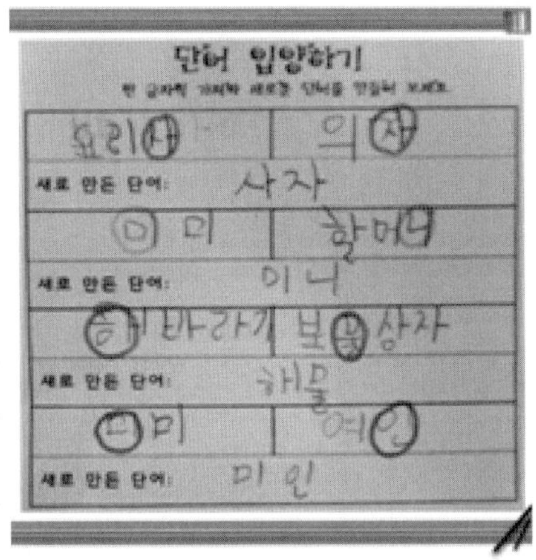

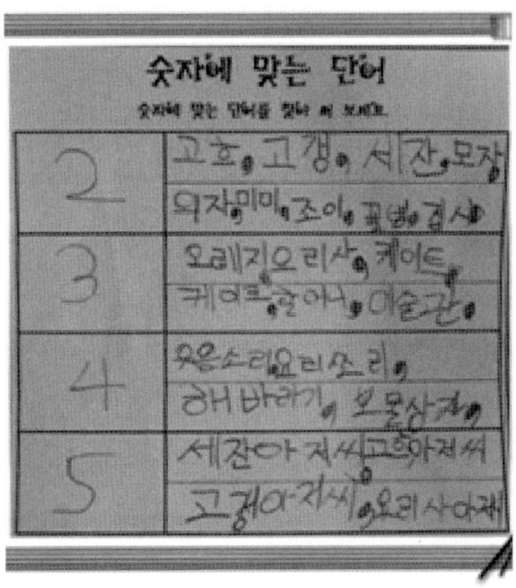

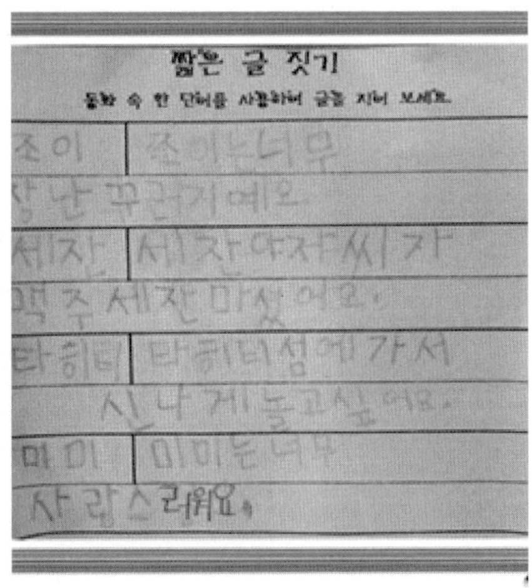

3. 상상하기-보물상자 속에는 무엇이 있을까?

동화에서는 조이가 보물상자 속에서 금화를 발견했고, 아이들은 조이를 부러워했다. 아이들은 자기들이 보물상자를 발견했을 때 그 속에 무엇이 있을지를 상상하여 이야기를 나누었고 그림과 글로 표현해 보았다.

보물상자 안에 예쁜 드레스가 있었으면 좋겠어요. 그래서 내가 예쁜 드레스를 입으면 공주가 부러울 것 같지 않아요.

4. 친구들이 좋아하는 명화

슬기반 아이들이 좋아하는 동화 속의 명화는 무엇인지 알아보고 그래프로 만들었다.

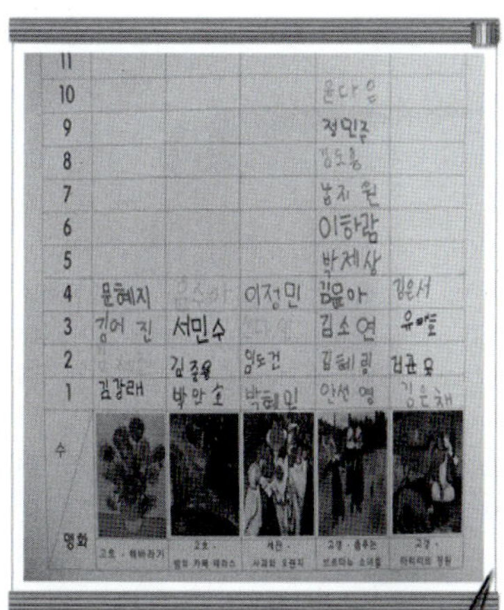

5. 놀잇감 만들기

아이들이 동화 속 명화, 그리고 동화 속 주인공과 물건들을 이용하여 놀잇감(명화퍼즐과 메모리 카드)을 만들었다. 교사와 아이들이 함께 어떤 놀잇감을 만들지 계획한 후에 만들었다.

6. 이어지는 이야기 짓기

동화에 이어지는 후속 이야기를 모둠별 릴레이 형식으로 이어갔다. 먼저 이야기를 이어간 뒤에 그 이야기를 동화 속 명화그림이나 그림으로 표현하였고 글로 나타냈다.

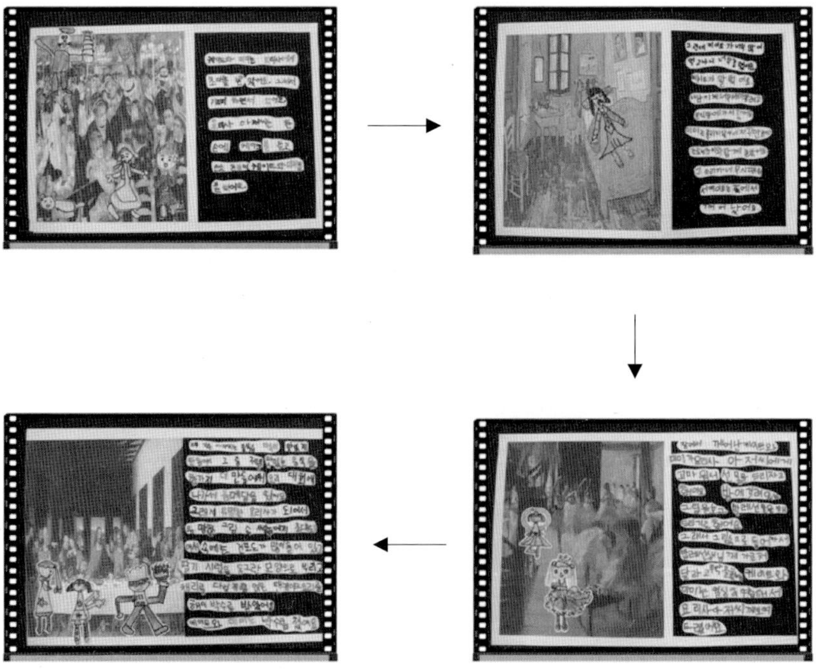

7. 명화를 따라 신체로 표현하기

이중섭의 '아이들과 끈'이란 작품을 감상하고 끈을 이용하여 퍼포먼스를 하였다.

마무리 단계: 미술관 만들기

아이들은 자기들의 그림으로 이루어진 미술관을 만들어 전시회를 열고 싶어했다. 먼저 미술관을 만들려면 무엇이 필요한지 협의한 후에 미술관에 전시할 작품(초충도(풀과 곤충의 그림), 고흐의 해바라기 부조와 꽃이 활짝 핀 아몬드 나무, 자화상 등)을 만들었고, 미술관에서 큐레이터가 되어 그림을 소개하는 방법도 알아보았으며, 초대장도 만들었다. 미술관에는 학부모들과 다른 반 아이들이 관람하였고 아이들은 큐레이터로 활동하며 그림을 소개했다.

(2) 초등학교에서의 프로젝트 접근법 사례: 낮과 밤

'낮과 밤' 프로젝트는 프로젝트 접근법을 초등학교 통합교육방법으로 활용한 것으로서 서울특별시 A 초등학교 1학년 한 학급 31명을 대상으로 한 달간 실시된 장기 프로젝트이다. 초등교육과정 슬기로운 생활의 '하루 동안에 변하는 모습 알아보기'를 중심으로 하여 즐거운 생활과 국어의 교과 통합이 이루어졌는데 아동들은 한 달 내내 호기심과 흥미를 보이며 프로젝트에 몰입하였고, 다양한 탐색 활동에 매우 즐겁게 참여하였다. 자신의 생각, 느낌, 경험을 발표하고 토의할 때에는 자신의 주장에 근거를 제시하였고 또래와 열띤 논쟁을 벌이기도 하였다. 많은 아동들이 자신의 생각을 증명하기 위해 가정에서 관련된 책과 인터넷 자료 및 동영상 등을 가져왔으며, 전시 및 발표회를 준비하는 소그룹 활동을 통해서 그동안 탐색하여 내용을 재구성하였고 부모와 초등학교 교사들 앞에서 자신들이 그동안 했던 활동을 발표하는 것에 매우 자랑스러워하였다. 프로젝트 활동에서 이루어진 활동들을 간략하게 소개하면 다음과 같다.

〈표 11-1〉 낮과 밤 프로젝트 전개 단계

<table>
<tr><th colspan="5">낮과 밤 프로젝트</th></tr>
<tr><td>대상</td><td colspan="2">1학년 6반
(31명, 남 17명, 여 14명)</td><td>기간</td><td>2004년 6월 1일~6월 30일</td></tr>
<tr><td>통합교과</td><td colspan="4">• 슬기로운 생활　3. 나의 하루 생활
(1. 하루 동안에 변하는 모습 알아보기, 2. 학교 오는 길)
• 즐거운 생활　5. 아름다운 우리 마을
• 국　　어　3-2. 생각하는 우리</td></tr>
<tr><td rowspan="2">프로젝트 단계</td><td>시작 및 전개</td><td colspan="3">• 낮과 밤에 대해 이야기 나누기
• 낮과 밤에 관한 그림 그리고 이야기 나누기
• 낮과 밤과 관련하여 브레인스토밍하고 주제망 조직하기
• 낮과 밤의 모습과 특성 비교하며 알아보기
• 운동장에서의 놀이 및 밤을 느끼며 부모님과 산책하기
• 운동장의 그림자와 교실에서의 그림자에 대해 이야기 나누기
• 그림자의 모양과 위치가 변하는 이유에 대하여 그림 그리고 이야기 나누기
• 교실에서의 랜턴놀이
• 시간에 따라 변화되는 그림자
• 빛과 함께 춤을
• 그림자 인형놀이
• 낮과 밤이 생기는 까닭
• 지구가 도는데 해가 도는 것처럼 느끼는 이유는 무엇일까?
• 지구가 자전하는 데도 사람과 사물이 지구에서 떨어지지 않는 이유는 무엇일까?</td></tr>
<tr><td>마무리</td><td colspan="3">• 전시 및 발표회</td></tr>
</table>

① 낮과 밤에 관한 표상활동과 이야기 나누기

교사와 아동들이 낮과 밤에 관한 개인적인 경험, 생각, 느낌을 발표한 뒤에 낮과 밤에 대한 그림을 그려보았다. 그림에 기초하여 낮과 밤에 대한 개인적인 경험과 생각, 느낌을 다시 공유하였는데 처음의 토론에 비해 보다 자세하고 다양한 내용들이 발표되었고 질문과 답변들이 이루어졌다.

[그림 11-1] "밤에 별똥별이 떨어지고 여자아이가 그 별에게 소원을 빌고 있어요. 그리고 달이 떴는데 달에는 토끼가 살고 있어요."

[그림 11-2] "낮에는 사람들이 움직여요. 아이들이 자전거를 타구요, 1층에 아줌마는 청소를 하고 있고요, 2층의 아기는 놀고 있어요."

② 주제망을 구성한 후 낮과 밤의 모습과 특성 비교하기

낮과 밤에 대해 그린 그림을 발표한 후에 그것에 기초하여 '낮과 밤'하면 떠오르는 생각을 브레인스토밍을 통해 작은 종이에 썼고, 그 종이들을 유사한 것끼리 분류하여 하위 주제를 정한 뒤 주제망을 조직하였다. 이 과정을 통해 자연스럽게 낮과 밤의 모습과 특성이 비교되었으며 슬기로운 생활 단원 '1. 하루 동안에 변하는 모습 알아보기'와 '2. 학교 오는 길'에 대한 통합적인 이해가 이루어졌다.

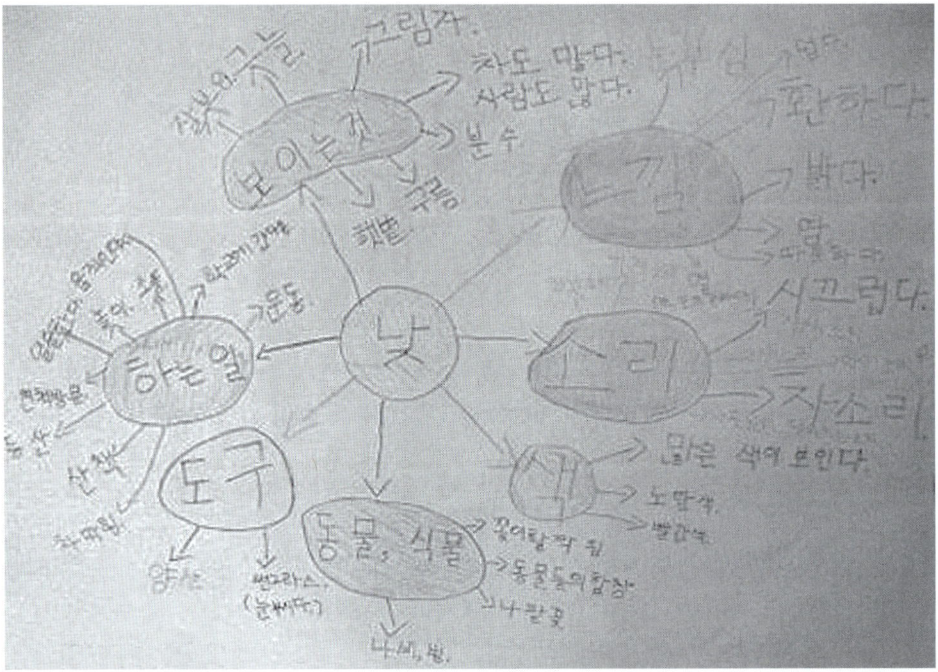

[그림 11-3] 낮의 주제망

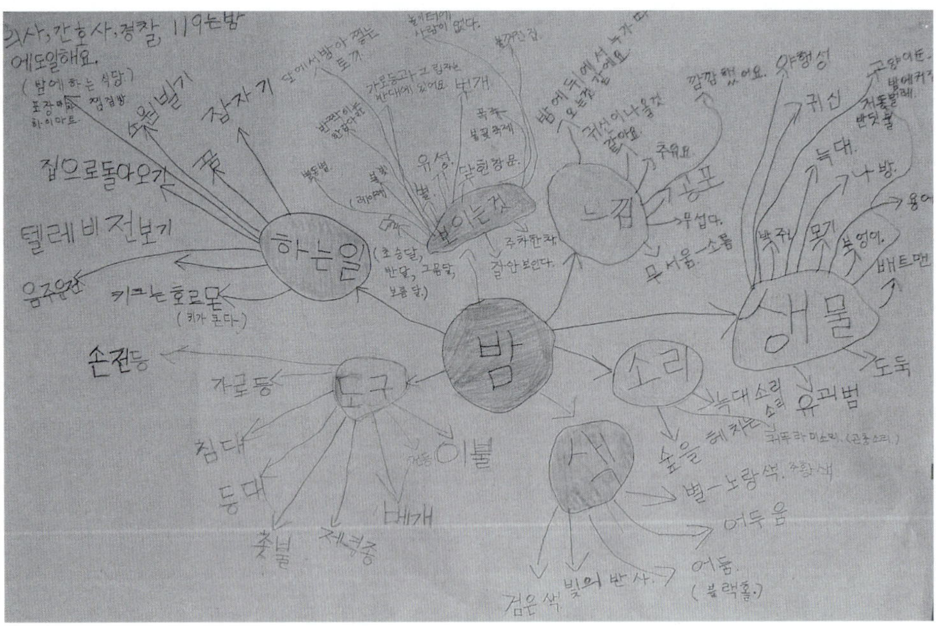

[그림 11-4] 밤의 주제망

③ 운동장에서의 그림자놀이와 표상활동

운동장에서 낮을 느껴 보기 위해 나갔다가 자연스럽게 그림자놀이가 이루어졌고 그 후 그리기 활동과 토의가 이루어졌는데 아동들은 그림자는 해로 인해 만들어진다는 것은 이해하고 있었으나 아래의 사진과 같이 그림자의 방향과 위치에 대한 이해는 매우 부족하였다.

[그림 11-5] 그림자놀이

④ 그림자의 모양과 위치에 대한 표상활동과 이야기 나누기

운동장에서의 그림자놀이를 다시 하고 다시 그림을 그린 후 그림자의 모양과 위치에 대해 토의가 이루어졌다. [그림 11-6]에서와 같이 "해가 움직이면서 그림자의 길이가 길어졌다, 짧아졌다, 뚱뚱해졌다, 날씬해졌다 해요."라고 설명하는 아동도 있었고, 그림자와 해의 위치가 반대에 있다는 것을 설명하는 아동도 있었으나, 상당수의 아동들은 이해를 못하고 있었다.

[그림 11-6] 그림자의 모양

⑤ 교실에서의 랜턴놀이와 표상활동

아동들은 교실에서 소그룹별로 랜턴을 이용한 그림자놀이를 하면서 자연스럽게 그림자의 길이 변화와 방향에 대해 토의하였다. 그 후 그림을 그리고 그린 그림을 이용하여 랜턴놀이를 통해 알게 된 사실을 공유하였다. 이 활동을 통해 아동들은 해와 그림자 위치의 관계 및 그림자의 위치와 길이는 해가 움직이면 변화된다는 것을 이해하게 되었다. 또한, 빛이 두 개이면 그림자가 두 개가 만들어 질 수 있다는 것을 탐색하여 발표하는 아동도 있었다.

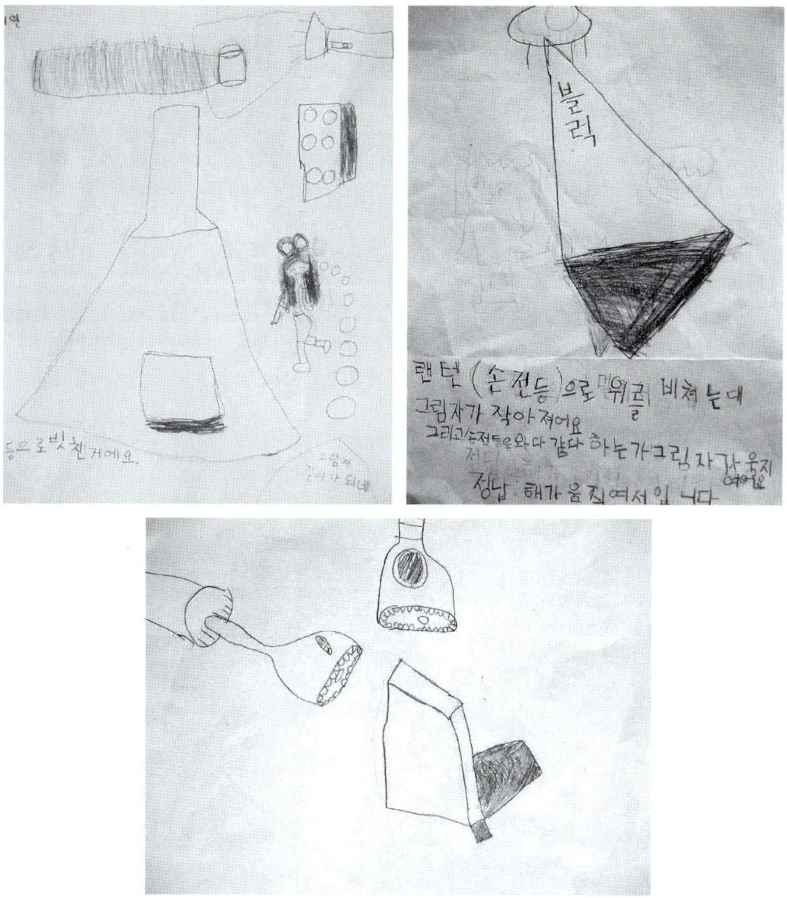

[그림 11-7] 랜턴놀이

⑥ 시간에 따라 변화되는 그림자와 표상활동

아동들이 하교하기 위해 운동장으로 나가면서 오전에 비해 그림자의 크기가 작아진 것을 발견하였고, 다음날 한 아동이 가정에서 오후 3시경과 오후 5시경에 그림자의 크기가 달라지는 것을 입증하기 위해 사진을 가져왔다. 사진과 각자의 경험을 토대로 시간에 따라 그림자가 변한다는 사실을 토론했고 그림으로 표상하였다.

[그림 11-8] 오후 3시경의 그림자

[그림 11-9] 오후 5시경의 그림자

[그림 11-10] 해와 그림자의 위치와 크기

⑦ 빛과 함께 춤을

OHP를 이용하여 낮과 밤에 이루어지는 각자의 활동을 표현해 보는 시간을 가졌다. 몇몇 아동이 재즈댄스를 추자 다른 아동들도 춤을 추고 싶어 하여 소그룹별로 춤을 추는 시간을 가졌다. 이 활동을 통해 빛과 사람이 가까우면 그림자가 커지고 색이 흐려지며, 빛과 사람이 멀어지면 그림자가 작아지고 선명해진다는 것을 이해하게 되었으나 아직도 많은 아동들이 그림자와 사람을 분리시켰다.

[그림 11-11] '낮'의 활동으로 재즈댄스를 추는 모습

[그림 11-12] 빛과 함께 춤추는 모습

[그림 11-13] 빛과 사람의 거리 그림자

⑧ 그림자 인형놀이

그림자 인형놀이를 통해 그림자와 사람과의 연결이 보다 확실히 이루어졌다.

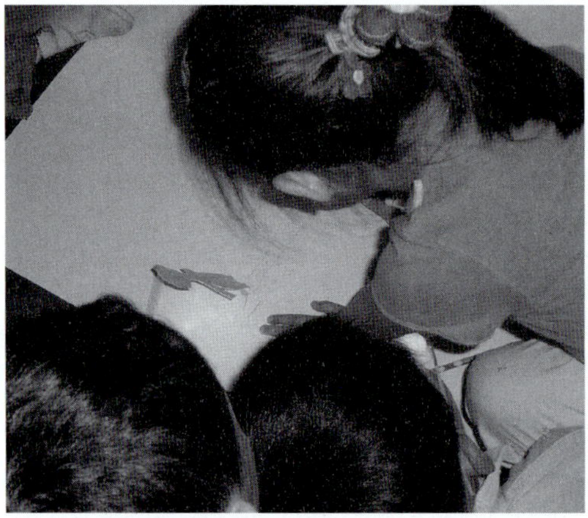

[그림 11-14] 그림자 인형놀이를 하는 아동들

[그림 11-15] 그림자 인형놀이 후의 그림

⑨ 낮과 밤이 왜 생길까?지구가 움직이는데 해가 움직이는 것처럼 느끼는 이유는 무엇인가?

낮과 밤이 생기는 까닭에 대해 토론하고 그림으로 표상하였는데 여러 아동들은 가정에서 가져온 여러 가지 책과 인터넷 자료를 근거로 제시하여 태양이 움직이는 것이 아니라 지구가 움직이며 지구의 자전으로 낮과 밤이 생긴다고 주장하였다. 그러자 '지구가 움직이는데 해가 움직이는 것처럼 느끼는가?'에 대한 질문이 나왔고 그 이유를 이해하기 위해 두 사람이 짝이 되어 하는 '사람 팽이놀이'와 '코끼리 코 하고 돌기' 등의 게임이 이루어졌다. 게임을 통해 아동들은 지구가 움직이는데 해가 움직이는 것처럼 느끼는 이유를 이해하게 되었다.

⑩ 지구가 자전하는 데도 사람과 사물들이 지구에서 떨어지지 않는 이유는 무엇일까?

'지구가 자전하는 데도 사람과 사물들이 지구에서 떨어지지 않는 이유는 무엇일까?'에 대한 의문이 제기되었고 유아들은 열심히 소그룹별로 토론하였다. 역시 아동들은 가지고 있는 책과 인터넷 자료, 그리고 자기들이 본 과학 비디오를 근거로 제시하며 중력을 설명하였고 다 같이 관련된 비디오 영상물을 관람하였다.

[그림 11-16] 열심히 토론하고 그림을 그리는 아동들

⑪ 전시·발표회

프로젝트 활동의 마무리 단계로 6월 마지막 주 수요일 2교시에 전시 · 발표회가 이루어졌다. 많은 부모와 교사들이 발표회에 참여하였으며, 그동안의 아동 표상 작품과 기록이 교실 벽과 게시판에 전시되었다. 아동들은 사전에 발표회를 위하여 모둠별로 프로젝트 활동을 통해 알게 된 내용을 전지에 그림으로 표상하였고, 설명을 기록하였으며, 발표회 당일에 그것을 칠판에 게시한 뒤 발표하였다.

02 레지오 에밀리아 접근법

레지오 에밀리아 접근법은 이탈리아 북부 지역에 위치한 레지오 에밀리아시의 영 · 유아 센터와 유치원에서 실시되는 통합교육 프로그램이다. 1991년 12월 미국의 뉴스위크지가 뽑은 세계에서 가장 훌륭한 10개 학교 중 유아교육 분야에 선정됨으로 유아교육 프로그램으로서 우수성이 입증되었고, 최근에는 초등학교 통합교육에도 적용되고 있다.

1) 레지오 에밀리아 접근법의 역사적 배경

레지오 에밀리아시는 역사적으로 진보적이고 사회주의적인 성향이 강한 상공업 중심의 중소도시이다. 2차 세계대전 이후 여성의 인권 보장, 남녀의 고용 평등, 교육 개혁, 교사의 단체 활동 등 다양한 방면의 개혁이 시도되어 왔으며, 사회주의 영향으로 사회 구성원의 공동 목적을 추구하려는 분위기가 강한 지역이다.

2차 세계대전 직후에 교사였던 로리스 말라구찌가 자립하려는 시민들과 함께 새로운 유치원 건설에 참여하여 1946년 부모들이 협력하여 운영하는 유치원을 설립하였다. 로리스 말라구찌는 협동교육운동의 지도자인 브루노 치아리를 비롯해 프뢰벨, 몬테소리, 듀이, 피아제, 비고스키, 가드너 등의 이론에 영향을 받으며 어린이들의 능력을 최대한 발견하고 키워 나갈 수 있는 유아교육 프로그램을 만들기 위하여 노력하였다. 그 후 로리스 말라구찌의 수십 년간에 걸친 열정적인 헌신과 부모들의 협력으로 오늘날과 같은 레지오 에밀리아 접근법의 체제가 형성되었다. 현재 레지오 에밀리아시에는 시에서 운영하는 3~6세 어린이를 위한 유치원과 0~3세 어린이를 위한 영 · 유아 센터에 해당 연령 유아 중 약 50%가 취원하여 레지오 에밀리아 접근법으로 교육을 받고 있다.

2) 레지오 에밀리아 접근법의 교육원리

레지오 에밀리아 접근법은 한 가지, 또는 몇 가지 이론을 토대로 하여 구성되는 일반 유아교육 프로그램과는 달리 유아교육에 헌신한 부모와 교사들의 철학과 경험 등이 반영되어 있다. 레지오 에밀리아 접근법에서 강조되는 기본적인 교육원리를 살펴보면 다음과 같다.

(1) 아동관

레지오 에밀리아 접근법에서는 사회구성주의의 영향을 받아 유아는 자신이 갖고 있는 생각과 이론을 성인이나 또래들과 대화를 나누고 주위를 탐색함으로써 지식을 스스로 구성해 나가는 연구자라고 생각한다. 따라서 레지오 에밀리아 접근법에서의 유아는 힘과 능력 있는 유아이다. 모든 유아는 나름대로 개성, 호기심, 가능성을 갖고 학습 활동을 구성하며, 환경이 가져다 준 모든 것과 대화를 나누고 그것에서 흥미와 의미를 느끼며 발달하는 프로젝트 활동의 주인공이 된다. 또한, 소집단 활동을 통해 유아는 공동으로 프로젝트를 이끌어 가는 협동자로서의 역할을 하게 된다. 특히, 레지오 에밀리아 접근법에서 유아는 의사소통자가 된다. 유아들은 자신이 아는 것, 이해하는 것, 궁금해하는 것, 신기하게 느낀 것, 상상한 것 등을 알아내기 위해 다양한 상징적 표상활동, 예를 들면 말, 음률 활동, 그리기, 채색화하기, 만들기, 조각하기, 그림자놀이, 콜라주, 상징놀이, 그리고 음악 등을 사용하여 대화를 나누며, 의미를 발견하게 된다.

(2) 환경관

레지오 에밀리아 유치원에서는 환경이 어린이를 교육하는 것으로 생각하여 환경 구성에 많은 에너지를 쏟으며, 두 명이 한 팀이 되는 교사와 함께 환경을 제3의 교사로 간주한다. 따라서 레지오 에밀리아의 물리적 환경은 프로그램의 핵심적인 요소로서 교사들의 철학, 교육 이론, 교육내용이 최대한 실현될 수 있도록 구성된 공간이다.

레지오 에밀리아의 물리적 환경의 구조적 특성은 순환성과 투명성으로 표현할 수 있다(김희진, 1997). 순환성은 모든 공간이 자연적으로 연결되어 있어서 막힘이 없이 어느 곳으로나 통할 수 있다는 의미로서 유아-유아, 유아-교사, 유아-환경 간의 상호작용을 최대한 장려하는 레지오의 정신을 잘 반영하는 개념이다. 레지오 에밀리아 유아교육기관의 환경은 공통적으로 건물의 어느 곳에서나 직접 연결되는 중앙 공용 공간 '피아자'가 중심부에 자리 잡고 있으며, 네 면을 따라 아틀리에 활동실, 각 학급별 미니 아틀리에, 그리고 화장실이나 부엌 등의 부대시설이 배치되어 있는데 모두 연결되어 있다(이기숙, 2000). 투명성은 같은 공간에 있지 않아도 서로의 존재를 보고 느낄 수 있는 가능성으로 모든 문과 창문은 유리를 사용하여 서로 볼 수 있도록 하였으며 자연채광, 형광등, 백열등 등과 같이 빛을 이용하는 다양한 기구, 즉 투시물 환등기, 슬라이드 프로젝트, 빛 책상, 손전등을 많이 활용하고 있다. 이러한 환경은 만남, 의사소통, 관계 맺음을 격려하도록 디자인하고 활용된 것으로서 학교 구석구석의 모든 공간은 각각의 목적과 정체성이 있으며 의사소통의 가능성을 풍부하게 한다.

레지오 에밀리아의 환경 구성은 연령과 발달에 적합한 공간으로서 그 교육적 의미를 간략히 정리하면 다음과 같다(곽노의 외, 2000).

- 따뜻함과 친밀감을 주는 공간이다.

환영의 느낌, 발견과 고요함의 분위기, 격리 불안을 막아 주는 유리벽, 출입구에 놓인 안락의자, 교사와 부모가 이야기하는 공간, 교사에게 안겨 책을 읽고 듣는 방 등 넓은 집과 같은 친밀한 공간이다.

- 아름다움을 느끼고 발견하게 하는 공간이다.

모든 벽면, 칸막이, 바닥, 천정 등에 활동 작품과 활동사진 및 기록들이 아름답게 전시되어 있다.

- 대화, 상호작용, 협동을 자극하고 유지하는 공간이다.

환경의 구조적 특성이 위에서 제시했듯이 순환성과 투명성을 이루고 있기 때문이다.

- 기록하는 공간이다.

유치원의 벽은 말하고 기록한다. 벽은 전시물을 일시적 또는 영구적으로 보관하는 장소로 이용된다(Malaguzzi, 1996).

- 배움의 공간이다.

환경은 제3의 교사로서 아동과 어른의 행동을 조정하는 요인이 되며 또한 그들로부터 조정을 받는 요인이다.

- 유치원 나름의 문화와 역사가 스며 있는 공간이다.

각 유치원은 자기만의 과거, 발전 과정, 경험의 축적 및 문화의 양식을 갖고 있다.

- 지역주민의 역사 · 문화 · 이상을 반영하는 공간이다.

유치원 건물의 신축과 수리 시 페다고지스타, 교사, 부모, 건축가가 모두 참여하여 의사가 결정된다.

- 준비된 공간이다.

다양한 원재료들이 선반 위에 언제든지 꺼내 쓸 수 있도록 잘 정돈되어 있다.

- 아동 나름대로의 생각과 표현에 몰두할 수 있는 공간이다.

(3) 교사관

레지오 에밀리아에서 교사는 동반자, 양육자, 안내자, 연구자가 된다(Edwards, 1996). 교사는 유아들이 프로젝트 활동을 통해 주제를 탐색하는 것을 촉진하고 지원하며, 질문을 통해 어린이들의 생각, 가설, 이론을 알아내고, 유아들의 탐색과 연구를 위해 다양한 경험을 안내한다. 또한, 교사는 다른 교사나 직원과도 강한 동료 관계를 유지하며, 자신이나 어린이들이 한 일에 대해 끊임없이 토론하고 해석하는 등의 연구 활동을 통해 지속적인 교사 훈련을 받게 되며 이론적으로도 깊이가 있어진다. 특히 교사들은 어린이들과 함께 한 활동에 대한 기록과 해석 작업을 하면서 자신을 연구자라고 생각한다. 레지오 에밀리아의 교육체제에서 교육을 담당하는 사람은 교사, 페다고지스타, 아뜰리에리스타가 있다.

교사

교사는 2명이 한 팀이 되어 학급을 3년간 담당한다. 교사가 학급에서 하는 가장 핵심적인 일은 어린이들이 지적 성장이 이루어지도록 '자극적인 기회'를 제공하는 것이다. 특히 어린이들이 한 이야기를 듣고, 어린이들 간의 토론과 공동 활동을 재자극하고 확장시키기 위해 어린이들에게 다시 이야기해 준다. 또한, 교사들은 기록된 대화 내용을 전사한 것을 자신의 동료들과 함께 살펴보고 어린이들과 계획해 나가는 활동의 기초로서 활용한다. 이러한 대화 나누기는 레지오 에밀리아 유아교육의 주요 요소로서 대화하는 아동 집단의 크기는 대단위(반 전체), 중간단위(10~15명), 또는 소단위(약 3~6명)일 수도 있으며, 교사들은 때로는 두 명의 어린이나 한 명 한 명의 어린이와 대화를 나누기도 한다. 어떤 경우이건 중요한 것은 어린이들이 갖고 있는 생각을 탐색해야 한다는 것이다.

페다고지스타

교육과정 및 활동 조정자이자 상담자로 시교육체제의 철학을 유지하고 실행을 돕도록 모든 성인들과 상호작용한다. 4~5개의 유치원을 담당하며 교사의 자율성을 향상시키는 데 주목적을 둔다. 교사가 아동을 관찰하고 아동의 말을 들을 수 있는 기술과 프로젝트 기록 기술 및 연구 결과 기술을 향상시킬 수 있도록 지원하며, 교사들의 현직 교육을 계획 실행하며, 교사가 각 가정과 상호 관계를 맺도록 돕는다. 또한, 각 유치원 직원의 임무 배정, 일의 시간과 양의 조절, 유치원 설비 및 운영과 관련된 일을 한다.

아뜰리에리스타

미술 교사로서 아틀리에서 주로 일하나 매일 출근하여 아침에 교실을 순회하면서 대규모로 진행되고 있는 프로젝트나 소규모의 개인적인 활동이 어떻게 되어가고 있는지 관심을 가지고 알아본다. 교사들과 협력하여 교육과정의 개발과 기록 작업을 함께 하며 교사를 지원한다. 즉, 교사들에게 특정 자료를 사용할 것을 권하고 조언해 주며, 교사들이 명백히 보이지 않는 주제나 가능성을 볼 수 있도록 도와준다. 또 다른 사람들이 생각해 내지 못한 가능성을 창조하기 위해 어린이들에게 직접 개입하는 역할을 수행하기도 한다.

3) 레지오 에밀리아 접근법의 특징

(1) 기록 작업(Documentation)

레지오 에밀리아 접근법에서는 기록 작업을 의사소통이라고 생각한다. 기록 작업은 각 학교에서 전개되고 있는 학습 과정을 이해하고 전시하기 위해 프로젝트의 목적을 비롯해 프로젝트 전 과정에 나타나는 아동들과 교사의 언어, 대화 및 집단 토의 내용을 그대로 옮겨 전사한 것, 활동하는 장면을 찍은 사진들, 다양한 자료를 사용해서 자신들의 생각을 표상한 것 등을 모두 포함한다. 기록 작업을 통해 부모들은 자녀들이 경험한 것을 알게 되며, 교사는 유아들의 사고 과정에 대해 심도 있는 이해를 할 수 있게 되며, 유아를 더 잘 이해할 수 있게 되고 자신들이 한 일을 평가할 뿐만 아니라 다른 교육자들과 의견을 나누는 데도 사용함으로써 유아교육 전문가, 유아교육 연구자로서의 자질을 함양하게 된다. 또한, 어린이들도 자신이 한 일을 다른 사람들이 가치 있게 생각해 준다는 것을 알게 된다.

유아들은 자신의 작품을 게시한 것을 통해 유아들은 자신의 감정과 아이디어가 의미 있는 것으로 인식할 수 있으며, 이것은 경험의 재발견을 통해 지식을 재구성하기 위한 출발점이 된다.

(2) 표상활동의 강조

레지오 에밀리아 접근법에서는 학습의 도구로써 다양한 상징적 매체를 사용하여 현상이나 물체에 대한 자기들의 사고를 표현하며, 비시각적 경험을 시각적 경험으로 나타내는 교차양식 표상도 이루어진다. 교차양식 표상은 자동차가 달리는 소리, 물이 흐르는 소리, 종소리 등과 같은 소리를 눈으로 볼 수 있는 그림으로 나타내는 표상을 의미하며, 이런 활동을 통해서 유아들은 보다 창의적으로 생각해 볼 수 있는 기회를 갖게 되고 적절한 표상을 위해 깊이 있는 사고 활동을 하게 된다.

(3) 발현적 교육과정

레지오 에밀리아의 교육은 사전에 모든 교육 프로그램이 결정되어 전개되어지는 것이 아니라 유아들이 흥미를 갖는 주제나 대상을 심도 있게 탐색해 나가는 과정에서 유아들이 깊이 조사하고 싶은 문제나 의문에 초점을 맞춰 그 방향으로 자연스럽게 나아가는 발현적 교육과정이다. 따라서 발현적 교육과정에서의 계획은 교사가 일반적인 목표를 세워 놓지만 각 프로젝트나 활동의 세부 목표는 미리 세우지 않는다. 과거의 경험과 어린이에 대해 알고 있는 것을 기초로 가설을 세우고, 이 가설과 함께 어린이의 욕구와 흥미에 적응할 수 있는 융통성 있는 목표를 세워서 프로젝트를 진행시킨다.

4) 레지오 에밀리아 접근법의 과정

레지오 에밀리아 접근법에서의 프로젝트는 상징화 주기로 전개된다. 프로젝트가 수행되기 시작하면 유아들은 주제에 기초한 한 가지 상황이나 개념을 토의하고, 그 토의 내용을 그림으로 그리며 탐색한다. 탐색한 내용을 바탕으로 다시 그리고 대상물을 복사하여 가상의 모형을 만드는데 이와 같은 과정을 통해 자신의 초기 가설을 정립한다. 그 후 일차적으로 표상한 것을 토대로 실제 상황을 직접 방문하여 초기 가설을 확인하고 재표상한다. 그 이후에는 계속적으로 재방문과 재표상이 반복되는데 이런 과정을 지칭하여 '상징화 주기'라고 부른다. 이런 상징화 주기를 통해 흔히 발견되지 않는 개념을 다양한 매체를 활용하여 표상함으로써 자신의 사고를 가시화하고, 지적 발달을 자극하여 깊게 하며, 자신이 아는 것의 일관성을 높이고 이해 수준을 심화시킬 수 있다. 레지오 에밀리아 접근법에서 상징화 주기는 대체로 다음과 같은 단계를 거쳐 전개된다.

〈표 11-2〉 상징화 주기

구술적 분출(경험 이야기 나누기)
↓
토론하기
↓
표상하기
↓
시뮬레이션
↓
대체물 이용하기
↓
경험하기
↓
재표상하기
↓
심화하기
↓
확장 및 심화하기

상징화 주기로 구성되는 레지오 에밀리아의 실제에 대한 이해를 위하여 미국의 매사추세츠 주에 있는 막스메도우 초등학교에서 이루어진 프로젝트 '눈 속의 도시'를 소개하고자 한다. 이 초등학교에서는 5세반 유치원의 두 학급과 6, 7세 반의 한 학급씩, 총 4학급이 프로젝트에 참여하였는데 각 학급이 19~22명으로 전체 학급이 프로젝트에 참여하였다. 이 프로젝트는 레지오 에밀리아시의 '빗속의 도시'에 근거하여 실시되었고, 활동의 순서는 다음과 같다(Forman et al., 1996).

눈 속의 도시

(다상징적 접근의 매사추세츠에서의 적용)

(1) 구술적 분출(Verbal outpouring)

교사가 어린이들에게 가장 익숙한 상징체계, 즉 말하기를 이용하여 프로젝트를 시작한다. 5~7세의 어린이들은 말하는 데는 익숙하지만 자신의 말에 대해 재고해 보고, 논리적 결함을 제거하며, 증거를 살펴보는 데는 익숙하지 못하다. 이것을 위해 다음의 주기와 상징체계가 필요하다. 어린이들은 말하기에서 눈 내리는 것에 대한 기억을 나누었다. 즉, 눈이 어떻게 놀이터를 변하게 하는지, 눈이 오면 걸을 때 어떻게 다른지, 눈이 오면 무엇을 할 수 있는지, 많은 양의 눈을 어떻게 시에서 처리하는지에 대해 이야기를 나누었다. 꽤 많은 양의 눈이 오기까지 수 주 동안에 걸쳐 이 같은 토론이 계속되었다.

(2) 눈 온 풍경에 대한 첫 그림과 토론(Initial drawings and further discussion)

어린이들이 눈에 대해 이야기하고, 자신이 그리고 있는 그림을 보면서 새로운 아이디어가 생긴다. 이 두 가지 원천 사이에 작은 차이가 있는 것이 바람직하며, 이런 불일치가 의문을 제기하고 문제를 해결하는 원동력이 된다.

뉴잉글랜드 지방에서 온 어린이는 스키 타는 장면, 집이 눈에 덮인 장면, 심지어 얼음이 깨져 어린이들이 호수로 빠지는 장면을 그렸다. 이 과정에서 땅과 지붕에는 눈이 쌓였는데, 차 지붕에는 눈을 그리지 않았다. 또한, 아프리카에서 와서 눈을 본 적 없는 어린이는 눈을 비와 같은 것으로 그렸다. 그림을 그리고 난 후 토론을 할 때에 아이들은 뉴잉글랜드 지방에서 온 어린이의 그림에 일관성이 없음을 지적했고, 아프리카에서 와서 눈을 본 적 없는 어린이 그림을 보고는 눈과 비의 차이점에 대해 토의했다.

(3) 눈 내리기 시뮬레이션(Simulation)

지금까지의 그림 그리기와 토론으로 어린이들은 눈이 처음에 생각했던 것보다 훨씬 복잡하다는 것을 알게 되었다. 그러나 첫눈이 예년보다 늦어지고 있으므로 확인할 수 없었고 어린이들의 가설을 물리적으로 확인해 주기 위해 눈 내리기 시뮬레이션이 준비되었다.

작은 블록으로 만들어진 소형 도시 위에 교사가 밀가루를 뿌리는 활동인데 뿌리기 전에 어린이들은 어디에 눈이 내릴지, 눈이 남아 있을지, 눈이 내리지 않을지에 대해 추측해 보았다. 이렇게 미리 예측해 보고 난 다음 관찰해 보게 하는 교수전략은 어린이의 흥미를 높이고, 관찰이 단지 흥미로운 사건 이상으로 가설에 대한 증거를 찾는 기회가 된다. 어린이들은 자신의 예측이 맞는 것을 보고 기뻐하였고 예측하지 못한 것에는 경이를 표했다.

(4) 그림을 다른 대체물로서 이용하기(Using the drawing as the referent)

눈이 오기를 기다리는 동안 도시 풍경을 벽에 붙일 만한 정도의 크기로 그렸는데 어린이들은 눈이 온 후의 모습을 나타내기 위해 농도가 짙은 흰색 물감으로 어떻게 칠할지를 생각하며 그렸다. 완성된 벽화를 1주일간 본 후 어린이들은 그림에 흰색 물감으로 눈을 그렸고, 어린이들은 물감이라는 매체가 무엇이든지 할 수 있다는 것을 알기 때문에 어떻게 흰색 물감을 덧칠하느냐에 대해 더욱 이야기를 많이 나누었다. 눈 내리기 시뮬레이션과 그림 그리기를 대조해 보면서 어린이들은 현상에 대해 생각하는 바를 그림으로 그렸고, 이를 통해 눈에 대해 좀 더 생각해 보게 되었다. 물론 여기서 그림이 완전할 수는 없다.

(5) 경험(The experience)

첫눈이 왔다. 어린이들이 그동안 한 활동을 통해 제기된 의문을 품고 눈을 관찰하러 나갔다. 밖에 나가서 차고 위에 떨어지는 눈의 모습, 눈이 내린 미끄럼틀을 탈 때 잘 미끄러지지 않는 느낌, 교사의 코트에 얼어붙는 눈송이의 수정 구조를 관찰했다.

모든 경험이 교육적인 것은 아니다. 그러나 그냥 한 번의 사건이 발생한 것과 가설에 대한 증거를 찾고, 질문에 대한 대답을 찾고, 호기심을 만족시키는 데 도움을 주는 경험은 구별된다.

(6) 경험 후의 그림(The postexperience drawings)

아이들은 현장학습을 한 상태에서 매우 흥분해 있기 때문에 자신들이 배운 것을 다소 높은 수준에서 종합하기가 어렵다. 따라서 실제 경험 뒤 후속 활동으로 실시하는 표상활동은 중요하다. 실제 경험을 한 후 그림으로 그리는 동안 어린이들은 서로 자신들이 발견한 것을 다른 어린이들과 토론하고, 자신이 기존의 지식을 수정해서 표현한다.

(7) 확장(Broadening)

실제 경험하면서 기존의 의문 외에도 새로운 의문이 생겨날 수 있다. 예를 들어, 눈이 물체에 닿을 때 소리가 날 것인지에 대해 의문을 갖기 시작했다. 교사들은 물체가 눈에 닿을 때 나는 소리에 대해 어린이들의 궁금증을 풀 수 있도록 돕기 위해 소리를 그려 보라고 했다. 교차 양식 표상이 이루어졌고 소리를 그림으로 표현하면서 어린이들은 소리에 대해 좀 더 창의적으로 생각해 볼 수 있는 기회를 갖게 되었다.

(8) 심화(Deepening)

현미경으로 눈을 관찰하고 눈이 확대된 사진을 본 후 어린이들은 눈송이의 아름다움에 매료되었다. 어린이들은 검은색 종이 위에 하얀색 분필, 색종이 조각, 콩, 마카로니, 나무 조각 같은 다양한 재료를 이용해 하나하나의 눈송이를 그렸다. 즉, 눈의 수정체 구조가 점점 커지는 것에 대해 표상하고, 경험하고, 재표상하기 때문에 상징화 주기는 일종의 나선형을 나타낸다고 할 수 있다. 나선형은 같은 주기를 반복하는 것이면서 동시에 이런 활동이 눈에 대한 어린이들의 견해를 확장시켜 주기 때문이다.

(9) 더 많은 확장과 심화(More broadening and deeping)

주기 8에서 프로젝트가 끝나는 것이 아니라 어린이들의 흥미와 이해를 계속 확장시키고 심화시킨다. 어린이들은 물이 얼음으로 변하는 과정에 대해 그림을 그려보고 실제로 실험도 해 보았다. 어린이들은 구름과 눈 만드는 기계를 그렸고 실외와 근처 스키장에서 눈과 비가 오는 것도 관찰하였다. 이 단계에서의 활동은 다음 프로젝트의 원동력이 되기도 한다.

5) 레지오 에밀리아 접근법의 사례

(1) 우리나라 유아교육기관의 레지오 에밀리아 접근법 적용

레지오 에밀리아 접근법을 우리나라 유아교육기관에 적용한 사례로 일산 I 유치원에서 이루어진 '가루 페스티벌' 프로젝트를 소개하고자 한다. 이 프로젝트는 이틀에 걸쳐 5세반에서 시행된 미니 프로젝트로서 앞에 제시한 레지오 에밀리아 접근법의 과정을 그대로 따라가기보다는 레지오 에밀리아 접근법의 기본 원리를 우리나라 유아교육기관의 현실에 맞게 적용한 사례라 할 수 있다. 아이들의 활동 중심으로 소개하면 다음과 같다.

주제선정 동기

밀가루의 사용은 정말 다양하다. 과자, 국수, 빵 등등. 또한, 밀가루를 물과 섞어 뭉쳐지는 성질을 이용하여 반죽을 만들 수도 있다. 수제비 만드는 방법을 이용하여 반죽을 한 뒤 아이들에게 준다면 그것은 또 하나의 놀잇감이 될 수 있다. 따라서 교사들은 밀가루를 이용한 무궁무진한 활동들을 기대하며 아이들에게 가루로 구성된 다양한 환경을 제공해 주었다.

밀가루와 친구 되기

밀가루 자체의 성질을 탐색해 보기 위해 공원으로 나가 돗자리 위에 밀가루를 충분히 뿌린 뒤 아이들이 들어가 밀가루를 탐색하기 시작하였다. 아이들은 밀가루를 자신의 몸과 친구의 몸에 바르며 탐색하기도 하고, 밀가루를 온 몸으로 비비기도 하고, 밀가루 위에 누워보기도 하고, 밀가루를 하늘 위에 뿌려 자신의 머리 위로 떨어지게 하고, 교사에게도 뿌리며 밀가루를 느끼는 활동에 무척 재미있어하였다. "높이 뛰면 밀가루가 금방 떨어져.", "땀이 나니까 밀가루가 반죽이 되어 버리네.~" 등 밀가루 활동을 하다 보니 자연스럽게 땀이 났고, 밀가루와 땀이 만나 살짝 뭉쳐지는 현상을 보고 땀이 나니 밀가루가 반죽이 되어 버렸다고 표현하였다.

"이렇게 얼굴에 바르니까 너무 부드럽다."
"밀가루가 내 손을 덮었네."
"몬스터 같다. 하하"
"난 수영해야지~"
"이렇게 누우니까 너무 편하고 좋다."

물과 밀가루의 만남, 그리고 재미있는 식당놀이

물과 밀가루가 만나면 어떤 일이 생길까? 아이들은 물과 밀가루가 만나면 물과 밀가루가 서로 엉킨다는 것은 알고 있었지만 직접 물과 밀가루를 반죽하는 활동을 통해 물이 적으면 가루가 잘 엉겨 붙지 않아 서로 흩어지고, 물을 너무 많으면 질퍽질퍽 끈적끈적해진다는 것을 알게 되었다.

"야 반죽이 자꾸 손에 붙는다."
"난 손가락 사이에도 붙었다."
"그래도 재미있다."
"이렇게 손으로 하면 떨어져."
"색깔을 넣어 반죽하자."
"빨강, 주황, 파랑색~"

반죽 도중에 영희가 색을 넣어 반죽하자고 제안을 하자 아이들은 자기들이 좋아하는 색을 넣어 색반죽을 만들었다. 분홍색 반죽을 밀어 긴 줄 모양을 만든 수철은 "진짜 길어졌다. 국수 같다. 우리 이걸로 음식 만들어서 식당놀이하자. 식당놀이 할 사람?"이라고 말하며 친구들에게 반죽으로 음식을 만들어 식당놀이를 하자고 제안했다. 다른 아이들도 식당에서 먹어보았던 음식들에 대해 이야기하며 식당놀이에 찬성함으로 자연스럽게 식당놀이로 연결되었다. 아이들은 스스로 자신의 역할을 친구들에게 이야기하고 놀이를 계속 확장시켰다. 아이들은 음식 만드는 사람, 손님 테이블에서 주문을 받고 서빙을 하는 사람, 손님 등의 역할을 맡아 놀이하였다.

"뭐 드실 거예요?"
"손님 여기 음식 왔습니다.~"
"영수증을 받아가세요~"

"만두와 국수요."
"잘 먹겠습니다."
"여기서 표 받아가세요."

아이들이 만든 표에는 4자리의 숫자들이 적혀있었다. 이때 교사가 "이 숫자는 뭘까?"라고 묻자 아이들은 "차에 적혀 있는 번호예요."라고 말한다. 아이들은 단순한 번호가 아닌 차 번호의 4자리를 본 따 주차증도 만든 것이었다.

'프리마 가루+모래알+자연물'의 분류

한 영역에서는 프리마 가루와 모래알 자연물을 함께 섞은 뒤 체를 주어 체로 빠져 나가는 프리마와 체 위에 남게 되는 모래알을 분류하는 활동을 해 보았다.

"이렇게 흔드니까 모래만 남는다."
"이건 (체 아래로 떨어지는 프리마 가루) 진짜 부드럽다~ "
"손에 올려봐봐~ 정말 느낌이 좋아."
"우와~ 내 손으로 떨어지니까 정말 좋다."

한 명은 위에서 체를 흔들고 몇 명 친구들은 아래에서 떨어지는 고은 가루의 촉감을 느끼며 즐거워하였다.

자연물은 손에 금방 잡혀 쉽게 분류할 수 있지만 모래와 프리마 가루는 색도 비슷하고 프리마 가루 속에 모래알이 묻혀버리기 때문에 분류 될 수 없어 보인다. 하지만 체에 올려 몇 번 흔들자 금세 분류되었고 아이들은 이것을 보며 신기해하였고 체망의 크기보다 큰 것은 걸러지고 고운 가루만 떨어지는 것을 알게 되었다.

색모래로 만든 케이크, 그리고 생일파티

라이트 테이블의 테두리를 막고 그 안에 주황색 색모래를 뿌려 주었다. 아이들은 처음에는 다른 매체 없이 모래 자체의 특성만을 이용하여 놀이하기 시작하였다. 이리저리 저어보고 모래가 있는 부분과 모래가 없고 빛이 통과되는 것을 이용하여 다양한 그림을 그리며 즐거워하였다. 그 후 모래를 모아 성처럼 쌓은 후 주변에 있는 매체인 나무색연필을 그 위에 꽂은 뒤 케이크라 이름을 붙이며 좋아하였다.

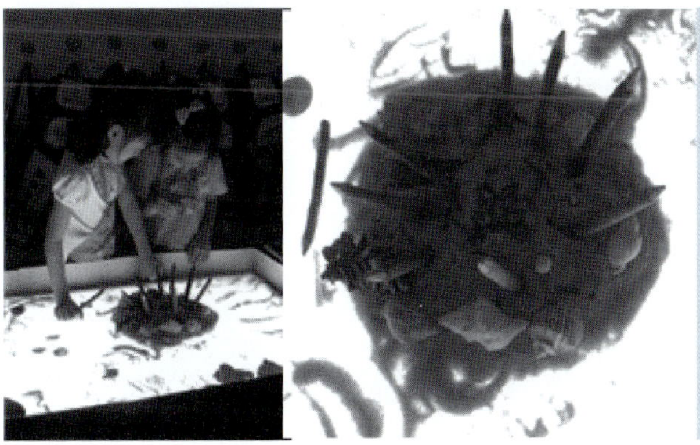

"이건 케이크야~"
"케이크에 캐릭터도 꽂아주자."
"예쁜 것으로 잘 찾아보자."

여러 탐색을 거쳐 모래의 모아지는 성질을 이용하여 케이크를 만든 아이들은 나무 색연필 외에도 여러 매체(소라, 솔방울, 구슬 등)를 이용하여 케이크를 멋지게 장식하였다. 그리고 생일축하노래를 부르며 생일파티 놀이를 하며 즐거워하였다.

반죽 길을 걸어보자

아이들은 좀 큰 밀가루 반죽을 만들고 그 위에 다양한 매체를 꽂아보고 싶어 하였다. 그리하여 아이들은 밀가루 반죽을 바닥에 크게 만들어 가는 중에 발로 반죽을 하게 되었는데 아이들은 발로 반죽을 밟으며 그 느낌에 즐거워하였다. 이때 교사는 느낌이 다른 여러 매체들을 반죽 위에 올려 그 위를 밟아보게 했다. 아이들은 그 느낌에 신기해했고, 결국 더 많은 반죽을 이용해 다양한 반죽 길 코스가 만들어졌다.

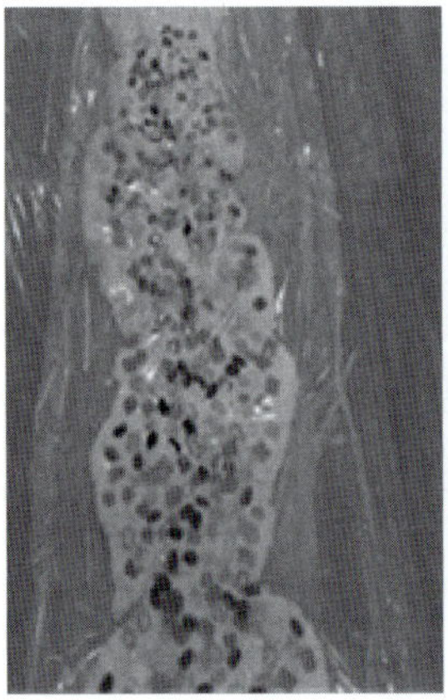

"우리가 꼭 행복의 길을 걷는 것 같아."
"이렇게 하니까 하트 모양 같지 않니?"
"꼭 밟으면 여기 발자국이 생긴다."
"정말 말랑말랑하고 너무 느낌이 좋다."
"우리가 한발씩 올리니까 왕이 나오고 우리는 용사가 된 것 같아."
"손으로 눌러도 쑥 들어간다."
"손바닥도 찍혀."
"우리가 행복의 길로 가는 것 같아."
"정말 좋지?"

아이들은 반죽 길을 밟으며 반죽들 사이로 매체들이 쏙쏙 들어가는 재미와 미끌미끌한 감촉을 느끼며 행복의 길로 걷게 되었다.

다양한 가루의 경험: 팥빙수와 핸디코터

교사와 아이들이 다양한 가루에 대해 이야기를 나누던 중에 얼음가루는 시원하게 해 주는 가루라는 이야기가 나오게 되었고, 아이들은 얼음가루를 이용한 팥빙수를 먹고 싶어 하였다. 그래서 교사와 아이들은 단단한 얼음이 시원하고 맛있는 팥빙수가 되는 과정을 직접 체험해 보기로 하였다. 아이들은 네모난 각 얼음이 기계 속에서 눈꽃 같은 얼음가루로 변하자 너무나 신기해하였고, 자기들이 얼음가루 위에 팥, 딸기시럽, 과일, 미숫가루를 넣어 만든 팥빙수 맛에 감탄을 하며 맛있게 먹었다.

또한, 교사는 다양한 가루의 경험을 위해 핸디코터(종이, 돌가루)를 소개하였고 핸디코터를 이용해 한 번 쓰고 버려지는 병들을 새로운 꽃병으로 탄생시키는 활동을 아이들과 하게 되었다.

핸디코터를 이용해 만든 새로운 꽃병

◎ 표상활동: 가루 페스티벌 중에 가장 재미있었던 것

가루 페스티벌 활동 중 가장 기억에 남는 활동과 그 이유, 그리고 가루에 대한 생각 등에 대해 이야기를 나눈 후 그림으로 표현하여 보았다. 다양한 이야기가 나왔고 이 활동을 통해 아이들은 밀가루에 관심이 많아졌음을 알 수 있었다.

밀가루를 뿌리니 밀가루가 눈이 되었어요. 너무 재미있었어요.

반죽 위를 걸어 보았는데 미끌미끌한 것이 재미있었어요.

색 반죽을 만들어 식당놀이 하는 것이 제일 재미있었어요.

가루랑 모래를 체에 넣어 흔들어 보니 재미있었어요. 여러 가루를 나눌 수 있는 게 신기했어요.

교사도 이 프로젝트를 통해 밀가루라 하면 엄마가 요리할 때 쓰는 것이라고 생각하고 있었을 아이들이 밀가루와 물을 직접 넣어 가며 알맞은 농도를 찾아 반죽하는 모습에서 아이들은 진정 무한한 가능성을 지닌 존재라는 것을 한 번 더 느낄 수 있었다고 한다.

(2) 초등학교에서의 레지오 에밀리아 접근법의 적용

초등학교 교과시간, 재량시간, 특별활동 시간을 활용하여 교과의 내용이나 재량 및 특별활동의 내용과 관련된 프로젝트를 실행할 수 있다. 레지오 에밀리아 접근법의 상징화 주기, 다양한 표상방식, 다매체의 활용은 아동들의 관심과 흥미를 지속시키면서도 주제에 대한 깊이 있는 이해와 사고력을 함양시킴으로 유아교육기관과 초등학교 저학년의 교육을 연계시키는 유용한 프로그램이라 할 수 있다. 따라서 초등학교에서 이루어진 레지오 에밀리아 접근법의 사례를 간단히 제시하고자 한다(유승희 · 성용구, 2007).

프로젝트 1: 친구

상징화 주기	표상 방식	주제	활동방법 및 내용	준비물
1주기	1차적 표상 (이야기 나누기)	친구에 대해 이야기 나누기	• 친구와 있었던 일에 대하여 이야기 나누기 • 친구에 대해 평소 느낀 점 말하기	각자 사진
2주기	2차적 표상 (그리기)	친구 그려보기	• 친구의 모습 그리기	크레파스, 사인펜, 도화지 사포, 색도화지, 머메이드지
3주기	2차적 표상 (쓰기)	친구에 대해 관심 가지기	• 친구의 과거, 현재, 미래를 알아보기 • '골든벨을 울려라'로 친구 알아맞히기	학습지-사진, 잡지
4주기	2차적 표상 (쓰기)	친구 집중 탐구하기	• 친구의 생활모습 알기 • 친구의 가족 조사하기 • 친구가 좋아하는 것, 싫어하는 것 알아보기	궁금이 상자 활용 (1주일 비치하여 질문에 답해 보기), 학습지
5주기	2차적 표상 (쓰기)	친구랑 관련된 책 읽기	• 친구와 관련된 책읽기 • '아낌없이 주는 나무' 읽고 느낌나누기 • '넌 아주 특별해' 읽고 느낌나누기 • '내가 도와줄게' 읽고 느낌나누기 • '꽃들에게 희망을' 읽고 느낌나누기 • 책 읽고 느낌 나누기(학급 홈페이지에 느낌 올리기)	
6주기	2차적 표상 (체험)	'콩과 콩깍지' 놀이하기	• 아낌없이 친구에게 칭찬과 격려하기 • 친구에게 관심 갖고 도와주기	
7주기	2차적 표상 (만들기, 그리기, 쓰기 통합)	친구의 마음을 느껴요	• 자신을 나타낼 수 있는 것을 지점토로 나타내기 (내가 좋아하는 동물, 내가 되고 싶은 것 등) • 다 만들어진 작품 주위 크레파스로 꾸미기 • 친구들과 의논하여 동화 만들기 • 친구의 작품 중에서 고쳐주고 싶은 부분 만져주기 • 고쳐진 작품으로 동화 만들기 • 서로의 동화 칭찬하기	지점토, 전지, 동화를 책자로 꾸미기
8주기	3차적 표상 (체험)	사이좋게 놀이하기	• 풍선 놀이하기 • 말 주고받기 놀이하기 • 함께 춤추기	
9주기	2차적 표상 (쓰기)	친구에게 편지쓰기	• 친구에게 예쁜 롤링페이퍼 만들어 선물하기 • 학급 홈페이지에 친구를 칭찬하는 글 올리기	작은 책 모양 (머메이드지)
10주기	3차적 표상 (현장체험)	친구 집 방문하기	• 친구 사이에 지켜야 할 예절 알기 • 친구 집 방문하기 • 사진 찍고 앨범 만들기 및 보고서 작성	사진기 (친구 초대해 주실 어머니 신청서 작성)

프로젝트 2: 효도

가정의 달인 5월에 적합한 프로젝트로서 말하기 · 듣기, 즐거운 생활, 재량시간과 특별활동시간을 이용하여 실행되었다. 간단히 주기별 활동을 살펴보면 다음과 같다.

주기 1. 효도에 대하여 이야기 나누기 (자신의 경험담)
주기 2. 효도 첫 번째 그리기 & 그림일기
주기 3. 효도의 역사적 사실에 대해서 조사하기 (위인전 읽기)
주기 4. 효도 두 번째 그리기 & 그림일기
주기 5. 효도 예화 스토리텔링하기
주기 6. 효도 세 번째 그리기 & 그림일기
주기 7. 효도 영화감상
주기 8. 장애노인 부양가족 탐방
주기 9. 효도 사례집 미니북 만들기
주기 10. 효도를 행위로 표현하기 (부모님 발 씻겨 드리기)

03 몬테소리 유아교육

몬테소리 프로그램은 이탈리아의 여의사였던 마리아 몬테소리에 의해 시작된 프로그램이다. 1907년 로마에서 3~7세의 도시 빈민 유아를 대상으로 하여 어린이집(Casa dei Bambini)을 창설한 몬테소리는 프랑스의 의사이며 장애아교육의 선각자이기도 한 이타르(Itard)와 세강(Seguin)의 영향을 받아 정신지체아를 대상으로 하던 교육방법을 적용한 프로그램을 개발하였다. 1900년대 초기 몬테소리의 교구와 철학은 미국에 전파되어 유아교육에 상당한 영향을 미치며 확대되기 시작하였으나 1920년 이후에는 거의 찾아볼 수 없게 되었다. 그 중요한 원인으로는 진보주의 교육 운동의 영향으로 유아의 놀이, 창조성, 상상력 등이 강조되고 무엇보다 집단 활동과 사회화가 강조됨으로서 몬테소리 교육의 개별화 교육 개념과는 갈등을 불러일으키게 되었기 때문이다. 그러나 1960년에 이르러 유아의 지적 발달과 교육이 다시 강조되고 불우 아동에 대한 관심이 증대됨으로 인해 몬테소리 교육법은 다시 활기를 되찾게 되었다(이기숙, 2000).

1) 기본개념 및 가정

(1) 유아관

몬테소리는 어린이를 자기 자신을 형성하고, 자기 자신을 표현할 수 있는 능력을 가진 존재로서 생각하고 이것이 모든 교육의 기본 원칙이 되어야 한다고 생각했다. 이러한 유아관으로 몬테소리는 어린이의 실수를 알게끔 해 주고 실수를 옳게 교정하는 법을 어린이에게 보여주는 사람은 교사가 아니고, 어린이 자신이 스스로 그러한 결과를 이끌어 낼 수 있게 해야 한다고 했다. 어린이는 창조적인 본능과 민감성, 흡수 정신, 자율성을 가지고 '발달'이라는 각자의 목적을 향하여 자기의 능력을 사용하여 복잡하게 움직인다는 것이다. 따라서 유아교육은 어린이가 갖고 있는 인간으로서의 존엄성과 권리를 인정하고 개개 어린이의 자기 발전을 지원함으로써 어린이 속에 잠재되어 있는 풍부한 능력에 맞게 실시되어야 한다.

(2) 민감기

몬테소리는 0~6세의 유아에게는 특정 행동에 대한 감수성이 예민해져서 특정 기술을 보다 쉽게 배울 수 있는 민감기가 있다고 믿었다. 민감기란 유아가 어떤 행동에 대하여 좀 더 영향을 받기 쉽고 특정한 기술을 쉽게 배울 수 있는 시기(성향)로서 매우 초기에 획득되며 일단 특별한 성향을 획득한 후에는 소멸되어 버리는 일시적인 기질이다. 민감기가 나타나는 시기와 특성은 유아마다 다르고 또한 연령에 따라 나타나는 행동의 특성도 다르다. 그러므로 교사는 유아를 잘 관찰하여 민감기를 파악하고 그 시기를 효과적으로 보낼 수 있도록 도와주는 것이 중요하다.

(3) 흡수 정신

몬테소리에 의하면 흡수 정신은 유아가 의식을 갖기 이전에 환경으로부터 무의식적으로 무엇인가를 흡수하는 성향을 의미한다. 유아는 내부에 잠재해 있는 흡수하는 정신 능력을 통하여 환경을 받아들이며 스스로 경험하며 배우게 된다. 몬테소리는 유아의 흡수하는 정신은 6세까지 지속되는 것으로 보았으며, 이 기간을 무의식적 단계와 의식적 단계로 구분하였다. 무의식적 단계는 0~3세의 시기로서 이 시기에 유아는 능동적으로 모든 인상들을 무의식적으로 흡수하며, 흡수한 각 인상을 구체화시키고 사전에 이루어졌던 모든 것에 연합시킨다. 이때에는 보기, 듣기, 맛보기, 냄새 맡기 등을 위한 감각이 발달한다. 의식적 단계는 3~6세의 시기로서 이 시기의 인간, 환경뿐만 아니라 교구와의 계획적인 상호작용을 통해 확실한 인상을 얻는 데 중점을 둔다. 의식적이면서도 계획적으로 경험하고자 하는 의지가 강하게 나타나며, 필요한 자극을 많이 요구하게 된다.

(4) 준비된 환경

몬테소리에 의하면 환경이란 유아가 그의 지적 욕구나 성향에 따라서 그가 원하는 대로 자유로이 선택해서 사용할 수 있는 대상들의 총체를 의미한다. 유아의 성격과 성장 패턴에 영향을 주기 위해 교사에 의해 준비된 환경은 중요하며, 몬테소리는 그것을 준비된 환경(prepared environment)이라고 불렀다. 준비된 환경의 매력이 유아를 자극하여 유아에게 건설적인 활동의 동기를 줄 때 유아는 스스로 과제를 선택하고, 선택한 작업을 반복 · 몰두하게 되어 마침내 모든 에너지가 통일되어 집중 현상이 생기게 된다. 이러한 정신의 집중으로 유아 속에 하나의 깊은 변화가 생겨 유아는 우주적 질서를 감득하게 되면서 자유 의지와 이성을 가지는 창조적인 독립적 주체가 되는 것이다. 따라서 몬테소리에게 있어 환경은 유아를 길러 내는 양육자이며, 준비된 환경은 유아의 내적인 정신 발달 단계에 적합하게 제작된 몬테소리 교구들이다.

2) 교육목적

몬테소리는 교육의 목적을 어린이의 전인적인 발달을 도와주고, 자신의 주변 환경에 적응할 수 있도록 하며, 사회적 요구를 받아들이며, 더 나아가 정상화시키는 데 두었다. 정상화란 유아가 작업에 진정한 흥미를 갖고 집중, 반복하여 기쁨을 갖는 가운데 내적 훈련을 발달시키고, 목적 지향적인 작업을 선택하게 되는 과정을 말한다. 유아의 정상화는 특별한 성향에 대해 민감성을 보이는 민감기, 환경을 받아들이며 구성하는 흡수 정신, 끊임없는 내적 훈련, 독립심, 성숙의 결과로 생겨나 자발적 복종을 통해 이루어진다. 이 외에도 잘 준비된 교육환경과 교사의 도움은 유아의 정상화를 촉진시킨다.

3) 교육방법

몬테소리는 유아 스스로 학습이 가능하다고 보았다. 유아가 준비된 환경 속에서 능동적으로 참여하여 자유롭게 선택한 활동을 할 때 학습이 자연스럽게 이루어지며 이것을 '자동 교육'이라고 정의하였다. 자동 교육에서는 자기 수정적 교구를 통하여 유아 스스로 자신의 실수, 또는 오류를 발견하는 것이 중요하므로 몬테소리는 자기 수정적 교구를 개발하였다. 또한, 몬테소리 교육은 집단 교육이 아닌 개별 교육으로서 유아 개인에 초점을 두고 실시된다. 각 아동의 시간표는 융통성 있게 짜여지며, 외부로부터의 강제 없이 자신의 흥미와 욕구에 따라 활동하는 자동 교육을 통해 유아의 내적 발달이 이루어지는 것이다. 개별 교육을 실시할 때, 교사는 단순한 설명과 시범을 통해 교구의 요점과 재료를 사용할 수 있는 가능성을 간략히 알려 주면서 유아의 내적 발달을 관찰해야 한다.

4) 교육내용

몬테소리 교육과정(AMI)은 기본적으로 일상생활 훈련(exercise of practical life), 감각 교육(sensory education), 언어 교육(language education), 수학 교육(mathmetics education), 문화 교육(culture education)으로 구성되어 있다.

(1) 일상생활 훈련

일상생활 훈련은 매일의 생활에서 행해지는 활동으로서 독립심과 바른 인성, 생활습관을 기르는 데에 도움을 주는 활동으로 교구는 실제 생활의 도구와 똑같아야 하며, 성인이 사용하는 도구를 유아의 수준에 맞게 바꾼 장난감과 같은 것은 안 된다. 일상생활 훈련의 내용은 다음과 같이 구성된다.

- 인간과 관련된 활동: 손 씻기, 옷 벗기 · 걸기 · 입기, 머리 빗기, 이 닦기, 신발 신기와 벗기 등
- 환경과 관련된 활동: 껍질 벗기기, 책상 옮기기, 교구 사용 후에 제자리에 갖다 놓기, 빗자루로 쓸기, 책상 닦기 등
- 사회적 관계에 관련된 활동: 인사하기, 존중하여 예의 차리기, 친구에게 도움을 청하기, 사과하기, 초대하고 초대받기 등
- 활동의 조정과 분석: 선 위를 걷기, 침묵 게임 등

(2) 감각 교육

감각 교육의 목적은 첫째 어린이들의 마음을 물체의 분명하고 독특한 특성에 집중하도록 하여 감각 훈련을 시키는 데 있으며, 둘째 어린이들에게 자극을 주고 이를 이용하여 자신의 신체 능력을 올바로 알도록 하는 데 있다. 셋째 구별, 분류, 조직 등의 사고 능력을 증진시키며, 끝으로 산수 학습, 언어 학습을 준비하는 데 도움을 주는 것이다.

- 시각 교육 교구: 꼭지 달린 원기둥, 분홍탑, 긴 막대, 색깔판잎 도형 서랍, 직사각형 상자
- 촉각 교육 교구: 거칠고 부드러운 판, 기하학적 입방체, 온도병, 무게판
- 청각 교육 교구: 소리 상자, 종 등
- 미각 교육 교구: 맛보기 병 등
- 후각 교육 교구: 냄새 맡기 상자 등

(3) 언어 교육

언어 교육의 목표를 주로 쓰기와 읽기 능력의 향상에 두고, 언어 발달을 자유로운 대화와 지속적인 표현을 통해 이룰 수 있게 하였다. 언어 교육에는 구두 언어 교육과 읽기 · 쓰기 교육, 직접 교육으로 구분된다.

- 구두 언어 교육: 노래하기, 주변의 동물, 색깔, 과일 등의 이름 알기, 질문 및 토론하기
- 읽기 · 쓰기 교육: 간접 교육(구슬 꿰기, 기하도형놀이 등)
- 직접 교육(근육운동, 모래 글자, 어휘 카드 등)

(4) 수학 교육

수학 교육은 사고력을 훈련할 수 있는 기회를 제공하는 것이 목적이며 유아들은 수학 학습을 시작하기 전에 사물 본래의 속성과 고립화된 속성의 단계를 이해하고 수학 학습에 필요한 지적 기술을 습득해야 한다. 수학 교육의 주요 활동과 교구는 다음의 여섯 가지이다.

- 수의 소개: 숫자막대, 모래종이 숫자카드, 수의 기억 게임, 수세기와 카드 등
- 십진법 활동: 구슬의 소개(10, 100, 1,000), 숫자카드의 소개(1~9, 10~90, 100~900, 1,000~9,000) 등
- 1~19와 11~99 세기 학습: 구슬 교구로만 된 1~19의 소개, 1~19 숫자카드

소개 건너뛰어 세기 등

- 기본 공식의 학습: 더하기 뱀놀이, 덧셈판, 뺄셈판, 구슬대를 사용한 곱셈, 단위 나눗셈, 판 등
- 추상성의 변화: 작은 구슬틀, 큰 구슬틀 등
- 분수 활동: 분수 끼우기 틀, 곱셈 난쟁이

(5) 문화 교육

문화 교육은 유아가 사회 속의 한 인간에 대해 그리고 인간의 모든 양상, 습관, 예술, 문학, 삶의 형태에 대해 이해할 수 있도록 하는 데 목적을 두고 지리, 역사, 과학, 미술, 음악 등의 활동을 하도록 한다.

5) 교사의 역할

몬테소리 교사는 전통적 교사와 구별하기 위하여 '교사'라는 용어를 사용하지 않고 '안내자(guider)' 혹은 '지도자(directer)'라는 용어를 사용하였는데 그 이유는 교육은 유아 스스로에 의해 이루어지는 것으로 교사는 다만 유아의 내면에서 일어나고 있는 창조의 작업을 도와줄 수 있을 뿐이기 때문이다. 몬테소리 교사가 수행해야 하는 역할은 다음과 같다.

(1) 관찰자로서의 역할

몬테소리 교사는 강의하지 않고 다만 관찰자의 역할을 잘할 수 있어야 한다. 교사는 유아의 교구 선택이나 집중 정도, 사용 방법 등에 대해 세심하게 관찰하고 유아의 민감기를 포착하여 학습 효과를 올릴 수 있도록 도와야 한다.

(2) 환경 준비자로서의 역할

몬테소리 교사는 환경의 준비자로서의 역할을 해야 한다. 몬테소리 교육에 있어서의 교사는 유아를 위한 환경의 준비자이며 연결자로 봉사한다. 즉, 교사는 최적의 시기에 유아의 흥미와 발달단계에 맞는 최적의 준비된 환경을 만들어 제공해야 하고, 유아와 환경 사이를 연결하는 줄의 역할을 해야 한다. 교사는 유아가 학습의 중심이 되어 스스로 환경과의 상호작용을 통해 전인적인 성장에 이르도록 돕게 된다.

(3) 촉진자로서의 역할

몬테소리 교사는 잘 준비된 환경 속에서 유아들이 스스로 활동을 전개할 수 있도록 자극을 주는 역할을 해야 한다. 다시 말해서 동기 유발자로서의 역할을 다해야 하는 것이다. 교사가 촉진자로서의 역할을 제대로 수행하기 위해서 유의해야 할 점은 다음과 같다.

- 어린이의 흥미가 특정 교재에 집중되어 있을 때 무리하지 않는 범위 내에서 교구, 교재의 사용 방법을 분명하고 순서 있게 그리고 천천히 보여준다.
- 아동의 행동 하나 하나를 깊이 관찰하고 분석한다.
- 어린이의 활동에 유익한 제시는 조용한 말로 하되 가까이 가서 제시한다.
- 어린이가 찾을 수 없는 것을 찾고 있을 때나 어린이의 노력이 한계에 부딪쳤을 때를 대비해서 깊이 관찰하면서 도와줄 수 있는 시기를 기다린다.
- 어린이가 교사를 부를 때에는 반드시 가며, 이때에는 어린이의 말 속에 있는 내심의 요구까지 들어준다.
- 잘못되었을 경우 직접 지적하지 않는다. 그러나 잘못된 점에 주의를 끌게 하기 위하여 똑같은 과정을 반복하게 한다.

(4) 유아를 존경하는 자

몬테소리 프로그램에 있어 교사의 가장 중요한 역할은 유아에 대한 존경이다. 교사는 인간은 누구나 선의 요소를 지니고 있다는 분명한 확신을 가지고 유아를 존경하는 태도로서 무리하게 강요나 통제를 하지 말고, 유아 자신이 마침내 선택한 작업에 몰두하여 내적인 즐거움과 만족감을 느끼도록 꾸준히 지켜보면서 안내하는 역할을 해야 한다.

(5) 부모와 지역사회에 대한 협조자로서의 역할

몬테소리 교사는 부모와 지역사회에 대해 협조자로서의 역할을 다해야 한다. 몬테소리 교사는 유아를 고립된 개인으로서가 아니라 가정의 한 구성원으로 본다. 그러므로 몬테소리 교사는 유아의 가정과 긴밀한 관계를 유지해야 하고, 부모들로부터 교사의 강의나 방문의 요구가 있을 때에는 언제든지 이에 흔쾌히 응할 수 있는 용의가 있어야 한다. 또한, 부모 및 가정생활과의 밀접한 접촉을 유지해 나가는 일 외에 지역사회에 유아의 정신적인 잠재된 힘을 알려서 진정한 교육이 이루어지도록 헌신해야 할 의무가 있다.

6) 우리나라 몬테소리 유아교육기관 사례

몬테소리 유아교육에 대한 이해를 돕기 위해 몬테소리유치원으로 운영되고 있는 인천광역시 D유치원의 '꼭지원기둥' 수업지도안과 아이들이 다양한 교구를 이용하여 학습을 하는 사진을 제시하면 다음과 같다.

〈표 11-3〉 몬테소리 유아교육 수업지도안 사례

<table>
<tr><th colspan="6">꼭지원기둥(Solid Cylinders)</th></tr>
<tr><td>영역</td><td>감각 영역</td><td>대상</td><td>3세반</td><td>학습유형</td><td>개별지도</td></tr>
<tr><td>직접목적</td><td colspan="5">시각에 의한 크기의 식별</td></tr>
<tr><td>간접목적</td><td colspan="5">쓰기 위한 준비(연필을 쥠), 예민한 관찰력, 주의력의 집중, 논리적으로 사물을 생각함(1:1 대응의 개념), 수학적 두뇌의 육성, 게임 중의 기억력</td></tr>
<tr><td>흥미점</td><td colspan="5">손가락 3개로 잡음, 원기둥을 한 번 놓고 섞어 놓음
원기둥의 틀 속에 들어가 보이지 않게 됨</td></tr>
<tr><td>잘못의 정정</td><td colspan="5">각자의 원기둥이 들어가는 구멍이 있음</td></tr>
<tr><td>교구</td><td colspan="5">• 자연색의 목재 틀에 열 개씩 꼭지 달린 원기둥이 들어 있음
• 4쌍의 원기둥 교구는 제각기 차원이 다른 점차성을 갖고 있음.
교구A: 같은 직경을 갖고 있지만 높이가 점증하는 원기둥(파란색) – 높다↔낮다
교구B: 높이가 같고 직경이 점증해 가는 원기둥(빨간색) – 굵다↔가늘다
교구C: 직경과 높이가 같이 점증해 가는 원기둥(노란색) – 크다↔작다
교구D: 높이가 점감하고 직경이 점증해 가는 원기둥(초록색) – 복합성</td></tr>
<tr><th>단계</th><th colspan="4">활동내용</th><th>비고</th></tr>
<tr><td>1 단계</td><td colspan="4">〈서열화 개념 습득〉
T: 오늘은 선생님이랑 재미있는 놀이를 할 거예요. 이 교구를 책상으로 옮겨서 할 건데 옮길 때는 어떤 방법으로 옮기는지 잘 보자. 잘 보았어요? 이 교구를 보니까 꼭지가 달려 있네. 꼭지를 모두 꺼내 보니까 기둥처럼 생겼어요. 그래서 이 교구의 이름은 꼭지원기둥이야. 선생님이 꼭지원기둥을 끼울 건데 어딜 잡고 하는지 잘 보세요.
T: 꼭지원기둥을 다시 모두 꺼내보자. 모두 몇 개인지 세어 보자. 일, 이, 삼…십. 일, 이, 삼, 사 말고 다른 방법으로 세어보자. 하나, 둘, 셋…열. 또 다른 방법으로 세어 보자. 첫 번째, 두 번째, 세 번째…열 번째.</td><td></td></tr>
<tr><td>2단계</td><td colspan="4">〈시각에 의한 점차성 습득〉
T: 선생님이 더 재미있게 하기 위해서 몇 개를 바꿔 볼 거야. 그런데 잘 모르겠어요~ 하면 만져 봐도 돼.
T: 우리 친구가 눈을 감으면 선생님이 순서를 바꾸어 볼게요.</td><td></td></tr>
<tr><td>3단계</td><td colspan="4">〈환경의 고립화〉
T: 이번에는 우리 친구는 여기에 있고, 선생님은 틀을 저 쪽 책상으로 옮겨놔야지. 자, 여기 틀이 있어요. 선생님이 여기서 얘기하는 걸 듣고 저기서 찾아오는 거야. 세 번째 것 찾아보세요. 그런데 우리 친구 오늘 아침에 뭐 먹었어?
C: 밥하고 계란이요.
T: 그렇구나. 그럼 이제 선생님이 아까 말했던 교구를 찾아와 보자.</td><td>이미 들었던 것을 다른 이야기로 주의를 돌려 오랫동안 기억했다가 찾아오게 한다.</td></tr>
</table>

단계	활동내용	비고
4단계	- 틀렸을 때는 손으로 만져보고 다시해 볼 수 있도록 한다. - 기억을 못 할 때나 혼자서 할 때: 찾으려는 구멍에 무언가 꽂아서 표시해 놓는다. - 혼자 하고 싶을 때는 틀을 몸 가까이 하고(원기둥들이 쓰러지지 않도록) 안대를 끼고 해 본다. T: 우리 친구가 혼자서도 이렇게 잘 할 수 있는 건 우리 몸의 어떤 기관이 있기 때문일까? C: 눈이요. T: 그래, 이렇게 고마운 눈을 소중히 여겨야겠지요? T: 오늘은 다른 꼭지원기둥(교구3)을 준비했어. 꼭지원기둥을 모두 꺼내 보니까 크기가 어때요? C: 다 달라요. 이거는 커요. 〈게 임〉 • 꼭지원기둥에 잘 꽂기 게임 T: 우리 친구가 재미있게 잘 했기 때문에 오늘은 친구들과 같이 재미있는 게임을 해 보자.(꼭지원기둥 두 개를 산 모양으로 놓는다.) T: 이렇게 놓으니까 뭐 같아요? C: 산 같아요, 삼각형. T: 재미있는 생각을 했구나. 이 게임을 할 때는 약속이 있어요. 먼저 전부 꺼내보세요. 지금부터 누가 자기 꼭지원기둥에 틀리지 않고 잘 옮겨놓는가 해 보자. - 교사 먼저 모범제시를 한다. - 일부러 틀려본다. (틀리면 다음 유아에게로 넘어간다.) • A, B, C, D의 똑같은 짝 찾기 게임 꼭지원기둥을 사각형 모양으로 놓고, 가운데 빈 공간에 꼭지원기둥을 모두 꺼낸 후 섞어서 놓는다. T: 이번에는 누가 똑같은 것을 잘 찾아내나 해 보자. 똑같은 게 5조가 있어요. 선생님이 먼저 찾아볼게요. - 2개를 골라 크기를 대보고, 맞으면 가져가고, 틀리면 놓는다. - 모두 찾은 후, 나머지 것은 자기 것에 다 끼워 넣는다. T: 다 한 후, "내 것의 첫 번째와 친구의 일곱 번째와 같아요."라고 말해 볼 수 있겠어요?(예: B의1 = C의1, B의 10 = C의10)	활동에 흥미가 떨어졌을 때, 게임으로 들어간다. 저연령: 꼭지원기둥 모양의 네모 판 만들어 그림자 위에 올려놓아 보기

단계	활동내용	비고
4단계	• 말놀이 T: 오늘은 10개 중에서 2개만 가지고 재밌는 놀이를 해 보자. 모양은 똑같은데 다른 점이 있나요? C: 하나는 뚱뚱하고 하나는 가늘어요. T: 이 교구들을 표현하는 말이 있어요. '굵다/가늘다' 들어봤어요? 언제 들어봤어요? T: 굵은 교구는 아빠처럼 굵은 목소리로 해보자. '굵다' T: 이 중에서 굵다고(가늘다고) 생각하는 것은 무엇인지 골라보자. 이번에는 선생님이 가리키는 것이 어떤지 우리 친구가 말해보자.	고연령: 모두 섞어서 틀 안에 넣어 같은 크기의 꼭지 원기둥 찾아 올리기

언어 2색의 이동 24음

감각 꼭지원기둥

감각색원판

비즈와 세강판

감각색판

문화 국기

문화 세계 지도

숫자와 바둑알

[그림 11-17] 몬테소리 유아교육 활동

7) 몬테소리 유아교육의 초등교육 적용

몬테소리 유아교육을 초등학교에 적용하기 위한 노력은 꾸준히 시도되고 있다. 이는 몬테소리의 교육원리가 초등교육과정이 지향하는 아동의 자기 주도적인 학습 능력을 신장시키는 교육방법에 부응하기 때문이다. 따라서 초등학교에서는 몬테소리의 자동 교육, 준비된 환경, 개별화 교육방법 등에 기초하여 아동의 수준별 개별화 학습 프로그램 개발 및 학습 자료의 개발에 노력을 기울이고 있다. 다음의 그림은 서울특별시 송정 초등학교에서 시행되었던 개별화 학습의 사례이다. 교실에는 아동의 수준에 따라 개별화 교육이 이루어질 수 있도록 학습자료가 구비되어 있으며 아동들은 각자 자기의 능력에 따라 교구를 선택하여 학습하고 있다(서울송정초등학교, 2004).

[그림 11-18] 자기 주도적 개별화 학습을 하는 아이들

04 자연주의 교육 접근법

최근 유아교육에 있어 자연주의 접근법이 강조되는 경향이 있는데 자연주의 교육 접근법은 다음과 같은 세 가지 기본 개념을 전제로 한 교육을 의미한다.

첫째, 인간의 타고난 본성에 따르는 교육이다. 그리고 타고난 본성을 자연으로 본다. 근대 교육의 대표적인 사상가인 코메니우스, 루소, 페스탈로치, 프뢰벨 등은 교육은 어린이의 본성에 따라야 한다고 믿었다. "자연으로 돌아가라"라고 주창한 루소에 의하면 자연적 교육은 행복, 자발성, 탐구력과 같은 자질을 증진시키고 용기를 북돋아 준다고 한다. 그의 방법에 의하면 교사와 부모는 어린이 자신의 자연적 능력에 따라 성장하도록 허용해야 한다는 것이다. 또한, 어린이에게 무엇을 강요함으로써 그들의 발달을 억제해서는 안 됨을 강조하였다. 페스탈로치는 씨앗이 적절한 환경만 주어지면 하나의 나무로 성장할 수 있는 잠재 능력을 갖고 있다는 점에서 인간을 나무에 비유했다. 나무가 빛을 적당하게 쬐지 못하면 삐뚤어지므로 가르친다는 것은 인간에게 균형 있는 환경을 마련해 줌으로써 인간의 성장이 왜곡되지 않도록 하는 것이며 타고난 자연적 특성을 찾아서 그 능력을 신장시켜 주는 것이라고 한다.

프뢰벨도 교육은 식물이 움이 돋아 꽃이 피고 열매 맺는 것과 같이 그 내적 법칙에 따라 서서히 필연적으로 성장하도록 돕는 것을 의미한다고 했다. 그는 "우리들이 어린 동식물에게 안정을 주고 이들 성장에 불필요한 간섭을 가하지 않는 것은 만약 이렇게 하지 않으면 동식물의 자연 발육이나 성장에 방해된다는 것을 알기 때문이다."(곽노의, 1996)라고 말하면서 무리하게 어린이의 본성을 무시하고 교육함으로써 부자연스러운 성품을 지닌 인간으로 성장하게 되는 것을 방지해야 하며 어린이가 아름답게 개화하여 전인적인 조화를 갖고 발달할 수 있도록 해야 한다고 강조했다.

둘째, 자연주의 교육법은 자연으로부터 얻는 지혜를 교육에 적용한다. 인간의 본성은 곧 자연이기에 자연의 성장 원리와 차이가 없을 것으로 가정한다. 따라서 교육은 인간본성의 자연적 순서에 따라 진행되어야 하며, 자연의 성장 모습에서 배운 지혜에 따라 유아기 교육을 중요하게 생각한다. 묘목이 작은 가지였을 때는 구부러진 모양을 아름답게 잡을 수가 있으나 큰 나무로 성장하면 바로잡기가 매우 어렵듯이 인간도 어린 생명체는 잘 휘어져서 쉽게 바르게 할 수 있으나 그 생명체가 단단히 굳어지면 변화시키기가 힘이 들므로 자연본성에 따르는 유아교육을 강조한다.

셋째, 인간은 자연 속에서 태어나 자연과 더불어 살아가기 때문에 자연과의 관계 속에서 인간은 가장 잘 발달할 수 있다고 생각한다. 이것은 외적인 성장뿐만 아니라 인간의 내적인 성장까지도 자연을 통하여 잘 발달할 수 있다는 것이다. 즉, 육체와 정신과 마음이, IQ, EQ, MQ가 자연과 상호작용하면서 발달하며 우리에게 인생의 심오한 진리까지도 깨닫게 한다. 이와 같은 관점에서 로버트 풀컴은 "내가 정말 알아야 할 모든 것은 유치원에서 배웠다."에서 그가 자연을 통하여 배울 것을 다음과 같이 기술하고 있다.

- 경이로운 일에 눈을 떠라. 컵에 작은 씨앗을 기억하라. 뿌리가 나고 싹이 나서 자라지만 아무도 어떻게, 왜, 그렇게 되는지를 알지 못한다. 그러나 우리의 삶 또한 그와 같은 것이다.
- 금붕어와 애완용 쥐와 흰쥐, 그리고 심지어 일회용 컵 안에 심어 놓은 작은 씨앗조차도 모두 다 죽는다. 우리도 마찬가지다.

자연주의 접근법에 기초한 유아교육방법 중 발도르프 유치원과 숲유치원을 사례로 제시하고자 한다.

[그림 11-19] 숲에서 즐겁게 상호작용하는 아이들

1) 발도르프 유치원에서의 자연친화적 교육

인간을 자연적 유기체로 보는 인지학의 이념은 우선 발도르프 학교 건물에서 찾아볼 수 있다. 보통의 일반적인 건물이 사각형, 삼각형 모양을 띄게 되는데 발도르프 학교는 각이 없게 지어졌다. 지붕도, 교실도, 복도도 모두 곡선으로 되어 있다. 자연에는 각이 없고 다양한 곡선이 있을 뿐이기 때문이다. 유원장에는 모래밭, 그리고 나무로 된 조그만 놀이집, 뉘어져 있는 고목 등이 전부이다. 유치원에는 문명의 이기라고 하는 텔레비전, 컴퓨터를 비롯한 각종 전자제품은 없다. 대부분 자연물이고 꾸밈없는 원형 그대로의 것들로 꾸며 어린이가 안정감을 느낄 수 있는 분위기를 제공한다. 환경구성은 유치원 교육의 중추를 이루고 있는 놀이를 통하여 창의적이고 다양한 예술적인 경험을 하도록 하려는 데 초점을 둔다.

[그림 11-20] 발도르프 유치원의 장난감

유치원에는 가능한 한 완제품은 거의 사용하지 않는다. 완제품의 놀잇감은 보기에는 해로울 것이 없어 보이지만 권할 만한 일은 아니다. 완제품은 일정한 형태를 가지고 있어서 상상력을 방해하기 때문이다(윌킨슨, 1997). 모든 대상물체는 지적 사고에 의하여 만들어진 것이 아니라 실물을 모방한 것이어야 한다. 가능한 한 오랫동안 상상의 세계에 남아 있는 것이 좋으므로 색연필, 크레용, 물감, 붓과 조소용 점토, 예쁜 의자나 책상, 간단한 장난감들 외에 상품화된 놀잇감은 없다. 나무토막(원형 그대로)을 다양하게 잘라 놓은 것들, 다양한 형태를 띤 재미있는 모양의 가지와 나무그루터기, 나뭇잎, 밀짚, 견과류(호두, 밤 등), 씨앗(호박씨, 봉숭아씨 등), 양털(자연 채색한), 조개껍질, 돌, 솔방울 등이 있다. 놀이 도구로 만든 숟가락, 그릇, 다리미, 칼, 집 등이 있는데 모두 원목으로 수작업 한 것이다.

[그림 11-21] 눈 · 코 · 입 없는 인형

인형도 상품화된 것이 아니고 수작업으로 만든 것인데, 특색의 하나는 눈, 코, 입 등이 없다. 어린이의 환상과 창의적인 활동을 위해서이다. 장난감으로 만든 아름다운 인형은 상상할 수 없게 하므로 유아들의 영혼에 해가 되나 간단하게 만든 헝겊 인형은 기쁨을 줄 수 있다.

이렇게 놀잇감들은 모두 자연적인 것들이고 어린이의 상상력을 자극하고 촉진할 수 있도록 매우 단순하다. 이런 놀잇감으로 어린이들은 무한히 많은 일들을 할 수 있다. 어린이의 놀이에서는 어떤 강제력도 행사되지 않는다. 소집단 또는 전체의 자유로운 놀이에서 나타나는 상상적인 것들이 가장 중요시된다.

발도르프 교육에서는 유아의 자주성을 촉진하려면 외부로부터 주어지는 기능성으로부터 자유로워야 한다고 하는데 기능성으로부터 자유로운 것이 바로 자연이다. 유아에게 외부로부터 기능성이 없는 대상이 주어질 때 유아가 스스로 자주적이고 창의적으로 그 대상에게 기능을 부여할 수 있다는 것이다. 그래서 발도르프 유치원에는 자연적인 소재만 놓여 있으며 그런 환경 속에서 유아는 스스로 문화를 창조하는 존재임을 경험하게 된다.

발도르프 유치원의 하루 일과 중 자유 놀이 시간에 시장 놀이를 하는 코너가 있다. 여기에 다른 일반 유치원에 다니던 유아가 왔다. 그 유아는 기능화된, 완성된 교구에 친숙하여져 있었다. 좌판에는 솔방울, 견과류, 나무 조각 등 모두 자연적인 것들이 팔 물건으로 놓여 있다. 이 유아는 물건 파는 역할을 하는 아이에게 "솔방울 주세요." 해서 물건 파는 아이를 매우 당황하게 만들었다. 4~5주 지난 후에 이 유아에게도 변화가 왔다. 상징적인 것으로 말하게 된 것이다. "빵 주세요.", "계란 주세요." 등으로 자연적인 교구에 스스로 기능을 부여할 수 있게 되었으며, 스스로 문화를 창조하는 존재임을 경험한 것이다.

다음의 그림은 부천 S 어린이집에서 이루어지고 있는 발도르프 교육 사례이다.

[그림 11-22] 눈 · 코 · 입 없는 인형을 이용한 인형극

[그림 11-23] 농사체험으로 텃밭을 가꾸는 어린이들

[그림 11-24] 재배한 유자를 이용하여 유자차를 만드는 어린이들

2) 숲유치원

'숲유치원'이라는 말을 들으면 우리는 언뜻 숲속에 지어진 유치원을 연상하게 된다. 그러나 숲유치원은 건물로 지어진 유치원이 아니다. 숲 그 자체가 유치원이다. 숲 속의 모든 자연이 그 유치원의 장난감이며 교육내용이다. 하루의 모든 일과가 매일 숲에서 진행되며, 벽과 문이 없고, 천장은 하늘인, 그리고 흥미로운 자연적 장난감이 사방에 놓여 있는 자연 유치원이다.

숲유치원은 원래 덴마크에서 1980년에 시작되어 스웨덴에 거쳐 독일에 전해졌으며, 독일에서는 1994년 플렌스부르크에서 두 명의 유치원 교사에 의해 처음으로 시작되었다. 현재 독일에는 약 350여 개의 숲유치원이 있으며 모든 숲유치원에는 입학하기를 희망하는 유아들이 상당수 대기하고 있을 정도로 크게 각광을 받고 있다. 숲유치원은 오늘날 과학 문명과 산업사회의 발달로 인해 어린이의 놀이문화가 변화되고, 그로 인해 유아들에게 사회적, 정서적인 문제들이 급증하는 것에 대한 대안으로 등장하였다.

독일 볼프스브르그에 있는 숲유치원의 하루 일과를 소개하면 다음과 같다. 숲유치원은 교사 두 명에 유아 15명으로 구성된 유치원인데, 하루의 시작은 오전 8시 30분에 숲의 입구에 있는 공터(만남의 장소)에 유아들이 모임으로 시작된다. 흥미로운 것은 어린이들이 눈이 오나 비가 오나 날씨에 상관없이 부모들과 함께 등원

한다는 것이다. 어린이들은 추운날씨에는 두꺼운 점퍼를 입고 오고, 비가 오면 비옷을 입고 장화도 신는다. 모두 가방을 메고 오는데 가방에는 간식이 들어 있다.

어린이들이 모두 모이면 '아침 인사'의 노래를 부르면서 인사를 나누고 숲으로 올라가는데, 올라가는 데는 30여 분 정도 소요된다. 도착한 곳은 넓은 공터가 있는 아늑한 숲 속이다. 한쪽에는 오래된 나무 그루터기들도 있고, 나무와 작은 바위, 쓰러져 있는 나무들도 놓여 있다. 한쪽에는 농부 레카차가 고정되어 있었고, 그 안에는 솔망울로 만든 허수아비와 나무와 줄을 엮어 만든 동물 조각, 어린이들의 그림 등 어린이들이 만든 작품들이 수북했고 스케치북, 크레용, 돋보기 등도 들어 있었다. 독일 남부 슈투트가르트 교외에 있는 숲유치원에 가면 농부 레카차 대신 부모들이 지어준 작은 오두막이 놓여 있는 것을 볼 수 있다.

[그림 11-25] 겨울에도 숲유치원에 가는 아이들

어린이들은 먼저 아침모임으로 노래하며 간단한 신체동작으로 몸을 푼다. 그리고 교사와 간단한 이야기 나누기 시간을 가진 후 자유놀이를 하기 시작한다. 어린이들은 숲에서 구한 자연물을 가지고 또래들과 상상놀이를 하거나, 나뭇가지를 가지고 여러 모양으로 쌓으면서 논다. 숲속을 뛰어 다녔고, 작은 나무에 올라타거나 뒹군다. 나뭇가지를 모아 몇 개월째 인디안 집을 짓고 있는 아이들도 있고, 배를 만드는 아이들도 있다.

그 후 어린이들은 돋보기를 꺼내 나뭇잎과 열매들을 관찰하였고, 이어서 둘러

앉아 각자의 느낌과 의견을 나눈다. 유아들은 스케치북과 크레용으로 자신이 본 것과 느낀 것을 그렸고, 11시경이 되자 집에서 가져온 간식을 먹는다. 이후 자유 놀이는 계속되었고, 끝으로 교사가 들려주는 동화를 듣고 하루를 마무리한다. 12시 30분에 만남의 장소인 공원의 입구로 돌아왔고 부모들이 와서 어린이들을 데리고 귀가한다(곽노의 · 이경순 · 윤승훈, 2010).

[그림 11-26] 독일 볼프스브르그 숲유치원의 아이들

숲유치원이 숲에서의 자유놀이를 위주로 하여 구성되기에 일반 유치원에 비해 교육적인 가치가 부족하지 않을까 하고 생각할 수 있다. 하지만, 숲유치원은 오히려 정서, 인지, 사회성, 신체 등의 측면에 놀라운 교육적 의미를 갖고 있다.

다음의 그림은 일산에 있는 I 유치원에서 이루어지고 있는 여러 가지 숲 활동 사례이다.

나뭇가지를 이용해 놀잇감을 만드는 아이들

땅속을 탐색하는 아이

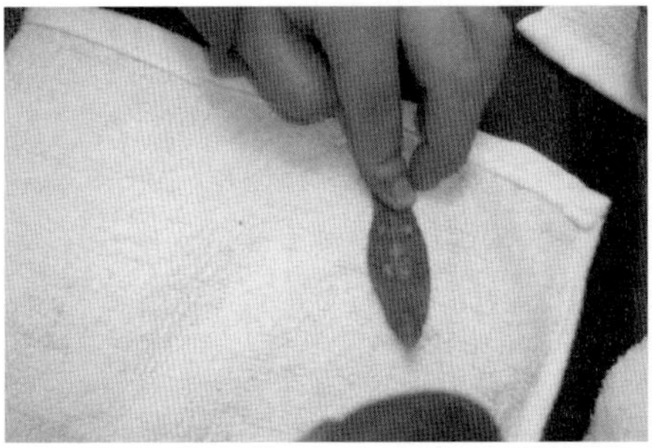

나뭇잎으로 손수건에 물감을 들여요

나무와 잎을 관찰하는 아이들

청진기를 이용해 소리도 들어봐요

낙엽 속에서의 즐거운 놀이

잔디미끄럼을 타는 아이들

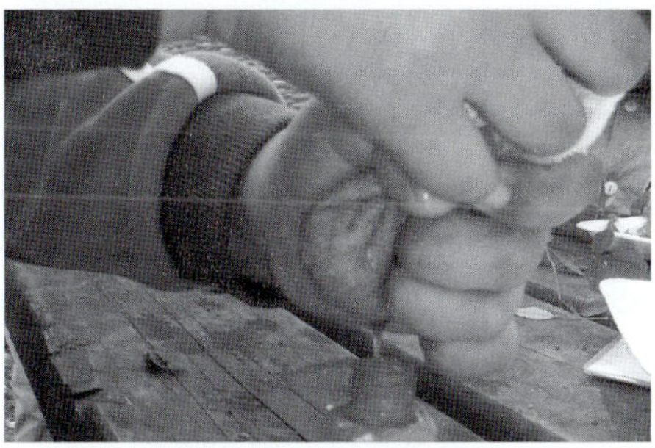

꽃잎으로 만드는 물감

버섯관찰

나뭇가지를 이용한 상상놀이

나무 관찰

[그림 11-27] 우리나라 유아교육기관의 숲 체험활동

3) 초등학교에서의 자연주의 교육 적용

초등학교에서도 최근 유아교육기관과 같은 자연주의 교육이 창의적 체험활동을 중심으로 점차적으로 확산되고 있다. 창의적 체험활동의 편성 · 운영에 대한 단위학교의 자율권이 강화되고, 사회적으로 바른 인성교육과 창의성 함양에 대한 필요가 절실해지면서 다양한 자연 체험활동이 시도되고 있다.

특히 1학년 아이들에게 자연주의적 통합교육은 학교적응을 돕는 효율적인 교육방법이라 할 수 있다. 초등학교에 입학한 아이들이 적응하는 과정 속에서 힘들어하는 것 중의 하나가 의자에 오래 앉아 있어야 된다는 것이고 친구와 함께 즐겁게 놀이할 시간이 적다는 것이다. 이런 아이들에게 자연 체험활동을 통한 통합교육의 기회를 많이 제공할 때 아이들은 학교 오는 것을 즐거워하게 될 것이며 새 친구들과도 잘 사귈 수 있을 것이다. 그리고 교육의 측면에서도 유 · 초 연계교육이 이루어지게 될 것이다. 초등학교 저학년에서 활용할 수 있는 자연주의 교육활동의 사례를 간단히 제시하면 다음과 같다.

- 학교 주위의 숲에 나가 다양한 숲 체험활동 하기
- 정기적으로 학교 운동장 산책하며 꽃밭이나 화단의 동식물과 관계 맺기
- 화분이나 텃밭 가꾸기
- 버섯을 재배하고 그것으로 요리하기
- 곤충 및 동물 키우기
- 자연물을 이용해 언어, 수학, 조형 활동하기
- 운동장이나 모래놀이터에서 여러 가지 자연물을 이용하여 놀이하기
- 교실에 자연물 놀잇감 배치하기(예: 과일씨앗, 돌멩이, 나뭇가지, 솔방울 등)
- 현장 체험 학습 시 자연을 충분히 느끼며 벗하여 놀 수 있는 장소를 택하기

위의 활동사례 중 숲 체험활동, 학교 주변 숲속 산책하기, 버섯 재배하기, 자연물로 염색하기의 활동 사례를 구체적으로 제시하면 다음과 같다(곽노의 · 이경순, 2011; 남효창, 2006; 조은옥, 2007).

〈표 11-4〉 초등학교에서의 숲 체험활동 사례

같은 모양 찾기	
활동목표	• 숲 속 사물에 대한 관찰력을 함양할 수 있다. • 도형의 특징을 이해할 수 있다.
자료	여러 가지 도형 모양이 그려진 카드, 흰색의 천이나 보자기
활동방법	1. 숲의 입구에서 여러 가지 도형 모양이 그려진 카드를 나누어 주면서 비밀카드라고 호기심을 유발한다. 2. 숲으로 들어가면서 카드와 같은 모양의 자연물을 찾는다. 3. 목적지에 도착하면 천 위에 카드와 자연물을 함께 전시한다. 4. 숲에는 여러 가지 도형의 모양과 사물이 있음을 안다.
나만의 액자 꾸미기	
활동목표	• 숲 속 사물에 대한 관찰력을 함양할 수 있다. • 숲 자연물에게서 아름다움을 느끼며 소중히 여기게 된다. • 자신의 생각과 느낌을 표현하는 능력을 키운다.
자료	나뭇가지 4개
활동방법	1. 숲으로 들어가면서 나뭇가지 4개를 주워가게 한다. 2. 목적지에 도착하면 숲 속에서 신기하거나 마음에 드는 자연물 위에 나뭇가지 4개를 놓아 나만의 액자를 꾸며보게 한다. 3. 다 완성하면 친구들 앞에서 액자에 대해 이야기 한다. 4. 숲은 여러 가지 신기한 자연물로 채워져 알게 된다.

〈표 11-5〉 학교 주변 숲속 산책 활동 사례

활동목표	• 봄의 변화에 따른 자연의 변화를 감상할 수 있다. • 숲속 공기의 상쾌함을 느낄 수 있다.
자료	비닐봉투, 돋보기
활동방법	1. 산책하면서 제자리에 서서 눈을 감고 어떤 소리가 들리는지 감상한다. "누구의 소리였을까?", "나뭇가지가 바람에 흔들려 나는 소리를 들어보자"와 같은 발문을 통해 아이들이 작은 소리에도 관심을 가지고 집중하도록 한다. 2. 새싹에게 인사하며 대화하는 시간을 갖는다. 3. 다양한 식물을 관찰하면서 자기가 친구하고 싶은 식물이나 곤충을 찾아보게 한다. 4. 식물의 공기정화작용을 설명하고 맑고 좋은 공기를 비닐 봉투에 담아 부모님께 선물한다.

〈표 11-6〉 자연물을 이용한 염색활동 사례

<table>
<tr><th>활동목표</th><td colspan="3">자연물을 이용한 염색활동을 통해 색과 무늬의 아름다움을 즐긴다.</td></tr>
<tr><th>자료</th><td colspan="3">치자, 소목, 쪽, 매염제 (명반, 하이드로), 헹굼 물, 앞치마, 끈, 빨래집개, 고무장갑, 고무줄, 두건용 천 60장</td></tr>
<tr><th rowspan="3">활동방법</th><th>치자 염색 방법</th><th>소목 염색 방법</th><th>쪽 염색하는 방법</th></tr>
<tr><td>통치자1주먹, 물4ℓ,
명반2스푼</td><td>소목1근, 물4ℓ,
명반2스푼</td><td>쪽 분말20g,
하이드로20g, 물5ℓ</td></tr>
<tr><td>1. 통치자를 50℃의 따뜻한 물을 붓고 하루쯤 두었다가 치자를 걸러 낸다.
2. 치자 우려낸 물을 60℃ 정도로 데워서 천을 담가 주물럭거린다.
3. 깨끗한 물(4ℓ 정도)에 명반을 녹여서 염색된 천을 담가 주물럭거리며 매염한다.
4. 이렇게 3회 정도 반복 염색하면 색도 잘 들여지고 색 물이 잘 빠지지 않는다.</td><td>1. 소목 1근에 4ℓ 정도의 물을넣고30~40분 끓여 고운체에 거른다. 처음에는 강한 불로 하고 끓기 시작하면 중불로 끓인다.
2. 염색이 잘 들게 하려면 1, 2일 방치하여 발효시킨 후 뜨겁게 하여(50~60℃) 염색한다.
3. 매염처리는 명반 물에 헹군 후 말린다. 3회 정도 반복 염색하면 고운 붉은 색이 나온다.</td><td>1. 원하는 물의 양을 붓고 가스 불에서 60~70℃가량 되었을 때 하이드로 적당량을 살살 넓게 뿌린다.
2. 뿌연 물이 맑게 변하면 쪽 분말을 골고루 뿌려 준다.
3. 불을 약하게 줄인 후 쪽 분말을 주걱으로 문지르며 덩어리를 풀어준다.
4. 물의 색깔이 짙은 연두에서 녹색정도로 바뀌면 염색 상태가 된 것임.
5. 온도가 적당히 식으면 천이 공기 중으로 나오지 않게 주의하며 살살 주물러준다.
6. 어느 정도 주무른 다음 공기 중에서 공기와 마찰되면서 색이 점점 짙어짐(원하는 색이 나오면 따뜻한 물로 헹궈준다).

※ 쪽물은 산화되므로 끓이면 염색이 안 됨.</td></tr>
</table>

〈표 11-7〉 교실에서의 느타리버섯 재배 활동 사례

활동목표	• 버섯의 성장과정을 알 수 있다. • 재배의 기쁨을 맛볼 수 있다.
자료	느타리버섯 종균, 스프레이, 물, 스티로폼 상자, 부직포, 철사 3개
활동방법	• 스티로폼 상자에 물을 3~4cm정도 담는다. • 버섯종균이 든 비닐 봉투를 위로 세운다. • 스티로폼 상자를 비닐하우스처럼 철사로 대를 만든 후 부직포천을 씌운다. • 부직포에 물을 흠뻑 준 후 습한 곳에 놓아둔다(습하고 따뜻한 장마철에 놓아두면 더 잘 자람).

05 기타 유아교육과 연계한 다양한 통합적 교육활동

유아교육과 연계하여 초등 저학년에서 활용할 수 있는 통합적 교육활동 사례로 놀이를 이용한 교육, 교육연극을 이용한 교육, 동화 읽어주기 프로그램을 제시하고자 한다.

1) 놀이를 이용한 교육

개정 초등교육과정에서는 계속적으로 초등학교 저학년 아동들의 발달 수준을 고려하여 놀이를 통한 교육을 강조하고 있다. 각 교과서에도 다양한 놀이가 교육목표와 관련되어 제시되어 있지만 통합교육으로 활용할 수 있는 놀이의 사례를 제시하면 다음과 같다(노석구 외, 2006).

(1) 낱말 주사위 놀이

1~2학년 듣기 · 말하기, 읽기, 쓰기의 통합적 놀이 활동으로 활용할 수 있는 놀이다. 주사위를 던져서 나오는 수만큼 미리 제작된 말판(기찻길)을 건너가면서 해당번호에 정해진 낱말과 관련된 활동을 하게 된다. 즉, 제시된 어휘로 짧은 글을 짓거나 뜻을 말하거나 몸짓으로 표현하는 등 다양한 활동을 할 수 있다. 최종 도착지점을 먼저 다다른 사람이 승리한다.

◎ 활동과정

- 먼저 듣기 · 말하기, 읽기, 쓰기의 단원에서 중요한 어휘나 활동할 내용을 선택하여 말판(기찻길)에 붙여 놓는다(또는 미리 활동지를 복사하여 나누어 주고 각 모둠별로 주요 어휘나 활동할 내용을 선정한 후에 게임에 들어가면 더 훌륭한 자기 주도적 활동이 될 수 있다).
- 놀이에 참여할 두 사람을 선발하고 두 사람은 말판이 부착된 칠판 앞으로 나온다. (모둠별로 진행해도 된다.) 주사위를 던져서 더 큰 수가 나온 사람이 먼저 시작한다. 주사위는 교실 천장에 닿지 않게 머리위로 던진다.
- 순서대로 주사위를 던져서 나온 숫자만큼 말을 이동하고, 해당번호에 쓰인 낱말의 뜻 말하기, 짧은 글짓기, 삼행시 짓기, 비슷한 또는 반대말 말하기, 몸짓으로 표현하기, 이름대기, 되돌아가기 등의 활동을 한다.
- 활동을 제대로 못하거나 시간이 지체될 경우 상대방에게 차례가 넘어간다.
- 활동을 반복하여 먼저 도착점에 도달한 사람이 이긴다.

(2) 릴레이 창작놀이

개인별, 또는 모둠별로 일정한 분량의 글을 앞 사람이나 모둠에 이어 순서대로 써 나감으로써 한편의 이야기를 완성하는 활동이다. 쓰는 글의 분량은 시간이나 기간에 따라 한 문장에서 한 문단 또는 1쪽으로 다양하게 조절할 수 있다. 주요 등장인물이나 사건이 아동의 배경지식을 바탕으로 이루어지기 때문에 학습자의 적극적인 참여 속에 흥미롭게 진행될 수 있다.

◎ 활동과정

- 학급인원을 몇 개의 모둠으로 나눈다. 모둠원의 수는 다섯 명 내외로 상황에 따라 조절할 수 있다.
- 앞으로 전개될 이야기의 제목을 정한다. 교사가 지정해 주어도 좋고 학생들이 상의하여 결정해도 좋다. 주제 설정에 시간이 걸릴 때는 '우리들의 이야기'와 같이 포괄적으로 정해도 좋다.
- 교사가 이야기의 시작이 되는 첫 문장만 불러주고 개인별로 할 때는 모둠

안에서 한 개인이 받아 적고 모둠별로 할 때는 첫째 모둠이 이를 받아 적는다. 불러 줄 문장의 예는 특별히 제한받을 필요가 없다(예: 오늘은 날씨가 무척 화창하다).

- 개인별로 할 때는 모둠 안에서 순서를 정해 순서대로 교사가 불러준 문장에 이어 돌아가며 자유롭게 쓰고, 모둠별로 진행할 때는 첫째 모둠은 교사가 불러준 문장에 이어서 이어질 내용을 상의하여 한 문단 정도로 자유롭게 쓴 후 다음 모둠에게 전해 준다. 둘째 모둠은 앞 모둠에서 받은 이야기 내용에 이어서 같은 분량의 글을 쓴 후 다음 모둠에게 건네준다. 마지막 모둠까지 이를 반복한다.
- 완성된 전체 글을 모둠별로 혹은 한 명이 낭독한다.
- 가장 재미있는 부분이나 아쉬운 부분, 고치면 좋을 부분을 상의한 후 다시 고쳐 쓰기를 해서 나중에 학급문집에 싣는다.

2) 교육연극을 이용한 교육

교육연극은 아동들의 학습 능력과 특성을 고려하여 연극적 상상력을 바탕으로 하여 학습문제에 접근하는 교육활동이다. 교육연극은 즐거운 교실을 만드는 데 도움을 주는 활동으로 유아교육과 초등교육의 연계에도 기여하는 활동이다. 사례로 교육연극에 사용되는 다양한 활동 중 초등학교 저학년에 적합한 세 가지 활동을 소개하면 다음과 같다(소꿉놀이, 2008).

- 빈 의자: 빈 의자를 교실에 두고 여기에 가상의 인물이 앉아있다고 생각한다. 그리고 아이들은 그 인물에게 하고 싶은 이야기를 한다. 인물자체를 탐색하기 보다는 인물 자신을 돌아보는 데 초점이 있는 드라마 활동이다.
- 마임: 말을 사용하지 않고 몸짓만을 이용하여 표현하는 것이다. 해설이 있는 마임, 느린 동작 마임, 빠른 동작 마임 등으로 변형에서 사용할 수 있다.
- 핫시팅: "뜨거운 의자"라고도 불린다. 이야기 속에 등장하는 인물을 한 아이

가 맡아 의자에 앉는다. 나머지 아이들은 그 아이에게 질문하거나 인터뷰를 함으로서 재미있게 수업이 진행될 수 있다. 인물 성격이나 생각을 파악할 때 주로 활용한다.

위의 세 가지 활동 중 초등학교에서 실행되었던 의자와 마임을 이용한 교육사례를 제시하고자 한다(소꿉놀이, 2008).

(1) 느낀 점 말하기

'느낀 점 말하기'는 제7차 초등교육과정 1학년 2학기 읽기 '1. 상상의 날개를 펴요.'에서 활용된 활동이다.

- 수업목표: 이야기를 읽고 느낀 점을 말하여 봅시다.
- 수업준비: 교실을 ㄇ 자 모양으로 만들어 아동들이 충분히 활동할 수 있는 장소가 되도록 한다.
- 활동1: 해설이 있는 마임 여러분은 과거시험을 보러가는 나그네입니다. 숲속을 걸어가고 있습니다. 숲에는 무엇이 있나요? 얼음! (아동들에게 인터뷰를 한다) 땡! 오랫동안 걷다보니 발이 아프지요. 마침 그늘이 있는 맑은 시냇가가 있군요. 물가에서 잠시 쉬었다 갈까요.(사이) 무엇을 하며 쉴까요? 얼음!
- 활동2: 설명이 있는 마임 숲속에서 구렁이 역할을 해 봅시다. 먹을 것을 찾아 숲속을 헤매는 구렁이는 먹이를 구하고 있습니다. 1부터 30까지 천천히 세는 동안 구렁이는 세 가지 먹이를 찾아내어 먹습니다. 무엇을 먹었을까요? 어디에서 무엇을 하고 있는 어떤 먹이일지 상상하여 표현하여 보세요. 준비되었으면 시작합니다. 시작! (아동들 표현활동, 교사는 천천히 숫자를 센다. 30까지 센 후 열심히 활동한 학생 몇 명을 골라 먹이가 무엇이었는지 질문한다.)
- 활동3: 느린 동작 무언극 꿩이 되어 천천히 움직이면서 활동을 해 봅시다. 활동한 내용은 다음과 같습니다. (꿩이 하늘로 날아오릅니다. 한참을 날아 종이 있는 곳까지 날아간 후 종에 몸이 부딪힙니다. 땅에 떨어져 죽습니다.)

- 활동4: 일인 구두활동 은혜 갚은 꿩은 나그네를 살리기 위해 자기의 목숨을 바칩니다. 그런데 꿩은 어떻게 해서 나그네를 살리는 방법을 알게 되었을까요?
- 정리활동

  도미노로 자신이 가장 인상 깊었던 장면을 말이나 동작으로 표현해 봅시다
  (도미노는 자기가 가장 인상 깊었던 장면을 말이나 동작으로 표현하면 그 말이나 동작을 반복하여 다음에는 그 다음 사람이 시작하고, 또 그다음 사람으로 연결된다).

(2) 관찰한 것을 몸짓으로 표현하기

슬기로운 생활과 즐거운 생활의 통합교육으로 활용할 수 있는 활동이다.

- 수업목표: 하루 동안 사람들의 생활과 주위 모습이 달라지는 모습에 대하여 관찰한 것을 몸짓으로 표현하여 나타낼 수 있다.
- 준비활동
  - 얼음땡: 교사가 "얼음"이라고 말하면 학습자들은 활동하던 동작 그대로 정지한다. 이런 상태에서 교사는 보조 설명이나 활동 내용 점검을 할 수 있을 것이다. 교사가 "땡"이라고 말하면 학습자들은 다시 활동하거나 활동을 멈추고 원위치로 돌아간다.
  - 생각할 시간 충분히 주기: 교사가 몸짓으로 표현하도록 할 때 아동들이 표현할 내용이 무엇인지에 대해 충분히 생각할 수 있도록 해 주어야 한다.
  - 다른 사람의 모습을 따라하지 않기: 아동들이 표현을 하다보면 앞 사람이나 다른 학생이 표현한 내용을 그대로 흉내 내는 경우가 종종 있다. 더 나아가 자기가 표현하고자 했던 몸짓을 다른 사람이 먼저 했을 경우엔 그 표현을 하지 말고 또 다른 내용이나 방법을 선택하여 다른 몸짓이 되도록 해야 한다.
- 동기유발 – 마네킹 놀이하기

  마네킹은 짝으로 하는 연극 놀이다. 가위 바위 보를 하여 진 사람은 마네킹 역할을 하고 이긴 사람이 마네킹 주인이 되어 마네킹의 모습을 만든다. 마

네킹 주인은 말을 하지 않고 마네킹의 몸을 조금씩 움직여서 자기의 생각하는 모습을 표현한다.

- 활동 1: 나의 하루생활 표현하기(개인활동)
  활동할 시간 구분을 교사가 알려주고 학생 전체가 개인별로 표현하도록 한다. 활동 중간에 얼음, 땡을 활용하여 표현내용을 다른 아동들에게 발표할 수 있게 기회를 주고 칭찬하고 격려하도록 한다(예: 오후에 집에 가서 한 활동에는 피아노 치기, 한자공부, 친구랑 놀기, 학교숙제, 책읽기 등이 있고 식사시간에 먹은 음식에는 치킨, 김밥, 콩, 계란 등을 발표하기도 한다).
- 활동2: 관찰하여 말하기
  짝이나 모둠으로 활동을 할 경우에는 누가 먼저 표현할 것인지 순서를 먼저 정하도록 한다. 그래서 보는 사람은 친구가 표현하는 것을 잘 관찰한 후 친구가 표현한 내용이 무엇이고, 또 어느 때 활동한 것인지를 추측하여 말하도록 한다. 표현한 사람은 이 말을 듣고 자신이 표현한 것과 견주어서 어떤 점은 같고 어떤 점은 다른지 말한다.
- 활동3: 관찰한 것을 몸짓으로 표현하기
  앞에서 활동하는 아이들의 모습을 관찰한 후 수업목표와 관련하여 의미 있는 것을 세 가지 정도 선정하여 표현해 보도록 한다. 전체 학습자들이 선정한 표현을 지켜보면서 표현한 내용과 언제한 일인지를 추측하여 발표하도록 한다.

(3) 친구와의 갈등 해결하기

1학년 아이들을 대상으로 창의적 체험활동 시간에 아이들의 갈등을 해결하기 위해 사용된 활동이다. 아이들은 친구와의 갈등을 어떻게 해결할지 몰라 힘들어 할 때가 많은데 드라마 활동을 통해 아이들끼리 고민을 나누고 해결하는 경험을 갖게 한다.

- 빈 의자를 놓고 빈 의자에 앉은 친구에게 내가 평소에 느꼈던 불만을 이야

기하는 시간을 갖는다. 하고 싶은 사람이 나와서 빈 의자에 대고 말하는데 이때 친구의 이름을 말해도 되고 말하지 않아도 된다(처음에는 친구의 이름을 말하지 말라고 했으나 아이들은 자연스럽게 얘기했고 그 상대가 누구인지 아이들은 쉽게 알아냈다. 빈 의자 주인공이 된 아이 중에는 기분 나쁘게 생각하는 아이들도 있었다. 그럴 때는 그 아이가 빈 의자에 앉아서 친구의 불만에 대한 답이나 해명을 하게 하였다).

- 불만을 말한 친구에게 할 말이 있는 빈 의자의 주인공은 나와서 친구에게 자신의 생각을 이야기 하였다. 주인공이 나오기를 꺼려할 경우에는 교사가 또는 다른 아이가 빈 의자의 주인공이 되어 상대방에게 말을 하였다.
- 아이들은 친구 간에 서로 다른 생각이 있음을 이해하게 되었고 앞의 활동에서 갈등이 풀리지 않은 친구들을 다시 초대하여 서로의 이야기를 더 들어보았다. 또 해 줄 말이 있는 친구들은 손을 들고 자유롭게 이야기한다(어느 정도 이야기가 진행된 후 먼저 한 아이가 사과했고 그러자 상대아이도 자연스럽게 "괜찮아"하면서 사과를 받아주었다. 교사는 이때 악수를 권했고 반 아이들은 약속이나 한 듯이 박수를 쳐 주었고 아이들이 모두 드라마 속에 빠져 있었던 것 같았다).
- 정리활동: 활동을 통해 느낀 점 이야기해 보기/일기쓰기

〈일기 사례〉

친구가 나를 불러서 충격을 받았다. 내 차례가 되었을 때 철호에게 내 마음을 모르면서 왜 자기만 생각하느냐고 물어봤다. 철호가 이제부터 사이좋게 지내고 친하게 지내자고 말했다. 우리는 악수를 했다. 친구들이 모두 박수를 쳐 주었다. 나는 슬펐지만 이제부터 친구들이랑 사이좋게 지내는 것을 깨달았다.

3) 동화 읽어주기 프로그램

동화 들려주기는 가정에서뿐만 아니라 유아교육현장에서 보편적으로 활용되고 있는 교육방법 중의 하나이다. 유아교육기관에서 교사가 동화를 읽어줄 때 아동들은 교사가 유쾌한 목소리로 읽어주는 작품을 통해서 그 이야기를 마음껏 감상하며 문학적 즐거움을 느끼고 정서적으로도 안정되게 된다. 이러한 경험은 아동들의 마음속에 오랫동안 간직되어 심미적 성장을 하게 할 뿐만 아니라 스스로 의미를 만들어 낸다는 점에서 인지 발달도 돕는다. 또한, 책을 어떻게 읽어야 되는지 방법을 학습하게 되며 듣기 능력의 향상과 어휘력의 확장, 문장 구조의 파악을 돕고, 개념적 이해도 발달시킬 수 있다(Anderson & Stokes, 1984; Tompkins, 2001).

이와 같이 동화 읽어주기의 교육적 의미가 큼에도 불구하고 유아들과 같은 발달 수준에 있는 초등학교 저학년 아동들에게 교사가 책을 읽어주는 경우는 많지 않다. 초등학교에 입학하면 책을 읽는 것은 아이들 스스로가 해야 할 활동으로 주로 간주되고 있다. 그러나 초등학교 1학년에서 교사가 동화 읽어주기를 한다면 아이들의 초등학교로의 적응과 학습발달을 돕고 유아교육과 초등교육의 연계성도 강화시킬 수 있을 것이다. 실제로 초등학교 1학년을 대상으로 동화 읽어주고 토론하기 활동을 한 사례를 제시하면 다음과 같다(김보영, 2008).

[그림 11-28] 동화책을 읽어 준 뒤 아이들과 토론하는 교사

〈표 11-8〉 동화 들려주고 토론하기 단계

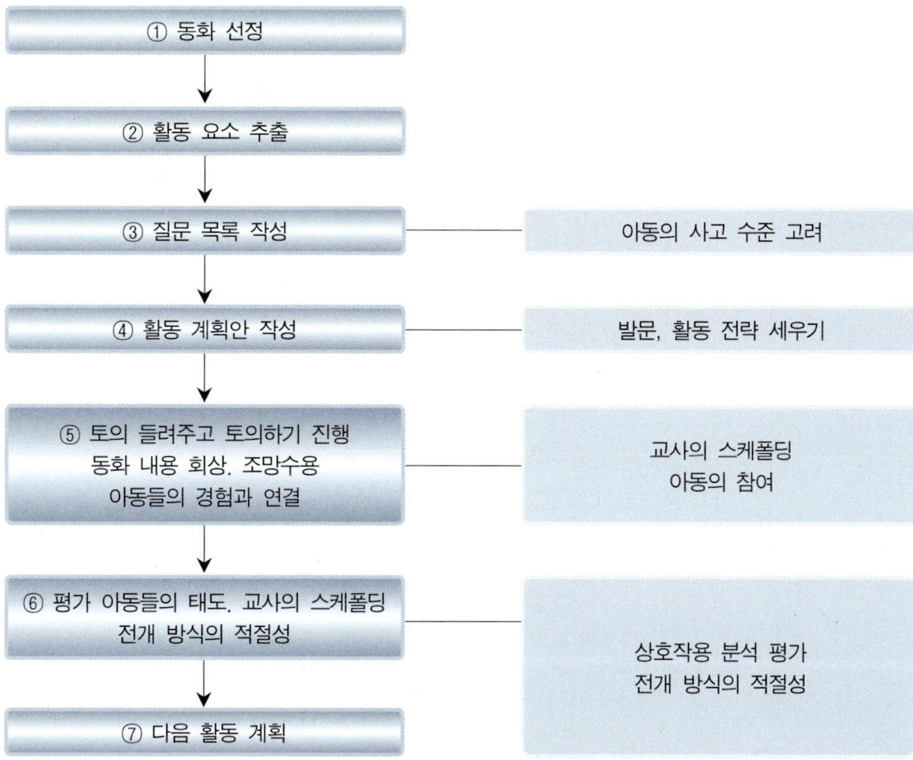

〈표 11-9〉 동화 들려주고 토론하기 활동계획안 예시

9차시. 우당탕탕, 할머니 귀가 커졌어요	
날 짜	2008. 4. 28
도 입	'우당탕탕, 할머니 귀가 커졌어요'를 들려준다. 〈동화 내용〉 새로 이사 온 위층 아이들은 조금만 떠들어도 쫓아올라오는 아래층 할머니 때문에 점점 활기를 잃어간다. 위층에서 들려오는 소리에 집중한 나머지 할머니의 귀는 점점 커진다. 결국 할머니는 위층 가족의 도움으로 귓병이 낫고 사이좋게 지내게 된다.

9차시. 우당탕탕, 할머니 귀가 커졌어요	
전 개	〈토의 내용〉 • 동화 내용 회상 1. 위층에는 누가 살고 있나요? 2. 아래층 할머니는 무엇 때문에 화가 났나요? • 조망수용 3. 위층 가족들의 표정은 어떤가요? 4. 아래층 할머니는 어떤 점이 힘들었을까요?
전개	• 아동의 경험과 연결 5. 윗집이나 아랫집 또는 이웃집 때문에 화가 난 경험이 있었나요? 6. 어떤 경우였나요? • 사고 확산시키기 7. 귀가 점점 커질 때 할머니는 어떤 생각이 들었을까요? • 내용 비평하기, 해결 방안 제시 8. 여러분은 누구의 잘못이라고 생각하나요? 9. 한 사람만의 잘못일까요? 10. 어떻게 하면 다 같이 행복할 수 있을까요?
마무리	마무리 11. 책을 다 읽고 나서 무엇을 느꼈어요?

이와 같은 활동을 통해 아이들이 책에 대한 관심이 크게 증가하였으며 동화 내용뿐 아니라 그림에 대한 관심도 증가하여 동화에 대한 이해도를 높일 수 있었다고 한다. 교사를 통해 바람직한 읽기 태도를 배우는 양상을 보였으며 책의 소중함을 인식하였고 삽화에 비해 많아진 글자나 모르는 글자의 등장으로 인한 문자언어에 대한 두려움에서 벗어나 자신감을 갖게 되었다. 특히 아이들이 교사가 제시해 주는 기준에서 벗어나 자신들의 관점으로 이야기를 다시 재해석하게 되면서 책읽기의 즐거움에 빠져들게 되었고 이것은 즐거운 학교생활이라는 인식을 갖도록 하는 데 기여하게 되었다고 한다.

참고문헌

참고문헌

곽노의(1996). 프뢰벨-생애와 교육. 서울: 양서원.

곽노의·김창복·이경순(2005). 유치원과 초등학교 연계교육론. 서울: 창지사.

곽노의·이경순·윤승훈(2010). 숲유치원의 아이들. 교육자체연구소.

곽노의·이경순(2011). 서울교대 숲유치원지도자 과정 자료집.

경기도 교육청(2019). 2015 개정 교육과정 관련 학교교육과정 지도. 경기도 교육청.

교육과학기술부(2007). 초등학교 교육과정 해설(I). 교육과학기술부.

교육과학기술부(2009a). 2009 개정 초등교육과정 총론. 교육과학기술부.

교육과학기술부(2009b). 초·중·고 창의적 체험활동 교육과정 해설. 교육과학기술부.

교육과학기술부(2011). 바른 생활, 슬기로운 생활, 즐거운 생활 교육과정. 교육과학기술부.

교육과학기술부(2012). 누리과정. 교육과학기술부.

교육과학기술부·보건복지부(2012). 5세 누리과정 교사용 지침서. 교육과학기술부·보건복지부.

교육부(1997). 초등학교 교육과정 해설(I). 교육부.

교육부(2000). 유치원교육활동 지도자료(I). 교육부.

교육부(2015). 2015 개정 교육과정 총론 해설. 교육부.

교육부(2017a). 초등학교 교사용지도서 바른생활, 즐거운생활, 슬기로운생활 1-1. 교육부.

교육부(2017b). 초등학교 교사용지도서 수학 1-1. 교육부.

교육부(2017c). 초등학교 교사용지도서 국어 1-1. 교육부.

교육부(2018). 초등학교 교육과정(교육부 고시 제2015-74호의 일부개정.

교육부(2019). 개정 누리과정. 교육부.

교육부(2022). 초등학교 교육과정 (별책 2). 교육부.

교육부(2024). 초등학교 수학 1-1 지도서. 교육부

교육부·보건복지부(2019a). 2019 개정 누리과정 해설서. 교육부·보건복지부.

교육부·보건복지부(2019b). 2019 개정 누리과정 놀이이해자료. 교육부·보건복지부.

교육부·보건복지부(2019c). 2019 개정 누리과정 놀이실행자료. 교육부·보건복지부.

김미정(2001). 유치원과 초등학교 교육의 연계성에 대한 교사 교육 프로그램 방안 연구. 조선대 교육대학원 석사학위논문.

김미진·김정미·조아라·임홍남(2018). 초등학교 1학년 어머니가 생각하는 유·초 연계의 방향: 생태학적 접근을 중심으로, 생태유아교육연구, 17(3), 183-214.

김보영(2008). 동화 들려주고 토의하기 실행연구. 서울교육대학교 교육대학원 석사학위논문.

김은영(2018). 교육부의 '유아교육 혁신방안'에 근거한 누리과정 개정(안). 교육부, 육아정책연구소의

세미나 자료집: 누리과정 개정을 위한 2차 토론회 - 유아교육 혁신 방안에 근거한 누리교육과정 개정안(pp. 3-53).

김재복·한면희·신계휴·허숙(1992). 국민학교 1, 2학년 통합교과 교육과정 시안의 연구 개발. 인천교육대학 통합교과연구회.

김정효·박효정(2005). 초등학교 1학년 아동의 학교스트레스에 대한 담임교사의 인식. 이화여자대학교 사범대학 교과교육연구소. 교과교육학 연구, 9(2), 233-259.

김창복(1992). 활동중심 개별화 교수방법이 초등학교 1학년 산수과 학습에 미치는 영향. 중앙대학교 교육대학원 석사학위논문.

김창복(2004). 유치원과 초등학교 저학년 초등학교 연계교육방안 연구. 열린유아교육연구, 9(4), 317-337.

김창복(2006). 유·초등 연계교육을 위한 1학년 교실 공간 구성에 대한 교사 인식 및 실태. 열린유아교육연구, 11(5) 123-145.

김창복(2007). 유치원교육과정에 대한 초등학교 교사의 인식. 유아교육학논집, 11(1), 5-28.

김창복(2008). 7차 교육과정과 창의성 교육. 창의성 교육 직무연수 교재, 159-171. 서울교육대학교 부설 초등교육연수원.

김창복·이경순(2007). 서울교육 현황분석 및 발전방안 연구(서울교육대학교·서울특별시교육청 공동연구), 115-157. 서울특별시교육청. 서울교육대학교.

김창복·이신영(2013). 자녀의 초등학교 전이 및 적응에 대한 어머니들의 이야기. 어린이미디어연구, 12(3), 319-350.

김창복·이신영(2020). 2019 개정 누리과정의 주요 개정 내용과 초등학교 교육과정과의 연계 고찰. 한국초등교육, 31(1). 245-265.

김춘일(2004). 구미주요국에서의 유아를 위한 보육, 교육의 동향. 아동교육, 13(1), 23-61.

김희진(1997). 레지오에밀리아의 이론과 실제. 한국유아교육학회.

나정(2003). 영유아교육과 보육의 발전방안. 한국교육개발원.

나정·류숙희·고미경·성화경·양옥승·장영희·김희진(2005). 유치원 실태조사보고. 한국교육개발원 수탁연구 CR 2005-4.

나정·장명림(1997). 유아교육과 초등교육의 연계방안 연구. 한국교육개발원 연구보고 RR 97-5.

남효창(2006). 애들아 숲에서 놀자. 추수밭.

노석구·서혁·손민호·송상헌·안금희·이강순·이경한·임미경·최유현·Ingrid Zwaal(2006). 놀이를 활용한 신나는 교실수업. 서울: 학지사.

박영숙(2005). 유아교육·보육정책의 과제. 한국유아교육학회 정기학술발표논문집, 1, 87~91.

박효정(2002). 초등학교 1학년 아동의 스트레스에 관한 담임교사의 인식. 이화여자대학교 교육대학원 석사학위논문.

방인옥·박찬옥·이기현·김은희(1999). 유아교육과정. 서울: 정민사.

서동미·엄은나·이혜경·박성희(2019). 영유아교수학습방법론. 경기: 공동체.

서울송정초등학교(2004). 수준별 개별화 학습 프로그램 개발·적용을 통한 자기 학습력 향상. 서울시특별시교육청 지정 수업 방법 개선선도학교 운영보고서.

서울특별시교육청(2012). 2009 개정 교육과정에 따른 초등교육과정 및 평가연수강사요원 워크숍 자료. 서울특별시교육청.

서울특별시교육청(2016). 초등 1~2학년 안성맞춤 교육과정 추진계획 발표. 서울특별시교육청.

서울특별시교육청(2023). 2023 초1, 2 안정과 성장 맞춤 교육과정 운영 계획. 서울특별시교육청.

소꿉놀이(2008). 교육연극 수업 어떻게 할까?. 서울: 정민사.

신은수·유영의(2006). 유아교육 학제 선진화방향 모색: 2000년 이후 미국의 K-grade 체제 반성과 Pre-Kindergarten 체제 구축 과정. 미래유아교육학회지, 13(4), 257-288.

윌킨슨·로이(1997). 루돌프 슈타이너의 교육론. (고려대학교 교육사·철학연구회 역). 서울: 내일을 여는 책. (원전은 1993년 출판)

유네스코 한국위원회(1984). 세계의 취학전 교육. 서울: 배영사.

유승희·성용구(2007). 프로젝트접근법과 레지오에밀리아의 한국 적용. 서울: 양서원.

유한구·김승호(1998). 초등학교 통합교과 교육론. 서울: 교육과학사.

윤희경(2003). 유아교수학습. 서울: 창지사.

이경순(2006). 초등학교 입학에 관한 유아의 이해. 아동학회지, 27(6), 235-248.

이경우·이귀윤·이기숙(1986). 유치원과 초등학교 1학년 교육과정 연계성을 위한 정책 방안. 이화여자대학교.

이기숙(1981). 유치원과 국민학교의 연계성을 위한 방향 모색-유아교육과정을 중심으로. 과학과 교육, 3, 15-22. 서울: 시청각 교육사.

이기숙(2000). 유아교육과정. 서울: 교문사.

이기숙(2015). 한국 유아교육과정의 과제, 현재, 미래에 대한 조망. 2015년 한국유아교육학회 춘계학술대회 「융합인재 양성을 위한 유아교육과정의 재조명」 자료집(pp. 19-47).

이노을(2006). 취학전 교육경험에 따른 초등학교 1학년 아동의 스트레스 및 학교적응. 한남대학교 대학원 석사학위논문.

이숙재(2004). 유아를 위한 놀이의 이론과 실제. 서울: 창지사.

이승미(2015). 누리과정과 초등학교 총론의 연계성 분석 및 개선방안 연구. 학습자중심교과교육연구, 15(11), 533-551.

이신영(2019). 프뢰벨의 교육사상 관점에서 본 숲유치원 자유놀이의 의미. 유아교육학논집, 23(6), 257-282.

이영석(1989). '유치원과 초등학교와의 연계성', 유아교육의 본질과 방향. 한국교육학회 유아교육연구회, 56-57.

이용숙·조영태·황규호(1994). 교육과정개혁 국제 비교연구. 한국교육개발원.

이원영·박찬옥·노영희(1992). 유아의 사회성 프로그램 개발 연구. 유아교육연구, 13, 75-91.

이지혜(2017). 유치원·초등학교 교육과정 연계에 대한 유아교사와 초등교사의 인식. 이화여자대학교 교육대학원 석사학위논문.

이혜은·최혜진(2005). 수학교육연계방안을 모색을 위한 유치원교사와 초등학교교사의 인식조사. 열린유아교육연구, 10(2), 103-129.

이화도(2006). 공교육으로서의 프랑스 유아교육제도의 이해. 유아교육학논집, 10(1), 189-206.

이화도·Vergnaud·Gerard(2006). 유아교육 학제개편 방향성 정립을 위한 프랑스 유아교육제도 이해. 유아교육연구, 26(4), 5-30.

임부연 (2019). 놀이중심 2019 개정 누리과정의 적용: 실행-평가-계획. 한국보육학회 2019년 추계학술대회 자료집, 33-42.

장명림·현주·박균열·이정욱·하민경(2014). 유아교육과 초등교육의 연계 강화 방안 연구. 한국교육개발원.

장혜순·김명자(2005). 일본의 유·보 통합의 방안. 한국유아교육학회 정기학술발표논문집, 1, 247~267.

장휘숙(2001). 아동발달. 서울: 박영사.

정대현·지성애(2006). 유아의 또래 상호 작용, 유아-교사관계, 다중지능과 초등학교 적응 간의 관계. 열린유아교육연구, 26(3), 201-221.

제경숙(1998). 참여관찰을 통한 미국 유아교육의 실제 - I 시의 아동중심교육과 초등학교와의 연계성. 교육이론과 실천, 8(2), 379-403.

조성연·김선영(2006). 영국의 초등학교 조기 취학을 통해 본 우리나라의 유아교육학제 개편 방향. 유아교육연구, 26(4), 51-73.

조은옥(2007). 생태체험활동을 통한 통합교육 방안 모색. 도봉초등학교 병설 유치원 수업방법개선 연구 보고서.

조복희(1999). 아동발달. 경기: 교육과학사.

조부경·김영실·신은수(2006).어린이 삶의 관점에서 본 바람직한 유아교육학제 개편. 유아교육연구, 26(3), 5-32.

주영한국교육연구원(2007). 영국의 교육제도 및 교육정책. 교육인적자원부.

지성애·백선희·채영란(2007).영국의 영유아 교육·보육 지원 제도. 유아교육연구, 27(5), 135-155.

지옥정(1997). 유아 프로젝트 접근법에서의 프로젝트 접근법. 서울: 창지사.

지혜원·채진영(2024). 유-초 연계에 대한 실태 및 교사 협력에 대한 요구 차이: 유·초 연계의 생태 역동 모델 관점에서. 한국유아교육연구 24(1), pp. 112-142.

충청북도교육청(2024). 2024학년도 '아이성장 놀이학년제' 교육과정 운영. 충청북도교육청.

한국유아교육학회 편(1996). 유아교육사전(용어편). 한국사전연구사.

한국교육개발원(2018). 메일진 해외교육동향 320호 기획기사 : 각국의 유·초등 연계교육 현황. 한국교육개발원.

한윤경·김희진(2000). 유치원과 초등학교의 연계교육에 대한 교사의 인식과 상대교육과정에 대한 인지. 교육과학연구, 31(3), 215-229.

황정숙(1996). 유아수학교육의 효과적 지도: 구체물 조작에 의한 활동중심과 학습지에 의한 교사중심 교수방법의 비교 연구. 중앙대학교 대학원 박사학위논문.

文部科學省(2006). 平成18年度幼児教育課事業計画. http://www.mext.go.jp에서 인출.

文部科學省(2015a). 平成２６年度幼児教育実態調査. http://www.mext.go.jp/b_menu/shingi/chukyo/chukyo3/053/siryo/__icsFiles/afieldfile/2015/05/25/1358061_03_01.pdf 에서 인출.

文部科學省(2015b). 幼児教育、幼小接続に関する現状について. 平成27年4月28日教育課程企画特別部会. http://www.mext.go.jp/b_menu/houdou/27/10/__icsFiles/afieldfile/2015/10/28/1363377_01_1.pdf에서 인출.

Andreson, A., & Stokes, S.(1984). Social and Institutional Influences on the Development and Practice of Literacy. *Awakening to Literacy*, Portsmouth, NH: Heinemann.

Anning, A.(ed.)(1995). *A national curriculum for the early years*. Buckingham: Open University Press.

Belsky & Mackinnon(1994). Transition to school; developmental trajectories and school experience, *Early Education and Development, 5*(2), 106-119.

Bornfreund, L. A. (2011). Getting in Sync: Revamping Licensing and Prepar ation for Teachers in Pre-K, Kindergarten, and the Early Grades. New America Foundation.

Bredekamp, S.(1992). Developmentally appropriate practice in early childhood programs serving children from birth through age 8. *National Association for the Education of Young Children*.

Bredekamp, S., & Copple, C. (Eds.)(1995). 발달에 적합한 실제. (강숙현 · 최미숙 공역). 전남대학교 출판부. (원전은 1987년 출판).

Bredekamp, S., & Copple, C. (Eds.)(1997). *Developmentally appropriate practice in early childhood programs*. Revised Edition. Washington, DC: NAEYC.

Brown, M. & Precious(1968). *The integrated day in the primary school*. NY: Agathon Press.

Brown, M. & Precious(1997). *Developmentally appropriate practice in early childhood programs. Revised Edition*. Washington, DC.: NAEYC.

Dewey(1916). *Democracy and education*. NY: Macmillian.

Department for Education-GOV.UK(2013). Teachers' Standards (Early Years). https://www.gov.uk/government/uploads/system/uploads/attachment_data/file/211646/Early_Years_Teachers__Standards.pdf.

Department for Education-GOV.UK(2014). Early years qualifications finder. https://www.gov.uk/guidance/early-years-qualifications-finder.

Department for Education-GOV.UK(2017). Statutory framework for the early years foundation stage Setting the standards for learning, development and care for children from birth to five. https://www.gov.uk/government/uploads/system/uploads/attachment_data/file/596629/EYFS_STATUTORY_FRAMEWORK_2017.pdf.

Edwards, C. (1996). 동반자, 양육자, 안내자: 교사의 역할. In C. Edwards, I. Gandini & G. Forman(Eds). 레지오 에밀리아의 유아교육: 어린이들의 수많은 언어(*The hundreds languages of children's: the reggio emilia approach to early childhood education*). (김희진 · 오문자 공역). 정민사. (원전은 1993년 출판).

Entwisle, D., & Alexander K. L.(1998). Facilitating the transition to first grade: the nature of transition and research on factor affecting it. *The Elementary school Journal, 98*(4). 351-364.

Fabian, H. (2000). Small steps to starting school. *International Journal of Early Years Education, 8*(2), 141-153.

Feldman, R. S. (1999). *Child development: A topical approach*. Prentice-Hall. I nc.

Forman, L., Wrisley, R., & Langley, J. (1996). 눈 속의 도시. In C. Edwards, I. Gandini & G. Forman(Eds). 레지오 에밀리아의 유아교육: 어린이들의 수많은 언어(*The hundreds languages of children's: the reggio emilia approach to early childhood education*). (김희진 · 오문자 공역). 정민사. (원전은 1993년 출판).

Froebel, F. W. A. (2005). *The education of man* [Die Menchenerziehung]. (W. N. Hailmann, Trans.) New York, NY: Dover Publications. (Original work published in 1826).

Gestwicki, C. (1999). *Developmentally Appropriate Practice Curriculum and Development in Early Education*. NY: Delmar Publisher

Gestwicki, C. (2008). 발달에 적합한 실제 유아교육과정과 발달[*Developmentally Appropriate Practice: Curriculum and Development in Early Education*(3rd ed.)]. (임부연 · 장영숙 · 최미숙 · 최윤정 · 최일선 · 황윤세 공역). 서울: 정민사. (원전은 2007년 출판).

Jonson, J. E., Christie, J. F., & Wardle, F. (2006). 놀이, 발달, 유아교육(*Play, development, and early education*). (이진희 · 손원경 · 안효진 · 유연옥 역). 아카데미프리스. (원전은 2005년 출판).

Katz, L. G., & Chard, S. C. (1989). *Engaging children's minds: The project approach*. Norwood, NJ: Ablex.

Katz, L. G., & Chard, S. C. (1993). The project approach. In J. L. Roopnative & J. E. Johnson.

Krogh(1997). How children develop and why it matters. In H. Har D. D. Burt, & R. Charlesworth (Eds.). *Integrated Curriculum and Developmentally Appropriate Pratice; Birth to age eight*. (pp. 29-48). Albany: SUNY.(Eds). Approach to early childhood education. NY: M Acmillan Publishing Company.

Malaguzzi, L. (1996). 역사, 사상, 기본 철학. In C. Edwards, I. Gandini & G. Forman(Eds.). 레지오 에밀리아의 유아교육: 어린이들의 수많은 언어(*The hundreds languages of children's: the reggio emilia approach to early childhood education*). (김희진 · 오문자 공역). 정민사. (원전은 1993년 출판).

Monkeviciene, O., Mishara, B. L., & Dufour, S.(2006). Effects of the zippy's friends programme on children's coping abilities during the transition from kindergarten to elementary School. *Early Childhood Education Journal, 34*(1), 53-60. ERIC, EJ 747266.

Monterssori, M.(1991). Childhood Education. New York: Meridian Co.

NASTDEC.(1998). *The NASTDEC manual on the preparation and certification of educational personnel*(4th ed.). Kendall/Hunt Publishing Company.

OECD. (1997). *Education at a glance: OECD Indicators*. Paris, France.

Ramey, S, L., & Ramey, C. T.(1998). The transition to school: Opportunity and challenges for children, families, educators, and communities. *The Elementary School Journal, 98*(4), 293-295. (ERIC, EJ 561636).

Schiller, C.(1995). 실러의 아동관과 영국의 유아교육(*Christian Schiller in his own words. The National Association for Primary School*). (이원영 역). 서울: 창지사. (원전은 1984년 출판).

Skemp, R. R. (1996). 초등수학교육(*Mathematics in the primary school. Routledge*). (김판수 · 박성택 공역). 서울: 교우사. (원전은 1989년 출판).

Smith, P., & Vollstedt, R. (1985). On defininig play: An empirical study of the relationship between play and various play criteria. *Child Development, 56*, 1042-1050.

Tompkins, G. E.(2001). *Literacy for the 21st Century: A Balanced Approach*(2nd ed.). New York:

Merrill, Prentice-Hall.

Vygotsky(1978). *Mind in society: The development of higher psychological processes*. Cambridge. MA: Harvard University Press.

Wolfinger, D. M.(1988). One point of view : Mathematics for the young child- Not arithmetic. *Arithmetic Teacher, 35*(6), 4.

Yeboah, D.A. (2002). Enhancing transition from early childhood phase to primary education: Evidence from the research literature. *Early Years Journal of International Research & Development, 22*(1), 51-68.

Yoshie Kaga(2007). La formation et les conditions de travail des enseignants. des écoles maternelles en France. *Note de l'UNESCO sur la Politique de la Petite Enfance, 37*, mars-avril.

부 록

[부록 1] 유아교육법

[부록 2] 영유아보육법

[부록 3] 초 · 중등교육법

[부록 1] 유아교육법

[시행 2023. 9. 27.] [법률 제19737호, 2023. 9. 27., 일부개정]

제1장 총칙

제1조(목적) 이 법은 「교육기본법」 제9조에 따라 유아교육에 관한 사항을 정함을 목적으로 한다. 〈개정 2010. 3. 24.〉

제2조(정의) 이 법에서 사용하는 용어의 뜻은 다음 각 호와 같다. 〈개정 2010. 3. 24., 2012. 3. 21.〉

1. "유아"란 만 3세부터 초등학교 취학전까지의 어린이를 말한다.
2. "유치원"이란 유아의 교육을 위하여 이 법에 따라 설립ㆍ운영되는 학교를 말한다.
3. "보호자"란 친권자ㆍ후견인 그 밖의 자로서 유아를 사실상 보호하는 자를 말한다.
4. 삭제 〈2012. 3. 21.〉
5. 삭제 〈2012. 3. 21.〉
6. "방과후 과정"이란 제13조제1항에 따른 교육과정 이후에 이루어지는 그 밖의 교육활동과 돌봄활동을 말한다.

제3조(책임) 국가 및 지방자치단체는 보호자와 더불어 유아를 건전하게 교육할 책임을 진다.

제3조의2(유아교육발전기본계획) ① 교육부장관은 유아교육의 발전을 위하여 유아교육에 관한 중장기 정책 목표 및 방향을 설정하고, 유아교육발전기본계획(이하 "기본계획"이라 한다)을 수립하여 추진하여야 한다. 〈개정 2013. 3. 23.〉

② 교육부장관은 제5조제1항에 따른 중앙유아교육위원회의 심의를 거쳐 5년마다 기본계획을 수립하여야 한다. 〈개정 2013. 3. 23.〉

③ 기본계획의 내용 등에 관한 사항은 대통령령으로 정한다.

④ 교육부장관은 기본계획을 수립하기 위하여 유아교육에 관한 전반적인 실태조사를 5년마다 실시하고 그 결과를 공표하여야 한다. 〈개정 2013. 3. 23., 2015. 12. 22.〉

⑤ 교육부장관은 제4항에 따른 실태조사를 위하여 관계 중앙행정기관의 장, 지방자치단체의 장, 「공공기관의 운영에 관한 법률」에 따른 공공기관의 장, 그 밖의 관련 법인 및 단체에 대하여 필요한 자료의 제출 또는 의견의 진술을 요청할 수 있다. 이 경우 요청을 받은 자는 정당한 사유가 없으면 이에 협조하여야 한다. 〈신설 2015. 12. 22.〉

⑥ 제4항에 따른 실태조사의 방법 등에 필요한 사항은 대통령령으로 정한다. 〈신설 2015. 12. 22.〉

⑦ 특별시ㆍ광역시ㆍ특별자치시ㆍ도 및 특별자치도(이하 "시ㆍ도"라 한다)의 교육감(이하 "교육감"이라 한다)은 기본계획에 따라 연도별 시행계획을 수립하여 추진하여야 한다. 〈개정 2015. 12. 22.〉

⑧ 교육부장관은 제1항에 따라 수립한 기본계획의 지난해 추진 실적을 매년 제5조제1항에 따른 중앙유아교육위원회의 심의를 받아야 하며, 시ㆍ도교육감은 제7항에 따른 다음해 시행계획 및 지난해 추진실적을 종합하여 매년 제5조제1항에 따른 시ㆍ도유아교육위원회의 심의를 받아야 한다. 〈개정 2013. 3. 23., 2015. 12. 22.〉

[본조신설 2012. 1. 26.]

제4조(유아교육ㆍ보육위원회) ①유아교육 및 「영유아보육법」 제2조에 따른 보육에 관한 다음 각호의 사항을 심의하기 위하여 국무총리 소속으로 유아교육ㆍ보육위원회를 둔다. 〈개정 2010. 3. 24., 2011. 6. 7., 2014. 1. 28.〉

1. 유아교육 및 보육에 관한 기본계획
2. 유치원과 어린이집간의 연계운영
3. 유아교육 및 보육에 관한 관계 부처 간 협조사항
4. 그 밖에 위원장이 회의에 부치는 사항

②제1항에 따른 위원회는 위원장을 포함한 11명의 위원으로 구성하되, 위원장은 국무조정실장이 되고 위원은 다음 각

호에 해당하는 사람이 된다. 〈개정 2005. 3. 24., 2008. 2. 29., 2010. 1. 18., 2010. 3. 24., 2012. 3. 21., 2013. 3. 23.〉

1. 기획재정부차관 · 교육부차관 · 보건복지부차관 및 여성가족부차관
2. 제1호의 위원이 추천하여 위원장이 위촉하는 유아교육계 · 보육계 및 여성계를 대표하는 사람 각 2명

③제1항에 따른 위원회의 구성 및 운영에 필요한 사항은 대통령령으로 정한다. 〈개정 2010. 3. 24.〉

제5조(유아교육위원회) ①유아교육에 관한 정책, 사업의 기획 · 조사 등에 관한 사항을 심의하기 위하여 교육부에 중앙유아교육위원회를 두고, 시 · 도 교육청에 시 · 도 유아교육위원회를 둔다. 〈개정 2008. 2. 29., 2010. 3. 24., 2012. 1. 26., 2013. 3. 23.〉

②중앙유아교육위원회와 시 · 도 유아교육위원회는 유아교육전문가, 유치원대표, 유치원교사(수석교사를 포함한다)대표, 학부모대표 및 관계공무원 등으로 구성한다. 〈개정 2010. 3. 24., 2011. 7. 25.〉

③중앙유아교육위원회와 시 · 도 유아교육위원회의 조직 · 운영 등에 필요한 사항은 대통령령으로 정한다. 〈개정 2010. 3. 24.〉

제6조(유아교육진흥원) ①국가 및 지방자치단체는 유아교육에 관한 연구와 정보제공, 프로그램 및 교재 개발, 유치원교원 연수 및 평가, 유아 체험교육 등을 담당하는 유아교육진흥원을 설치하거나 해당 업무를 교육관련연구기관 등에 위탁할 수 있다. 〈개정 2010. 3. 24., 2012. 3. 21.〉

②제1항에 따른 유아교육진흥원의 설치 · 운영 및 위탁 등에 필요한 사항은 대통령령으로 정한다. 〈개정 2010. 3. 24.〉

제6조의2(교육통계조사 등) ① 교육부장관은 유아교육 정책의 효율적인 추진과 유아교육 연구에 필요한 원생 · 교원 · 직원 · 유치원 · 교육행정기관 등에 대한 기초자료 수집을 위하여 교육통계조사를 매년 실시하고 그 결과를 공개하여야 한다.

② 교육부장관은 유아교육 정책의 효율적인 수립 · 시행과 평가를 위하여 제1항에 따른 교육통계조사(이하 이 조에서 "교육통계조사"라 한다)로 수집된 자료와 「통계법」 제3조에 따른 통계 및 행정자료 등을 활용하여 교육 관련 지표 및 학생 수 추계 등 예측통계를 작성하여 공개하여야 한다. 〈개정 2020. 3. 24.〉

③ 교육부장관은 교육통계조사와 제2항에 따른 교육 관련 지표 및 예측통계의 작성을 위하여 중앙행정기관의 장, 지방자치단체의 장, 교육감 및 「공공기관의 운영에 관한 법률」에 따른 공공기관의 장 등 관계 기관의 장에게 자료의 제공을 요청할 수 있다. 이 경우 자료 제공을 요청받은 기관의 장은 특별한 사유가 없으면 이에 따라야 한다. 〈개정 2020. 3. 24.〉

④ 교육감은 제3항에 따른 자료 제출을 위하여 관할 유치원 및 교육행정기관의 장 등에게 자료 제출을 요청할 수 있다. 이 경우 자료 제출 요청을 받은 관할 유치원 및 교육행정기관의 장 등은 특별한 사유가 없으면 이에 따라야 하며, 교육감은 관할 유치원 및 교육행정기관 등의 부담을 최소화하기 위하여 노력하여야 한다. 〈개정 2020. 3. 24.〉

⑤ 교육부장관은 교육통계조사와 교육 관련 지표 및 예측통계 작성의 정확성 제고 및 업무 경감을 위하여 관련 자료를 보유한 중앙행정기관의 장, 지방자치단체의 장, 교육감 및 「공공기관의 운영에 관한 법률」에 따른 공공기관의 장 등 관계 기관의 장에게 자료 간 연계를 요청할 수 있다. 이 경우 자료 간 연계를 요청받은 기관의 장은 특별한 사유가 없으면 이에 따라야 한다. 〈개정 2020. 3. 24.〉

⑥ 교육부장관은 교육통계조사 시 다음 각 호에 해당하는 사람의 주민등록번호가 포함된 개인정보를 수집할 수 있으며, 이를 제5항에 따라 연계를 요청받은 기관에 통계조사 및 분석, 검증 등을 목적으로 제공하거나 제공받을 수 있다. 〈개정 2020. 3. 24.〉

1. 조사대상 유치원 및 교육행정기관의 교원 · 직원
2. 조사대상 유치원의 유아 및 졸업생

⑦ 교육부장관은 교육통계조사에 의하여 수집된 자료를 이용하고자 하는 자에게 이를 제공할 수 있다. 이 경우 「교육

관련기관의 정보공개에 관한 특례법」에 따라 공개되는 항목을 제외하고는 특정의 개인이나 법인 또는 단체를 식별할 수 없는 형태로 자료를 제공한다. 〈개정 2020. 3. 24.〉

⑧ 교육부장관은 교육통계조사 등의 업무를 위하여 대통령령으로 정하는 바에 따라 국가교육통계센터를 지정하여 그 업무를 위탁할 수 있다. 이 경우 교육부장관은 지정이나 업무 위탁에 필요한 경비를 지원할 수 있다.

⑨ 제1항부터 제8항까지에서 규정한 사항 외에 교육통계조사와 교육 관련 지표 및 예측통계 작성의 대상, 절차 및 결과 공개 등에 필요한 사항은 대통령령으로 정한다. 〈개정 2020. 3. 24.〉

[본조신설 2017. 3. 21.]

제2장 유치원의 설립 등

제7조(유치원의 구분) 유치원은 다음 각호와 같이 구분한다. 〈개정 2010. 3. 24.〉

1. 국립유치원 : 국가가 설립 · 경영하는 유치원
2. 공립유치원 : 지방자치단체가 설립 · 경영하는 유치원(설립주체에 따라 시립유치원과 도립유치원으로 구분할 수 있다)
3. 사립유치원 : 법인 또는 사인(私人)이 설립 · 경영하는 유치원

제8조(유치원의 설립 등) ①유치원을 설립하려는 자는 시설 · 설비 등 대통령령으로 정하는 설립기준을 갖추어야 한다. 〈개정 2010. 3. 24.〉

②사립유치원을 설립하려는 자는 교육감의 인가를 받아야 한다. 〈개정 2010. 3. 24., 2012. 1. 26.〉

③ 교육감은 제2항에 따른 인가 신청이 있는 경우에는 다음 각 호의 어느 하나에 해당하는 경우를 제외하고는 유치원 설립을 인가하여야 한다. 〈신설 2012. 3. 21., 2017. 12. 19., 2020. 1. 29., 2021. 3. 23.〉

1. 제1항에 따른 시설 · 설비 등 설립기준을 갖추지 아니한 경우
2. 교육감이 대통령령으로 정하는 바에 따라 수립하는 유아배치계획에 적합하지 아니한 경우
3. 제32조제1항 또는 제3항에 따른 운영정지 명령을 받고 3년이 지나지 아니한 유치원 설립 · 경영자인 경우
4. 그 밖에 이 법 또는 다른 법령에 따른 제한에 위반되는 경우

④사립유치원을 설립 · 경영하는 자가 유치원을 폐쇄하려는 경우나 대통령령으로 정하는 중요사항을 변경하려는 경우에는 교육감의 인가를 받아야 한다. 〈개정 2010. 3. 24., 2012. 3. 21.〉

제8조의2(결격사유) 다음 각 호의 어느 하나에 해당하는 사람은 유치원을 설립 · 운영할 수 없다. 〈개정 2021. 3. 23.〉

1. 미성년자 · 피성년후견인 또는 피한정후견인
2. 「정신건강증진 및 정신질환자 복지서비스 지원에 관한 법률」 제3조제1호의 정신질환자
3. 「마약류 관리에 관한 법률」 제2조제1호의 마약류에 중독된 사람
4. 파산선고를 받고 복권되지 아니한 사람
5. 금고 이상의 실형을 선고받고 그 집행이 종료(집행이 종료된 것으로 보는 경우를 포함한다)되거나 집행이 면제된 날부터 5년(「아동복지법」 제3조제7호의2에 따른 아동학대관련범죄를 저지른 경우에는 20년)이 지나지 아니한 사람
6. 금고 이상의 형의 집행유예를 선고받고 그 유예기간 중에 있는 사람. 다만, 「아동복지법」 제3조제7호의2에 따른 아동학대관련범죄로 금고 이상의 형의 집행유예를 선고받은 경우에는 그 집행유예가 확정된 날부터 20년이 지나지 아니한 사람을 말한다.
7. 제32조에 따라 유치원의 폐쇄명령을 받고 5년이 지나지 아니한 사람
8. 제34조에 따라 300만원 이상의 벌금형이 확정된 날부터 2년이 지나지 아니한 사람 또는 「아동복지법」 제3조제7호의2에 따른 아동학대관련범죄로 벌금형이 확정된 날부터 10년이 지나지 아니한 사람
9. 제8조의3에 따른 교육명령을 이행하지 아니한 사람

[본조신설 2020. 1. 29.]

제8조의3(교육명령) ① 교육부장관은 「아동복지법」 제3조제7호의2에 따른 아동학대관련범죄로 형 또는 치료감호를 선고받아 그 형 또는 치료감호가 확정된 사람이 제8조의2제5호부터 제8호까지의 결격사유에 해당하지 아니하게 되어 유치원을 설립·운영하려는 경우에는 그 사람에 대하여 사전에 아동학대 방지를 위한 교육을 받도록 명하여야 한다. 이 경우 교육 실시에 드는 비용은 교육을 받는 사람이 부담한다.

② 제1항에 따른 교육명령의 조치와 관련한 절차, 교육기관, 교육 방법·내용 등에 관하여 필요한 사항은 교육부령으로 정한다.

[본조신설 2020. 1. 29.]

제9조(유치원의 병설) 유치원은 「초·중등교육법」 제2조에 따른 초등학교·중학교 및 고등학교에 병설될 수 있다. 〈개정 2010. 3. 24.〉

제9조의2(유치원의 설립의무) ① 교육감은 다음 각 호의 지역의 경우에는 제8조제3항제2호에 따른 유아배치계획을 고려하여 「초·중등교육법」 제2조에 따른 초등학교에 유치원을 병설하거나 별도로 설립하여야 한다. 〈개정 2017. 2. 8., 2017. 12. 19.〉

1. 「도시개발법」 제3조에 따른 도시개발구역
2. 「도시 및 주거환경정비법」 제8조에 따른 정비구역
3. 「택지개발촉진법」 제3조에 따른 택지개발지구
4. 「공공주택 특별법」 제6조에 따른 공공주택지구
5. 제4호에 따른 공공주택지구 외에 저소득층을 대상으로 하는 임대주택을 대통령령으로 정하는 비율 이상 포함하는 주택단지

② 교육감은 제9조에 따라 병설된 유치원의 학급 증설이 필요한 경우 이를 적극 시행하여야 한다.

[본조신설 2015. 12. 22.]

제10조(유치원규칙) ①유치원의 장(유치원을 설립하는 경우에는 해당 유치원을 설립하려는 자를 말한다. 이하 "원장"이라 한다)은 법령의 범위에서 유치원규칙을 제정하거나 개정할 수 있다. 〈개정 2008. 2. 29., 2010. 3. 24., 2013. 3. 23., 2016. 5. 29.〉

②유치원규칙의 기재사항 및 제정절차 등에 관하여 필요한 사항은 대통령령으로 정한다.

제11조(입학) ①유치원에 입학할 수 있는 사람은 유아로 한다. 〈개정 2010. 3. 24., 2016. 5. 29.〉

② 원장은 교육 목적에 적합한 범위에서 유치원규칙으로 정하는 바에 따라 공정하고 투명한 방법으로 유치원에 입학할 유아를 모집·선발하여야 한다. 다만, 제3항에 따른 조례에서 모집·선발 시기 등을 달리 정한 경우에는 이에 따라야 한다. 〈신설 2016. 5. 29.〉

③ 지방자치단체(시·도에 한정한다)는 유아의 교육기회를 균등하게 보장하기 위하여 필요한 경우 유아의 모집·선발 시기, 절차 및 방법 등에 관하여 조례로 정할 수 있다. 〈신설 2016. 5. 29.〉

[제목개정 2016. 5. 29.]

제12조(학년도 등) ①유치원의 학년도는 3월 1일부터 다음해 2월 말일까지로 한다.

②유치원은 보호자의 요구 및 지역실정에 따라 방과후 과정을 운영할 수 있다. 〈개정 2012. 3. 21.〉

③유치원의 학기·수업일수·학급편성·휴업일 및 반의 편성·운영 등에 필요한 사항은 대통령령으로 정한다. 〈개정 2010. 3. 24.〉

제13조(교육과정 등) ①유치원은 교육과정을 운영하여야 하며, 교육과정 운영 이후에는 방과후 과정을 운영할 수 있다. 〈개정 2012. 3. 21.〉

② 국가교육위원회는 제1항에 따른 교육과정의 기준과 내용에 관한 기본적인 사항을 정하며, 교육감은 국가교육위원회가 정한 교육과정의 범위에서 지역 실정에 적합한 기준과 내용을 정할 수 있다. 〈신설 2021. 7. 20.〉

③교육부장관은 제1항에 따른 방과후 과정의 기준과 내용에 관한 기본적인 사항을 정하며, 교육감은 교육부장관이 정한 방과후 과정의 범위에서 지역 실정에 적합한 기준과 내용을 정할 수 있다. 〈개정 2008. 2. 29., 2010. 3. 24., 2012. 3. 21., 2013. 3. 23., 2021. 7. 20.〉

④교육부장관은 유치원의 교육과정 및 방과후 과정 운영을 위한 프로그램 및 교재를 개발하여 보급할 수 있다. 〈개정 2008. 2. 29., 2012. 3. 21., 2013. 3. 23., 2021. 7. 20.〉

제14조(유치원생활기록) 원장은 유아의 생활지도 및 초등학교 교육과의 연계지도에 활용할 수 있도록 유아의 발달 등을 종합적으로 관찰하고 평가하여 교육부장관이 정하는 기준에 따라 생활기록부를 작성 · 관리하여야 한다. 〈개정 2008. 2. 29., 2010. 3. 24., 2013. 3. 23.〉

제15조(특수학교 등) ①특수학교는 신체적 · 정신적 · 지적 장애 등으로 특수교육이 필요한 유아에게 유치원에 준하는 교육과 실생활에 필요한 지식 · 기능 및 사회적응 교육을 하는 것을 목적으로 한다. 〈개정 2010. 3. 24.〉

②국가 및 지방자치단체는 특수교육이 필요한 유아가 유치원에서 교육을 받으려는 경우에는 따로 입학절차 · 교육과정 등을 마련하는 등 유치원과의 통합교육 실시에 필요한 시책을 마련하여야 한다. 〈개정 2010. 3. 24.〉

제16조(외국인유치원) ①"외국인유치원"이란 국내에 체류중인 외국인의 자녀를 교육하기 위하여 설립된 유치원을 말하며, 외국인유치원에 대하여는 제11조제1항 · 제2항 단서 · 제3항, 제12조부터 제14조까지, 제17조, 제18조제2항, 제19조, 제19조의2부터 제19조의8까지, 제22조, 제24조부터 제26조까지 및 제27조를 적용하지 아니한다. 〈개정 2010. 3. 24., 2012. 3. 21., 2016. 5. 29.〉

②외국인유치원의 설립기준 · 교육과정 · 수업연한 · 학력인정과 그 밖에 설립 · 운영에 필요한 사항은 대통령령으로 정한다. 〈개정 2010. 3. 24.〉

제17조(건강검진 및 급식) ①원장은 교육하고 있는 유아에 대하여 건강검진을 실시하고, 유아의 건강검진 결과를 제14조에 따른 생활기록부에 기록하여 관리하여야 한다. 다만, 보호자가 「국민건강보험법」 제52조 및 「의료급여법」 제14조에 따른 건강검진을 실시하고 그 건강검진결과 통보서를 제출하거나, 원장이 보호자의 동의를 받아 「전자정부법」 제36조제1항에 따른 행정정보의 공동이용을 통하여 건강검진결과 통보서를 확인한 경우에는 해당 건강검진으로 갈음할 수 있다. 〈개정 2010. 3. 24., 2021. 6. 8.〉

② 원장은 제1항에 따른 건강검진 결과 치료가 필요한 유아에 대하여는 해당 유아의 보호자와 협의하여 필요한 조치를 하여야 한다. 〈신설 2021. 6. 8.〉

③원장은 교육하고 있는 해당 유치원의 유아에게 적합한 급식을 할 수 있다. 〈개정 2010. 3. 24., 2021. 6. 8.〉

④제1항 및 제2항에 따른 건강검진의 실시시기 및 그 결과처리에 관한 사항과 제3항에 따른 급식 시설 · 설비기준 등에 관하여 필요한 사항은 교육부령으로 정한다. 〈개정 2008. 2. 29., 2010. 3. 24., 2013. 3. 23., 2021. 6. 8.〉

제17조의2(유아 관련 자료제공의 제한) ① 원장은 제14조에 따른 유치원생활기록 및 제17조에 따른 건강검진에 관한 자료를 해당 유아의 보호자의 동의 없이 제3자에게 제공하여서는 아니 된다. 다만, 다음 각 호의 어느 하나에 해당하는 경우에는 그러하지 아니하다.

1. 유치원에 대한 감독 · 검사의 권한을 가진 행정기관이 그 업무를 처리하기 위하여 필요한 경우
2. 통계작성 및 학술연구 등의 목적을 위한 경우로서 특정 개인을 식별할 수 없는 형태로 제공하는 경우
3. 범죄의 수사와 공소의 제기 및 유지에 필요한 경우
4. 법원의 재판업무 수행을 위하여 필요한 경우
5. 그 밖에 관계 법률에 따라 제공하는 경우

② 원장은 제1항 단서에 따라 제3자에게 자료를 제공하는 때에는 해당 자료를 제공받은 자에 대하여 사용목적 · 사용방법, 그 밖에 필요한 사항에 대하여 제한을 하거나 해당 자료의 안전성 확보를 위하여 필요한 조치를 마련하도록 요청할 수 있다.

③ 제1항에 따라 자료를 제공받은 자는 그 본래의 목적 외의 용도로 이를 이용하여서는 아니 된다.

[본조신설 2012. 3. 21.]

제17조의3(응급조치) 원장(제21조제2항에 따라 원장의 직무를 대행하는 사람을 포함한다)은 보호하는 유아에게 질병 · 사고나 재해 등으로 인하여 위급한 상태가 발생한 경우 즉시 해당 유아를 「응급의료에 관한 법률」 제2조에 따른 응급의료기관에 이송하여야 한다.

[본조신설 2013. 5. 22.]

제18조(지도 · 감독) ①국립유치원은 교육부장관의 지도 · 감독을 받으며, 공립 · 사립유치원은 교육감의 지도 · 감독을 받는다. 〈개정 2008. 2. 29., 2010. 3. 24., 2013. 3. 23.〉

②교육감은 유아교육을 충실히 하기 위하여 유치원 교육과정 운영에 대한 장학지도를 할 수 있다. 〈개정 2008. 2. 29., 2010. 3. 24., 2012. 1. 26.〉

제19조(평가) ①교육감은 유아교육을 효율적으로 하기 위하여 필요하면 유치원 운영실태 등에 대한 평가를 할 수 있다. 〈개정 2008. 2. 29., 2010. 3. 24., 2012. 1. 26.〉

② 교육부장관은 필요한 경우 각 시 · 도 교육청의 유아교육 전반에 대한 평가를 실시할 수 있다. 〈개정 2012. 1. 26., 2013. 3. 23.〉

③ 제1항과 제2항에 따른 평가를 실시한 경우 교육부장관 및 교육감은 평가의 결과를 공개하여야 한다. 〈신설 2020. 1. 29.〉

④ 제1항과 제2항에 따른 평가의 대상 · 기준 및 절차와 제3항에 따른 평가결과의 공개 등에 필요한 사항은 대통령령으로 정한다. 〈신설 2012. 1. 26., 2020. 1. 29.〉

제19조의2(유아교육정보시스템의 구축 · 운영 등) ① 교육부장관 및 교육감은 유치원 및 교육행정기관의 업무(회계관리를 포함한다)를 전자적으로 처리할 수 있도록 유아교육정보시스템(이하 "정보시스템"이라 한다)을 구축 · 운영하여야 한다. 〈개정 2013. 3. 23., 2020. 1. 29.〉

② 교육부장관 및 교육감은 정보시스템의 운영 및 지원을 위하여 정보시스템운영센터를 설치 · 운영하거나 정보시스템의 효율적 운영을 위하여 필요하다고 인정하는 경우 정보시스템의 운영 및 지원 업무를 교육의 정보화를 지원하는 법인 또는 기관에 위탁할 수 있다. 이 경우 교육부장관 및 교육감은 그 위탁업무의 원활한 수행을 위하여 예산의 범위에서 보조금 및 출연금을 지급할 수 있다. 〈개정 2013. 3. 23.〉

③ 제1항에 따른 정보시스템의 구축 · 운영 · 접속방법 및 제2항에 따른 정보시스템운영센터의 설치 · 운영 등에 필요한 사항은 교육부령으로 정한다. 〈개정 2013. 3. 23.〉

④ 정보시스템은 「초 · 중등교육법」 제30조의4제1항에 따른 교육정보시스템 또는 「사회복지사업법」 제6조의2제2항에 따른 정보시스템과 연계하여 활용할 수 있다.

⑤ 유치원은 회계관리 업무를 위하여 정보시스템을 사용하여야 한다. 〈신설 2020. 1. 29.〉

[본조신설 2012. 3. 21.]

제19조의3(유치원운영위원회의 설치 등) ① 유치원 운영의 자율성을 높이고 지역의 실정과 특성에 맞는 다양한 교육을 창의적으로 실시할 수 있도록 하기 위하여 유치원에 유치원운영위원회를 두어야 한다. 다만, 대통령령으로 정하는 규모 미만의 사립유치원은 유치원운영위원회를 두지 아니할 수 있다. 〈개정 2020. 1. 29.〉

② 유치원에 두는 유치원운영위원회는 해당 유치원의 교원 대표 및 학부모 대표로 구성한다.

③ 「국가공무원법」 제33조 각 호의 어느 하나에 해당하는 사람은 유치원운영위원회의 위원이 될 수 없다. 〈신설 2020. 12. 22.〉

④ 유치원운영위원회의 위원이 「국가공무원법」 제33조 각 호의 어느 하나에 해당할 때에는 당연히 퇴직한다. 〈신설 2020. 12. 22.〉

⑤ 유치원에 두는 유치원운영위원회의 위원 정수는 5명 이상 11명 이내의 범위에서 유치원의 규모 등을 고려하여 대통령령으로 정한다. 〈개정 2020. 12. 22.〉

⑥ 제9조에 따라 병설된 유치원의 경우에는 필요하면 유치원운영위원회를 해당 유치원을 병설한 학교의 학교운영위원회와 통합하여 운영할 수 있다. 이 경우 학교운영위원회에는 유치원 교원 대표 및 학부모 대표가 각각 1명 이상 포함되어야 한다. 〈개정 2020. 12. 22.〉

⑦ 제1항에 따른 유치원운영위원회는 대통령령으로 정하는 바에 따라 회의록을 작성하고 이를 공개하여야 한다. 〈신설 2020. 1. 29., 2020. 12. 22.〉

[본조신설 2012. 3. 21.]

[제목개정 2020. 12. 22.]

제19조의4(유치원운영위원회의 기능) ① 국립 · 공립 유치원에 두는 유치원운영위원회는 다음 각 호의 사항을 심의한다. 〈개정 2020. 1. 29.〉

1. 유치원규칙의 개정에 관한 사항
2. 유치원 예산 및 결산에 관한 사항
3. 유치원 교육과정의 운영방법에 관한 사항

3의2. 아동학대 예방에 관한 사항

4. 학부모가 부담하는 경비에 관한 사항
5. 유치원 급식에 관한 사항
6. 방과후 과정 운영에 관한 사항
7. 유치원 운영에 대한 제안 및 건의에 관한 사항
8. 「교육공무원법」 제29조의3제8항에 따른 공모 원장의 공모 방법, 임용, 평가 등에 관한 사항
9. 「교육공무원법」 제31조제2항에 따른 초빙교사의 추천에 관한 사항
10. 그 밖에 대통령령 및 시 · 도 조례로 정하는 사항

② 사립유치원의 장은 제1항 각 호의 사항(제8호 및 제9호는 제외한다)에 대하여 유치원운영위원회의 자문을 거쳐야 한다.

[본조신설 2012. 3. 21.]

제19조의5(유치원운영위원회의 구성 · 운영) ① 제19조의3에 따른 유치원운영위원회 중 국립유치원에 두는 유치원운영위원회의 구성 · 운영에 필요한 사항은 대통령령으로 정하고, 공립유치원에 두는 유치원운영위원회의 구성 · 운영에 필요한 사항은 대통령령으로 정하는 범위에서 시 · 도의 조례로 정한다.

② 사립유치원에 두는 유치원운영위원회의 위원 구성에 관한 사항은 대통령령으로 정하고, 그 밖에 운영에 필요한 사항은 정관 또는 유치원규칙으로 정한다.

[본조신설 2012. 3. 21.]

제19조의6(유치원운영위원회 위원의 연수 등) ① 교육감은 유치원운영위원회 위원의 자질과 직무수행능력의 향상을 위한 연수를 실시할 수 있다.

② 교육감은 제1항에 따른 연수를 연수기관 또는 민간기관에 위탁하여 실시할 수 있다.

③ 교육감은 제2항에 따라 연수를 위탁받은 기관에 행정적 · 재정적 지원을 할 수 있다.

④ 제1항부터 제3항까지에서 규정한 사항 외에 위원의 연수에 필요한 사항은 대통령령으로 정한다.

[본조신설 2012. 3. 21.]

제19조의7(유치원회계의 설치) ① 국립 · 공립 유치원에 유치원회계를 설치한다.

② 유치원회계는 다음 각 호의 수입을 세입으로 한다.

1. 국가의 일반회계 또는 지방자치단체의 교육비특별회계로부터의 전입금
2. 제25조에 따른 수업료 등 교육비용과 그 밖의 납부금
3. 국가 또는 지방자치단체의 보조금 및 지원금

4. 사용료 및 수수료
5. 이월금
6. 물품매각대금
7. 그 밖의 수입

③ 유치원회계는 유치원의 운영 및 시설 설치 등을 위하여 필요한 모든 경비를 세출로 한다. 〈개정 2021. 3. 23.〉

④ 유치원회계는 예측할 수 없는 예산 외의 지출 또는 예산초과지출에 충당하기 위하여 예비비로서 상당한 금액을 세출예산에 계상할 수 있다.

⑤ 제9조에 따라 병설된 유치원의 경우에는 필요하면 유치원회계를 해당 유치원을 병설한 학교의 학교회계와 통합하여 운영할 수 있다.

⑥ 유치원회계의 설치에 필요한 사항은 국립유치원의 경우에는 교육부령으로, 공립유치원의 경우에는 시 · 도의 교육규칙으로 정한다. 〈개정 2013. 3. 23.〉

[본조신설 2012. 3. 21.]

제19조의8(유치원회계의 운영) ① 유치원회계의 회계연도는 매년 3월 1일에 시작하여 다음 연도 2월 말일에 종료한다.

② 원장은 회계연도마다 유치원회계세입세출예산안을 편성하여 회계연도 개시 30일 전까지 제19조의3에 따른 유치원운영위원회에 제출하여야 한다.

③ 유치원운영위원회는 유치원회계세입세출예산안을 회계연도 개시 5일 전까지 심의하여야 한다.

④ 원장은 제3항에 따른 예산안이 새로운 회계연도가 개시될 때까지 확정되지 아니한 때에는 다음 각 호의 경비를 전년도 예산에 준하여 집행할 수 있다. 이 경우 전년도 예산에 준하여 집행된 예산은 해당 연도의 예산이 확정되면 그 확정된 예산에 의하여 집행된 것으로 본다.

1. 교직원 등의 인건비
2. 교육에 직접 사용되는 교육비
3. 유치원 시설의 유지관리비
4. 법령상 지급의무가 있는 경비
5. 이미 예산으로 확정된 경비

⑤ 원장은 회계연도마다 결산서를 작성하여 회계연도 종료 후 2개월 이내에 유치원운영위원회에 제출하여야 한다.

⑥ 유치원회계의 운영에 필요한 사항은 국립유치원의 경우에는 교육부령으로, 공립유치원의 경우에는 시 · 도의 교육규칙으로 정한다. 〈개정 2013. 3. 23.〉

[본조신설 2012. 3. 21.]

제3장 교직원

제20조(교직원의 구분) ①유치원에는 교원으로 원장 · 원감 · 수석교사 및 교사를 두되, 대통령령으로 정하는 일정 규모 이하의 유치원에는 원감을 두지 아니할 수 있다. 〈개정 2010. 3. 24., 2011. 7. 25.〉

②유치원에는 교원외에 계약의사, 영양사, 간호사 또는 간호조무사, 행정직원 등을 둘 수 있다. 〈개정 2021. 3. 23.〉

③유치원에 두는 교원과 직원(이하 "교직원"이라 한다)의 정원 · 배치기준 등에 관하여 필요한 사항은 대통령령으로 정한다.

제21조(교직원의 임무) ①원장은 유치원 업무를 총괄하고 민원 처리를 책임지며, 소속 교직원을 지도 · 감독하고 해당 유치원의 유아를 교육한다. 〈개정 2010. 3. 24., 2021. 3. 23., 2023. 9. 27.〉

②원감은 원장을 보좌하여 유치원 업무를 관리하고 해당 유치원의 유아를 교육하며, 원장이 부득이한 사유로 직무를

수행할 수 없을 때에는 그 직무를 대행한다. 다만, 원감을 두지 아니하는 유치원은 원장이 미리 지명한 교사(수석교사를 포함한다)가 그 직무를 대행한다. 〈개정 2010. 3. 24., 2011. 7. 25., 2021. 3. 23.〉

③ 수석교사는 교사의 교수 · 연구활동을 지원하며, 유아를 교육한다. 〈신설 2011. 7. 25.〉

④교사는 법령에서 정하는 바에 따라 해당 유치원의 유아를 교육한다. 〈개정 2010. 3. 24., 2011. 7. 25.〉

⑤행정직원 등 직원은 법령에서 정하는 바에 따라 유치원의 행정사무와 그 밖의 사무를 담당한다. 〈개정 2011. 7. 25., 2012. 1. 26.〉

제21조의2(유아의 인권 보장) ① 유치원의 설립자 · 경영자와 원장은 헌법과 국제인권조약에 명시된 유아의 인권을 보장하여야 한다.

② 교직원은 제21조에 따라 유아를 교육하거나 사무를 담당할 때에는 도구, 신체 등을 이용하여 유아의 신체에 고통을 가하거나 고성, 폭언 등으로 유아에게 정신적 고통을 가해서는 아니 된다. 〈개정 2020. 1. 29.〉

[본조신설 2016. 5. 29.]

제21조의3(원장 등 교원의 유아생활지도) ① 원장 등 교원은 유아의 인권을 보호하고 교원의 교육활동과 돌봄활동을 위하여 필요한 경우에는 법령과 유치원규칙으로 정하는 바에 따라 유아를 지도할 수 있다.

② 제1항에 따른 교원의 정당한 유아생활지도에 대해서는 「아동복지법」 제17조제3호, 제5호 및 제6호의 금지행위 위반으로 보지 아니한다.

[본조신설 2023. 9. 27.]

제21조의4(보호자의 의무 등) ① 보호자는 교직원 또는 다른 유아의 인권을 침해하는 행위를 하여서는 아니 된다.

② 보호자는 제21조의3제1항에 따른 교원의 유아생활지도를 존중하고 지원하여야 한다.

③ 보호자는 교육활동과 돌봄활동의 범위에서 교원과 유치원의 전문적인 판단을 존중하고 교육활동과 돌봄활동이 원활히 이루어질 수 있도록 적극 협력하여야 한다.

[본조신설 2023. 9. 27.]

제21조의5(교원 개인정보의 보호) 유치원과 원장은 교원의 전화번호, 주민등록번호 등 개인정보가 「개인정보 보호법」 및 「공공기관의 정보공개에 관한 법률」 등 관계 법률에 따라 보호될 수 있도록 필요한 조치를 하여야 한다.

[본조신설 2023. 9. 27.]

제22조(교원의 자격) ①원장 및 원감은 별표 1의 자격기준에 해당하는 사람으로서 대통령령으로 정하는 바에 따라 교육부장관이 검정 · 수여하는 자격증을 받은 사람이어야 한다. 〈개정 2008. 2. 29., 2010. 3. 24., 2013. 3. 23.〉

②교사는 정교사(1급 · 2급) · 준교사로 나누되, 별표 2의 자격기준에 해당하는 사람으로서 대통령령으로 정하는 바에 따라 교육부장관이 검정 · 수여하는 자격증을 받은 사람이어야 한다. 〈개정 2008. 2. 29., 2010. 3. 24., 2013. 3. 23.〉

③ 수석교사는 제2항의 자격증을 소지한 사람으로서 15년 이상의 교육경력(「교육공무원법」 제2조제1항제2호 및 제3호에 따른 교육전문직원으로 근무한 경력을 포함한다)을 가지고 교수 · 연구에 우수한 자질과 능력을 가진 사람 중에서 대통령령으로 정하는 바에 따라 교육부장관이 정하는 연수 이수 결과를 바탕으로 검정 · 수여하는 자격증을 받은 사람이어야 한다. 〈신설 2011. 7. 25., 2013. 3. 23.〉

④ 삭제 〈2010. 3. 24.〉

⑤ 삭제 〈2010. 3. 24.〉

제22조의2(교사 자격 취득의 결격사유) 다음 각 호의 어느 하나에 해당하는 사람은 제22조제2항에 따른 교사의 자격을 취득할 수 없다.

1. 마약 · 대마 · 향정신성의약품 중독자
2. 미성년자에 대한 다음 각 목의 어느 하나에 해당하는 행위로 형 또는 치료감호를 선고받아 그 형 또는 치료감호가 확정된 사람(집행유예를 선고받은 후 그 집행유예기간이 경과한 사람을 포함한다)

가. 「성폭력범죄의 처벌 등에 관한 특례법」 제2조에 따른 성폭력범죄
나. 「아동 · 청소년의 성보호에 관한 법률」 제2조제2호에 따른 아동 · 청소년대상 성범죄
3. 성인에 대한 「성폭력범죄의 처벌 등에 관한 특례법」 제2조에 따른 성폭력범죄 행위로 100만원 이상의 벌금형이나 그 이상의 형 또는 치료감호를 선고받아 그 형 또는 치료감호가 확정된 사람(집행유예를 선고받은 후 그 집행유예기간이 경과한 사람을 포함한다)
[본조신설 2020. 12. 22.]

제22조의3(벌금형의 분리 선고) 「형법」 제38조에도 불구하고 제22조의2제3호에 해당하는 죄와 다른 죄의 경합범(競合犯)에 대하여 벌금형을 선고하는 경우에는 이를 분리하여 선고하여야 한다.
[본조신설 2020. 12. 22.]

제22조의4(교원자격증 대여 · 알선 금지) 제22조에 따라 받은 자격증은 다른 사람에게 빌려주거나 빌려서는 아니 되며, 이를 알선하여서도 아니 된다.
[본조신설 2020. 12. 22.]

제22조의5(자격취소 등) ① 교육부장관은 제22조에 따라 자격증을 받은 사람이 다음 각 호의 어느 하나에 해당하는 경우에는 그 자격을 취소하여야 한다.
1. 거짓이나 그 밖의 부정한 방법으로 자격증을 받은 경우
2. 제22조의4를 위반하여 자격증을 다른 사람에게 빌려준 경우
② 제1항에 따라 자격이 취소된 후 2년이 지나지 아니한 사람은 제22조에 따른 검정을 받을 수 없다.
[본조신설 2020. 12. 22.]

제23조(강사 등) ①유치원에는 교육과정 운영에 필요한 경우 제20조제1항에 따른 교원외에 강사, 기간제 교사 또는 명예교사 등을 두어 유아교육을 담당하거나 보조하게 할 수 있다. 이 경우 국립 · 공립 유치원은 「교육공무원법」 제10조의3제1항 및 제10조의4를, 사립유치원은 「사립학교법」 제54조의3제4항 및 제5항을 각각 준용한다. 〈개정 2010. 3. 24., 2011. 5. 19., 2012. 1. 26.〉
②제1항에 따라 유치원에 두는 강사 등의 종류 · 자격기준 및 임용 등에 필요한 사항은 대통령령으로 정한다. 〈개정 2010. 3. 24.〉

제4장 비용

제24조(무상교육) ① 초등학교 취학직전 3년의 유아교육은 무상(無償)으로 실시하되, 무상의 내용 및 범위는 대통령령으로 정한다. 〈개정 2012. 3. 21.〉
②제1항에 따라 무상으로 실시하는 유아교육에 드는 비용은 국가 및 지방자치단체가 부담하되, 유아의 보호자에게 지원하는 것을 원칙으로 한다. 〈개정 2010. 3. 24.〉
③ 제2항에 따라 국가 및 지방자치단체가 부담하는 비용은 제4항의 표준유아교육비를 기준으로 교육부장관이 예산의 범위에서 관계 행정기관의 장과 협의하여 고시한다. 〈신설 2012. 3. 21., 2013. 3. 23.〉
④ 교육부장관은 제5조제1항에 따른 중앙유아교육위원회의 심의를 거쳐 표준유아교육비를 정한다. 〈신설 2012. 3. 21., 2013. 3. 23.〉
⑤ 제2항에 따른 지원방법, 제3항에 따른 비용 고시 및 제4항에 따른 표준유아교육비 산정 등에 관하여 필요한 사항은 교육부령으로 정한다. 〈개정 2012. 3. 21., 2013. 3. 23.〉

제25조(유치원 원비) ①유치원의 설립 · 경영자는 교육부령으로 정하는 바에 따라 수업료 등의 교육비용과 그 밖의 납부금(이하 "유치원 원비"라 한다)을 받을 수 있다. 이 경우 다음 각 호의 기준에 따라 유치원 원비를 달리 정할 수 있다. 〈

개정 2008. 2. 29., 2010. 3. 24., 2013. 3. 23., 2015. 3. 27.〉

1. 제12조제2항에 따른 유치원의 이용형태

2. 교육 대상인 유아가 「국민기초생활 보장법」에 따른 수급권자의 자녀인지 여부

3. 해당 지역이 저소득층 밀집지역 또는 농어촌지역 등 사회적 취약지역인지 여부

② 제1항제3호에 따른 사회적 취약지역의 결정기준은 대통령령으로 정한다. 〈개정 2015. 3. 27.〉

③ 각 유치원은 유치원 원비의 인상률이 직전 3개 연도 평균 소비자 물가상승률을 초과하게 하여서는 아니 된다. 〈신설 2015. 3. 27.〉

④ 제3항에도 불구하고 다음 각 호의 사항을 고려하여 교육부장관이 정하는 기준에 해당하는 국립유치원은 제5조제1항에 따른 중앙유아교육위원회의 심의를, 교육감이 정하는 기준에 해당하는 공·사립유치원은 같은 항에 따른 시·도 유아교육위원회의 심의를 각각 거쳐 직전 3개 연도 평균 소비자 물가상승률을 초과하여 유치원 원비를 받을 수 있다. 〈신설 2015. 3. 27.〉

1. 제24조제2항에 따라 국가 및 지방자치단체가 부담하는 비용

2. 제24조제4항에 따른 표준유아교육비

⑤ 그 밖에 유치원 원비 산정 및 징수방법 등에 필요한 사항은 교육부령으로 정한다. 〈신설 2015. 3. 27.〉

[제목개정 2015. 3. 27.]

제26조(비용의 부담 등) ① 삭제 〈2012. 3. 21.〉

② 삭제 〈2012. 3. 21.〉

③국가 및 지방자치단체는 대통령령으로 정하는 바에 따라 사립유치원의 설립 및 유치원교사의 인건비 등 운영에 드는 경비의 전부 또는 일부를 보조한다. 〈개정 2010. 3. 24.〉

제26조의2 삭제 〈2012. 3. 21.〉

제26조의3 삭제 〈2012. 3. 21.〉

제26조의4 삭제 〈2012. 3. 21.〉

제26조의5 삭제 〈2012. 3. 21.〉

제27조(방과후 과정 운영 등에 대한 지원) 국가 및 지방자치단체는 방과후 과정을 운영하거나 제12조제3항에 따라 대통령령으로 정하는 수업일수를 초과하여 운영하는 유치원에 대하여는 대통령령으로 정하는 바에 따라 운영에 드는 경비를 보조할 수 있다. 〈개정 2010. 3. 24., 2012. 3. 21.〉

[제목개정 2012. 3. 21.]

제28조(보조금 등의 반환) ①국가 및 지방자치단체는 다음 각 호의 어느 하나에 해당하는 경우에는 이미 지급한 보조금·지원금의 전부 또는 일부의 반환을 명할 수 있다. 〈개정 2010. 3. 24., 2012. 3. 21., 2015. 3. 27., 2020. 1. 29.〉

1. 유치원 목적외에 보조금·지원금을 사용한 경우

2. 거짓이나 그 밖의 부정한 방법으로 보조금·지원금을 지급받은 경우

3. 제22조에 따른 교원자격기준을 갖추지 아니한 사람을 교원으로 임용한 경우

4. 유치원 원비 인상률이 직전 3개 연도 평균 소비자 물가상승률을 초과한 경우

② 국가 및 지방자치단체는 유아의 보호자가 거짓이나 그 밖의 부정한 방법으로 제24조제2항에 따른 비용을 지원받은 경우에는 그 비용의 전부 또는 일부의 반환을 명할 수 있다. 〈신설 2012. 3. 21.〉

③ 제1항 및 제2항에 따라 보조금 등을 환수하는 경우에 반환할 자가 기한 내에 반환하지 아니한 때에는 국세 체납처분 또는 지방세 체납처분의 예에 따라 징수한다. 〈신설 2012. 3. 21.〉

[제목개정 2020. 1. 29.]

제5장 보칙 및 벌칙

제28조의2(유치원 명칭의 사용금지) 이 법에 따른 유치원이 아니면 유치원 또는 이와 유사한 명칭을 사용하지 못한다.

[본조신설 2012. 3. 21.]

제29조(권한 등의 위임 및 위탁) ① 이 법에 따른 교육부장관의 권한은 대통령령으로 정하는 바에 따라 그 일부를 교육감에게 위임할 수 있다. 〈개정 2013. 3. 23.〉

② 이 법에 따른 교육부장관 및 교육감의 업무는 대통령령으로 정하는 바에 따라 그 일부를 보건복지부장관 또는 지방자치단체의 장에게 위탁할 수 있다. 〈개정 2013. 3. 23.〉

[전문개정 2010. 3. 24.]

제30조(시정 또는 변경 명령) ①유치원의 지도 · 감독기관(국립유치원인 경우에는 교육부장관, 공립 · 사립 유치원인 경우에는 교육감을 말한다. 이하 "관할청"이라 한다)은 유치원이 시설 · 설비, 교육과정 운영, 유치원 원비 인상률 및 그 밖의 사항에 관하여 교육관계법령, 「도로교통법」 제53조, 제53조의3 또는 이에 따른 명령이나 유치원규칙을 위반한 경우에는 원장 또는 그 설립 · 경영자에게 기간을 정하여 그 시정 또는 변경을 명할 수 있다. 〈개정 2010. 3. 24., 2015. 2. 3., 2015. 3. 27., 2016. 5. 29., 2020. 5. 26.〉

②관할청은 제1항에 따른 시정 또는 변경 명령을 받은 자가 정당한 사유없이 지정된 기간에 이를 이행하지 아니하면 대통령령으로 정하는 바에 따라 해당 유치원의 정원감축, 학급감축 또는 유아모집 정지나 해당 유치원에 대한 차등적인 재정지원 또는 재정지원 배제 등의 조치를 할 수 있다. 〈개정 2010. 3. 24., 2015. 3. 27., 2020. 1. 29.〉

제30조의2(위반사실의 공표) ① 관할청은 제28조제1항, 제30조 및 제32조에 따른 조치를 한 경우 그 위반행위, 처분내용, 해당 유치원의 명칭 및 그 밖에 다른 유치원과의 구별이 필요한 사항으로서 대통령령으로 정하는 사항을 인터넷 홈페이지 등에 공개하여야 한다. 다만, 제28조제1항에 따른 처분의 경우에는 교육부령으로 정하는 금액 이상인 경우에 한정하여 공표한다.

② 관할청은 제1항에 따른 공표를 실시하기 전에 공표대상자에게 그 사실을 통지하여 소명자료를 제출하거나 출석하여 의견진술을 할 수 있는 기회를 부여하여야 한다.

③ 제1항에 따른 공표의 절차 · 방법, 그 밖에 필요한 사항은 대통령령으로 정한다.

[본조신설 2020. 1. 29.]

제31조(휴업 및 휴원 명령) ①관할청은 재해 등의 긴급한 사유로 정상적인 교육이 불가능하다고 인정하는 경우에는 원장에게 휴업을 명할 수 있다.

②제1항에 따른 명령을 받은 원장은 지체없이 휴업을 하여야 한다. 〈개정 2010. 3. 24.〉

③관할청은 원장이 제1항에 따른 명령에도 불구하고 휴업을 하지 아니하거나 특별히 긴급한 사유가 있는 경우에는 휴원처분을 할 수 있다. 〈개정 2010. 3. 24.〉

④제1항과 제2항에 따라 휴업된 유치원은 휴업기간중 해당 유치원에서 교육받는 유아의 등교와 교육이 정지되며, 제3항에 따라 휴원된 유치원은 휴원기간중 단순한 관리업무 외에 유치원의 모든 기능이 정지된다. 〈개정 2010. 3. 24.〉

제32조(유치원의 폐쇄 등) ①관할청은 유치원이 다음 각 호의 어느 하나에 해당하여 정상적인 교육과정 운영이 불가능한 경우에는 1년 이내의 운영정지를 명하거나 폐쇄를 명할 수 있다. 〈개정 2010. 3. 24., 2016. 5. 29., 2020. 1. 29.〉

1. 원장 또는 설립 · 경영자가 고의 또는 중대한 과실로 이 법 또는 이 법에 따른 명령이나 그 밖의 교육 관계 법령을 위반한 경우

2. 원장 또는 설립 · 경영자가 이 법 또는 그 밖의 교육관계법령에 따른 관할청의 명령을 3회 이상 위반한 경우

2의2. 원장 또는 설립 · 경영자가 「아동복지법」 제3조제7호에 따른 아동학대 행위를 한 경우

2의3. 교직원 등 원장 또는 설립 · 경영자의 관리 · 감독 하에 있는 자가 「아동복지법」 제3조제7호에 따른 아동학대 행위를 한 경우. 다만, 원장 또는 설립 · 경영자가 교직원 등의 아동학대 행위를 방지하기 위하여 상당한 주의와 감독을

게을리하지 아니한 경우는 제외한다.

3. 휴업기간을 제외하고 계속하여 3개월 이상 교육과정을 운영하지 아니한 경우

②관할청은 제8조제2항에 따른 유치원 설립인가를 받지 아니하고 유치원 또는 이와 유사한 명칭을 사용하거나 유치원을 운영한 자에 대하여 그 시설의 폐쇄를 명할 수 있다. 〈개정 2010. 3. 24., 2012. 3. 21.〉

③ 관할청은 유치원이 「도로교통법」 제53조제3항을 위반하여 어린이통학버스(같은 법 제52조에 따른 어린이통학버스 신고를 하지 아니한 경우를 포함한다)에 보호자를 함께 태우지 아니한 채 어린이통학버스 운행 중 발생한 교통사고로 해당 어린이통학버스에 탑승(승하차를 포함한다)한 유아가 사망하거나 신체에 교육부령으로 정하는 중상해를 입은 경우 해당 유치원의 폐쇄를 명하거나 1년 이내의 운영정지를 명할 수 있다. 〈신설 2015. 2. 3.〉

[제목개정 2015. 2. 3.]

제33조(청문) ① 교육부장관은 제22조의5제1항에 따라 자격을 취소하려면 청문을 하여야 한다. 〈신설 2020. 12. 22.〉

② 관할청은 제32조에 따라 유치원 또는 시설의 폐쇄나 운영정지를 명하려면 청문을 하여야 한다 〈개정 2010. 3. 24., 2016. 5. 29., 2020. 12. 22.〉

제34조(벌칙) ① 삭제 〈2012. 3. 21.〉

②다음 각 호의 어느 하나에 해당하는 자는 3년 이하의 징역 또는 3천만원 이하의 벌금에 처한다. 〈개정 2010. 3. 24., 2012. 3. 21., 2016. 5. 29.〉

1. 제8조제2항에 따른 유치원 설립인가를 받지 아니하고 유치원을 운영한 자
2. 제8조제4항을 위반하여 폐쇄인가 또는 변경인가를 받지 아니한 자
3. 거짓이나 그 밖의 부정한 방법으로 제8조제2항 또는 제4항에 따른 유치원의 설립인가 · 폐쇄인가 또는 변경인가를 받은 자
4. 제17조의2제1항 또는 제3항을 위반하여 보호자의 동의 없이 제3자에게 유아 관련 자료를 제공하거나 제공받은 자료를 그 본래의 목적 외의 용도로 이용한 자

③다음 각 호의 어느 하나에 해당하는 자는 1년 이하의 징역 또는 1천만원 이하의 벌금에 처한다. 〈개정 2010. 3. 24., 2012. 3. 21., 2016. 5. 29., 2020. 12. 22.〉

1. 제22조의4를 위반하여 자격증을 다른 사람에게 빌려주거나 빌린 사람 또는 이를 알선한 사람
2. 거짓이나 그 밖의 부정한 방법으로 제24조제2항에 따른 비용을 지원받거나 타인으로 하여금 지원을 받게 한 자
3. 제30조제1항에 따른 명령을 위반한 자
4. 제32조제1항에 따른 명령을 위반한 자

제35조(과태료) ① 제28조의2를 위반하여 유치원 또는 이와 유사한 명칭을 사용한 자에게는 500만원 이하의 과태료를 부과한다.

② 제17조제1항에 따른 건강검진을 실시하지 아니하거나 제17조의3에 따른 응급조치의무를 이행하지 아니한 자에게는 300만원 이하의 과태료를 부과한다. 〈신설 2013. 5. 22.〉

③ 제1항 및 제2항에 따른 과태료는 대통령령으로 정하는 바에 따라 관할청이 부과 · 징수한다. 〈개정 2013. 5. 22.〉

[본조신설 2012. 3. 21.]

부칙〈제19737호, 2023. 9. 27.〉

이 법은 공포한 날부터 시행한다.

[부록 2] 영유아교육법

[시행 2024. 8. 14.] [법률 제20289호, 2024. 2. 13., 일부개정]

제1장 총칙 〈개정 2007. 10. 17.〉

제1조(목적) 이 법은 영유아(嬰乳兒)의 심신을 보호하고 건전하게 교육하여 건강한 사회 구성원으로 육성함과 아울러 보호자의 경제적 · 사회적 활동이 원활하게 이루어지도록 함으로써 영유아 및 가정의 복지 증진에 이바지함을 목적으로 한다. 〈개정 2011. 8. 4.〉

[전문개정 2007. 10. 17.]

제2조(정의) 이 법에서 사용하는 용어의 뜻은 다음과 같다. 〈개정 2008. 12. 19., 2011. 6. 7., 2023. 8. 8., 2024. 2. 6.〉

1. "영유아"란 7세 이하의 취학 전 아동을 말한다.
2. "보육"이란 영유아를 건강하고 안전하게 보호 · 양육하고 영유아의 발달 특성에 맞는 교육을 제공하는 어린이집 및 가정양육 지원에 관한 사회복지서비스를 말한다.
3. "어린이집"이란 영유아의 보육을 위하여 이 법에 따라 설립 · 운영되는 기관을 말한다.
4. "보호자"란 친권자 · 후견인, 그 밖의 자로서 영유아를 사실상 보호하고 있는 자를 말한다.
5. "보육교직원"이란 어린이집 영유아의 보육, 건강관리 및 보호자와의 상담, 그 밖에 어린이집의 관리 · 운영 등의 업무를 담당하는 자로서 어린이집의 원장 및 보육교사와 그 밖의 직원을 말한다.

[전문개정 2007. 10. 17.]

제3조(보육 이념) ① 보육은 영유아의 이익을 최우선적으로 고려하여 제공되어야 한다.

② 보육은 영유아가 안전하고 쾌적한 환경에서 건강하게 성장할 수 있도록 하여야 한다.

③ 영유아는 자신이나 보호자의 성, 연령, 종교, 사회적 신분, 재산, 장애, 인종 및 출생지역 등에 따른 어떠한 종류의 차별도 받지 아니하고 보육되어야 한다. 〈개정 2011. 8. 4.〉

[전문개정 2007. 10. 17.]

제4조(책임) ① 모든 국민은 영유아를 건전하게 보육할 책임을 진다.

② 국가와 지방자치단체는 보호자와 더불어 영유아를 건전하게 보육할 책임을 지며, 이에 필요한 재원을 안정적으로 확보하도록 노력하여야 한다. 〈개정 2013. 1. 23.〉

③ 특별자치시장 · 특별자치도지사 · 시장 · 군수 · 구청장(자치구의 구청장을 말한다. 이하 같다)은 영유아의 보육을 위한 적절한 어린이집을 확보하여야 한다. 〈개정 2011. 6. 7., 2011. 8. 4., 2020. 12. 29.〉

④ 국가와 지방자치단체는 보육교직원의 양성, 근로여건 개선 및 권익 보호를 위하여 노력하여야 한다. 〈신설 2015. 5. 18., 2020. 12. 29.〉

⑤ 국가와 지방자치단체는 지방의 보육 여건을 개선하기 위한 종합적인 시책을 수립 · 추진하고 지원 방안을 강구하여야 한다. 〈신설 2024. 2. 6.〉

[전문개정 2007. 10. 17.]

제5조 삭제 〈2020. 12. 29.〉

제6조(보육정책위원회) ① 보육에 관한 각종 정책 · 사업 · 보육지도 및 어린이집 평가에 관한 사항 등을 심의하기 위하여 교육부에 중앙보육정책위원회를, 특별시 · 광역시 · 특별자치시 · 도 · 특별자치도(이하 "시 · 도"라 한다) 및 시 · 군 · 구(자치구를 말한다. 이하 같다)에 지방보육정책위원회를 둔다. 다만, 지방보육정책위원회는 그 기능을 담당하기에 적

합한 다른 위원회가 있고 그 위원회의 위원이 제2항에 따른 자격을 갖춘 경우에는 시 · 도 또는 시 · 군 · 구의 조례로 정하는 바에 따라 그 위원회가 지방보육정책위원회의 기능을 대신할 수 있다. 〈개정 2008. 2. 29., 2010. 1. 18., 2011. 6. 7., 2018. 12. 11., 2020. 12. 29., 2023. 12. 26.〉

② 제1항에 따른 중앙보육정책위원회와 지방보육정책위원회(이하 "보육정책위원회"라 한다)의 위원은 보육전문가, 어린이집의 원장 및 보육교사 대표, 보호자 대표 또는 공익을 대표하는 자, 관계 공무원 등으로 구성한다. 〈개정 2011. 6. 7.〉

③ 교육부장관은 중앙보육정책위원회의 업무를 효율적으로 수행하기 위하여 분야별 전문위원회를 둘 수 있다. 〈신설 2024. 1. 9.〉

④ 보육정책위원회의 구성 · 기능 및 운영 등에 필요한 사항은 대통령령으로 정한다. 〈개정 2024. 1. 9.〉

[전문개정 2007. 10. 17.]

제7조(육아종합지원센터) ① 다음 각 호의 업무를 수행하기 위하여 교육부장관은 중앙육아종합지원센터를, 특별시장 · 광역시장 · 특별자치시장 · 도지사 · 특별자치도지사(이하 "시 · 도지사"라 한다) 및 시장 · 군수 · 구청장은 지방육아종합지원센터를 설치 · 운영하여야 한다. 이 경우 필요하다고 인정하는 경우에는 영아 · 장애아 보육 등에 관한 육아종합지원센터를 별도로 설치 · 운영할 수 있다. 〈개정 2008. 2. 29., 2010. 1. 18., 2013. 6. 4., 2018. 12. 24., 2023. 12. 26., 2024. 1. 23., 2024. 2. 6.〉

1. 어린이집 운영 전반에 관한 전문 컨설팅
2. 보육에 관한 정보의 수집 · 제공
3. 보호자 및 보육교직원에 대한 상담 제공
4. 영유아 발달 지연 예방 · 상담 · 치료연계 지원
5. 제9조의2에 따른 보호자 교육 지원
6. 다음 각 목의 어느 하나에 해당하는 보육교직원 교육 제공

가. 보육교직원의 역량 강화를 위한 교육

나. 제23조의3에 따른 아동학대 방지를 위한 교육

다. 「아동복지법」 제26조에 따른 아동학대 신고의무자에 대한 교육

6의2. 보육교직원 대체인력의 지원 및 관리

7. 제26조의2에 따른 시간제보육 서비스의 제공
8. 그 밖에 교육부장관이 필요하다고 인정하는 업무

② 제1항에 따른 중앙육아종합지원센터와 지방육아종합지원센터(이하 "육아종합지원센터"라 한다)에는 육아종합지원센터의 장과 보육에 관한 정보를 제공하는 보육전문요원, 보육교직원의 정서적 · 심리적 상담 등의 업무를 하는 상담전문요원 및 영유아 발달 지연 예방 · 상담 · 치료연계 지원 업무를 하는 영유아발달지원전문요원 등을 둔다. 〈개정 2013. 6. 4., 2015. 5. 18., 2024. 1. 23.〉

③ 삭제 〈2011. 8. 4.〉

④ 교육부장관은 업무의 효율적인 수행을 위하여 대통령령으로 정하는 공공기관 또는 민간기관 · 단체 등을 제1항에 따른 중앙육아종합지원센터로 지정한다. 〈신설 2021. 12. 21., 2023. 12. 26.〉

⑤ 육아종합지원센터의 설치 · 운영 및 기능, 육아종합지원센터의 장과 보육전문요원, 상담전문요원 및 영유아발달지원전문요원의 자격 및 직무 등에 필요한 사항은 대통령령으로 정한다. 〈개정 2011. 8. 4., 2013. 6. 4., 2015. 5. 18., 2021. 12. 21., 2024. 1. 23.〉

⑥ 육아종합지원센터의 안전사고 예방 및 사고에 따른 영유아 생명 · 신체 등의 피해보상에 관하여는 제31조의2를 준용한다. 이 경우 "어린이집"은 "육아종합지원센터"로, "어린이집의 원장"은 "육아종합지원센터의 장"으로 본다. 〈신설 2020. 12. 29., 2021. 12. 21.〉

[전문개정 2007. 10. 17.]

[제목개정 2013. 6. 4.]

제8조(한국보육진흥원의 설립 및 운영) ① 보육서비스의 질 향상을 도모하고 보육정책을 체계적으로 지원하기 위하여 한국보육진흥원(이하 "진흥원"이라 한다)을 설립한다.

② 진흥원은 다음 각 호의 업무를 수행한다. 〈개정 2023. 12. 26., 2024. 1. 2., 2024. 2. 13.〉

1. 보육정책 및 보육사업에 관한 조사 · 연구 및 정책분석
2. 원활한 어린이집 운영 및 보육서비스 제공을 위한 지원
3. 제22조제1항에 따른 보육교직원의 자격 검정 및 자격증 교부 등 지원
4. 제23조 및 제23조의2에 따라 실시하는 보수교육의 총괄 관리 및 지원
5. 보육서비스 품질 관리를 위하여 제25조의2에 따른 부모모니터링단 운영의 지원, 제30조에 따른 어린이집 평가의 지원 및 제30조의2에 따른 공공형어린이집의 지정을 위한 지원과 제41조에 따른 지도와 명령 및 제42조에 따른 보고와 검사에 대한 사전준비 또는 사후관리 지원
6. 제26조에 따라 실시하는 취약보육 관련 사업의 지원
7. 제26조의2에 따라 제공하는 시간제보육 서비스 관련 사업의 지원
8. 영유아 보육 관련 교육 및 홍보에 관한 업무
9. 가정양육 지원에 관한 업무
10. 그 밖에 이 법 또는 다른 법령 등에 따라 교육부장관, 국가 또는 지방자치단체로부터 위탁받은 업무

③ 진흥원은 법인으로 하고, 주된 사무소의 소재지에 설립등기를 함으로써 성립한다.

④ 진흥원은 보조금, 기부금, 그 밖의 수입금으로 운영한다.

⑤ 교육부장관은 진흥원의 운영에 필요한 경비를 예산의 범위에서 지원할 수 있다. 〈개정 2023. 12. 26.〉

⑥ 진흥원은 제2항제8호의 업무를 관련 전문기관 등에 위탁할 수 있다. 〈개정 2024. 2. 13.〉

⑦ 진흥원에 관하여 이 법과 「공공기관의 운영에 관한 법률」에서 정한 사항 외에는 「민법」 중 재단법인에 관한 규정을 준용한다.

[전문개정 2018. 12. 11.]

제9조(보육 실태 조사) ① 교육부장관은 이 법의 적절한 시행을 위하여 보육 실태 조사를 3년마다 실시하고 그 결과를 공표하여야 한다. 〈개정 2008. 2. 29., 2010. 1. 18., 2011. 6. 7., 2020. 12. 29., 2023. 12. 26.〉

② 교육부장관은 제1항에 따른 보육 실태 조사를 위하여 어린이집 설치 · 운영자와 관계 기관 · 법인 · 단체의 장에게 필요한 자료의 제출 또는 의견의 진술을 요청할 수 있다. 이 경우 요청을 받은 자는 정당한 사유가 없으면 이에 협조하여야 한다. 〈신설 2020. 12. 29., 2023. 12. 26.〉

③ 제1항에 따른 보육 실태 조사의 방법 · 내용 및 결과 공표 등에 필요한 사항은 교육부령으로 정한다. 〈개정 2008. 2. 29., 2010. 1. 18., 2020. 12. 29., 2023. 12. 26.〉

[전문개정 2007. 10. 17.]

제9조의2(보호자 교육) ① 국가와 지방자치단체는 영유아의 보호자에게 영유아의 성장 · 양육방법, 보호자의 역할, 영유아의 인권 및 아동학대 예방 등에 대한 교육을 실시하여야 한다. 〈개정 2021. 8. 17.〉

② 교육부장관 또는 지방자치단체의 장은 예산의 범위에서 제1항에 따른 교육에 필요한 비용을 보조할 수 있다. 〈개정 2023. 12. 26.〉

③ 제1항에 따른 교육의 내용, 실시 방법 등에 필요한 사항은 교육부령으로 정한다. 〈개정 2023. 12. 26.〉

[본조신설 2017. 3. 14.]

제9조의3(보육통합정보시스템 구축 · 운영) ① 교육부장관은 이 법에 따른 보육업무에 필요한 각종 자료 또는 정보의 효율적 처리와 기록 · 관리 업무의 전자화를 위하여 보육통합정보시스템을 구축 · 운영할 수 있다. 〈개정 2023. 12. 26.〉

② 교육부장관은 제1항에 따른 보육통합정보시스템(이하 "보육정보시스템"이라고 한다)을 구축 · 운영하는 데 필요한 자료로서 다음 각 호의 어느 하나에 해당하는 자료를 수집 · 관리 · 보유할 수 있으며, 관계 기관 및 단체의 장에게 필요한 자료의 제공을 요청할 수 있다. 이 경우 요청을 받은 관계 기관 및 단체의 장은 정당한 사유가 없으면 요청에 따라야 한다. 〈개정 2023. 12. 26.〉

1. 제19조 및 제20조에 따른 보육교직원의 임면 및 결격사유 등에 관한 자료
2. 제21조 및 제22조에 따른 어린이집의 원장 또는 보육교사의 자격검정 및 자격증 교부 등에 관한 자료
3. 제26조에 따른 취약보육에 관한 자료
4. 제27조에 따른 어린이집 이용대상에 관한 자료
5. 제28조에 따른 보육의 우선 제공에 관한 자료
6. 제30조에 따른 어린이집 평가에 관한 자료
7. 제31조 및 제31조의3에 따른 건강관리 및 예방접종 등에 관한 자료
8. 제31조의2에 따른 어린이집 안전공제사업 등에 관한 자료
9. 제34조의3에 따른 보육서비스 이용권의 지급 및 이용에 관한 자료
10. 제36조에 따른 보육사업에 드는 비용의 보조에 관한 자료
11. 제46조부터 제48조까지의 규정에 따른 어린이집 원장 및 보육교사의 자격정지 및 자격취소에 관한 자료
12. 그 밖에 보육 사업 실시에 필요한 자료로서 대통령령으로 정하는 자료

③ 교육부장관은 보육정보시스템의 구축 · 운영에 관한 사무를 수행하기 위하여 불가피한 경우 「개인정보 보호법」 제23조에 따른 건강에 관한 정보(건강관리, 건강검진 관련 정보로 한정한다)나 같은 법 제24조에 따른 고유식별정보가 포함된 자료를 처리할 수 있다. 이 경우 교육부장관은 「개인정보 보호법」에 따라 해당 정보를 보호하여야 한다. 〈개정 2023. 12. 26.〉

④ 보육정보시스템은 「사회보장기본법」 제37조제2항에 따른 사회보장정보시스템과 연계하여 활용할 수 있다.

⑤ 보육정보시스템의 구축 · 운영에 필요한 사항은 대통령령으로 정한다.

[본조신설 2020. 12. 29.]

제2장 어린이집의 설치 〈개정 2011. 6. 7.〉

제10조(어린이집의 종류) 어린이집의 종류는 다음 각 호와 같다. 〈개정 2011. 6. 7., 2011. 8. 4., 2016. 2. 3., 2017. 3. 14.〉

1. 국공립어린이집 : 국가나 지방자치단체가 설치 · 운영하는 어린이집
2. 사회복지법인어린이집 : 「사회복지사업법」 에 따른 사회복지법인(이하 "사회복지법인"이라 한다)이 설치 · 운영하는 어린이집
3. 법인 · 단체등어린이집: 각종 법인(사회복지법인을 제외한 비영리법인)이나 단체 등이 설치 · 운영하는 어린이집으로서 대통령령으로 정하는 어린이집
4. 직장어린이집 : 사업주가 사업장의 근로자를 위하여 설치 · 운영하는 어린이집(국가나 지방자치단체의 장이 소속 공무원 및 국가나 지방자치단체의 장과 근로계약을 체결한 자로서 공무원이 아닌 자를 위하여 설치 · 운영하는 어린이집을 포함한다)
5. 가정어린이집 : 개인이 가정이나 그에 준하는 곳에 설치 · 운영하는 어린이집
6. 협동어린이집 : 보호자 또는 보호자와 보육교직원이 조합(영리를 목적으로 하지 아니하는 조합에 한정한다)을 결성하여 설치 · 운영하는 어린이집
7. 민간어린이집 : 제1호부터 제6호까지의 규정에 해당하지 아니하는 어린이집

[전문개정 2007. 10. 17.]

[제목개정 2011. 6. 7.]

제11조(보육계획의 수립 및 시행) ① 교육부장관, 시 · 도지사 및 시장 · 군수 · 구청장은 보육사업을 원활하게 추진하기 위하여 교육부장관의 경우에는 중앙보육정책위원회, 그 밖의 경우에는 각 지방보육정책위원회의 심의를 거쳐 어린이집 수급계획 등을 포함한 보육계획을 수립 · 시행하여야 한다. 이 경우 보육계획에는 국공립어린이집의 공급에 관한 계획 및 목표가 포함되어야 한다. 〈개정 2008. 2. 29., 2010. 1. 18., 2011. 6. 7., 2013. 8. 13., 2023. 12. 26.〉

② 교육부장관, 시 · 도지사 및 시장 · 군수 · 구청장은 제1항에 따른 보육계획의 수립 · 시행을 위하여 필요하면 어린이집, 보육 관련 법인 · 단체 등에 대하여 자료 제공 등의 협조를 요청할 수 있으며, 그 요청을 받은 어린이집과 보육 관련 법인 · 단체 등은 정당한 사유가 없으면 요청에 따라야 한다. 〈개정 2008. 2. 29., 2010. 1. 18., 2011. 6. 7., 2023. 12. 26.〉

③ 제1항에 따른 보육계획의 내용, 수립 시기 및 절차 등에 필요한 사항은 대통령령으로 정한다.

[전문개정 2007. 10. 17.]

제11조의2(어린이집 또는 어린이집용지 확보) 시 · 도지사, 시장 · 군수 · 구청장은 「도시개발법」, 「도시 및 주거환경정비법」, 「택지개발촉진법」, 「산업입지 및 개발에 관한 법률」 및 「공공주택 특별법」 등에 따라 시행하는 개발 · 정비 · 조성사업에 어린이집 또는 어린이집용지가 확보될 수 있도록 노력하여야 한다. 〈개정 2009. 3. 20., 2011. 6. 7., 2011. 8. 4., 2014. 1. 14., 2015. 8. 28.〉

[본조신설 2008. 1. 17.]

[제목개정 2011. 6. 7.]

제12조(국공립어린이집의 설치 등) ① 국가나 지방자치단체는 국공립어린이집을 설치(국공립어린이집 외의 어린이집을 기부채납 받거나 무상임차 등 사용계약을 통하여 전환하는 경우를 포함한다) · 운영하여야 한다. 이 경우 국공립어린이집은 제11조의 보육계획에 따라 다음 각 호의 지역에 우선적으로 설치하여야 한다. 〈개정 2011. 6. 7., 2013. 8. 13., 2017. 3. 14., 2018. 12. 24., 2023. 8. 16.〉

1. 도시 저소득주민 밀집 주거지역 및 농어촌지역 등 취약지역
2. 삭제 〈2018. 12. 24.〉
3. 「산업입지 및 개발에 관한 법률」 제2조제8호에 따른 산업단지 지역

② 국가나 지방자치단체가 제1항에 따라 국공립어린이집을 설치할 경우 제6조제1항에 따른 지방보육정책위원회의 심의를 거쳐야 한다. 〈신설 2018. 12. 24.〉

③ 국가나 지방자치단체는 「주택법」 제2조제3호에 따른 공동주택에 같은 법 제35조에 따라 설치되어야 하는 어린이집을 국공립어린이집으로 운영하여야 한다. 다만, 「공동주택관리법」 제2조제1항제7호에 따른 입주자등의 과반수가 국공립어린이집으로의 운영에 찬성하지 아니하는 경우 등 대통령령으로 정하는 경우에는 그러하지 아니하다. 〈신설 2018. 12. 24., 2020. 12. 29.〉

④ 제3항에 따라 국공립어린이집을 설치 · 운영하여야 하는 공동주택의 규모와 국공립어린이집의 설치 · 운영에 필요한 사항은 대통령령으로 정한다. 〈신설 2018. 12. 24.〉

[전문개정 2007. 10. 17.]

[제목개정 2011. 6. 7.]

제13조(국공립어린이집 외의 어린이집의 설치) ① 국공립어린이집 외의 어린이집을 설치 · 운영하려는 자는 특별자치시장 · 특별자치도지사 · 시장 · 군수 · 구청장의 인가를 받아야 한다. 인가받은 사항 중 중요 사항을 변경하려는 경우에도 또한 같다. 〈개정 2011. 6. 7., 2011. 8. 4., 2020. 12. 29.〉

② 특별자치시장 · 특별자치도지사 · 시장 · 군수 · 구청장은 제1항에 따른 인가를 할 경우 해당 지역의 보육 수요를 고려하여야 한다. 〈신설 2019. 1. 15., 2020. 12. 29.〉

③ 제1항에 따라 어린이집의 설치인가를 받은 자는 어린이집 방문자 등이 볼 수 있는 곳에 어린이집 인가증을 게시하여야 한다. 〈신설 2011. 8. 4., 2019. 1. 15.〉

④ 제1항에 따른 인가에 필요한 사항은 교육부령으로 정한다. 〈개정 2008. 2. 29., 2010. 1. 18., 2011. 8. 4., 2019. 1. 15., 2023. 12. 26.〉

[전문개정 2007. 10. 17.]

[제목개정 2011. 6. 7.]

제14조(직장어린이집의 설치 등) ① 대통령령으로 정하는 일정 규모 이상의 사업장의 사업주는 직장어린이집을 설치하여야 한다. 다만, 사업장의 사업주가 직장어린이집을 단독으로 설치할 수 없을 때에는 사업주 공동으로 직장어린이집을 설치 · 운영하거나, 지역의 어린이집과 위탁계약을 맺어 근로자 자녀의 보육을 지원(이하 이 조에서 "위탁보육"이라 한다)하여야 한다. 〈개정 2011. 6. 7., 2014. 5. 20.〉

② 제1항 단서에 따라 사업장의 사업주가 위탁보육을 하는 경우에는 사업장 내 보육대상이 되는 근로자 자녀 중에서 위탁보육을 받는 근로자 자녀가 교육부령으로 정하는 일정 비율 이상이 되도록 하여야 한다. 〈개정 2008. 2. 29., 2010. 1. 18., 2011. 6. 7., 2014. 5. 20., 2023. 12. 26.〉

③ 제1항에 따른 어린이집의 설치 및 위탁보육에 필요한 사항은 교육부령으로 정한다. 〈신설 2014. 5. 20., 2023. 12. 26.〉

[전문개정 2007. 10. 17.]

[제목개정 2011. 6. 7.]

제14조의2(직장어린이집 설치의무 미이행 사업장 명단 공표 등) ① 교육부장관 및 대통령령으로 정하는 기관("조사기관"이라 한다. 이하 이 조에서 같다)의 장은 제14조에 따른 직장어린이집 설치 등 의무 이행에 관한 실태 조사를 매년 실시하여야 하고, 실태 조사 대상 사업장의 사업주는 특별한 사정이 없으면 이에 따라야 한다. 이 경우, 조사기관의 장은 실태 조사를 완료한 후 그 결과를 교육부장관에게 통보하여야 한다. 〈개정 2022. 6. 10., 2023. 12. 26.〉

② 교육부장관은 제1항에 따른 실태조사 결과 직장어린이집 설치 등의 의무를 이행하지 아니한 사업장 및 실태조사에 불응한 사업장("미이행 사업장"이라 한다. 이하 이 조에서 같다)의 명단을 공표할 수 있다. 다만, 대통령령으로 정하는 사유가 있는 경우에는 그러하지 아니하다. 〈개정 2014. 5. 20., 2023. 12. 26.〉

③ 교육부장관은 제2항 본문에 따른 명단 공표를 하기 전에 그 공표 여부에 관하여 제6조에 따른 중앙보육정책위원회의 심의를 거쳐야 한다. 〈개정 2024. 1. 9.〉

④ 교육부장관은 제3항의 심의를 거친 명단 공표 대상 사업장의 사업주에게 대통령령으로 정하는 바에 따라 명단 공표 대상자임을 통지하여 소명기회를 주어야 한다. 〈개정 2023. 12. 26., 2024. 1. 9.〉

⑤ 제2항에 따른 공표는 교육부 · 고용노동부의 홈페이지에 1년간 게시하고, 2개 이상 일간지에 게재하는 방법으로 한다. 〈개정 2014. 5. 20., 2023. 12. 26.〉

⑥ 제1항부터 제3항까지의 규정에 따른 직장어린이집 설치 등 의무 이행에 관한 실태 조사의 내용과 방법, 미이행 사업장 명단 공표와 관련하여 필요한 사항은 대통령령으로 정한다. 〈개정 2024. 1. 9.〉

[본조신설 2011. 12. 31.]

제15조(어린이집 설치기준) 어린이집을 설치 · 운영하려는 자는 교육부령으로 정하는 설치기준을 갖추어야 한다. 다만, 놀이터, 비상재해대비시설 및 폐쇄회로 텔레비전의 설치와 관련된 사항은 각각 제15조의2부터 제15조의4까지에 따른다. 〈개정 2008. 2. 29., 2010. 1. 18., 2011. 6. 7., 2011. 12. 31., 2015. 5. 18., 2023. 12. 26.〉

[전문개정 2007. 10. 17.]

[제목개정 2011. 6. 7.]

제15조의2(놀이터 설치) ① 어린이집을 설치 · 운영하는 자는 놀이터를 설치하여야 하며 설치에 관한 기준은 교육부령으로 정한다. 다만, 다음 각 호의 어느 하나에 해당하는 어린이집은 그러하지 아니한다. 〈개정 2023. 12. 26.〉

1. 보육 정원 50명 미만인 어린이집

2. 100미터 이내에 교육부령으로 정하는 기준을 충족하는 놀이터가 설치되어 있는 어린이집

② 제1항에도 불구하고 특별자치시장 · 특별자치도지사 · 시장 · 군수 · 구청장은 제6조제1항에 따른 지방보육정책위원회의 심의를 거쳐 2005년 1월 29일 이전에 인가받은 어린이집이 도심지 및 도서 · 벽지 등 지역의 여건상 놀이터를 설치하기 곤란한 경우로서 보육상 지장이 없다고 인정하는 경우에는 놀이터를 설치하지 아니하거나 놀이터 설치 기준을 완화하여 변경인가할 수 있다. 〈개정 2020. 12. 29.〉

[본조신설 2011. 6. 7.]

제15조의3(비상재해대비시설) ① 어린이집을 설치 · 운영하는 자는 반드시 1층과 2층 이상 등 종류별 비상재해대비시설을 설치하여야 하며 설치에 관한 기준은 교육부령으로 정한다. 〈개정 2023. 12. 26.〉

② 제1항에도 불구하고 특별자치시장 · 특별자치도지사 · 시장 · 군수 · 구청장은 2009년 7월 3일 이전에 이미 인가받은 어린이집("기인가 어린이집"이라 한다. 이하 이 조에서 같다)이 비상재해 대비에 지장이 없다고 판단할 경우 종전 인가당시 기준을 적용할 수 있다. 이 경우, 특별자치시장 · 특별자치도지사 · 시장 · 군수 · 구청장은 기인가 어린이집이 비상재해 대비에 지장이 없는지 여부를 판단하기 위해 비상재해대비시설기준 심의위원회를 구성 · 운영하여야 하며 해당 위원회의 심의를 반드시 거쳐야 한다. 〈개정 2020. 12. 29.〉

③ 제2항에 따른 비상재해대비시설기준 심의위원회의 위원은 5명 이상으로 하며 다음 각 호의 어느 하나에 해당하는 사람 중에서 특별자치시장 · 특별자치도지사 · 시장 · 군수 · 구청장이 임명하거나 위촉한다. 이 경우 전체 위원의 2분의 1 이상은 제1호부터 제4호까지에 해당하는 사람으로 구성하여야 하며 위원장은 위원 중에서 호선한다. 〈개정 2020. 12. 29., 2021. 11. 30.〉

1. 소방공무원

2. 소방기술사

3. 소방시설관리사

4. 「화재의 예방 및 안전관리에 관한 법률」 제11조에 따른 소방 · 방재 분야에 관한 전문지식을 갖춘 사람

5. 보육 관련 업무를 담당하는 공무원

6. 「고등교육법」 제2조에 따른 학교에 재직하고 있는 보육 관련 분야 교수

④ 위원의 임기, 운영 및 회의 등에 필요한 사항은 제6조에 따른 지방보육정책위원회 관련 규정을 준용한다.

[본조신설 2011. 12. 31.]

제15조의4(폐쇄회로 텔레비전의 설치 등) ① 어린이집을 설치 · 운영하는 자는 아동학대 방지 등 영유아의 안전과 어린이집의 보안을 위하여 「개인정보 보호법」 및 관련 법령에 따른 폐쇄회로 텔레비전(이하 "폐쇄회로 텔레비전"이라 한다)을 설치 · 관리하여야 한다. 다만, 다음 각 호의 어느 하나에 해당하는 경우에는 그러하지 아니하다. 〈개정 2020. 12. 29.〉

1. 어린이집을 설치 · 운영하는 자가 보호자 전원의 동의를 받아 특별자치시장 · 특별자치도지사 · 시장 · 군수 · 구청장에게 신고한 경우

2. 어린이집을 설치 · 운영하는 자가 보호자 및 보육교직원 전원의 동의를 받아 「개인정보 보호법」 및 관련 법령에 따른 네트워크 카메라를 설치한 경우

② 제1항에 따라 폐쇄회로 텔레비전을 설치 · 관리하는 자는 영유아 및 보육교직원 등 정보주체의 권리가 침해되지 아니하도록 다음 각 호의 사항을 준수하여야 한다.

1. 아동학대 방지 등 영유아의 안전과 어린이집의 보안을 위하여 최소한의 영상정보만을 적법하고 정당하게 수집하고, 목적 외의 용도로 활용하지 아니하도록 할 것

2. 영유아 및 보육교직원 등 정보주체의 권리가 침해받을 가능성과 그 위험 정도를 고려하여 영상정보를 안전하게 관리할 것

3. 영유아 및 보육교직원 등 정보주체의 사생활 침해를 최소화하는 방법으로 영상정보를 처리할 것

③ 어린이집을 설치 · 운영하는 자는 폐쇄회로 텔레비전에 기록된 영상정보를 60일 이상 보관하여야 한다.

④ 제1항에 따른 폐쇄회로 텔레비전의 설치 · 관리기준 및 동의 또는 신고의 방법 · 절차 · 요건, 제3항에 따른 영상정보의 보관기준 및 보관기간 등에 필요한 사항은 교육부령으로 정한다. 〈개정 2023. 12. 26.〉

[본조신설 2015. 5. 18.]

제15조의5(영상정보의 열람금지 등) ① 폐쇄회로 텔레비전을 설치 · 관리하는 자는 다음 각 호의 어느 하나에 해당하는 경우를 제외하고는 제15조의4제1항의 영상정보를 열람하게 하여서는 아니 된다. 〈개정 2021. 6. 8., 2023. 12. 26.〉

1. 보호자가 자녀 또는 보호아동의 안전을 확인할 목적으로 열람시기 · 절차 및 방법 등 교육부령으로 정하는 바에 따라 영상정보의 원본 또는 사본 등을 요청하는 경우
2. 「개인정보 보호법」 제2조제6호가목에 따른 공공기관이 제42조 또는 「아동복지법」 제66조 등 법령에서 정하는 영유아의 안전업무 수행을 위하여 요청하는 경우
3. 범죄의 수사와 공소의 제기 및 유지, 법원의 재판업무 수행을 위하여 필요한 경우
4. 그 밖에 보육관련 안전업무를 수행하는 기관으로서 교육부령으로 정하는 자가 업무의 수행을 위하여 열람시기 · 절차 및 방법 등 교육부령으로 정하는 바에 따라 요청하는 경우

② 어린이집을 설치 · 운영하는 자는 다음 각 호의 어느 하나에 해당하는 행위를 하여서는 아니 된다. 〈개정 2023. 12. 26.〉

1. 제15조의4제1항의 설치 목적과 다른 목적으로 폐쇄회로 텔레비전을 임의로 조작하거나 다른 곳을 비추는 행위
2. 녹음기능을 사용하거나 교육부령으로 정하는 저장장치 이외의 장치 또는 기기에 영상정보를 저장하는 행위

③ 어린이집을 설치 · 운영하는 자는 제15조의4제1항의 영상정보가 분실 · 도난 · 유출 · 변조 또는 훼손되지 아니하도록 내부 관리계획의 수립, 접속기록 보관 등 대통령령으로 정하는 바에 따라 안전성 확보에 필요한 기술적 · 관리적 및 물리적 조치를 하여야 한다.

④ 국가 및 지방자치단체는 어린이집에 설치한 폐쇄회로 텔레비전의 설치 · 관리와 그 영상정보의 열람으로 영유아 및 보육교직원 등 정보주체의 권리가 침해되지 아니하도록 설치 · 관리 및 열람 실태를 교육부령으로 정하는 바에 따라 매년 1회 이상 조사 · 점검하여야 한다. 〈개정 2023. 12. 26.〉

⑤ 누구든지 이 법의 규정에 따르지 아니하고는 제15조의4제1항의 영상정보를 유출 · 변조 · 훼손 또는 멸실하는 행위를 하여서는 아니 된다. 〈신설 2023. 8. 8.〉

⑥ 폐쇄회로 텔레비전의 설치 · 관리와 그 영상정보의 열람에 관하여 이 법에서 규정된 것을 제외하고는 「개인정보 보호법」(제25조는 제외한다)을 적용한다. 〈개정 2023. 8. 8.〉

[본조신설 2015. 5. 18.]

제16조(결격사유) 다음 각 호의 어느 하나에 해당하는 자는 어린이집을 설치 · 운영할 수 없다. 〈개정 2011. 6. 7., 2013. 8. 13., 2014. 5. 28., 2015. 5. 18., 2018. 12. 11., 2020. 12. 29.〉

1. 미성년자 · 피성년후견인 또는 피한정후견인
2. 「정신건강증진 및 정신질환자 복지서비스 지원에 관한 법률」 제3조제1호의 정신질환자
3. 「마약류 관리에 관한 법률」 제2조제1호의 마약류에 중독된 자
4. 파산선고를 받고 복권되지 아니한 자
5. 금고 이상의 실형을 선고받고 그 집행이 종료(집행이 종료된 것으로 보는 경우를 포함한다)되거나 집행이 면제된 날부터 5년(「아동복지법」 제3조제7호의2에 따른 아동학대관련범죄를 저지른 경우에는 20년)이 경과되지 아니한 자
6. 금고 이상의 형의 집행유예를 선고받고 그 유예기간 중에 있는 사람. 다만, 「아동복지법」 제3조제7호의2에 따른 아동학대관련범죄로 금고 이상의 형의 집행유예를 선고받은 경우에는 그 집행유예가 확정된 날부터 20년이 지나지 아니한 사람
7. 제45조에 따라 어린이집의 폐쇄명령을 받고 5년이 경과되지 아니한 자 또는 「유아교육법」 제32조에 따라 폐쇄명령

을 받고 5년이 경과되지 아니한 자

8. 제54조제2항부터 제4항까지의 규정에 따라 300만원 이상의 벌금형이 확정된 날부터 2년이 지나지 아니한 사람 또는 「아동복지법」 제3조제7호의2에 따른 아동학대관련범죄로 벌금형이 확정된 날부터 10년이 지나지 아니한 사람

9. 제23조의3에 따른 교육명령을 이행하지 아니한 자

[전문개정 2007. 10. 17.]

[단순위헌, 2019헌마813, 2022.9.29, 영유아보육법(2015. 5. 18. 법률 제13321호로 개정된 것) 제16조 제8호 후단 중 아동복지법 제17조 제5호를 위반하여 아동복지법 제71조 제1항 제2호로 처벌받은 경우에 관한 부분, 같은 법 제20조 제1호 중 제16조 제8호 후단 가운데 아동복지법 제17조 제5호를 위반하여 아동복지법 제71조 제1항 제2호로 처벌받은 경우에 관한 부분, 같은 법 제48조 제2항 제2호 본문 중 아동복지법 제17조 제5호를 위반하여 아동복지법 제71조 제1항 제2호에 따라 처벌받은 경우에 관한 부분은 헌법에 위반된다.]

제16조의2(벌금형의 분리 선고) 「형법」 제38조에도 불구하고 제54조제2항부터 제4항까지의 규정에서 정한 죄와 다른 죄의 경합범(競合犯)에 대하여 벌금형을 선고하는 경우에는 분리하여 선고하여야 한다.

[본조신설 2020. 12. 29.]

제3장 보육교직원 〈개정 2011. 6. 7.〉

제17조(보육교직원의 배치) ① 어린이집에는 보육교직원을 두어야 한다. 〈개정 2011. 6. 7.〉

② 제24조의2제1항에 따라 보육시간을 구분하여 운영하는 어린이집은 같은 항 각 호에 따른 보육시간별로 보육교사를 배치할 수 있다. 〈신설 2019. 4. 30.〉

③ 어린이집에는 보육교사의 업무 부담을 경감할 수 있도록 보조교사 등을 둔다. 〈신설 2015. 5. 18., 2019. 4. 30.〉

④ 휴가 또는 보수교육 등으로 보육교사를 비롯한 보육교직원의 업무에 공백이 생기는 경우에는 이를 대체할 수 있는 대체교사 등 보육교직원 대체인력을 배치한다. 〈신설 2015. 5. 18., 2019. 4. 30., 2024. 2. 6.〉

⑤ 보육교직원 및 그 밖의 인력의 배치기준 등에 필요한 사항은 교육부령으로 정한다. 〈개정 2008. 2. 29., 2010. 1. 18., 2011. 6. 7., 2015. 5. 18., 2019. 4. 30., 2023. 12. 26.〉

[전문개정 2007. 10. 17.]

[제목개정 2011. 6. 7.]

제18조(보육교직원의 직무) ① 어린이집의 원장은 어린이집을 총괄하고 민원 처리를 책임지며, 보육교사와 그 밖의 직원을 지도 · 감독하고 영유아를 보육한다. 〈개정 2011. 6. 7., 2024. 2. 6.〉

② 보육교사는 영유아를 보육하고 어린이집의 원장이 불가피한 사유로 직무를 수행할 수 없을 때에는 그 직무를 대행한다. 〈개정 2011. 6. 7.〉

[전문개정 2007. 10. 17.]

[제목개정 2011. 6. 7.]

제18조의2(보육교직원의 책무) ① 보육교직원은 영유아를 보육함에 있어 영유아에게 신체적 고통이나 고성 · 폭언 등의 정신적 고통을 가하여서는 아니 된다. 〈개정 2017. 3. 14.〉

② 보육교직원은 업무를 수행함에 있어 영유아의 생명 · 안전보호 및 위험방지를 위하여 주의의무를 다하여야 한다. 〈신설 2017. 3. 14.〉

[본조신설 2015. 5. 18.]

제18조의3(보육교직원의 보육 활동 보호) ① 국가, 지방자치단체, 그 밖의 공공기관은 보육교직원이 보육 활동을 원활하게 수행할 수 있도록 적극 협조하여야 한다.

② 국가와 지방자치단체는 보육교직원의 보육 활동을 보호하기 위하여 다음 각 호의 사항에 관한 시책을 수립 · 시행하여야 한다.

1. 보육 활동 침해행위에 관한 기준 마련 및 예방
2. 보육 활동 침해행위에 대한 조사 · 관리 및 보육교직원의 보호조치
3. 보육 활동과 관련된 분쟁의 조정
4. 보육교직원에 대한 보육 활동 보호 관련 법률, 노무 및 심리 · 정서 관련 상담
5. 그 밖의 보육교직원의 보육 활동 보호를 위하여 필요하다고 인정하는 사항

③ 제2항에 따른 시책의 수립 · 시행에 필요한 사항은 대통령령으로 정한다.

[본조신설 2024. 2. 6.]

제18조의4(보육활동보호위원회의 설치 · 운영) ① 보육교직원의 보육 활동 보호에 관한 다음 각 호의 사항을 심의하기 위하여 제6조제1항에 따른 중앙보육정책위원회의 전문위원회로 보육활동보호위원회를 둔다.

1. 보육교직원의 보육 활동 보호를 위한 시책의 수립
2. 제2항에 따른 시 · 도보육활동보호위원회에서 조정되지 아니한 분쟁의 조정
3. 그 밖에 교육부장관이 보육교직원의 보육 활동 보호를 위하여 보육활동보호위원회의 심의가 필요하다고 인정하는 사항

② 보육교직원의 보육 활동 보호에 관한 다음 각 호의 사항을 심의하기 위하여 시 · 도에 시 · 도보육활동보호위원회를 둔다. 다만, 시 · 도보육활동보호위원회는 그 기능을 담당하기에 적합한 다른 위원회가 있고 그 위원회의 위원이 제3항에 따른 자격을 갖춘 경우에는 시 · 도의 조례로 정하는 바에 따라 그 위원회가 시 · 도보육활동보호위원회의 기능을 대신할 수 있다.

1. 보육교직원 보육 활동 침해에 대한 보호조치
2. 보육교직원의 보육 활동과 관련된 분쟁의 조정

③ 제1항 및 제2항에서 규정한 사항 외에 보육활동보호위원회와 시 · 도보육활동보호위원회의 구성, 설치 · 운영 등에 필요한 사항은 대통령령으로 정한다.

[본조신설 2024. 2. 6.]

제18조의5(보육교직원의 영유아 생활지도) ① 어린이집의 원장 또는 보육교사는 영유아의 인권을 보호하고 보육 활동을 위하여 필요한 경우에는 법령과 교육부장관이 고시하는 바에 따라 영유아를 지도할 수 있다.

② 제1항에 따른 정당한 생활지도는 「아동복지법」 제17조제3호, 제5호 및 제6호의 금지행위 위반으로 보지 아니한다.

[본조신설 2024. 2. 6.]

제18조의6(보호자의 의무 등) ① 보호자는 보육교직원 또는 다른 영유아의 인권을 침해하는 행위를 하여서는 아니 된다.

② 보호자는 제18조의5에 따른 어린이집의 원장 또는 보육교사의 영유아 생활지도를 존중하고 지원하여야 한다.

③ 보호자는 보육 활동에 관한 어린이집의 원장과 보육교사의 전문적인 판단을 존중하고 보육 활동이 원활히 이루어질 수 있도록 적극 협력하여야 한다.

[본조신설 2024. 2. 6.]

제18조의7(보육교직원 개인정보의 보호) 어린이집을 설치 · 운영하는 자는 보육교직원의 전화번호, 주민등록번호 등 개인정보가 「개인정보 보호법」 등 관련 법령에 따라 보호될 수 있도록 필요한 조치를 하여야 한다.

[본조신설 2024. 2. 6.]

제19조(보육교직원의 임면 등) ① 특별자치시장 · 특별자치도지사 · 시장 · 군수 · 구청장은 보육교직원의 권익 보장과 근로 여건 개선을 위하여 보육교직원의 임면(任免)과 경력 등에 관한 사항을 관리하여야 한다. 〈개정 2011. 6. 7., 2011. 8. 4., 2020. 12. 29.〉

② 어린이집의 원장은 교육부령으로 정하는 바에 따라 보육교직원의 임면에 관한 사항을 특별자치시장 · 특별자치도

지사 · 시장 · 군수 · 구청장에게 보고하여야 한다. 〈개정 2008. 2. 29., 2010. 1. 18., 2011. 6. 7., 2011. 8. 4., 2020. 12. 29., 2023. 12. 26.〉

[전문개정 2007. 10. 17.]

[제목개정 2011. 6. 7.]

제20조(결격사유) 다음 각 호의 어느 하나에 해당하는 자는 어린이집에 근무할 수 없다. 〈개정 2011. 6. 7., 2013. 8. 13.〉

1. 제16조 각 호의 어느 하나에 해당하는 자
2. 제46조나 제47조에 따라 자격정지 중인 자
3. 제48조제1항에 따라 자격이 취소된 후 같은 조 제2항에 따른 자격 재교부 기한이 경과되지 아니한 자

[전문개정 2007. 10. 17.]

[단순위헌, 2019헌마813, 2022.9.29, 영유아보육법(2015. 5. 18. 법률 제13321호로 개정된 것) 제16조 제8호 후단 중 아동복지법 제17조 제5호를 위반하여 아동복지법 제71조 제1항 제2호로 처벌받은 경우에 관한 부분, 같은 법 제20조 제1호 중 제16조 제8호 후단 가운데 아동복지법 제17조 제5호를 위반하여 아동복지법 제71조 제1항 제2호로 처벌받은 경우에 관한 부분, 같은 법 제48조 제2항 제2호 본문 중 아동복지법 제17조 제5호를 위반하여 아동복지법 제71조 제1항 제2호에 따라 처벌받은 경우에 관한 부분은 헌법에 위반된다.]

제21조(어린이집의 원장 또는 보육교사의 자격) ① 어린이집의 원장은 대통령령으로 정하는 자격을 가진 자로서 교육부장관이 검정 · 수여하는 자격증을 받은 자이어야 한다. 〈개정 2008. 2. 29., 2010. 1. 18., 2011. 6. 7., 2023. 12. 26.〉

② 보육교사는 다음 각 호의 어느 하나에 해당하는 자로서 교육부장관이 검정 · 수여하는 자격증을 받은 자이어야 한다. 〈개정 2008. 1. 17., 2008. 2. 29., 2010. 1. 18., 2011. 8. 4., 2023. 12. 26.〉

1. 「고등교육법」 제2조에 따른 학교에서 교육부령으로 정하는 보육 관련 교과목과 학점을 이수하고 전문학사학위 이상을 취득한 사람

1의2. 법령에 따라 「고등교육법」 제2조에 따른 학교를 졸업한 사람과 같은 수준 이상의 학력이 있다고 인정된 사람으로서 교육부령으로 정하는 보육 관련 교과목과 학점을 이수하고 전문학사학위 이상을 취득한 사람

2. 고등학교 또는 이와 같은 수준 이상의 학교를 졸업한 자로서 시 · 도지사가 지정한 교육훈련시설에서 소정의 교육과정을 이수한 사람

③ 제2항에 따른 보육교사의 등급은 1 · 2 · 3급으로 하고, 등급별 자격기준은 대통령령으로 정한다.

④ 제2항제2호에 따른 교육훈련시설의 지정 및 지정 취소, 교육과정 등에 필요한 사항은 교육부령으로 정한다. 〈신설 2011. 8. 4., 2023. 12. 26.〉

[전문개정 2007. 10. 17.]

[제목개정 2011. 6. 7.]

제22조(어린이집의 원장 또는 보육교사 자격증의 교부 등) ① 교육부장관은 제21조제1항 및 제2항에 따라 어린이집의 원장 또는 보육교사의 자격을 검정하고 자격증을 교부하여야 한다. 〈개정 2008. 2. 29., 2010. 1. 18., 2011. 6. 7., 2023. 12. 26.〉

② 교육부장관은 제1항에 따른 어린이집의 원장 또는 보육교사의 자격증을 교부받거나 재교부(이하 "보육자격증 교부등"이라 한다)를 받으려는 사람에게 교육부령으로 정하는 바에 따라 수수료를 받을 수 있다. 〈신설 2011. 6. 7., 2023. 12. 26.〉

③ 삭제 〈2011. 8. 4.〉

④ 삭제 〈2011. 8. 4.〉

⑤ 제51조의2제1항제2호에 따라 보육자격증 교부등에 관한 업무를 위탁받은 공공 또는 민간 기관 · 단체는 제2항에 따라 납부받은 수수료를 교육부장관의 승인을 받아 보육자격증 교부등에 필요한 경비에 직접 충당할 수 있다. 〈신설 2011. 6. 7., 2011. 8. 4., 2023. 12. 26.〉

⑥ 보육자격증 교부등에 필요한 사항은 교육부령으로 정한다. 〈개정 2008. 2. 29., 2010. 1. 18., 2011. 6. 7., 2023. 12. 26.〉

[전문개정 2007. 10. 17.]

[제목개정 2011. 6. 7.]

제22조의2(명의대여 등의 금지) ① 어린이집의 원장 또는 보육교사는 다른 사람에게 자기의 성명이나 어린이집의 명칭을 사용하여 어린이집의 원장 또는 보육교사의 업무를 수행하게 하여서는 아니 된다. 〈개정 2011. 6. 7., 2020. 4. 7.〉

② 제22조제1항에 따라 자격증을 교부받은 사람은 다른 사람에게 그 자격증을 빌려주어서는 아니 되고, 누구든지 그 자격증을 빌려서는 아니 된다. 〈신설 2020. 4. 7.〉

③ 누구든지 제2항에 따라 금지된 행위를 알선하여서는 아니 된다. 〈신설 2020. 4. 7.〉

[전문개정 2007. 10. 17.]

제23조(어린이집 원장의 보수교육) ① 교육부장관은 어린이집 원장의 자질 향상을 위한 보수교육(補修敎育)을 실시하여야 한다. 이 경우 보수교육은 집합교육을 원칙으로 한다. 〈개정 2008. 2. 29., 2010. 1. 18., 2011. 6. 7., 2011. 12. 31., 2015. 5. 18., 2023. 12. 26.〉

② 제1항에 따른 보수교육은 사전직무교육과 직무교육으로 구분한다. 〈개정 2011. 12. 31.〉

③ 삭제 〈2011. 8. 4.〉

④ 제1항에 따른 보수교육에는 다음 각 호의 사항에 관한 내용을 포함하여야 한다. 〈신설 2015. 5. 18., 2015. 12. 29., 2023. 12. 26.〉

1. 성폭력 및 아동학대 예방
2. 실종 · 유괴의 예방과 방지
3. 감염병 및 약물의 오남용 예방 등 보건위생 관리
4. 재난대비 안전
5. 교통안전
6. 어린이집 원장의 인성함양(영유아의 인권보호 교육을 포함한다)
7. 그 밖에 교육부령으로 정하는 사항

⑤ 그 밖에 보수교육의 기간 · 방법 등에 필요한 사항은 교육부령으로 정한다. 〈개정 2008. 2. 29., 2010. 1. 18., 2011. 8. 4., 2015. 5. 18., 2023. 12. 26.〉

[전문개정 2007. 10. 17.]

[제목개정 2011. 12. 31.]

제23조의2(보육교사의 보수교육) ① 교육부장관은 보육교사의 자질 향상을 위한 보수교육(補修敎育)을 실시하여야 한다. 이 경우 보수교육은 집합교육을 원칙으로 한다. 〈개정 2015. 5. 18., 2023. 12. 26.〉

② 제1항에 따른 보수교육은 직무교육과 승급교육으로 구분한다.

③ 제1항에 따른 보수교육에는 다음 각 호의 사항에 관한 내용을 포함하여야 한다. 〈신설 2015. 5. 18., 2015. 12. 29., 2023. 12. 26.〉

1. 성폭력 및 아동학대 예방
2. 실종 · 유괴의 예방과 방지
3. 감염병 및 약물의 오남용 예방 등 보건위생 관리
4. 재난대비 안전
5. 교통안전
6. 보육교사의 인성함양(영유아의 인권보호 교육을 포함한다)
7. 그 밖에 교육부령으로 정하는 사항

④ 그 밖에 보수교육의 기간 · 방법 등에 필요한 사항은 교육부령으로 정한다. 〈개정 2015. 5. 18., 2023. 12. 26.〉
[본조신설 2011. 12. 31.]

제23조의3(교육명령) ① 교육부장관은 「아동복지법」 제3조제7호의2에 따른 아동학대관련범죄를 저지른 사람이 제16조제5호부터 제8호까지의 결격사유 및 제20조제1호의 결격사유(제16조제5호부터 제8호까지의 결격사유에 해당하는 경우에 한정한다)에 해당하지 아니하게 되어 어린이집을 설치 · 운영하거나 어린이집에 근무하려는 경우에는 그 사람에 대하여 사전에 아동학대 방지를 위한 교육을 받도록 명하여야 한다. 이 경우 교육 실시에 드는 비용은 교육을 받는 사람이 부담한다. 〈개정 2015. 5. 18., 2023. 12. 26.〉
② 제1항에 따른 교육명령의 조치와 관련한 절차, 교육기관, 교육 방법 · 내용 등에 필요한 사항은 교육부령으로 정한다. 〈개정 2023. 12. 26.〉
[본조신설 2013. 8. 13.]

제4장 어린이집의 운영 〈개정 2011. 6. 7.〉

제24조(어린이집의 운영기준 등) ① 어린이집을 설치 · 운영하는 자는 교육부령으로 정하는 운영기준에 따라 어린이집을 운영하여야 한다. 〈개정 2008. 2. 29., 2010. 1. 18., 2011. 6. 7., 2023. 12. 26.〉
② 국가나 지방자치단체는 제12조에 따라 설치된 국공립어린이집을 법인 · 단체 또는 개인에게 위탁하여 운영할 수 있다. 이 경우 교육부령으로 정하는 국공립어린이집 위탁체 선정관리 기준에 따라 심의하며, 최초 위탁은 다음 각 호의 어느 하나에 해당하는 자에게 위탁하는 경우를 제외하고는 공개경쟁의 방법에 따른다. 〈개정 2008. 1. 17., 2011. 6. 7., 2011. 8. 4., 2018. 12. 11., 2020. 12. 29., 2023. 12. 26.〉
1. 민간어린이집을 국가 또는 지방자치단체에 기부채납하여 국공립어린이집으로 전환하는 경우 기부채납 전에 그 어린이집을 설치 · 운영한 자
2. 국공립어린이집 설치 시 해당 부지 또는 건물을 국가 또는 지방자치단체에 기부채납하거나 무상으로 사용하게 한 자
3. 「주택법」에 따라 설치된 민간어린이집을 국공립어린이집으로 전환하는 경우 전환하기 전에 그 어린이집을 설치 · 운영한 자
③ 제14조에 따라 직장어린이집을 설치한 사업주는 이를 법인 · 단체 또는 개인에게 위탁하여 운영할 수 있다. 〈개정 2011. 6. 7.〉
④ 제2항과 제3항에 따른 어린이집 위탁 및 위탁 취소 등에 필요한 사항은 교육부령으로 정한다. 〈개정 2008. 2. 29., 2010. 1. 18., 2011. 6. 7., 2011. 8. 4., 2023. 12. 26.〉
[전문개정 2007. 10. 17.]
[제목개정 2011. 6. 7.]

제24조의2(보육시간의 구분) ① 어린이집은 다음 각 호와 같이 보육시간을 구분하여 운영할 수 있다. 〈개정 2023. 12. 26.〉
1. 기본보육: 어린이집을 이용하는 모든 영유아에게 필수적으로 제공되는 과정으로, 교육부령으로 정하는 시간 이하의 보육
2. 연장보육: 기본보육을 초과하여 보호자의 욕구 등에 따라 제공되는 보육
② 제1항에 따른 보육시간 운영기준과 내용에 관한 사항은 교육부령으로 정한다. 〈개정 2023. 12. 26.〉
[본조신설 2019. 4. 30.]

제25조(어린이집운영위원회) ① 어린이집의 원장은 어린이집 운영의 자율성과 투명성을 높이고 지역사회와의 연계를 강화하여 지역 실정과 특성에 맞는 보육을 실시하기 위하여 어린이집에 어린이집운영위원회를 설치 · 운영할 수 있다.

다만, 제26조에 따른 취약보육(脆弱保育)을 우선적으로 실시하여야 하는 어린이집과 대통령령으로 정하는 어린이집은 어린이집운영위원회를 설치 · 운영하여야 한다. 〈개정 2011. 6. 7.〉

② 어린이집운영위원회는 그 어린이집의 원장, 보육교사 대표, 학부모 대표 및 지역사회 인사(직장어린이집의 경우에는 그 직장의 어린이집 업무 담당자로 한다)로 구성한다. 이 경우 학부모 대표가 2분의 1 이상이 되도록 구성하여야 한다. 〈개정 2011. 6. 7., 2015. 5. 18.〉

③ 어린이집의 원장은 어린이집운영위원회의 위원 정수를 5명 이상 15명 이내의 범위에서 어린이집의 규모 등을 고려하여 대통령령으로 정한다. 이 경우 학부모 대표는 영유아 연령 등을 최대한 대표할 수 있도록 구성하여야 한다. 〈개정 2011. 6. 7., 2020. 12. 29.〉

④ 어린이집운영위원회는 다음 각 호의 사항을 심의한다. 〈개정 2011. 6. 7., 2011. 8. 4., 2013. 8. 13., 2015. 5. 18., 2020. 12. 29.〉

1. 어린이집 운영 규정의 제정이나 개정에 관한 사항
2. 어린이집 예산 및 결산의 보고에 관한 사항
3. 영유아의 건강 · 영양 및 안전에 관한 사항

3의2. 아동학대 예방에 관한 사항

4. 보육 시간, 보육과정의 운영 방법 등 어린이집의 운영에 관한 사항
5. 보육교직원의 근무환경 개선에 관한 사항

5의2. 보육교직원의 권익 보호에 관한 사항

6. 영유아의 보육환경 개선에 관한 사항
7. 어린이집과 지역사회의 협력에 관한 사항
8. 보육료 외의 필요경비를 받는 경우 제38조제1항에 따른 범위에서 그 수납액 결정에 관한 사항
9. 그 밖에 어린이집 운영에 대한 제안 및 건의사항

⑤ 어린이집운영위원회는 연간 4회 이상 개최하여야 한다. 〈신설 2015. 5. 18.〉

⑥ 그 밖에 어린이집운영위원회의 설치 · 운영에 필요한 사항은 교육부령으로 정한다. 〈개정 2008. 2. 29., 2010. 1. 18., 2011. 6. 7., 2015. 5. 18., 2023. 12. 26.〉

[전문개정 2007. 10. 17.]

[제목개정 2011. 6. 7.]

제25조의2(부모모니터링단) ① 시 · 도지사 또는 시장 · 군수 · 구청장은 어린이집 보육환경을 모니터링하고 개선을 위한 컨설팅을 하기 위하여 부모, 보육 · 보건 전문가로 점검단(이하 이 조에서 "부모모니터링단"이라 한다)을 구성 · 운영할 수 있다.

② 부모모니터링단은 다음 각 호의 직무를 수행한다. 〈개정 2023. 12. 26.〉

1. 어린이집 급식, 위생, 건강 및 안전관리 등 운영상황 모니터링
2. 어린이집 보육환경 개선을 위한 컨설팅
3. 그 밖에 보육 관련 사항으로서 교육부령으로 정하는 사항

③ 부모모니터링단은 10명 이내로 구성하며 시 · 도지사 또는 시장 · 군수 · 구청장이 위촉한다.

④ 시 · 도지사 및 시장 · 군수 · 구청장은 부모모니터링단으로 위촉된 사람에게 직무 수행에 필요한 교육을 실시할 수 있다.

⑤ 국가와 지방자치단체는 부모모니터링단의 구성 · 운영 및 교육 등에 필요한 비용의 전부 또는 일부를 예산의 범위에서 지원할 수 있다.

⑥ 부모모니터링단은 제2항 각 호의 직무를 수행하기 위하여 어린이집에 출입할 수 있으며, 이 경우 미리 시 · 도지사 또는 시장 · 군수 · 구청장의 승인을 받아야 한다.

⑦ 부모모니터링단이 제6항에 따른 승인을 받아 어린이집에 출입하는 경우에는 승인서와 신분을 표시하는 증표를 어린이집의 원장 등 관계자에게 내보여야 한다.

⑧ 부모모니터링단은 공무원이 제42조에 따라 어린이집 운영 상황을 조사하기 위하여 어린이집에 출입하는 경우에는 공무원과 함께 어린이집에 출입할 수 있다. 이 경우 시 · 도지사 또는 시장 · 군수 · 구청장의 승인을 생략할 수 있다.

⑨ 제1항부터 제8항까지에 따른 부모모니터링단의 구성 · 운영, 교육, 비용 지원 및 직무 수행 등에 필요한 세부사항은 교육부령으로 정한다. 〈개정 2023. 12. 26.〉

[본조신설 2013. 6. 4.]

제25조의3(보호자의 어린이집 참관) ① 보호자는 영유아의 보육환경 · 보육내용 등 어린이집의 운영실태를 확인하기 위하여 어린이집 원장에게 어린이집 참관을 요구할 수 있다. 이 경우 어린이집 원장은 특별한 사유가 없으면 이에 따라야 한다.

② 제1항에 따른 참관 기준 및 방법 등에 필요한 사항은 교육부령으로 정한다. 〈개정 2023. 12. 26.〉

[본조신설 2015. 5. 18.]

제26조(취약보육의 우선 실시 등) ① 국가나 지방자치단체, 사회복지법인, 그 밖의 비영리법인이 설치한 어린이집과 대통령령으로 정하는 어린이집의 원장은 영아 · 장애아 · 「다문화가족지원법」 제2조제1호에 따른 다문화가족의 아동 등에 대한 보육(이하 "취약보육"이라 한다)을 우선적으로 실시하여야 한다. 〈개정 2008. 12. 19., 2011. 6. 7.〉

② 교육부장관, 시 · 도지사 및 시장 · 군수 · 구청장은 취약보육을 활성화하는 데에 필요한 각종 시책을 수립 · 시행하여야 한다. 〈개정 2008. 2. 29., 2010. 1. 18., 2023. 12. 26.〉

③ 취약보육의 종류와 실시 등에 필요한 사항은 교육부령으로 정한다. 〈개정 2008. 2. 29., 2010. 1. 18., 2023. 12. 26.〉

[전문개정 2007. 10. 17.]

제26조의2(시간제보육 서비스) ① 국가 또는 지방자치단체는 제34조에 따른 무상보육 및 「유아교육법」 제24조에 따른 무상교육 지원을 받지 아니하는 영유아에 대하여 필요한 경우 시간제보육 서비스를 지원할 수 있다. 이 경우 시간제보육 서비스의 종류, 지원대상, 지원방법, 그 밖에 시간제보육 서비스의 제공에 필요한 사항은 교육부령으로 정한다. 〈개정 2018. 12. 24., 2023. 12. 26.〉

② 특별자치시장 · 특별자치도지사 · 시장 · 군수 · 구청장은 다음 각 호의 어느 하나에 해당하는 시설을 시간제보육 서비스를 제공하는 기관(이하 이 조에서 "시간제보육서비스지정기관"이라 한다)으로 지정할 수 있다. 〈개정 2018. 12. 24., 2023. 12. 26.〉

1. 육아종합지원센터
2. 어린이집
3. 그 밖에 시간제보육 서비스의 제공이 가능한 시설로서 교육부령으로 정하는 시설

③ 교육부장관, 시 · 도지사 또는 시장 · 군수 · 구청장은 시간제보육서비스지정기관에 예산의 범위에서 시간제보육 서비스의 제공에 필요한 비용을 보조할 수 있다. 〈개정 2018. 12. 24., 2023. 12. 26.〉

④ 특별자치시장 · 특별자치도지사 · 시장 · 군수 · 구청장은 시간제보육서비스지정기관이 다음 각 호의 어느 하나에 해당하는 경우에는 제2항에 따른 지정을 취소할 수 있다. 〈개정 2018. 12. 24., 2020. 12. 29.〉

1. 시간제보육서비스지정기관이 지급받은 보조금 및 비용을 목적 외의 용도에 사용하였을 경우
2. 시간제보육서비스지정기관이 거짓이나 그 밖의 부정한 방법으로 보조금 및 비용을 지급받았을 경우
3. 그 밖에 대통령령으로 정하는 사유가 있는 경우

⑤ 시간제보육서비스지정기관의 안전사고 예방 및 사고에 따른 영유아 생명 · 신체 등의 피해 보상에 관하여는 제31조의2를 준용한다. 이 경우 "어린이집"은 "시간제보육서비스지정기관"으로, "어린이집의 원장"은 "시간제보육서비스지정기관의 장"으로 본다. 〈개정 2018. 12. 24.〉

[본조신설 2013. 6. 4.]

[제목개정 2018. 12. 24.]

제27조(어린이집 이용대상) 어린이집의 이용대상은 보육이 필요한 영유아를 원칙으로 한다. 다만, 필요한 경우 어린이집의 원장은 만 12세까지 연장하여 보육할 수 있다. 〈개정 2011. 6. 7.〉

[전문개정 2007. 10. 17.]

[제목개정 2011. 6. 7.]

제28조(보육의 우선 제공) ① 국가나 지방자치단체, 사회복지법인, 그 밖의 비영리법인이 설치한 어린이집과 대통령령으로 정하는 어린이집의 원장은 다음 각 호의 어느 하나에 해당하는 자가 우선적으로 어린이집을 이용할 수 있도록 하여야 한다. 다만, 「고용정책 기본법」 제40조제2항에 따라 고용촉진시설의 설치 · 운영을 위탁받은 공공단체 또는 비영리법인이 설치 · 운영하는 어린이집의 원장은 근로자의 자녀가 우선적으로 어린이집을 이용하게 할 수 있다. 〈개정 2007. 10. 17., 2008. 2. 29., 2009. 10. 9., 2010. 1. 18., 2011. 6. 7., 2013. 8. 13., 2016. 2. 3., 2017. 3. 14., 2017. 12. 19., 2018. 12. 11., 2023. 8. 8., 2023. 12. 26.〉

1. 「국민기초생활 보장법」에 따른 수급자

2. 「한부모가족지원법」 제5조에 따른 지원대상자의 자녀

2의2. 「한부모가족지원법」 제5조의2제2항에 따른 지원대상자의 손자녀

3. 「국민기초생활 보장법」 제24조에 따른 차상위계층의 자녀

4. 「장애인복지법」 제2조에 따른 장애인 중 교육부령으로 정하는 장애 정도에 해당하는 자의 자녀

4의2. 「장애인복지법」 제2조에 따른 장애인 중 교육부령으로 정하는 장애 정도에 해당하는 자가 형제자매인 영유아

5. 「다문화가족지원법」 제2조제1호에 따른 다문화가족의 자녀

6. 「국가유공자 등 예우 및 지원에 관한 법률」 제4조제1항에 따른 국가유공자 중 제3호의 전몰군경, 제4호 · 제6호 · 제12호 · 제15호 · 제17호의 상이자로서 교육부령으로 정하는 자, 제5호 · 제14호 · 제16호의 순직자의 자녀

7. 제1형 당뇨를 가진 경우로서 의학적 조치가 용이하고 일상생활이 가능하여 보육에 지장이 없는 영유아

8. 그 밖에 소득수준 및 보육수요 등을 고려하여 교육부령으로 정하는 자의 자녀

② 사업주는 사업장 근로자의 자녀가 우선적으로 직장어린이집을 이용할 수 있도록 하여야 한다. 〈개정 2011. 6. 7.〉

③ 제1항에 따른 보육의 우선제공 대상에 대한 적용 방법 · 기준 등에 필요한 사항은 교육부령으로 정한다. 〈신설 2017. 3. 14., 2023. 12. 26.〉

[전문개정 2007. 10. 17.]

제29조(보육과정) ① 보육과정은 영유아의 신체 · 정서 · 언어 · 사회성 및 인지적 발달을 도모할 수 있는 내용을 포함하여야 한다.

② 교육부장관은 표준보육과정을 개발 · 보급하여야 하며 필요하면 그 내용을 검토하여 수정 · 보완하여야 한다. 〈개정 2008. 2. 29., 2010. 1. 18., 2023. 12. 26.〉

③ 어린이집의 원장은 제2항의 표준보육과정에 따라 영유아를 보육하도록 노력하여야 한다. 〈개정 2011. 6. 7.〉

④ 어린이집의 원장은 보호자의 동의를 받아 일정 연령 이상의 영유아에게 교육부령으로 정하는 특정한 시간대에 한정하여 보육과정 외에 어린이집 내외에서 이루어지는 특별활동프로그램(이하 "특별활동"이라 한다)을 실시할 수 있다. 이 경우 어린이집의 원장은 특별활동에 참여하지 아니하는 영유아를 위하여 특별활동을 대체할 수 있는 프로그램을 함께 마련하여야 한다. 〈신설 2013. 8. 13., 2023. 12. 26.〉

⑤ 제1항에 따른 보육과정, 제4항에 따른 특별활동 대상 영유아의 연령 및 특별활동의 내용 등에 필요한 사항은 교육부령으로 정한다. 〈개정 2008. 2. 29., 2010. 1. 18., 2013. 8. 13., 2023. 12. 26.〉

[전문개정 2007. 10. 17.]

제29조의2(어린이집 생활기록) 어린이집의 원장은 영유아 생활지도 및 초등학교 교육과의 연계 지도에 활용할 수 있도록 영유아의 발달상황 등을 종합적으로 관찰 · 평가하여 교육부장관이 정하는 기준에 따라 생활기록부를 작성 · 관리하여야

한다. 〈개정 2008. 2. 29., 2010. 1. 18., 2011. 6. 7., 2023. 12. 26.〉

[전문개정 2007. 10. 17.]

[제목개정 2011. 6. 7.]

제30조(어린이집 평가) ① 교육부장관은 영유아의 안전과 보육서비스의 질 향상을 위하여 어린이집의 보육환경, 보육과정 운영, 보육인력의 전문성 및 이용자 만족도 등에 대하여 정기적으로 평가를 실시하여야 한다. 〈개정 2023. 12. 26.〉

② 교육부장관은 제1항에 따른 평가 결과에 따라 어린이집 보육서비스의 관리, 어린이집 운영 지원 등 필요한 지원을 할 수 있다. 〈개정 2023. 12. 26., 2024. 1. 2.〉

③ 교육부장관은 제1항에 따른 어린이집 평가 결과를 영역별로 공표하여야 한다. 〈개정 2023. 12. 26., 2024. 1. 2.〉

④ 교육부장관은 제1항에 따라 평가를 받은 어린이집에 다음 각 호의 어느 하나에 해당하는 사유가 발생한 경우에는 그 평가 결과의 효력을 중단하고 재평가를 실시하여야 한다. 〈개정 2023. 12. 26., 2024. 1. 2.〉

1. 거짓이나 그 밖의 부정한 방법으로 평가를 받은 경우
2. 어린이집의 설치·운영자가 이 법을 위반하여 금고 이상의 형을 선고받고 그 형이 확정된 경우
3. 제40조제2호 또는 제3호에 따라 보조금의 반환명령을 받았거나 제45조, 제45조의2 또는 제46조부터 제48조까지의 규정에 따른 행정처분을 받은 경우로서 교육부령으로 정하는 경우
4. 어린이집의 대표자 또는 보육교직원이 「아동복지법」 제17조를 위반하거나 「아동·청소년의 성보호에 관한 법률」 제2조제2호의 아동·청소년대상 성범죄를 저지른 경우

⑤ 교육부장관은 제1항에 따라 평가를 받은 어린이집의 보육서비스의 질 관리를 위하여 평가 후 필요한 지원을 제공할 수 있다. 〈개정 2023. 12. 26., 2024. 1. 2.〉

⑥ 제1항, 제3항 및 제4항에 따른 평가시기 및 방법, 평가 결과의 효력 중단 및 재평가, 평가결과 공표의 내용 및 방법 등 필요한 사항은 교육부령으로 정한다. 〈개정 2023. 12. 26., 2024. 1. 2.〉

[전문개정 2018. 12. 11.]

제30조의2(공공형어린이집의 지정) ① 교육부장관은 어린이집 운영의 공공성 및 관리체계를 강화하기 위하여 어린이집의 종류 등 교육부령으로 정하는 요건을 갖춘 어린이집을 공공형어린이집으로 지정할 수 있다. 〈개정 2023. 12. 26., 2024. 1. 2.〉

② 제1항에 따라 지정된 공공형어린이집의 설치·운영자는 교육부령으로 정하는 공공형어린이집 운영기준을 준수하여야 한다. 〈개정 2023. 12. 26.〉

③ 제1항에 따른 공공형어린이집 지정의 유효기간은 지정을 받은 달의 다음 달 1일부터 3년으로 하고, 3년 단위로 재지정할 수 있다.

④ 제1항에 따른 지정의 절차 및 제3항에 따른 재지정의 기준·절차 등에 관하여 필요한 사항은 교육부령으로 정한다. 〈개정 2023. 12. 26.〉

[본조신설 2021. 6. 8.]

제30조의3(공공형어린이집의 지정 취소) ① 교육부장관은 제30조의2제1항에 따라 지정된 공공형어린이집이 다음 각 호의 어느 하나에 해당하는 경우에는 그 지정을 취소할 수 있다. 다만, 제1호에 해당하는 경우에는 그 지정을 취소하여야 한다. 〈개정 2023. 12. 26.〉

1. 거짓이나 그 밖의 부정한 방법으로 지정을 받은 경우
2. 제30조의2제1항에 따른 지정 요건 또는 같은 조 제4항에 따른 재지정 기준을 충족하지 못하게 된 경우
3. 제30조의2제2항에 따른 공공형어린이집 운영기준을 위반한 경우

② 제1항에 따른 지정 취소에 필요한 사항은 교육부령으로 정한다. 〈개정 2023. 12. 26.〉

[본조신설 2021. 6. 8.]

제5장 건강 · 영양 및 안전

제31조(건강관리 및 응급조치) ① 어린이집의 원장은 영유아와 보육교직원에 대하여 정기적으로 건강진단을 실시하되, 「국민건강보험법」 제52조 및 「의료급여법」 제14조에 따른 건강검진으로 갈음할 수 있다. 다만, 영유아의 경우 보호자로 하여금 그 검진결과 통보서를 제출하도록 하고 제29조의2에 따른 어린이집 생활기록부에 기록하여 관리하는 등 건강관리를 하여야 한다. 〈개정 2020. 12. 29.〉

② 어린이집의 원장은 영유아에게 질병 · 사고 또는 재해 등으로 인하여 위급 상태가 발생한 경우 즉시 응급의료기관에 이송하여야 한다. 〈개정 2011. 6. 7.〉

③ 제1항에 따른 건강진단의 구체적인 기준과 내용 등 필요한 사항은 교육부령으로 정한다. 〈개정 2008. 2. 29., 2010. 1. 18., 2017. 3. 14., 2023. 12. 26.〉

[전문개정 2007. 10. 17.]

제31조의2(어린이집 안전공제사업 등) ① 어린이집 상호 간의 협동조직을 통하여 어린이집의 안전사고를 예방하고 어린이집 안전사고로 인하여 생명 · 신체 또는 재산상의 피해를 입은 영유아 및 보육교직원 등에 대한 보상을 하기 위하여 교육부장관의 허가를 받아 어린이집 안전공제사업(이하 "공제사업"이라 한다)을 할 수 있다. 〈개정 2010. 1. 18., 2011. 6. 7., 2011. 8. 4., 2023. 12. 26.〉

② 공제사업을 위하여 설립되는 어린이집 안전공제회(이하 "공제회"라 한다)는 법인으로 하며, 주된 사무소의 소재지에 설립등기를 함으로써 성립한다. 〈개정 2011. 6. 7.〉

③ 어린이집의 원장은 공제회의 가입자가 된다. 〈개정 2011. 8. 4.〉

④ 공제회에 가입한 어린이집의 원장은 공제사업의 수행에 필요한 출자금과 다음 각 호의 공제료 등을 공제회에 납부하여야 한다. 다만, 제2호와 제3호의 공제료는 어린이집의 원장이 선택하여 납부할 수 있다. 〈신설 2011. 8. 4.〉

1. 영유아의 생명 · 신체에 대한 피해를 보상하기 위한 공제료
2. 보육교직원 등의 생명 · 신체에 대한 피해를 보상하기 위한 공제료
3. 어린이집의 재산상의 피해를 보상하기 위한 공제료

⑤ 공제회의 기본재산은 회원의 출자금 등으로 조성한다. 다만, 교육부장관은 공제회의 주된 사무소의 설치 및 운영에 필요한 비용의 일부를 지원할 수 있다. 〈개정 2010. 1. 18., 2011. 8. 4., 2023. 12. 26.〉

⑥ 공제회의 회원자격, 임원에 관한 사항 및 출자금의 부담기준에 관한 사항은 정관으로 정한다. 〈개정 2011. 8. 4.〉

⑦ 공제회의 설립허가 기준 및 절차, 정관기재사항, 운영 및 감독 등에 관하여 필요한 사항은 대통령령으로 정한다. 〈개정 2011. 8. 4.〉

⑧ 공제회는 공제사업의 범위, 공제료, 공제사업에 충당하기 위한 책임준비금 등 공제사업의 운영에 관하여 필요한 사항을 포함한 공제규정을 정하여 교육부장관의 허가를 받아야 한다. 공제규정을 변경하고자 하는 때에도 또한 같다. 〈개정 2010. 1. 18., 2011. 8. 4., 2023. 12. 26.〉

⑨ 공제회에 관하여 이 법에 규정된 것을 제외하고는 「민법」중 재단법인에 관한 규정을 준용한다. 〈개정 2011. 8. 4.〉

⑩ 이 법에 따른 공제회의 사업에 대하여는 「보험업법」을 적용하지 아니한다. 〈개정 2011. 8. 4.〉

⑪ 어린이집의 원장이 제4항제3호의 공제료를 납부하는 경우 「사회복지사업법」 제34조의3에 따른 보험가입의무를 이행한 것으로 본다. 〈신설 2011. 8. 4., 2018. 12. 24.〉

⑫ 제7조제6항에 따라 공제회에 가입한 육아종합지원센터의 장은 제4항 각 호의 공제료를 선택하여 납부할 수 있다. 다만, 시간제보육 서비스나 영유아의 체험 및 놀이공간을 제공하는 육아종합지원센터의 장은 제4항제1호의 공제료를 의무적으로 납부하여야 한다. 〈신설 2020. 12. 29., 2021. 12. 21.〉

[본조신설 2008. 12. 19.]

[제목개정 2011. 6. 7.]

제31조의3(예방접종 여부의 확인) ① 어린이집의 원장은 영유아에 대하여 매년 정기적으로 「감염병의 예방 및 관리에 관한 법률」 제33조의4에 따른 예방접종통합관리시스템을 활용하여 영유아의 예방접종에 관한 사실을 확인하여야 한다. 다만, 영유아에 대하여 최초로 보육을 실시하는 경우에는 보육을 실시한 날부터 30일 이내에 확인하여야 한다. 〈개정 2018. 12. 24., 2020. 12. 29.〉

② 어린이집의 원장은 제1항에 따른 확인 결과 예방접종을 받지 아니한 영유아에게는 필요한 예방접종을 받도록 보호자를 지도할 수 있으며, 필요한 경우 관할 보건소장에게 예방접종 지원 등의 협조를 요청할 수 있다.

③ 어린이집의 원장은 영유아의 예방접종 여부 확인 및 관리를 위하여 제29조의2에 따른 어린이집 생활기록에 예방접종 여부 및 내역에 관한 사항을 기록하여 관리하여야 한다.

[본조신설 2011. 8. 4.]

제32조(치료 및 예방조치) ① 어린이집의 원장은 제31조에 따른 건강진단 결과 질병에 감염되었거나 감염될 우려가 있는 영유아에 대하여 그 보호자와 협의하여 질병의 치료와 예방에 필요한 조치를 하여야 한다. 〈개정 2011. 6. 7.〉

② 어린이집의 원장은 다음 각 호의 어느 하나에 해당하는 영유아, 어린이집 거주자 및 보육교직원을 교육부령으로 정하는 바에 따라 어린이집으로부터 격리시키는 등 필요한 조치를 할 수 있다. 〈신설 2011. 8. 4., 2020. 12. 29., 2023. 12. 26.〉

1. 제31조에 따른 건강진단의 결과나 그 밖에 의사의 진단 결과 감염병에 감염 또는 감염된 것으로 의심되거나 감염될 우려가 있는 자
2. 「감염병의 예방 및 관리에 관한 법률」 제2조제15호의2에 따른 감염병의심자

③ 어린이집의 원장은 제1항의 조치를 위하여 필요하면 「지역보건법」 제10조와 제13조에 따른 보건소 및 보건지소, 「의료법」 제3조에 따른 의료기관에 협조를 구할 수 있다. 〈개정 2011. 6. 7., 2011. 8. 4., 2015. 5. 18.〉

④ 제2항에 따라 협조를 요청받은 보건소 · 보건지소 및 의료기관의 장은 적절한 조치를 취하여야 한다. 〈개정 2011. 8. 4.〉

⑤ 어린이집의 원장은 간호사(간호조무사를 포함한다)로 하여금 영유아가 의사의 처방, 지시에 따라 투약행위를 할 때 이를 보조하게 할 수 있다. 이 경우 어린이집의 원장은 보호자의 동의를 받아야 한다. 〈신설 2016. 2. 3.〉

[전문개정 2007. 10. 17.]

제33조(급식 관리) 어린이집의 원장은 영유아에게 교육부령으로 정하는 바에 따라 균형 있고 위생적이며 안전한 급식을 하여야 한다. 〈개정 2008. 2. 29., 2010. 1. 18., 2011. 6. 7., 2023. 12. 26.〉

[전문개정 2007. 10. 17.]

제33조의2(어린이집 차량안전관리) 어린이집의 원장은 영유아의 통학을 위하여 차량을 운영하는 경우 「도로교통법」 제52조에 따라 미리 어린이통학버스로 관할 경찰서장에게 신고하여야 한다.

[본조신설 2013. 8. 13.]

제33조의3(등 · 하원 시 영유아 안전관리) ① 어린이집의 원장은 보육교직원을 대상으로 등 · 하원 시 영유아 안전에 관한 교육을 실시하여야 한다.

② 어린이집의 원장은 등 · 하원 시 영유아가 담당 보육교사나 부모 등 보호자에게 안전하게 인계될 수 있도록 조치하여야 하고, 모든 영유아가 안전하게 인계되었는지 여부를 확인하여야 한다.

③ 제1항에 따른 교육 및 제2항에 따른 인계조치 등의 방법 · 절차 등에 관하여 필요한 사항은 교육부령으로 정한다. 〈개정 2023. 12. 26.〉

[본조신설 2020. 12. 29.]

제33조의4(어린이집 위생관리) 어린이집의 원장은 감염병 예방 등을 위하여 교육부령으로 정하는 어린이집의 위생관리기준을 준수하여야 한다. 〈개정 2023. 12. 26.〉

[본조신설 2021. 6. 8.]

제6장 비용

제34조(무상보육) ① 국가와 지방자치단체는 영유아에 대한 보육을 무상으로 하되, 그 내용 및 범위는 대통령령으로 정한다.

② 국가와 지방자치단체는 장애아 및 「다문화가족지원법」 제2조제1호에 따른 다문화가족의 자녀의 무상보육에 대하여는 대통령령으로 정하는 바에 따라 그 대상의 여건과 특성을 고려하여 지원할 수 있다.

③ 제1항에 따른 무상보육 실시에 드는 비용은 대통령령으로 정하는 바에 따라 국가나 지방자치단체가 부담하거나 보조하여야 한다.

④ 교육부장관은 어린이집 표준보육비용 등을 조사하고 그 결과를 바탕으로 예산의 범위에서 관계 행정기관의 장과 협의하여 제3항에 따른 국가 및 지방자치단체가 부담하는 비용을 정할 수 있다. 〈개정 2023. 12. 26.〉

⑤ 국가와 지방자치단체는 자녀가 2명 이상인 경우에 대하여 추가적으로 지원할 수 있다.

⑥ 제12조제1항 후단에도 불구하고 국가와 지방자치단체는 제1항 및 제2항에 따른 무상보육을 받으려는 영유아와 장애아 및 다문화가족의 자녀를 보육하기 위하여 필요한 어린이집을 설치·운영하여야 한다. 〈개정 2018. 12. 24.〉

⑦ 교육부장관은 제4항에 따른 표준보육비용을 결정하기 위하여 필요한 조사를 3년마다 실시하며, 조사 결과를 바탕으로 물가상승률, 최저임금 상승률 등 교육부장관이 정하는 사항을 반영하여 제6조에 따른 중앙보육정책위원회의 심의를 거쳐 매년 표준보육비용을 결정하여야 한다. 〈신설 2019. 1. 15., 2023. 6. 13., 2023. 12. 26.〉

⑧ 제7항에 따른 조사의 방법과 내용 등에 필요한 사항은 교육부령으로 정한다. 〈신설 2019. 1. 15., 2023. 12. 26.〉

[전문개정 2013. 1. 23.]

제34조의2(양육수당) ① 국가와 지방자치단체는 어린이집이나 「유아교육법」 제2조에 따른 유치원을 이용하지 아니하는 영유아에 대하여 영유아의 연령을 고려하여 양육에 필요한 비용을 지원할 수 있다. 〈개정 2011. 6. 7., 2018. 12. 24.〉

② 제1항에 따른 영유아가 제26조의2에 따른 시간제보육 서비스를 이용하는 경우에도 그 영유아에 대하여는 제1항에 따른 양육에 필요한 비용을 지원할 수 있다. 〈신설 2013. 6. 4., 2018. 12. 24.〉

③ 국가와 지방자치단체는 제1항에 따라 양육에 필요한 비용을 지원받는 영유아가 90일 이상 지속하여 해외에 체류하는 경우에는 그 기간 동안 양육에 필요한 비용의 지원을 정지한다. 〈신설 2015. 5. 18.〉

④ 교육부장관 및 지방자치단체의 장은 제3항에 따라 양육수당의 지급을 정지하는 경우 서면으로 그 이유를 분명하게 밝혀 영유아의 보호자에게 통지하여야 한다. 〈신설 2015. 5. 18., 2023. 12. 26.〉

⑤ 양육수당을 받을 권리는 양도하거나 담보로 제공할 수 없으며, 압류 대상으로 할 수 없다. 〈신설 2024. 2. 13.〉

⑥ 양육수당으로 지급받은 금품은 압류할 수 없다. 〈신설 2024. 2. 13.〉

⑦ 제1항에 따른 비용 지원의 대상·기준 등에 대하여 필요한 사항은 대통령령으로 정한다. 〈개정 2013. 6. 4., 2015. 5. 18., 2024. 2. 13.〉

[본조신설 2008. 12. 19.]

제34조의3(보육서비스 이용권) ① 국가와 지방자치단체는 제34조 및 제34조의2에 따른 비용 지원을 위하여 보육서비스 이용권(이하 "이용권"이라 한다)을 영유아의 보호자에게 지급할 수 있다. 〈개정 2011. 6. 7., 2011. 8. 4., 2013. 1. 23.〉

② 삭제 〈2011. 8. 4.〉

③ 이용권의 지급 및 이용 절차 등에 관하여 필요한 사항은 교육부령으로 정한다. 〈개정 2010. 1. 18., 2011. 8. 4., 2023. 12. 26.〉

[본조신설 2008. 12. 19.]

제34조의4(비용 지원의 신청) ① 영유아의 보호자는 제34조 및 제34조의2에 따른 비용의 지원을 신청할 수 있다. 〈개정 2011. 6. 7., 2013. 1. 23.〉

② 삭제 〈2018. 12. 24.〉

③ 제1항에 따른 비용 지원의 신청 방법 및 절차는 교육부령으로 정한다. 〈개정 2011. 8. 4., 2023. 12. 26.〉

[본조신설 2008. 12. 19.]

제34조의5(조사 · 질문) ① 교육부장관 또는 지방자치단체의 장은 제34조의4제1항에 따른 신청자 및 지원이 확정된 자에 대하여 비용 지원대상 자격확인을 위하여 필요한 서류나 그 밖의 소득활동, 가족관계 등에 관한 자료의 제출을 요구할 수 있으며, 소속 공무원으로 하여금 비용 지원 신청자 및 지원이 확정된 자의 주거, 그 밖의 필요한 장소에 방문하여 서류 등을 조사하게 하거나 관계인에게 필요한 질문을 하게 할 수 있다. 〈개정 2010. 1. 18., 2016. 2. 3., 2018. 12. 24., 2023. 12. 26.〉

② 교육부장관 또는 지방자치단체의 장은 제1항에 따른 조사 또는 비용 지원사업을 수행하기 위하여 필요한 국세 · 지방세 · 건강보험 · 국민연금 · 고용보험 · 산재보험 등에 관한 자료의 제공을 관계 기관의 장에게 요청할 수 있다. 이 경우 자료의 제공을 요청받은 관계 기관의 장은 특별한 사유가 없는 한 이에 응하여야 한다. 〈개정 2010. 1. 18., 2018. 12. 24., 2023. 12. 26.〉

③ 제1항에 따라 방문 · 조사 · 질문을 하는 자는 그 권한을 표시하는 증표 및 조사기간, 조사범위, 조사담당자, 관계법령 등이 기재된 서류를 지니고 이를 관계인에게 내보여야 한다. 〈개정 2016. 2. 3.〉

④ 교육부장관 또는 지방자치단체의 장은 비용 지원 신청자 또는 지원이 확정된 자가 제1항에 따른 서류 또는 자료의 제출을 거부하거나 조사 · 질문을 거부 · 방해 또는 기피하는 경우에는 비용 지원의 신청을 각하하거나 지원결정을 취소 · 중지 또는 변경할 수 있다. 〈개정 2010. 1. 18., 2023. 12. 26.〉

⑤ 제1항에 따른 조사 · 질문의 범위 · 시기 및 내용에 관하여 필요한 사항은 교육부령으로 정한다. 〈개정 2010. 1. 18., 2023. 12. 26.〉

⑥ 보육비용 지원대상에 대한 주민등록 주소지 등을 파악하기 위하여 「전자정부법」 제36조제1항에 따라 행정정보를 공동이용할 수 있다. 〈개정 2010. 2. 4.〉

⑦ 제1항에 따른 조사 또는 질문의 내용 · 절차 · 방법 등에 관하여는 이 법에서 정하는 사항을 제외하고는 「행정조사기본법」에서 정하는 바에 따른다. 〈신설 2016. 2. 3.〉

[본조신설 2008. 12. 19.]

제34조의6 삭제 〈2018. 12. 24.〉

제34조의7(비용 지원 신청 관련 정보의 고지) ① 교육부장관 또는 지방자치단체의 장은 영유아의 보호자에게 제34조의4에 따른 비용 지원의 신청과 관련한 정보를 서면 등의 방식으로 고지하여야 한다. 〈개정 2023. 12. 26.〉

② 제1항에 따른 고지의 방식 · 시기 · 내용 및 절차 등에 필요한 사항은 교육부령으로 정한다. 〈개정 2023. 12. 26.〉

[본조신설 2015. 5. 18.]

제35조 삭제 〈2013. 1. 23.〉

제36조(비용의 보조 등) 국가나 지방자치단체는 대통령령으로 정하는 바에 따라 제10조에 따른 어린이집의 설치, 보육교직원(대체교사를 포함한다)의 인건비, 초과보육(超過保育)에 드는 비용 등 운영 경비 또는 지방육아종합지원센터의 설치 · 운영, 보육교직원의 복지 증진, 취약보육의 실시 등 보육사업에 드는 비용, 제15조의4에 따른 폐쇄회로 텔레비전 설치비의 전부 또는 일부를 보조한다. 〈개정 2011. 6. 7., 2011. 8. 4., 2013. 6. 4., 2015. 5. 18., 2024. 2. 13.〉

[전문개정 2007. 10. 17.]

제37조(사업주의 비용 부담) 제14조에 따라 어린이집을 설치한 사업주는 대통령령으로 정하는 바에 따라 그 어린이집의 운영과 보육에 필요한 비용의 전부 또는 일부를 부담하여야 한다. 〈개정 2011. 6. 7.〉

[전문개정 2007. 10. 17.]

제38조(보육료의 수납 등) ① 제12조부터 제14조까지의 규정에 따라 어린이집을 설치 · 운영하는 자는 그 어린이집의 소재지를 관할하는 시 · 도지사가 정하는 범위에서 그 어린이집을 이용하는 자로부터 보육료와 그 밖의 필요경비 등을 받을 수 있다. 다만, 시 · 도지사는 필요시 어린이집 유형과 지역적 여건을 고려하여 그 기준을 다르게 정할 수 있다. 〈개정 2011. 6. 7., 2020. 12. 29.〉

② 어린이집을 설치 · 운영하는 자는 제1항에 따른 보육료와 그 밖의 필요경비 등을 최초로 받을 때 영유아의 보호자에게 해당 어린이집이 제공하는 보육서비스의 내용, 보육료와 그 밖의 필요경비 등의 수납목적 및 사용계획, 어린이집 이용에 관한 주의사항, 그 밖에 교육부령으로 정하는 사항을 설명하여야 한다. 이 경우 설명의 방법 및 절차 등에 관하여 필요한 사항은 교육부령으로 정한다. 〈신설 2020. 12. 29., 2023. 12. 26.〉

[전문개정 2007. 10. 17.]

[제목개정 2020. 12. 29.]

제38조의2(목적 외 사용 금지) 어린이집을 설치 · 운영하는 자 및 어린이집의 원장은 어린이집의 회계에 속하는 재산이나 수입을 보육 목적 외로 부정하게 사용해서는 아니 된다.

[본조신설 2020. 12. 29.]

제39조(세제 지원) ① 제14조와 제37조에 따라 사업주가 직장어린이집을 설치 · 운영하는 데에 드는 비용과 보호자가 영유아의 보육을 위하여 지출한 보육료와 그 밖에 보육에 드는 비용에 관하여는 「조세특례제한법」에서 정하는 바에 따라 조세를 감면한다. 〈개정 2011. 6. 7., 2014. 5. 20.〉

② 제10조제4호의 직장어린이집을 제외한 어린이집의 운영비에 대하여도 「조세특례제한법」에서 정하는 바에 따라 조세를 감면한다. 〈개정 2011. 6. 7., 2011. 8. 4.〉

[전문개정 2007. 10. 17.]

제39조의2(국 · 공유재산의 대부 등) 국가 또는 지방자치단체는 다음 각 호의 어린이집의 설치 · 운영을 위하여 필요하다고 인정하는 경우 「국유재산특례제한법」에 따라 국유재산을, 「공유재산 및 물품 관리법」에도 불구하고 공유재산을 무상으로 대부하거나 사용하게 할 수 있다.

1. 제12조에 따른 국공립어린이집
2. 제14조에 따른 직장어린이집 중 「중소기업기본법」 제2조제1항에 따른 중소기업이 공동으로 설치 · 운영하는 어린이집

[본조신설 2018. 12. 24.]

제40조(비용 및 보조금의 반환명령) 국가나 지방자치단체는 어린이집의 설치 · 운영자, 육아종합지원센터의 장, 보수교육 위탁실시자 등이 다음 각 호의 어느 하나에 해당하는 경우에는 이미 교부한 비용과 보조금의 전부 또는 일부의 반환을 명할 수 있다. 〈개정 2011. 6. 7., 2011. 8. 4., 2011. 12. 31., 2013. 6. 4., 2019. 1. 15., 2020. 12. 29., 2023. 12. 26.〉

1. 어린이집 운영이 정지 · 폐쇄 또는 취소된 경우
2. 사업 목적 외의 용도에 보조금을 사용한 경우
3. 거짓이나 그 밖의 부정한 방법으로 보조금을 교부받은 경우

3의2. 거짓이나 그 밖의 부정한 방법으로 제34조에 따른 비용을 지원받은 경우

4. 제38조의2를 위반하여 제34조에 따른 비용을 보육 목적 외로 부정하게 사용한 경우
5. 착오 또는 경미한 과실로 보조금을 교부받은 경우로서 교육부령이 정하는 사유에 해당하는 경우

[전문개정 2007. 10. 17.]

제40조의2(보육비용 지원액 등의 환수) ① 국가 또는 지방자치단체는 보호자가 거짓이나 그 밖의 부정한 방법으로 제34조 및 제34조의2에 따른 비용을 지원받은 경우에는 그 비용의 전부 또는 일부를 환수할 수 있다. 〈개정 2013. 1. 23.〉

② 국가 또는 지방자치단체는 어린이집을 설치 · 운영하는 자 또는 어린이집의 원장이 다음 각 호의 어느 하나에 해당하는 경우 영유아의 보호자를 대신하여 그 비용의 전부 또는 일부를 환수할 수 있다. 이 경우 환수한 비용은 보호자에게 돌려주어야 한다. 〈신설 2020. 12. 29.〉

1. 거짓이나 그 밖의 부정한 방법으로 제38조제1항에 따른 보육료와 그 밖의 필요경비 등을 받은 경우
2. 제38조의2를 위반하여 제38조제1항에 따른 보육료와 그 밖의 필요경비 등을 보육 목적 외로 부정하게 사용한 경우

③ 제1항 또는 제2항에 따라 환수하는 경우에 비용을 반환할 자가 기한까지 반환하지 아니한 때에는 국세 또는 지방세

체납처분의 예에 따라 징수한다. 〈개정 2020. 12. 29.〉
[본조신설 2011. 6. 7.]
[제목개정 2020. 12. 29.]

제7장 지도 및 감독

제41조(지도와 명령) 교육부장관, 시 · 도지사 및 시장 · 군수 · 구청장은 보육사업의 원활한 수행을 위하여 어린이집 설치 · 운영자 및 보육교직원에 대하여 필요한 지도와 명령을 할 수 있다. 〈개정 2008. 2. 29., 2010. 1. 18., 2011. 6. 7., 2023. 12. 26.〉
[전문개정 2007. 10. 17.]

제42조(보고와 검사) ① 교육부장관, 시 · 도지사 또는 시장 · 군수 · 구청장은 어린이집을 설치 · 운영하는 자로 하여금 그 어린이집에 관하여 필요한 보고를 하게 하거나 관계 공무원으로 하여금 그 어린이집의 운영 상황을 조사하게 하거나 장부와 그 밖의 서류를 검사하게 할 수 있다. 〈개정 2008. 2. 29., 2010. 1. 18., 2011. 6. 7., 2023. 12. 26.〉
② 제1항에 따라 관계 공무원이 그 직무를 수행할 때에는 그 권한을 표시하는 증표를 지니고 이를 관계인에게 내보여야 한다.
[전문개정 2007. 10. 17.]

제42조의2(위법행위의 신고 및 신고자 보호) ① 누구든지 다음 각 호의 어느 하나에 해당하는 자를 관계 행정기관이나 수사기관에 신고 또는 고발할 수 있다. 〈개정 2020. 12. 29., 2021. 6. 8., 2023. 12. 26.〉
1. 거짓이나 그 밖의 부정한 방법으로 보조금을 교부받거나 유용(流用)한 자
2. 제24조제1항에 따른 어린이집 운영기준을 지키지 아니한 자
3. 제33조에 따른 급식관리기준을 지키지 아니한 자
4. 제33조의2에 따른 어린이집 차량안전관리 기준을 지키지 아니한 자
4의2. 제33조의4에 따른 어린이집의 위생관리기준을 지키지 아니한 자
5. 거짓이나 그 밖의 부정한 방법으로 제34조에 따른 비용을 지원받은 자
6. 거짓이나 그 밖의 부정한 방법으로 제38조제1항에 따른 보육료와 그 밖의 필요경비 등을 받은 자
7. 제38조의2를 위반하여 어린이집의 회계에 속하는 재산이나 수입을 보육 목적 외로 부정하게 사용한 자
8. 「아동복지법」 제3조제7호에 따른 아동학대 행위를 한 자
9. 그 밖에 교육부령으로 정하는 자
② 어린이집을 설치 · 운영하는 자는 보육교직원이 제1항에 따른 신고 또는 고발을 하였다는 이유로 「공익신고자 보호법」 제2조제6호에 따른 불이익조치를 하여서는 아니 된다.
③ 교육부장관, 시 · 도지사 및 시장 · 군수 · 구청장은 제1항제1호 및 제3호부터 제8호까지에 해당하는 사항에 대하여 신고 또는 고발한 사람에게 예산의 범위에서 포상금을 지급할 수 있다. 〈개정 2018. 12. 11., 2020. 12. 29., 2023. 12. 26.〉
④ 제1항에 따른 신고 절차 · 방법 및 제3항에 따른 포상금 지급의 기준 · 방법 및 절차 등에 필요한 사항은 대통령령으로 정한다. 〈신설 2018. 12. 11.〉
[본조신설 2015. 5. 18.]

제43조(어린이집의 폐지 · 휴지 및 재개 등의 신고) ① 제13조제1항에 따라 인가된 어린이집을 폐지하거나 일정기간 운영을 중단하거나 운영을 재개하려는 자는 교육부령으로 정하는 바에 따라 미리 특별자치시장 · 특별자치도지사 · 시장 · 군수 · 구청장에게 신고하여야 한다. 〈개정 2008. 2. 29., 2010. 1. 18., 2011. 6. 7., 2011. 8. 4., 2020. 12. 29., 2023.

12. 26.〉

② 어린이집의 원장은 어린이집이 폐지되거나 일정기간 운영이 중단되는 경우에는 교육부령으로 정하는 바에 따라 그 어린이집에서 보육 중인 영유아가 다른 어린이집으로 옮길 수 있도록 하는 등 영유아의 권익을 보호하기 위한 조치를 취하여야 한다. 〈개정 2008. 2. 29., 2010. 1. 18., 2011. 6. 7., 2023. 12. 26.〉

[전문개정 2007. 10. 17.]

[제목개정 2011. 6. 7.]

제43조의2(어린이집에 대한 휴원명령) ① 교육부장관, 시 · 도지사 또는 시장 · 군수 · 구청장은 천재지변이나 감염병 발생 등 긴급한 사유로 정상적인 보육이 어렵다고 인정하는 경우 어린이집의 원장에게 휴원을 명할 수 있다. 〈개정 2023. 12. 26.〉

② 제1항에 따른 명령을 받은 어린이집의 원장은 지체 없이 어린이집을 휴원하여야 하며, 휴원 시 보호자가 영유아를 가정에서 양육할 수 없는 경우 등 긴급보육수요에 대비하여 긴급보육 계획을 가정통신문 등을 통하여 보호자에게 미리 안내하는 등 어린이집 운영에 필요한 조치를 하여야 한다.

③ 제1항에 따른 휴원명령의 기준 및 제2항에 따른 조치 등에 관하여 필요한 사항은 교육부령으로 정한다. 〈개정 2023. 12. 26.〉

[본조신설 2015. 12. 29.]

제44조(시정 또는 변경 명령) 교육부장관, 시 · 도지사 또는 시장 · 군수 · 구청장은 어린이집이 다음 각 호의 어느 하나에 해당하면 어린이집의 원장 또는 그 설치 · 운영자에게 기간을 정하여 그 시정 또는 변경을 명할 수 있다. 〈개정 2008. 2. 29., 2010. 1. 18., 2011. 6. 7., 2011. 8. 4., 2013. 6. 4., 2013. 8. 13., 2015. 5. 18., 2015. 12. 29., 2018. 12. 11., 2018. 12. 24., 2019. 4. 30., 2020. 12. 29., 2021. 6. 8., 2023. 12. 26., 2024. 1. 2.〉

1. 제13조제1항에 따른 변경인가를 받지 아니하고 어린이집을 운영하는 경우
2. 제15조, 제15조의2 및 제15조의3에 따른 어린이집의 설치기준을 위반한 경우

2의2. 제15조의4에 따른 폐쇄회로 텔레비전의 설치 · 관리 및 영상정보의 보관기준을 위반한 경우

3. 제17조제5항에 따른 보육교직원의 배치기준을 위반한 경우

3의2. 제19조제2항에 따른 보육교직원의 임면에 관한 사항을 보고하지 아니하거나 거짓으로 보고한 경우

4. 제24조제1항에 따른 어린이집의 운영기준을 위반한 경우

4의2. 제25조제1항 단서를 위반하여 어린이집운영위원회를 설치 · 운영하지 아니한 경우

4의3. 제29조제4항 전단을 위반하여 영유아에게 특별활동을 제공한 경우

4의4. 제29조제4항 후단을 위반하여 특별활동에 참여하지 아니하는 영유아에게 특별활동을 대체할 수 있는 프로그램을 제공하지 아니한 경우

4의5. 제29조의2에 따른 생활기록부를 작성 · 관리하지 아니한 경우

4의6. 정당한 이유 없이 제30조제1항에 따른 평가를 거부 · 방해 또는 기피하거나 거짓이나 그 밖의 부정한 방법으로 평가를 받은 경우

4의7. 제32조제1항에 따른 질병의 치료와 예방조치를 하지 아니한 경우

4의8. 제33조에 따른 균형 있고 위생적이며 안전한 급식을 하지 아니한 경우

4의9. 제33조의4에 따른 어린이집의 위생관리기준을 위반한 경우

5. 제38조제1항에 따른 범위를 초과하여 보육료와 그 밖의 필요경비 등을 받은 경우
6. 제42조에 따른 보고를 하지 아니하거나 거짓으로 보고한 경우 또는 조사 · 검사를 거부하거나 기피한 경우
7. 제43조제1항에 따른 신고를 하지 아니하고 어린이집을 폐지하거나 일정기간 운영을 중단하거나 운영을 재개한 경우

7의2. 제43조의2제2항을 위반하여 휴원하지 아니하거나 긴급보육수요에 대비한 조치를 하지 아니한 경우

8. 제49조의2에 따른 정보의 공시에 관한 사항을 위반한 경우

[전문개정 2007. 10. 17.]

제44조의2(직장어린이집 설치의무 미이행 사업장에 대한 이행명령) 시 · 도지사, 시장 · 군수 · 구청장은 제14조에 따른 사업장의 사업주가 직장어린이집의 설치 등 의무를 이행하지 아니하는 경우에는 상당한 기간을 정하여 그 의무를 이행할 것을 명할 수 있다.

[본조신설 2014. 5. 20.]

제44조의3(이행강제금) ① 시 · 도지사, 시장 · 군수 · 구청장은 제44조의2에 따른 명령을 이행하지 아니한 자에 대하여 그 명령의 이행에 필요한 상당한 기간을 정하여 그 기간 내에 이행할 것을 다시 명할 수 있으며, 이를 이행하지 아니한 경우에는 같은 조에 따른 명령이 있었던 날을 기준으로 하여 1년에 2회, 매회 1억원의 범위에서 이행강제금을 부과 · 징수할 수 있다.

② 시 · 도지사, 시장 · 군수 · 구청장은 직장어린이집 미설치 기간 · 사유 등을 고려하여 제1항에 따른 금액을 100분의 50의 범위에서 가중할 수 있다. 〈신설 2019. 4. 30.〉

③ 시 · 도지사, 시장 · 군수 · 구청장은 제1항 및 제2항에 따른 이행강제금을 부과하기 전에 상당한 기간을 정하여 그 기간 내에 이행하지 아니할 때에는 이행강제금을 부과 · 징수한다는 뜻을 미리 문서로 계고(戒告)하여야 한다. 〈개정 2019. 4. 30.〉

④ 시 · 도지사, 시장 · 군수 · 구청장은 제1항 및 제2항에 따른 이행강제금을 부과하는 때에는 이행강제금의 금액, 부과사유, 납부기한, 수납기관, 불복방법 등을 적은 문서로 통지하여야 한다. 〈개정 2019. 4. 30.〉

⑤ 시 · 도지사, 시장 · 군수 · 구청장은 제44조의2에 따른 명령을 받은 자가 그 명령을 이행하는 경우에는 새로운 이행강제금의 부과를 중지하되, 이미 부과된 이행강제금은 징수하여야 한다. 〈개정 2019. 4. 30.〉

⑥ 시 · 도지사, 시장 · 군수 · 구청장은 제1항 및 제2항에 따라 이행강제금 부과처분을 받은 자가 납부기한까지 이행강제금을 납부하지 아니하는 경우에는 「지방행정제재 · 부과금의 징수 등에 관한 법률」에 따라 징수한다. 〈개정 2019. 4. 30., 2020. 3. 24.〉

⑦ 제1항 및 제2항에 따른 이행강제금의 부과기준, 부과 · 징수된 이행강제금의 반환절차 등 필요한 사항은 대통령령으로 정한다. 〈개정 2019. 4. 30.〉

[본조신설 2014. 5. 20.]

제45조(어린이집의 폐쇄 등) ① 교육부장관, 시 · 도지사 및 시장 · 군수 · 구청장은 어린이집을 설치 · 운영하는 자(이하 이 조에서 "설치 · 운영자"라 한다)가 다음 각 호의 어느 하나에 해당하면 1년 이내의 어린이집 운영정지를 명하거나 어린이집의 폐쇄를 명할 수 있다. 이 경우 보육교직원 등 설치 · 운영자의 관리 · 감독 하에 있는 자가 제4호 또는 제5호 나목에 해당하는 행위를 한 경우에는 설치 · 운영자가 한 행위로 본다(설치 · 운영자가 그 행위를 방지하기 위하여 상당한 주의와 감독을 게을리하지 아니한 경우에는 그러하지 아니하다). 〈개정 2008. 2. 29., 2010. 1. 18., 2011. 6. 7., 2013. 8. 13., 2014. 5. 28., 2015. 5. 18., 2020. 12. 29., 2023. 12. 26.〉

1. 거짓이나 그 밖의 부정한 방법으로 보조금을 교부받거나 보조금을 유용한 경우

1의2. 거짓이나 그 밖의 부정한 방법으로 제34조에 따른 비용을 지원받은 경우

1의3. 거짓이나 그 밖의 부정한 방법으로 제38조제1항에 따른 보육료와 그 밖의 필요경비 등을 받은 경우

1의4. 제38조의2를 위반하여 어린이집의 회계에 속하는 재산이나 수입을 보육 목적 외로 부정하게 사용한 경우

2. 제40조에 따른 비용 또는 보조금의 반환명령을 받고 반환하지 아니한 경우

3. 제44조에 따른 시정 또는 변경 명령을 위반한 경우

4. 「아동복지법」 제3조제7호에 따른 아동학대 행위를 한 경우

5. 다음 각 목의 어느 하나에 해당하여 영유아가 사망하거나 신체에 교육부령으로 정하는 중상해를 입은 경우

가. 「도로교통법」 제53조제3항을 위반하여 어린이통학버스(제33조의2 및 「도로교통법」 제52조에 따른 신고를 하지 아니한 경우를 포함한다)에 「도로교통법」 제53조제3항에 따른 보호자를 함께 태우지 아니한 채 운행하던 중 교통사고가

발생한 경우

나. 「도로교통법」 제53조제3항부터 제5항까지의 규정에 따른 영유아의 하차 여부 확인에 관한 의무를 준수하지 아니한 경우

② 삭제 〈2011. 6. 7.〉

③ 특별자치시장 · 특별자치도지사 · 시장 · 군수 · 구청장은 설치 · 운영자 또는 보육교직원이 제1항제4호에 따른 아동학대 행위를 한 것으로 의심되는 경우 즉시 제42조에 따른 보고를 받거나 조사 · 검사를 실시하여야 한다. 〈신설 2015. 5. 18.〉

④ 특별자치시장 · 특별자치도지사 · 시장 · 군수 · 구청장은 제3항에 따른 보고나 조사 · 검사를 실시한 후 지체 없이 「아동복지법」 제10조의2에 따른 아동권리보장원 또는 같은 법 제45조에 따른 아동보호전문기관 등 관계 기관과 협의하여 제1항에 따른 행정처분 여부를 결정하여야 한다. 〈신설 2015. 5. 18., 2019. 1. 15.〉

⑤ 특별자치시장 · 특별자치도지사 · 시장 · 군수 · 구청장은 어린이집이 제1항에 따라 운영정지 또는 폐쇄되는 경우에는 어린이집에 보육 중인 영유아를 다른 어린이집으로 옮기도록 하는 등 영유아의 권익을 보호하기 위하여 필요한 조치를 하여야 한다. 〈신설 2011. 8. 4., 2015. 5. 18., 2020. 12. 29.〉

⑥ 제1항에 따른 행정처분의 세부기준은 교육부령으로 정한다. 〈개정 2008. 2. 29., 2010. 1. 18., 2011. 6. 7., 2011. 8. 4., 2015. 5. 18., 2023. 12. 26.〉

[전문개정 2007. 10. 17.]

[제목개정 2011. 6. 7.]

제45조의2(과징금 처분) ① 교육부장관, 시 · 도지사 또는 시장 · 군수 · 구청장은 어린이집의 설치 · 운영자가 제45조제1항 각 호의 어느 하나에 해당하여 어린이집 운영정지를 명하여야 하는 경우로서 그 운영정지가 영유아 및 보호자에게 심한 불편을 주거나 그 밖에 공익을 해칠 우려가 있으면 어린이집 운영정지 처분을 갈음하여 3천만원 이하의 과징금을 부과할 수 있다. 〈개정 2023. 12. 26.〉

② 제1항에 따른 과징금을 부과하는 위반행위의 종류와 위반 정도 등에 따른 과징금의 금액 등에 필요한 사항은 대통령령으로 정한다.

③ 교육부장관, 시 · 도지사 또는 시장 · 군수 · 구청장은 제1항에 따른 과징금을 내야 할 자가 납부기한까지 내지 아니한 경우에는 국세 체납처분의 예 또는 「지방행정제재 · 부과금의 징수 등에 관한 법률」에 따라 징수한다. 〈개정 2013. 8. 6., 2020. 3. 24., 2023. 12. 26.〉

[본조신설 2011. 6. 7.]

[종전 제45조의2는 제45조의3으로 이동 〈2011. 6. 7.〉]

제45조의3(행정제재처분효과의 승계) ①어린이집을 설치 · 운영하는 자가 그 어린이집을 양도하거나 사망한 때 또는 법인의 합병이 있는 때에는 종전의 어린이집을 설치 · 운영한 자에게 제45조제1항 각 호의 사유로 행한 행정제재처분의 효과는 그 행정처분일부터 1년간 그 양수인 · 상속인 또는 합병 후 신설되거나 존속하는 법인에 승계되며, 행정제재처분의 절차가 진행 중인 경우에는 양수인 · 상속인 또는 합병 후 신설되거나 존속하는 법인에 대하여 행정제재처분의 절차를 속행할 수 있다. 다만, 양수인 · 상속인 또는 합병 후 신설되거나 존속하는 법인이 양수 또는 합병할 때 그 처분 또는 위반사실을 알지 못하였음을 증명하는 경우에는 그러하지 아니하다. 〈개정 2011. 6. 7., 2015. 5. 18.〉

② 제1항의 양수인 · 상속인 또는 합병 후 신설되거나 존속하는 법인이 어린이집을 양수 · 상속 또는 합병할 때에는 종전의 어린이집을 설치 · 운영한 자가 제45조제1항 각 호의 사유로 행정처분의 절차가 진행 중인지 및 행정제재 처분을 받은 이력이 있는지 여부를 확인하여야 하며, 교육부장관, 시 · 도지사 및 시장 · 군수 · 구청장은 양수인 · 상속인 또는 합병 후 신설되거나 존속하는 법인이 그 확인을 요청하는 경우 이를 교육부령으로 정하는 바에 따라 확인하는 서류를 발부할 수 있다. 〈신설 2015. 5. 18., 2023. 12. 26.〉

[본조신설 2008. 1. 17.]

[제45조의2에서 이동 〈2011. 6. 7.〉]

제46조(어린이집의 원장의 자격정지) ① 교육부장관은 어린이집의 원장이 다음 각 호의 어느 하나에 해당하면 1년(「아동복지법」 제3조제7호에 따른 아동학대 행위로 제1호가목에 해당하게 된 경우에는 5년) 이내의 범위에서 교육부령으로 정하는 바에 따라 그 자격을 정지시킬 수 있다. 〈개정 2008. 2. 29., 2010. 1. 18., 2011. 6. 7., 2013. 6. 4., 2015. 5. 18., 2020. 12. 29., 2021. 6. 8., 2023. 12. 26.〉

1. 어린이집의 원장이 업무 수행 중 고의나 중대한 과실로 영유아에게 손해를 입힌 경우로서 다음 각 목의 어느 하나에 해당하는 경우

가. 영유아의 생명을 해치거나 신체 또는 정신에 중대한 손해를 입힌 경우

나. 제24조에 따른 운영기준을 위반하여 손해를 입힌 경우

다. 제33조에 따라 교육부령으로 정한 급식기준을 위반하여 손해를 입힌 경우

라. 제33조의4에 따라 교육부령으로 정한 위생관리기준을 위반하여 손해를 입힌 경우

마. 그 밖에 손해를 입힌 경우

2. 해당 업무 수행에 필요한 자격이 없는 자를 채용하여 보육교사 · 간호사 또는 영양사 등의 업무를 수행하게 한 경우

3. 제23조에 따른 보수교육을 연속하여 3회 이상 받지 아니한 경우

4. 거짓이나 그 밖의 부정한 방법으로 보조금을 교부받거나 보조금을 유용한 경우

5. 거짓이나 그 밖의 부정한 방법으로 제34조에 따른 비용을 지원받은 경우

6. 거짓이나 그 밖의 부정한 방법으로 제38조제1항에 따른 보육료와 그 밖의 필요경비 등을 받은 경우

7. 제38조의2를 위반하여 어린이집의 회계에 속하는 재산이나 수입을 보육 목적 외로 부정하게 사용한 경우

8. 「공익신고자 보호법」 제2조제2호에 따른 공익신고를 한 보육교직원에게 같은 조 제6호에 따른 불이익조치를 한 경우

② 교육부장관은 어린이집의 원장이 「도로교통법」 제53조제3항부터 제5항까지에 따른 영유아의 하차 여부 확인에 관한 의무를 준수하지 아니하여 영유아가 사망하거나 신체에 교육부령으로 정하는 중상해를 입은 경우 2년 이내의 범위에서 교육부령으로 정하는 바에 따라 그 자격을 정지시킬 수 있다. 〈신설 2020. 12. 29., 2023. 12. 26.〉

③ 어린이집의 원장의 지도 · 감독 하에 있는 자가 다음 각 호의 어느 하나에 해당하는 행위를 한 경우에는 어린이집의 원장이 한 행위로 본다(어린이집 원장의 자격정지에 관한 사항으로 한정한다). 다만, 어린이집의 원장이 그 행위를 방지하기 위하여 상당한 주의와 감독을 게을리하지 아니한 경우에는 그러하지 아니하다. 〈신설 2020. 12. 29., 2023. 12. 26.〉

1. 「도로교통법」 제53조제3항부터 제5항까지에 따른 영유아의 하차 여부 확인에 관한 의무를 준수하지 아니하여 영유아가 사망하거나 신체에 교육부령으로 정하는 중상해를 입은 경우

2. 「아동복지법」 제3조제7호에 따른 아동학대 행위를 하여 제1항제1호가목에 해당하게 된 경우

[전문개정 2007. 10. 17.]

[제목개정 2011. 6. 7.]

제47조(보육교사의 자격정지) ① 교육부장관은 보육교사가 다음 각 호의 어느 하나에 해당하면 1년(「아동복지법」 제3조제7호에 따른 아동학대 행위로 제1호에 해당하게 된 경우에는 5년) 이내의 범위에서 교육부령으로 정하는 바에 따라 그 자격을 정지시킬 수 있다. 〈개정 2008. 2. 29., 2010. 1. 18., 2011. 12. 31., 2015. 5. 18., 2020. 12. 29., 2023. 12. 26.〉

1. 보육교사가 업무 수행 중 그 자격과 관련하여 고의나 중대한 과실로 손해를 입힌 경우

2. 제23조의2에 따른 보수교육을 연속하여 3회 이상 받지 아니한 경우

② 교육부장관은 보육교사가 「도로교통법」 제53조제3항부터 제5항까지에 따른 영유아의 하차 여부 확인에 관한 의무를 준수하지 아니하여 영유아가 사망하거나 신체에 교육부령으로 정하는 중상해를 입은 경우 2년 이내의 범위에서 교육부령으로 정하는 바에 따라 그 자격을 정지시킬 수 있다. 〈신설 2020. 12. 29., 2023. 12. 26.〉

[전문개정 2007. 10. 17.]

제48조(어린이집의 원장 또는 보육교사의 자격취소) ①교육부장관은 어린이집의 원장 또는 보육교사가 다음 각 호의 어느 하나에 해당하면 그 자격을 취소할 수 있다. 〈개정 2008. 2. 29., 2010. 1. 18., 2011. 6. 7., 2011. 8. 4., 2013. 8. 13., 2015. 5. 18., 2020. 12. 29., 2023. 12. 26.〉

1. 거짓이나 그 밖의 부정한 방법으로 자격증을 취득한 경우
2. 자격 취득자가 업무 수행 중 그 자격과 관련하여 고의나 중대한 과실로 손해를 입히고 금고 이상의 형을 선고받은 경우
3. 「아동복지법」 제3조제7호의2에 따른 아동학대관련범죄로 처벌을 받은 경우
4. 제22조의2에 따른 명의대여 금지 등의 의무를 위반한 경우
5. 자격정지처분기간 종료 후 3년 이내에 자격정지처분에 해당하는 행위를 한 경우
6. 자격정지처분을 받고도 자격정지처분기간 이내에 자격증을 사용하여 자격 관련 업무를 수행한 경우
7. 자격정지처분을 3회 이상 받은 경우
8. 제46조제1항제4호에 해당하여 금고 이상의 형을 선고받은 경우

② 교육부장관은 제1항에 따라 자격이 취소된 사람에게는 그 취소된 날부터 다음 각 호의 구분에 따라 자격을 재교부하지 못한다. 〈신설 2013. 8. 13., 2015. 5. 18., 2023. 12. 26.〉

1. 제1항 각 호의 사항 중 제3호 이외의 어느 하나에 해당하는 경우: 2년
2. 제1항제3호에 해당하는 경우: 10년(다만, 「아동복지법」 제3조제7호의2에 따른 아동학대관련범죄로 금고 이상의 실형을 선고받고 그 집행이 종료되거나 집행이 면제된 날부터 20년이 지나지 아니한 사람 또는 「아동복지법」 제3조제7호의2에 따른 아동학대관련범죄로 금고 이상의 형의 집행유예가 확정된 날부터 20년이 지나지 아니한 사람에게는 자격을 재교부할 수 없다)

[전문개정 2007. 10. 17.]

[제목개정 2011. 6. 7.]

[단순위헌, 2019헌마813, 2022.9.29, 영유아보육법(2015. 5. 18. 법률 제13321호로 개정된 것) 제16조 제8호 후단 중 아동복지법 제17조 제5호를 위반하여 아동복지법 제71조 제1항 제2호로 처벌받은 경우에 관한 부분, 같은 법 제20조 제1호 중 제16조 제8호 후단 가운데 아동복지법 제17조 제5호를 위반하여 아동복지법 제71조 제1항 제2호로 처벌받은 경우에 관한 부분, 같은 법 제48조 제2항 제2호 본문 중 아동복지법 제17조 제5호를 위반하여 아동복지법 제71조 제1항 제2호에 따라 처벌받은 경우에 관한 부분은 헌법에 위반된다.]

제49조(청문) 교육부장관, 시·도지사 및 시장·군수·구청장은 제30조의3에 따른 공공형어린이집 지정 취소 및 제45조부터 제48조까지의 행정처분을 하려면 청문을 하여야 한다. 〈개정 2008. 2. 29., 2010. 1. 18., 2021. 6. 8., 2023. 12. 26.〉

[전문개정 2007. 10. 17.]

제49조의2(어린이집 정보의 공시 등) ① 어린이집의 원장은 어린이집이 보유·관리하는 다음 각 호의 정보를 매년 1회 이상 공시하여야 한다. 이 경우 어린이집의 원장은 공시한 정보(이하 이 조에서 "공시정보"라 한다)를 특별자치시장·특별자치도지사·시장·군수·구청장에게 제출하여야 하고 교육부장관은 공시정보와 관련된 자료의 제출을 요구할 수 있다. 〈개정 2020. 12. 29., 2023. 12. 26.〉

1. 어린이집의 시설, 설치·운영자, 보육교직원 등 기본현황
2. 제29조에 따른 어린이집 보육과정에 관한 사항
3. 제38조제1항에 따라 수납하는 보육료와 그 밖의 필요경비에 관한 사항
4. 어린이집 예산·결산 등 회계에 관한 사항
5. 영유아의 건강·영양 및 안전관리에 관한 사항

6. 그 밖에 보육여건 및 어린이집 운영에 관한 사항으로서 대통령령으로 정하는 사항

② 공시정보의 구체적인 범위와 공시의 횟수 · 시기 및 방법 등에 필요한 사항은 대통령령으로 정한다.

③ 교육부장관은 제1항에 따른 공시에 필요한 양식을 마련 · 보급하고 공시정보를 수집 및 관리할 수 있다. 이 경우 교육부장관은 보육정책 수립, 학술연구 진흥, 통계 작성 등에 활용하기 위하여 공시정보를 연계 · 가공할 수 있다. 〈개정 2023. 12. 26.〉

④ 교육부장관, 시 · 도지사 또는 시장 · 군수 · 구청장은 어린이집의 원장이 해당 정보를 공시하지 아니하거나 게을리할 경우 이에 대한 시정을 권고하여야 한다. 〈개정 2023. 12. 26.〉

⑤ 어린이집의 원장은 어린이집을 홍보하거나 「표시 · 광고의 공정화에 관한 법률」에 따른 표시 또는 광고를 할 때에는 제1항에 따라 공시된 정보와 다르게 알려서는 아니 된다.

⑥ 교육부장관, 시 · 도지사 또는 시장 · 군수 · 구청장은 제5항의 위반 여부를 확인할 필요가 있는 경우에는 해당 어린이집의 원장에게 관련 자료의 제출을 요청할 수 있다. 이 경우 요청을 받은 어린이집의 원장은 정당한 사유가 없는 한 관련 자료를 교육부장관, 시 · 도지사 또는 시장 · 군수 · 구청장에게 제출하여야 한다. 〈개정 2023. 12. 26.〉

[본조신설 2013. 6. 4.]

제49조의3(위반사실의 공표) ① 교육부장관, 시 · 도지사 또는 시장 · 군수 · 구청장은 제45조 또는 제45조의2에 따른 행정처분을 받은 어린이집으로서 다음 각 호의 어느 하나의 경우에 해당하는 어린이집에 대하여 그 위반행위, 처분내용, 해당 어린이집의 명칭, 대표자의 성명, 어린이집 원장의 성명(대표자와 동일인이 아닌 경우만 해당한다) 및 그 밖에 다른 어린이집과의 구별에 필요한 사항으로서 대통령령으로 정하는 사항을 공표하여야 한다. 다만, 제1호 및 제3호부터 제5호까지의 경우에는 교육부령으로 정하는 금액 이상인 경우에만 공표하여야 한다. 〈개정 2015. 5. 18., 2020. 12. 29., 2021. 6. 8., 2023. 12. 26.〉

1. 거짓이나 그 밖의 부정한 방법으로 보조금을 교부받거나 보조금을 유용한 경우
2. 제24조에 따른 운영기준, 제33조 및 제33조의4에 따라 교육부령으로 정한 급식기준 및 위생관리기준을 위반하여 영유아의 생명을 해치거나 신체 또는 정신에 중대한 피해가 발생한 경우
3. 거짓이나 그 밖의 부정한 방법으로 제34조에 따른 비용을 지원받은 경우
4. 거짓이나 그 밖의 부정한 방법으로 제38조제1항에 따른 보육료와 그 밖의 필요경비 등을 받은 경우
5. 제38조의2를 위반하여 어린이집의 회계에 속하는 재산이나 수입을 보육 목적 외로 부정하게 사용한 경우

② 교육부장관, 시 · 도지사 또는 시장 · 군수 · 구청장은 제46조부터 제48조까지의 행정처분을 받은 사람으로서 「아동복지법」 제3조제7호에 따른 아동학대 행위를 하여 영유아의 생명을 해치거나 신체 또는 정신에 중대한 피해를 입힌 어린이집의 원장 및 보육교사에 대하여 법 위반 이력과 명단, 그 밖에 대통령령으로 정하는 사항을 공표하여야 한다. 〈개정 2015. 5. 18., 2023. 12. 26.〉

③ 교육부장관, 시 · 도지사 또는 시장 · 군수 · 구청장은 제1항 및 제2항에 따른 공표를 실시하기 전에 공표대상자에게 그 사실을 통지하여 소명자료를 제출하거나 출석하여 의견진술을 할 수 있는 기회를 부여하여야 한다. 〈개정 2023. 12. 26.〉

④ 제1항 및 제2항에 따른 공표의 절차 · 방법, 그 밖에 필요한 사항은 대통령령으로 정한다.

[본조신설 2013. 6. 4.]

제8장 보칙

제50조(경력의 인정) ① 어린이집에 근무하는 자 중 「유아교육법」에 따른 유치원교원의 자격을 가진 자에 대하여는 어린이집에서의 근무경력을 「유아교육법」에 따른 교육경력으로 인정한다. 〈개정 2011. 6. 7.〉

② 유치원(「유아교육법」 제2조제6호에 따른 방과후 과정 수업과정을 운영하고 있는 유치원을 말한다)에 근무하는 자 중 이 법에 따른 보육교사의 자격을 가진 자에 대하여는 유치원에서의 근무경력을 이 법에 따른 보육경력으로 인정한다. 〈개정 2012. 3. 21.〉

[전문개정 2007. 10. 17.]

제51조(권한의 위임) 이 법에 따른 교육부장관 또는 시 · 도지사의 권한은 대통령령으로 정하는 바에 따라 그 일부를 시 · 도지사 또는 시장 · 군수 · 구청장에게 위임할 수 있다. 〈개정 2023. 12. 26.〉

[전문개정 2011. 8. 4.]

제51조의2(업무의 위탁) ① 교육부장관, 시 · 도지사 또는 시장 · 군수 · 구청장은 대통령령으로 정하는 바에 따라 다음 각 호에 해당하는 업무를 공공기관 또는 민간기관 · 단체 등에 위탁할 수 있다. 이 경우 제2호 및 제4호의 업무는 진흥원에 위탁할 수 있다. 〈개정 2011. 12. 31., 2013. 6. 4., 2018. 12. 11., 2020. 12. 29., 2021. 12. 21., 2023. 12. 26., 2024. 1. 2.〉

1. 제7조제1항에 따른 지방육아종합지원센터의 운영업무

1의2. 제9조의3에 따른 보육정보시스템의 구축 · 운영에 관한 업무

2. 제22조제1항에 따른 어린이집의 원장 또는 보육교사의 자격 검정 및 보육자격증 교부등에 관한 업무

3. 제23조제1항 및 제23조의2제1항에 따른 보수교육의 실시 업무

4. 제30조제1항에 따른 평가

5. 제34조의3제1항에 따른 이용권에 관한 업무

② 교육부장관, 시 · 도지사 또는 시장 · 군수 · 구청장은 제1항에 따라 업무를 위탁한 경우에는 예산의 범위에서 그에 필요한 비용을 보조할 수 있다. 〈개정 2023. 12. 26.〉

③ 교육부장관, 시 · 도지사 또는 시장 · 군수 · 구청장은 다음 각 호의 어느 하나에 해당하는 경우에는 제1항에 따른 위탁을 취소할 수 있다. 〈개정 2023. 12. 26.〉

1. 수탁기관이 제2항에 따라 지급받은 보조금을 목적 외의 용도에 사용하였을 경우

2. 수탁기관이 거짓이나 그 밖의 부정한 방법으로 제2항에 따른 보조금을 지급받았을 경우

3. 그 밖에 대통령령으로 정하는 사유가 있는 경우

[본조신설 2011. 8. 4.]

제51조의3(관계 기관 간 업무협조) ① 특별자치시장 · 특별자치도지사 · 시장 · 군수 · 구청장은 제16조 또는 제20조에 따른 결격사유의 확인을 위하여 관계 기관의 장에게 범죄경력자료 등에 대한 조회요청을 할 수 있다.

② 교육부장관(교육부장관의 권한을 위탁받은 자를 포함한다)은 제22조제1항 및 제30조제1항에 따른 업무를 수행하기 위하여 국가기관, 지방자치단체, 「공공기관의 운영에 관한 법률」 제4조에 따른 공공기관 등 관계 기관의 장에게 필요한 정보 및 자료를 요청할 수 있다. 〈신설 2018. 12. 11., 2023. 12. 26.〉

③ 제1항 또는 제2항에 따른 요청을 받은 관계 기관의 장은 정당한 사유 없이 이를 거부하여서는 아니 된다. 〈개정 2018. 12. 11.〉

[본조신설 2014. 5. 28.]

제52조(도서 · 벽지 · 농어촌지역 등의 어린이집) ① 특별자치시장 · 특별자치도지사 · 시장 · 군수 · 구청장은 도서 · 벽지 · 농어촌지역 등에 있는 어린이집으로서 제15조에 따른 어린이집의 설치기준, 제17조제5항에 따른 보육교직원의 배치기준 및 제24조에 따른 어린이집의 운영기준을 적용하기 어렵다고 인정하는 경우에는 제6조에 따른 지방보육정책위원회의 심의를 거쳐 관할 시 · 도지사의 승인을 받아 이를 달리 적용할 수 있다. 〈개정 2011. 6. 7., 2011. 8. 4., 2018. 12. 24., 2019. 4. 30., 2020. 12. 29., 2023. 8. 16.〉

② 제1항에 따른 도서 · 벽지 · 농어촌지역 등의 구체적인 범위, 어린이집의 설치 · 운영 기준 및 보육교직원의 배치기준은 교육부령으로 정한다. 〈개정 2008. 2. 29., 2010. 1. 18., 2011. 6. 7., 2023. 8. 16., 2023. 12. 26.〉

[전문개정 2007. 10. 17.]

[제목개정 2011. 6. 7.]

제53조(어린이집연합회) ① 보육사업의 원활한 추진과 어린이집의 균형적인 발전, 어린이집 간의 정보 교류 및 상호 협조 증진을 위하여 어린이집연합회를 설립할 수 있다. 〈개정 2011. 6. 7.〉

② 어린이집연합회의 조직과 운영, 기능 등에 필요한 사항은 교육부령으로 정한다. 〈개정 2008. 2. 29., 2010. 1. 18., 2011. 6. 7., 2023. 12. 26.〉

[전문개정 2007. 10. 17.]

[제목개정 2011. 6. 7.]

제9장 벌칙

제54조(벌칙) ① 제15조의5제5항을 위반하여 영상정보를 유출·변조·훼손 또는 멸실한 자는 5년 이하의 징역 또는 5천만원 이하의 벌금에 처한다. 〈신설 2023. 8. 8.〉

② 다음 각 호의 어느 하나에 해당하는 자는 3년 이하의 징역 또는 3천만원 이하의 벌금에 처한다. 〈개정 2015. 5. 18., 2023. 12. 26.〉

1. 거짓이나 그 밖의 부정한 방법으로 보조금을 교부받거나 보조금을 유용한 자
2. 제15조의5제2항제1호를 위반하여 폐쇄회로 텔레비전의 설치 목적과 다른 목적으로 폐쇄회로 텔레비전을 임의로 조작하거나 다른 곳을 비추는 행위를 한 자
3. 제15조의5제2항제2호를 위반하여 녹음기능을 사용하거나 교육부령으로 정하는 저장장치 이외의 장치 또는 기기에 영상정보를 저장한 자

③ 제15조의5제3항에 따른 안전성 확보에 필요한 조치를 하지 아니하여 영상정보를 분실·도난·유출·변조 또는 훼손당한 자는 2년 이하의 징역 또는 2천만원 이하의 벌금에 처한다. 〈신설 2015. 5. 18.〉

④ 다음 각 호의 어느 하나에 해당하는 자는 1년 이하의 징역 또는 1천만원 이하의 벌금에 처한다. 〈개정 2008. 12. 19., 2011. 6. 7., 2013. 1. 23., 2014. 5. 28., 2015. 5. 18., 2020. 4. 7., 2020. 12. 29.〉

1. 제13조제1항에 따른 설치인가를 받지 아니하고 어린이집의 명칭을 사용하거나 사실상 어린이집의 형태로 운영한 자
2. 거짓이나 그 밖의 부정한 방법으로 제13조제1항에 따른 어린이집의 설치인가 또는 변경인가를 받은 자
3. 제22조의2제1항을 위반하여 자기의 성명이나 어린이집의 명칭을 사용하여 어린이집의 원장 또는 보육교사의 업무를 수행하게 한 자 및 그 상대방

3의2. 제22조의2제2항을 위반하여 다른 사람에게 자격증을 빌려주거나 빌린 자

3의3. 제22조의2제3항을 위반하여 자격증을 빌려주거나 빌리는 것을 알선한 자

4. 거짓이나 그 밖의 부정한 방법으로 제34조 및 제34조의2에 따른 비용을 지원받거나 타인으로 하여금 지원을 받게 한 자
5. 제34조의3에 따른 보육서비스 이용권을 부정사용한 자
6. 거짓이나 그 밖의 부정한 방법으로 제38조제1항에 따른 보육료와 그 밖의 필요경비 등을 받은 어린이집의 설치·운영자
7. 제38조의2를 위반하여 어린이집의 회계에 속하는 재산이나 수입을 보육 목적 외로 부정하게 사용한 자
8. 제45조제1항에 따른 어린이집 운영정지명령 또는 어린이집의 폐쇄명령을 위반하여 사업을 계속한 자

[전문개정 2007. 10. 17.]

제54조의2 삭제 〈2015. 5. 18.〉

제55조(양벌규정) 법인의 대표자나 법인 또는 개인의 대리인, 사용인, 그 밖의 종업원이 그 법인 또는 개인의 업무에 관하여 제54조의 위반행위를 하면 그 행위자를 벌하는 외에 그 법인 또는 개인에게도 해당 조문의 벌금형을 과(科)한다. 다만, 법인 또는 개인이 그 위반행위를 방지하기 위하여 해당 업무에 관하여 상당한 주의와 감독을 게을리하지 아니한 경우에는 그러하지 아니하다.

[전문개정 2011. 6. 7.]

제56조(과태료) ① 제14조의2제1항을 위반하여 실태 조사에 따르지 아니한 자에게는 1억원 이하의 과태료를 부과한다. 〈신설 2022. 6. 10.〉

② 제43조제1항에 따른 신고를 하지 아니하고 어린이집을 폐지하거나 일정기간 운영을 중단하거나 운영을 재개한 자에게는 500만원 이하의 과태료를 부과한다. 〈개정 2011. 6. 7., 2022. 6. 10.〉

③ 다음 각 호의 어느 하나에 해당하는 자에게는 300만원 이하의 과태료를 부과한다. 〈개정 2015. 5. 18., 2020. 12. 29., 2022. 6. 10.〉

1. 제26조제1항에 따른 취약보육을 우선적으로 실시하지 아니한 자
2. 제28조제1항 각 호에 해당하는 자를 우선적으로 보육하지 아니한 자
3. 제31조에 따른 건강진단 또는 응급조치 등을 이행하지 아니한 자. 다만, 영유아 건강진단의 경우 영유아의 보호자에게 3회 이상 영유아 건강검진을 안내하고 검진결과 통보서 제출을 요구한 경우는 제외한다.
4. 제15조의4에 따른 폐쇄회로 텔레비전을 설치하지 아니하거나 설치 · 관리의무를 위반한 자
5. 제15조의5제1항에 따른 열람요청에 응하지 아니한 자

④ 제1항부터 제3항까지의 규정에 따른 과태료는 대통령령으로 정하는 바에 따라 교육부장관, 시 · 도지사 또는 시장 · 군수 · 구청장이 부과 · 징수한다. 〈개정 2008. 2. 29., 2010. 1. 18., 2011. 6. 7., 2022. 6. 10., 2023. 12. 26.〉

⑤ 삭제 〈2011. 6. 7.〉

⑥ 삭제 〈2011. 6. 7.〉

[전문개정 2007. 10. 17.]

부칙〈제20289호, 2024. 2. 13.〉

제1조(시행일) 이 법은 공포한 날부터 시행한다. 다만, 부칙 제2조는 2024년 6월 27일부터 시행하고, 법률 제19898호 영유아보육법 일부개정법률 제8조제2항제1호의 개정규정은 2024년 7월 3일부터 시행하며, 제34조의2제5항 · 제6항 · 제7항 및 제36조의 개정규정은 공포 후 6개월이 경과한 날부터 시행한다.

제2조(다른 법률의 개정) 법률 제19840호 정부조직법 일부개정법률 일부를 다음과 같이 개정한다.

법률 제19840호 정부조직법 일부개정법률 부칙 제4조제3항을 다음과 같이 한다.

③ 영유아보육법 일부를 다음과 같이 개정한다.

제6조제1항 본문, 제14조의2제3항 각 호 외의 부분 전단, 같은 항 제1호 및 같은 조 제5항 중 "보건복지부"를 각각 "교육부"로 한다.

제7조제1항 전단, 같은 조 제4항, 제8조제2항제10호, 같은 조 제5항, 제9조제1항, 같은 조 제2항 전단, 제9조의2제2항, 제9조의3제1항, 같은 조 제2항 각 호 외의 부분 전단, 같은 조 제3항 전단 · 후단, 제11조제1항 전단, 같은 조 제2항, 제14조의2제1항 전단 · 후단, 같은 조 제2항 본문, 같은 조 제3항 각 호 외의 부분 후단, 같은 조 제4항, 제21조제1항, 같은 조 제2항 각 호 외의 부분, 제22조제1항 · 제2항 · 제5항, 제23조제1항 전단, 제23조의2제1항 전단, 제23조의3제1항 전단, 제26조제2항, 제26조의2제3항, 제29조제2항, 제29조의2, 제30조제1항부터 제3항까지, 같은 조 제4항 각 호 외의 부분, 같은 조 제5항, 제30조의2제1항, 제30조의3제1항 각 호 외의 부분 본문, 제31조의2제1항, 같은 조 제5항 단서, 같은 조 제8항 전단, 제34조제4항 · 제7항, 제34조의2제4항, 제34조의5제1항, 같은 조 제2항 전단, 같은

조 제4항, 제34조의7제1항, 제41조, 제42조제1항, 제42조의2제3항, 제43조의2제1항, 제44조 각 호 외의 부분, 제45조제1항 각 호 외의 부분 전단, 제45조의2제1항 · 제3항, 제45조의3제2항, 제46조제1항 각 호 외의 부분, 같은 조 제2항, 제47조제1항 각 호 외의 부분, 같은 조 제2항, 제48조제1항 각 호 외의 부분, 같은 조 제2항 각 호 외의 부분, 제49조, 제49조의2제1항 각 호 외의 부분 후단, 같은 조 제3항 전단 · 후단, 같은 조 제4항, 같은 조 제6항 전단 · 후단, 제49조의3제1항 각 호 외의 부분 본문, 같은 조 제2항 · 제3항, 제51조, 제51조의2제1항 각 호 외의 부분 전단, 같은 조 제2항, 같은 조 제3항 각 호 외의 부분, 제51조의3제2항 및 제56조제4항 중 "보건복지부장관"을 각각 "교육부장관"으로 한다.

제9조제3항, 제9조의2제3항, 제13조제4항, 제14조제2항 · 제3항, 제15조 본문, 제15조의2제1항 각 호 외의 부분 본문, 같은 항 제2호, 제15조의3제1항, 제15조의4제4항, 제15조의5제1항제1호 · 제4호, 같은 조 제2항제2호, 같은 조 제4항, 제17조제5항, 제19조제2항, 제21조제2항제1호 · 제1호의2, 같은 조 제4항, 제22조제2항 · 제6항, 제23조제4항제7호, 같은 조 제5항, 제23조의2제3항제7호, 같은 조 제4항, 제23조의3제2항, 제24조제1항, 같은 조 제2항 각 호 외의 부분 후단, 같은 조 제4항, 제24조의2제1항제1호, 같은 조 제2항, 제25조제6항, 제25조의2제2항제3호, 같은 조 제9항, 제25조의3제2항, 제26조제3항, 제26조의2제1항 후단, 같은 조 제2항제3호, 제28조제1항제4호 · 제4호의2 · 제6호 · 제8호, 같은 조 제3항, 제29조제4항 전단, 같은 조 제5항, 제30조제4항제3호, 같은 조 제6항, 제30조의2제1항 · 제2항 · 제4항, 제30조의3제2항, 제31조제3항, 제32조제2항 각 호 외의 부분, 제33조, 제33조의3제3항, 제33조의4, 제34조제8항, 제34조의3제3항, 제34조의4제3항, 제34조의5제5항, 제34조의7제2항, 제38조제2항 전단 · 후단, 제40조제5호, 제42조의2제1항제9호, 제43조제1항 · 제2항, 제43조의2제3항, 제45조제1항제5호 각 목 외의 부분, 같은 조 제6항, 제45조의3제2항, 제46조제1항 각 호 외의 부분, 같은 항 제1호다목 · 라목, 같은 조 제2항, 같은 조 제3항제1호, 제47조제1항 각 호 외의 부분, 같은 조 제2항, 제49조의3제1항 각 호 외의 부분 단서, 같은 항 제2호, 제52조제2항, 제53조제2항 및 제54조제2항제3호 중 "보건복지부령"을 각각 "교육부령"으로 한다.

[부록 3] 초 · 중등교육법

[시행 2024. 4. 25.] [법률 제19740호, 2023. 10. 24., 일부개정]

제1장 총칙 〈개정 2012. 3. 21.〉

제1조(목적) 이 법은 「교육기본법」 제9조에 따라 초 · 중등교육에 관한 사항을 정함을 목적으로 한다.

[전문개정 2012. 3. 21.]

제2조(학교의 종류) 초 · 중등교육을 실시하기 위하여 다음 각 호의 학교를 둔다. 〈개정 2019. 12. 3.〉

1. 초등학교
2. 중학교 · 고등공민학교
3. 고등학교 · 고등기술학교
4. 특수학교
5. 각종학교

[전문개정 2012. 3. 21.]

제3조(국립 · 공립 · 사립 학교의 구분) 제2조 각 호의 학교(이하 "학교"라 한다)는 설립주체에 따라 다음 각 호와 같이 구분한다. 〈개정 2013. 12. 30.〉

1. 국립학교: 국가가 설립 · 경영하는 학교 또는 국립대학법인이 부설하여 경영하는 학교
2. 공립학교: 지방자치단체가 설립 · 경영하는 학교(설립주체에 따라 시립학교 · 도립학교로 구분할 수 있다)
3. 사립학교: 법인이나 개인이 설립 · 경영하는 학교(국립대학법인이 부설하여 경영하는 학교는 제외한다)

[전문개정 2012. 3. 21.]

제4조(학교의 설립 등) ① 학교를 설립하려는 자는 시설 · 설비 등 대통령령으로 정하는 설립 기준을 갖추어야 한다.

② 사립학교를 설립하려는 자는 특별시 · 광역시 · 특별자치시 · 도 · 특별자치도 교육감(이하 "교육감"이라 한다)의 인가를 받아야 한다.

③ 사립학교를 설립 · 경영하는 자가 학교를 폐교하거나 대통령령으로 정하는 중요 사항을 변경하려면 교육감의 인가를 받아야 한다.

[전문개정 2012. 3. 21.]

제5조(학교의 병설) 초등학교 · 중학교 및 고등학교는 지역의 실정에 따라 상호 병설(竝設)할 수 있다.

[전문개정 2012. 3. 21.]

제6조(지도 · 감독) 국립학교는 교육부장관의 지도 · 감독을 받으며, 공립 · 사립 학교는 교육감의 지도 · 감독을 받는다. 〈개정 2013. 3. 23.〉

[전문개정 2012. 3. 21.]

제7조(장학지도) 교육감은 관할 구역의 학교를 대상으로 교육과정 운영과 교수(敎授) · 학습방법 등에 대한 장학지도를 할 수 있다.

[전문개정 2012. 3. 21.]

제8조(학교 규칙) ① 학교의 장(학교를 설립하는 경우에는 그 학교를 설립하려는 자를 말한다)은 법령의 범위에서 학교 규칙(이하 "학칙"이라 한다)을 제정 또는 개정할 수 있다.

② 학칙의 기재 사항과 제정 · 개정 절차 등에 관하여 필요한 사항은 대통령령으로 정한다.

[전문개정 2012. 3. 21.]

제9조(학생 · 기관 · 학교 평가) ① 교육부장관은 학교에 재학 중인 학생을 대상으로 학업성취도를 측정하기 위한 평가를 할 수 있다. 〈개정 2013. 3. 23.〉

② 교육부장관은 교육행정을 효율적으로 수행하기 위하여 특별시 · 광역시 · 특별자치시 · 도 · 특별자치도 교육청과 그 관할하는 학교를 평가할 수 있다. 〈개정 2013. 3. 23.〉

③ 교육감은 교육행정의 효율적 수행 및 학교 교육능력 향상을 위하여 그 관할하는 교육행정기관과 학교를 평가할 수 있다.

④ 제2항 및 제3항에 따른 평가의 대상 · 기준 · 절차 및 평가 결과의 공개 등에 필요한 사항은 대통령령으로 정한다.

⑤ 평가 대상 기관의 장은 특별한 사유가 있는 경우가 아니면 제1항부터 제3항까지의 규정에 따른 평가를 받아야 한다.

⑥ 교육부장관은 교육감이 그 관할 구역에서 제3항에 따른 평가를 실시하려는 경우 필요한 지원을 할 수 있다. 〈개정 2013. 3. 23.〉

[전문개정 2012. 3. 21.]

제10조(수업료 등) ① 학교의 설립자 · 경영자는 수업료와 그 밖의 납부금을 받을 수 있다.

② 제1항에 따른 수업료와 그 밖의 납부금을 거두는 방법 등에 필요한 사항은 국립학교의 경우에는 교육부령으로 정하고, 공립 · 사립 학교의 경우에는 특별시 · 광역시 · 특별자치시 · 도 · 특별자치도(이하 "시 · 도"라 한다)의 조례로 정한다. 이 경우 국민의 교육을 받을 권리를 본질적으로 침해하는 내용을 정하여서는 아니 된다. 〈개정 2013. 3. 23.〉

[전문개정 2012. 3. 21.]

제10조의2(고등학교 등의 무상교육) ① 제2조제3호에 따른 고등학교 · 고등기술학교 및 이에 준하는 각종학교의 교육에 필요한 다음 각 호의 비용은 무상(無償)으로 한다.

1. 입학금
2. 수업료
3. 학교운영지원비
4. 교과용 도서 구입비

② 제1항 각 호의 비용은 국가 및 지방자치단체가 부담하고, 학교의 설립자 · 경영자는 학생과 보호자로부터 이를 받을 수 없다.

③ 제1항 및 제2항에도 불구하고 대통령령으로 정하는 사립학교의 설립자 · 경영자는 학생과 보호자로부터 제1항 각 호의 비용을 받을 수 있다.

[본조신설 2019. 12. 3.]

[시행일] 제10조의2의 개정규정은 다음 각 호와 같이 순차적으로 시행

1. 2020학년도: 고등학교 등 2학년 및 3학년의 무상교육
2. 2021학년도 이후: 고등학교 등 전학년의 무상교육

제11조(학교시설 등의 이용) 모든 국민은 학교교육에 지장을 주지 아니하는 범위에서 그 학교의 장의 결정에 따라 국립학교의 시설 등을 이용할 수 있고, 공립 · 사립 학교의 시설 등은 시 · 도의 교육규칙으로 정하는 바에 따라 이용할 수 있다.

[전문개정 2012. 3. 21.]

제11조의2(교육통계조사 등) ① 교육부장관은 초 · 중등교육 정책의 효율적인 추진과 초 · 중등교육 연구에 필요한 학생 · 교원 · 직원 · 학교 · 교육행정기관 등에 대한 기초자료 수집을 위하여 교육통계조사를 매년 실시하고 그 결과를 공개하여야 한다.

② 교육부장관은 초 · 중등교육 정책의 효율적인 수립 · 시행과 평가를 위하여 제1항에 따른 교육통계조사(이하 이 조에서 "교육통계조사"라 한다)로 수집된 자료와 「통계법」 제3조에 따른 통계 및 행정자료 등을 활용하여 교육 관련 지표 및 학생 수 추계 등 예측통계를 작성하여 공개하여야 한다. 〈신설 2020. 3. 24.〉

③ 교육부장관은 교육통계조사와 제2항에 따른 교육 관련 지표 및 예측통계의 작성을 위하여 중앙행정기관의 장, 지

방자치단체의 장, 교육감 및 「공공기관의 운영에 관한 법률」에 따른 공공기관의 장 등 관계 기관의 장에게 자료의 제공을 요청할 수 있다. 이 경우 자료 제공을 요청받은 기관의 장은 특별한 사유가 없으면 이에 따라야 한다. 〈개정 2020. 3. 24.〉

④ 교육감은 제3항에 따른 자료 제출을 위하여 관할 학교 및 교육행정기관의 장 등에게 자료 제출을 요청할 수 있다. 이 경우 자료 제출 요청을 받은 관할 학교 및 교육행정기관의 장 등은 특별한 사유가 없으면 이에 따라야 하며, 교육감은 관할 학교 및 교육행정기관 등의 부담을 최소화하기 위하여 노력하여야 한다. 〈개정 2020. 3. 24.〉

⑤ 교육부장관은 교육통계조사와 교육 관련 지표 및 예측통계 작성의 정확성 제고 및 업무 경감을 위하여 관련 자료를 보유한 중앙행정기관의 장, 지방자치단체의 장, 교육감 및 「공공기관의 운영에 관한 법률」에 따른 공공기관의 장 등 관계 기관의 장에게 자료 간 연계를 요청할 수 있다. 이 경우 자료 간 연계를 요청받은 기관의 장은 특별한 사유가 없으면 이에 따라야 한다. 〈개정 2020. 3. 24.〉

⑥ 교육부장관은 교육통계조사 시 다음 각 호에 해당하는 사람의 주민등록번호가 포함된 개인정보를 수집할 수 있으며, 이를 제5항에 따라 연계를 요청받은 기관에 통계조사 및 분석, 검증 등을 목적으로 제공하거나 제공받을 수 있다. 〈개정 2020. 3. 24.〉

1. 조사대상 학교 및 교육행정기관의 교직원
2. 조사대상 학교의 학생 및 졸업생

⑦ 교육부장관은 교육통계조사에 의하여 수집된 자료를 이용하고자 하는 자에게 이를 제공할 수 있다. 이 경우 「교육관련기관의 정보공개에 관한 특례법」에 따라 공개되는 항목을 제외하고는 특정의 개인이나 법인 또는 단체를 식별할 수 없는 형태로 자료를 제공한다. 〈개정 2020. 3. 24.〉

⑧ 교육부장관은 교육통계조사 등의 업무를 위하여 대통령령으로 정하는 바에 따라 국가교육통계센터를 지정하여 그 업무를 위탁할 수 있다. 이 경우 교육부장관은 지정이나 업무 위탁에 필요한 경비를 지원할 수 있다.

⑨ 제1항부터 제8항까지에서 규정한 사항 외에 교육통계조사와 교육 관련 지표 및 예측통계 작성의 대상, 절차 및 결과 공개 등에 필요한 사항은 대통령령으로 정한다. 〈개정 2020. 3. 24.〉

[본조신설 2017. 3. 21.]

제2장 의무교육 〈개정 2012. 3. 21.〉

제12조(의무교육) ① 국가는 「교육기본법」 제8조제1항에 따른 의무교육을 실시하여야 하며, 이를 위한 시설을 확보하는 등 필요한 조치를 강구하여야 한다.

② 지방자치단체는 그 관할 구역의 의무교육대상자를 모두 취학시키는 데에 필요한 초등학교, 중학교 및 초등학교·중학교의 과정을 교육하는 특수학교를 설립·경영하여야 한다.

③ 지방자치단체는 지방자치단체가 설립한 초등학교·중학교 및 특수학교에 그 관할 구역의 의무교육대상자를 모두 취학시키기 곤란하면 인접한 지방자치단체와 협의하여 합동으로 초등학교·중학교 또는 특수학교를 설립·경영하거나, 인접한 지방자치단체가 설립한 초등학교·중학교 또는 특수학교나 국립 또는 사립의 초등학교·중학교 또는 특수학교에 일부 의무교육대상자에 대한 교육을 위탁할 수 있다.

④ 국립·공립 학교의 설립자·경영자와 제3항에 따라 의무교육대상자의 교육을 위탁받은 사립학교의 설립자·경영자는 의무교육을 받는 사람으로부터 제10조의2제1항 각 호의 비용을 받을 수 없다. 〈개정 2013. 12. 30., 2019. 12. 3.〉

[전문개정 2012. 3. 21.]

제13조(취학 의무) ① 모든 국민은 보호하는 자녀 또는 아동이 6세가 된 날이 속하는 해의 다음 해 3월 1일에 그 자녀 또는 아동을 초등학교에 입학시켜야 하고, 초등학교를 졸업할 때까지 다니게 하여야 한다.

② 모든 국민은 제1항에도 불구하고 그가 보호하는 자녀 또는 아동이 5세가 된 날이 속하는 해의 다음 해 또는 7세가 된 날이 속하는 해의 다음 해에 그 자녀 또는 아동을 초등학교에 입학시킬 수 있다. 이 경우에도 그 자녀 또는 아동이 초등학교에 입학한 해의 3월 1일부터 졸업할 때까지 초등학교에 다니게 하여야 한다.

③ 모든 국민은 보호하는 자녀 또는 아동이 초등학교를 졸업한 학년의 다음 학년 초에 그 자녀 또는 아동을 중학교에 입학시켜야 하고, 중학교를 졸업할 때까지 다니게 하여야 한다.

④ 제1항부터 제3항까지의 규정에 따른 취학 의무의 이행과 이행 독려 등에 필요한 사항은 대통령령으로 정한다.

[전문개정 2012. 3. 21.]

제14조(취학 의무의 면제 등) ① 질병 · 발육 상태 등 부득이한 사유로 취학이 불가능한 의무교육대상자에 대하여는 대통령령으로 정하는 바에 따라 제13조에 따른 취학 의무를 면제하거나 유예할 수 있다.

② 제1항에 따라 취학 의무를 면제받거나 유예받은 사람이 다시 취학하려면 대통령령으로 정하는 바에 따라 학습능력을 평가한 후 학년을 정하여 취학하게 할 수 있다.

[전문개정 2012. 3. 21.]

제15조(고용자의 의무) 의무교육대상자를 고용하는 자는 그 대상자가 의무교육을 받는 것을 방해하여서는 아니 된다.

[전문개정 2012. 3. 21.]

제16조(친권자 등에 대한 보조) 국가와 지방자치단체는 의무교육대상자의 친권자나 후견인이 경제적 사유로 의무교육대상자를 취학시키기 곤란할 때에는 교육비를 보조할 수 있다.

[전문개정 2012. 3. 21.]

제3장 학생과 교직원 〈개정 2012. 3. 21.〉

제1절 학생 〈개정 2012. 3. 21.〉

제17조(학생자치활동) 학생의 자치활동은 권장 · 보호되며, 그 조직과 운영에 관한 기본적인 사항은 학칙으로 정한다.

[전문개정 2012. 3. 21.]

제18조(학생의 징계) ① 학교의 장은 교육을 위하여 필요한 경우에는 법령과 학칙으로 정하는 바에 따라 학생을 징계할 수 있다. 다만, 의무교육을 받고 있는 학생은 퇴학시킬 수 없다. 〈개정 2021. 3. 23., 2022. 12. 27.〉

② 학교의 장은 학생을 징계하려면 그 학생이나 보호자에게 의견을 진술할 기회를 주는 등 적정한 절차를 거쳐야 한다.

[전문개정 2012. 3. 21.]

제18조의2(재심청구) ① 제18조제1항에 따른 징계처분 중 퇴학 조치에 대하여 이의가 있는 학생 또는 그 보호자는 퇴학 조치를 받은 날부터 15일 이내 또는 그 조치가 있음을 알게 된 날부터 10일 이내에 제18조의3에 따른 시 · 도학생징계조정위원회에 재심을 청구할 수 있다.

② 제18조의3에 따른 시 · 도학생징계조정위원회는 제1항에 따른 재심청구를 받으면 30일 이내에 심사 · 결정하여 청구인에게 통보하여야 한다.

③ 제2항의 심사결정에 이의가 있는 청구인은 통보를 받은 날부터 60일 이내에 행정심판을 제기할 수 있다.

④ 제1항에 따른 재심청구, 제2항에 따른 심사 절차와 결정 통보 등에 필요한 사항은 대통령령으로 정한다.

[전문개정 2012. 3. 21.]

제18조의3(시 · 도학생징계조정위원회의 설치) ① 제18조의2제1항에 따른 재심청구를 심사 · 결정하기 위하여 교육감 소속으로 시 · 도학생징계조정위원회(이하 "징계조정위원회"라 한다)를 둔다.

② 징계조정위원회의 조직 · 운영 등에 필요한 사항은 대통령령으로 정한다.

[본조신설 2007. 12. 14.]

제18조의4(학생의 인권보장 등) ① 학교의 설립자 · 경영자와 학교의 장은 「헌법」과 국제인권조약에 명시된 학생의 인권을 보

장하여야 한다. 〈개정 2022. 12. 27.〉

② 학생은 교직원 또는 다른 학생의 인권을 침해하는 행위를 하여서는 아니 된다. 〈신설 2022. 12. 27.〉

[본조신설 2007. 12. 14.]

[제목개정 2022. 12. 27.]

제18조의5(보호자의 의무 등) ① 보호자는 교직원 또는 다른 학생의 인권을 침해하는 행위를 하여서는 아니 된다.

② 보호자는 제20조의2제1항에 따른 교원의 학생생활지도를 존중하고 지원하여야 한다.

③ 보호자는 교육활동의 범위에서 교원과 학교의 전문적인 판단을 존중하고 교육활동이 원활히 이루어질 수 있도록 적극 협력하여야 한다.

[본조신설 2023. 9. 27.]

제2절 교직원 〈개정 2012. 3. 21.〉

제19조(교직원의 구분) ① 학교에는 다음 각 호의 교원을 둔다. 〈개정 2019. 12. 3.〉

1. 초등학교 · 중학교 · 고등학교 · 고등공민학교 · 고등기술학교 및 특수학교에는 교장 · 교감 · 수석교사 및 교사를 둔다. 다만, 학생 수가 100명 이하인 학교나 학급 수가 5학급 이하인 학교 중 대통령령으로 정하는 규모 이하의 학교에는 교감을 두지 아니할 수 있다.

2. 각종학교에는 제1호에 준하여 필요한 교원을 둔다.

② 학교에는 교원 외에 학교 운영에 필요한 행정직원 등 직원을 둔다.

③ 학교에는 원활한 학교 운영을 위하여 교사 중 교무(校務)를 분담하는 보직교사를 둘 수 있다.

④ 학교에 두는 교원과 직원(이하 "교직원"이라 한다)의 정원에 필요한 사항은 대통령령으로 정하고, 학교급별 구체적인 배치기준은 제6조에 따른 지도 · 감독기관(이하 "관할청"이라 한다)이 정하며, 교육부장관은 교원의 정원에 관한 사항을 매년 국회에 보고하여야 한다. 〈개정 2013. 3. 23.〉

[전문개정 2012. 3. 21.]

제19조의2(전문상담교사의 배치 등) ① 학교에 전문상담교사를 두거나 시 · 도 교육행정기관에 「교육공무원법」 제22조의2에 따라 전문상담순회교사를 둔다.

② 제1항의 전문상담순회교사의 정원 · 배치 기준 등에 필요한 사항은 대통령령으로 정한다.

[전문개정 2012. 3. 21.]

제20조(교직원의 임무) ① 교장은 교무를 총괄하고, 민원처리를 책임지며, 소속 교직원을 지도 · 감독하고, 학생을 교육한다. 〈개정 2021. 3. 23., 2023. 9. 27.〉

② 교감은 교장을 보좌하여 교무를 관리하고 학생을 교육하며, 교장이 부득이한 사유로 직무를 수행할 수 없을 때에는 교장의 직무를 대행한다. 다만, 교감이 없는 학교에서는 교장이 미리 지명한 교사(수석교사를 포함한다)가 교장의 직무를 대행한다.

③ 수석교사는 교사의 교수 · 연구 활동을 지원하며, 학생을 교육한다.

④ 교사는 법령에서 정하는 바에 따라 학생을 교육한다.

⑤ 행정직원 등 직원은 법령에서 정하는 바에 따라 학교의 행정사무와 그 밖의 사무를 담당한다.

[전문개정 2012. 3. 21.]

제20조의2(학교의 장 및 교원의 학생생활지도) ① 학교의 장과 교원은 학생의 인권을 보호하고 교원의 교육활동을 위하여 필요한 경우에는 법령과 학칙으로 정하는 바에 따라 학생을 지도할 수 있다. 〈개정 2023. 9. 27.〉

② 제1항에 따른 교원의 정당한 학생생활지도에 대해서는 「아동복지법」 제17조제3호, 제5호 및 제6호의 금지행위 위

반으로 보지 아니한다. 〈신설 2023. 9. 27.〉

[본조신설 2022. 12. 27.]

제20조의3(교원 개인정보의 보호) 학교와 학교의 장은 교원의 전화번호, 주민등록번호 등 개인정보가 「개인정보 보호법」 및 「공공기관의 정보공개에 관한 법률」 등 관계 법률에 따라 보호될 수 있도록 필요한 조치를 하여야 한다.

[본조신설 2023. 9. 27.]

제21조(교원의 자격) ① 교장과 교감은 별표 1의 자격 기준에 해당하는 사람으로서 대통령령으로 정하는 바에 따라 교육부장관이 검정(檢定) · 수여하는 자격증을 받은 사람이어야 한다. 〈개정 2013. 3. 23.〉

② 교사는 정교사(1급 · 2급), 준교사, 전문상담교사(1급 · 2급), 사서교사(1급 · 2급), 실기교사, 보건교사(1급 · 2급) 및 영양교사(1급 · 2급)로 나누되, 별표 2의 자격 기준에 해당하는 사람으로서 대통령령으로 정하는 바에 따라 교육부장관이 검정 · 수여하는 자격증을 받은 사람이어야 한다. 〈개정 2013. 3. 23.〉

③ 수석교사는 제2항의 자격증을 소지한 사람으로서 15년 이상의 교육경력(「교육공무원법」 제2조제1항제2호 및 제3호에 따른 교육전문직원으로 근무한 경력을 포함한다)을 가지고 교수 · 연구에 우수한 자질과 능력을 가진 사람 중에서 대통령령으로 정하는 바에 따라 교육부장관이 정하는 연수 이수 결과를 바탕으로 검정 · 수여하는 자격증을 받은 사람이어야 한다. 〈개정 2013. 3. 23.〉

[전문개정 2012. 3. 21.]

제21조의2(교사 자격 취득의 결격사유) 다음 각 호의 어느 하나에 해당하는 사람은 제21조제2항에 따른 교사의 자격을 취득할 수 없다.

1. 마약 · 대마 · 향정신성의약품 중독자

2. 미성년자에 대한 다음 각 목의 어느 하나에 해당하는 행위로 형 또는 치료감호를 선고받아 그 형 또는 치료감호가 확정된 사람(집행유예를 선고받은 후 그 집행유예기간이 경과한 사람을 포함한다)

가. 「성폭력범죄의 처벌 등에 관한 특례법」 제2조에 따른 성폭력범죄

나. 「아동 · 청소년의 성보호에 관한 법률」 제2조제2호에 따른 아동 · 청소년대상 성범죄

3. 성인에 대한 「성폭력범죄의 처벌 등에 관한 특례법」 제2조에 따른 성폭력범죄 행위로 100만원 이상의 벌금형이나 그 이상의 형 또는 치료감호를 선고받아 그 형 또는 치료감호가 확정된 사람(집행유예를 선고받은 후 그 집행유예기간이 경과한 사람을 포함한다)

[본조신설 2020. 12. 22.]

제21조의3(벌금형의 분리 선고) 「형법」 제38조에도 불구하고 제21조의2제3호에 해당하는 죄와 다른 죄의 경합범(競合犯)에 대하여 벌금형을 선고하는 경우에는 이를 분리하여 선고하여야 한다.

[본조신설 2020. 12. 22.]

제21조의4(교원자격증 대여 · 알선 금지) 제21조에 따라 받은 자격증은 다른 사람에게 빌려주거나 빌려서는 아니 되며, 이를 알선하여서도 아니 된다.

[본조신설 2020. 12. 22.]

제21조의5(자격취소 등) ① 교육부장관은 제21조에 따라 자격증을 받은 사람이 다음 각 호의 어느 하나에 해당하는 경우에는 그 자격을 취소하여야 한다.

1. 거짓이나 그 밖의 부정한 방법으로 자격증을 받은 경우

2. 제21조의4를 위반하여 자격증을 다른 사람에게 빌려준 경우

② 제1항에 따라 자격이 취소된 후 2년이 지나지 아니한 사람은 제21조에 따른 검정을 받을 수 없다.

[본조신설 2020. 12. 22.]

제22조(산학겸임교사 등) ① 교육과정을 운영하기 위하여 필요하면 학교에 제19조제1항에 따른 교원 외에 산학겸임교사 · 명예교사 또는 강사 등을 두어 학생의 교육을 담당하게 할 수 있다. 이 경우 국립 · 공립 학교는 「교육공무원법」 제10

조의3제1항 및 제10조의4를, 사립학교는 「사립학교법」 제54조의3제4항 및 제5항을 각각 준용한다

② 제1항에 따라 학교에 두는 산학겸임교사 등의 종류 · 자격기준 및 임용 등에 필요한 사항은 대통령령으로 정한다.

[전문개정 2012. 3. 21.]

제4장 학교 〈개정 2012. 3. 21.〉

제1절 통칙 〈개정 2012. 3. 21.〉

제23조(교육과정 등) ① 학교는 교육과정을 운영하여야 한다.

② 국가교육위원회는 제1항에 따른 교육과정의 기준과 내용에 관한 기본적인 사항을 정하며, 교육감은 국가교육위원회가 정한 교육과정의 범위에서 지역의 실정에 맞는 기준과 내용을 정할 수 있다. 〈개정 2013. 3. 23., 2021. 7. 20.〉

③ 교육부장관은 제1항의 교육과정이 안정적으로 운영될 수 있도록 대통령령으로 정하는 바에 따라 후속지원 계획을 수립 · 시행한다. 〈신설 2021. 7. 20.〉

④ 학교의 교과(敎科)는 대통령령으로 정한다. 〈개정 2021. 7. 20.〉

[전문개정 2012. 3. 21.]

제23조의2(교육과정 영향 사전협의) ① 중앙행정기관의 장은 제23조에 따른 교육과정에 소관 법령에 따라 교육실시, 교육횟수, 교육시간, 결과보고 등이 의무적으로 부과되는 법정교육을 반영하는 내용의 법령을 제정하거나 개정하려는 경우에는 사전에 국가교육위원회와 협의하여야 한다.

② 제1항에 따른 사전협의의 범위 및 방법 등에 필요한 사항은 대통령령으로 정한다.

[본조신설 2022. 10. 18.]

제24조(수업 등) ① 학교의 학년도는 3월 1일부터 시작하여 다음 해 2월 말일까지로 한다.

② 수업은 주간(晝間) · 전일제(全日制)를 원칙으로 한다. 다만, 법령이나 학칙으로 정하는 바에 따라 야간수업 · 계절수업 · 시간제수업 등을 할 수 있다. 〈개정 2020. 10. 20.〉

③ 학교의 장은 교육상 필요한 경우에는 다음 각 호에 해당하는 수업을 할 수 있다. 이 경우 수업 운영에 관한 사항은 교육부장관이 정하는 범위에서 교육감이 정한다. 〈신설 2020. 10. 20.〉

1. 방송 · 정보통신 매체 등을 활용한 원격수업
2. 현장실습 운영 등 학교 밖에서 이루어지는 활동

④ 학교의 학기 · 수업일수 · 학급편성 · 휴업일과 반의 편성 · 운영, 그 밖에 수업에 필요한 사항은 대통령령으로 정한다. 〈개정 2020. 10. 20.〉

[전문개정 2012. 3. 21.]

제25조(학교생활기록) ① 학교의 장은 학생의 학업성취도와 인성(人性) 등을 종합적으로 관찰 · 평가하여 학생지도 및 상급학교(「고등교육법」 제2조 각 호에 따른 학교를 포함한다. 이하 같다)의 학생 선발에 활용할 수 있는 다음 각 호의 자료를 교육부령으로 정하는 기준에 따라 작성 · 관리하여야 한다. 〈개정 2013. 3. 23.〉

1. 인적사항
2. 학적사항
3. 출결상황
4. 자격증 및 인증 취득상황
5. 교과학습 발달상황
6. 행동특성 및 종합의견
7. 그 밖에 교육목적에 필요한 범위에서 교육부령으로 정하는 사항

② 학교의 장은 제1항에 따른 자료를 제30조의4에 따른 교육정보시스템으로 작성 · 관리하여야 한다.

③ 학교의 장은 소속 학교의 학생이 전출하면 제1항에 따른 자료를 그 학생이 전입한 학교의 장에게 넘겨주어야 한다.

[전문개정 2012. 3. 21.]

제26조(학년제) ① 학생의 진급이나 졸업은 학년제로 한다.

② 제1항에도 불구하고 학교의 장은 관할청의 승인을 받아 학년제 외의 제도를 채택할 수 있다.

[전문개정 2012. 3. 21.]

제27조(조기진급 및 조기졸업 등) ① 초등학교 · 중학교 · 고등학교 및 이에 준하는 각종학교의 장은 재능이 우수한 학생에게 제23조 · 제24조 · 제26조 · 제39조 · 제42조 및 제46조에도 불구하고 수업연한(授業年限)을 단축(수업상의 특례를 포함한다)하여 조기진급 또는 조기졸업을 할 수 있도록 하거나 상급학교 조기입학 자격을 줄 수 있다.

② 제1항에 따라 상급학교 조기입학 자격을 얻어 상급학교에 입학한 경우에는 조기졸업한 것으로 본다.

③ 제1항 및 제2항에 따른 재능이 우수한 학생의 선정(選定)과 조기진급, 조기졸업 및 상급학교 조기입학자격 등에 필요한 사항은 대통령령으로 정한다.

[전문개정 2012. 3. 21.]

제27조의2(학력인정 시험) ① 제2조에 따른 학교의 교육과정을 마치지 아니한 사람은 대통령령으로 정하는 시험에 합격하여 초등학교 · 중학교 또는 고등학교를 졸업한 사람과 동등한 학력을 인정받을 수 있다.

② 국가 또는 지방자치단체는 제1항에 따른 시험 중 초등학교와 중학교를 졸업한 사람과 동등한 학력이 인정되는 시험의 실시에 필요한 비용을 부담한다.

③ 초등학교 · 중학교 및 고등학교를 졸업한 사람과 동등한 학력이 인정되는 시험에 필요한 사항은 교육부령으로 정한다. 〈개정 2013. 3. 23., 2015. 3. 27.〉

④ 교육감은 상급학교 학생선발을 위하여 필요한 경우 고등학교를 졸업한 사람과 동등한 학력을 인정받는 시험에 합격한 사람의 합격증명과 성적증명 자료를 본인의 동의를 받아 제3자에게 제30조의4에 따른 교육정보시스템으로 제공할 수 있다. 〈신설 2015. 3. 27., 2021. 3. 23.〉

⑤ 제4항에 따른 자료 제공의 제한에 관하여는 제30조의6을 준용한다. 이 경우 "학교의 장"은 "교육감"으로 본다. 〈신설 2015. 3. 27.〉

[본조신설 2012. 1. 26.]

제28조(학업에 어려움을 겪는 학생에 대한 교육) ①국가와 지방자치단체는 다음 각 호의 구분에 따른 학생들(이하 "학업에 어려움을 겪는 학생"이라 한다)을 위하여 대통령령으로 정하는 바에 따라 수업일수와 교육과정을 신축적으로 운영하는 등 교육상 필요한 시책을 마련하여야 한다. 〈개정 2016. 2. 3., 2022. 12. 27.〉

1. 성격장애나 지적(知的) 기능의 저하 등으로 인하여 학습에 제약을 받는 학생 중 「장애인 등에 대한 특수교육법」 제15조에 따른 학습장애를 지닌 특수교육대상자로 선정되지 아니한 학생
2. 학업 중단 학생
3. 학업 중단의 징후가 발견되거나 학업 중단의 의사를 밝힌 학생 등 학업 중단 위기에 있는 학생

② 국가 및 지방자치단체는 학업에 어려움을 겪는 학생에 대한 교육의 체계적 실시를 위하여 매년 실태조사를 하여야 한다. 〈신설 2016. 2. 3., 2022. 12. 27.〉

③ 국가 및 지방자치단체는 제2항에 따른 실태조사를 기초로 학업에 어려움을 겪는 학생의 현황 및 교육 상황에 대한 데이터베이스를 구축 · 운용할 수 있다. 〈신설 2022. 12. 27.〉

④ 국가와 지방자치단체는 학업에 어려움을 겪는 학생에게 균등한 교육기회를 보장하기 위하여 필요한 예산을 지원한다. 〈신설 2016. 2. 3., 2022. 12. 27.〉

⑤ 교육부장관 및 교육감은 학업에 어려움을 겪는 학생을 위하여 필요한 교재와 프로그램을 개발 · 보급하여야 한다. 〈신설 2016. 2. 3., 2022. 12. 27.〉

⑥ 교원은 대통령령으로 정하는 바에 따라 학업에 어려움을 겪는 학생의 학습능력 향상을 위한 관련 연수를 이수하여야 하고, 교육감은 이를 지도 · 감독 및 지원하여야 한다. 〈신설 2016. 2. 3., 2022. 12. 27.〉

⑦ 학교의 장은 제1항제3호에 해당하는 학업에 어려움을 겪는 학생에게 학업 중단에 대하여 충분히 생각할 기회를 주어야 한다. 이 경우 학교의 장은 그 기간을 출석으로 인정할 수 있다. 〈신설 2016. 12. 20., 2021. 3. 23., 2022. 12. 27.〉

⑧ 제1항제3호에 해당하는 학업에 어려움을 겪는 학생에 대한 판단기준 및 제7항에 따른 충분히 생각할 기간과 그 기간 동안의 출석일수 인정 범위 등에 필요한 사항은 교육감이 정한다. 〈신설 2016. 12. 20., 2021. 3. 23., 2022. 12. 27.〉

⑨ 교육부장관 및 교육감은 제7항 및 제8항에 따른 기간 동안 학생이 교육과 치유를 위한 다양한 활동을 할 수 있도록 지원하여야 한다. 〈신설 2022. 12. 27.〉

⑩ 제3항에 따른 데이터베이스의 구축 및 운용에 필요한 정보 수집 범위, 방법, 절차, 보존기간 등은 대통령령으로 정한다. 〈신설 2022. 12. 27.〉

[전문개정 2012. 3. 21.]

[제목개정 2022. 12. 27.]

제28조의2(다문화학생등에 대한 교육 지원) ① 국가와 지방자치단체는 다음 각 호의 구분에 따른 아동 또는 학생(이하 "다문화학생등"이라 한다)의 동등한 교육기회 보장 등을 위해 교육상 필요한 시책을 마련하여야 한다.

1. 「다문화가족지원법」 제2조제1호에 따른 다문화가족의 구성원인 아동 또는 학생
2. 국내에 거주하는 외국인이면서 제2조 각 호의 학교에 입학 예정이거나 재학 중인 아동 또는 학생

② 교육부장관은 제1항에 따른 시책을 수립 · 시행하기 위하여 다문화교육 실태조사를 실시할 수 있다. 이 경우 다문화교육 실태조사의 범위와 방법 등에 필요한 사항은 대통령령으로 정한다.

③ 학교의 장은 다문화학생등의 동등한 교육기회를 보장하고 모든 학교 구성원이 다양성을 존중하며 조화롭게 생활하는 학교 환경을 조성하기 위하여 노력하여야 한다.

④ 교육감은 다문화학생등의 한국어교육 등을 위하여 필요한 경우 특별학급을 설치 · 운영할 수 있다. 이 경우 교육부장관과 교육감은 특별학급의 운영에 필요한 경비와 인력 등을 지원할 수 있다.

⑤ 교육부장관과 교육감은 다문화학생등의 교육지원을 위하여 대통령령으로 정하는 바에 따라 다문화교육지원센터를 설치 · 운영하거나 지정하여 그 업무를 위탁할 수 있다.

[본조신설 2023. 10. 24.]

제29조(교과용 도서의 사용) ① 학교에서는 국가가 저작권을 가지고 있거나 교육부장관이 검정하거나 인정한 교과용 도서를 사용하여야 한다. 〈개정 2013. 3. 23.〉

② 교과용 도서의 범위 · 저작 · 검정 · 인정 · 발행 · 공급 · 선정 및 가격 사정(査定) 등에 필요한 사항은 대통령령으로 정한다.

[전문개정 2012. 3. 21.]

제30조(학교의 통합 · 운영) ① 학교의 설립자 · 경영자는 효율적인 학교 운영을 위하여 필요하면 지역 실정에 따라 초등학교 · 중학교, 중학교 · 고등학교 또는 초등학교 · 중학교 · 고등학교의 시설 · 설비 및 교원 등을 통합하여 운영할 수 있다. 이 경우 해당 학교의 학생 및 학부모의 의견을 수렴하여야 한다. 〈개정 2020. 12. 22.〉

② 관할청은 학생 및 학부모의 요구가 있는 경우 학교의 통합 · 운영 여건에 관한 실태조사를 실시하고, 그 결과를 인터넷 홈페이지에 공개할 수 있다. 〈신설 2020. 12. 22.〉

③ 제1항에 따라 통합 · 운영하는 학교의 시설 · 설비 기준, 교원배치기준, 의견 수렴 절차 및 제2항에 따른 실태조사 실시 기준, 결과 공개 등에 필요한 사항은 대통령령으로 정한다. 〈개정 2020. 12. 22.〉

[전문개정 2012. 3. 21.]

제30조의2(학교회계의 설치) ① 국립 · 공립의 초등학교 · 중학교 · 고등학교 및 특수학교에 각 학교별로 학교회계(學校會計)를 설치한다.

② 학교회계는 다음 각 호의 수입을 세입(歲入)으로 한다.

1. 국가의 일반회계나 지방자치단체의 교육비특별회계로부터 받은 전입금
2. 제32조제1항에 따라 학교운영위원회 심의를 거쳐 학부모가 부담하는 경비
3. 제33조의 학교발전기금으로부터 받은 전입금
4. 국가나 지방자치단체의 보조금 및 지원금
5. 사용료 및 수수료
6. 이월금
7. 물품매각대금
8. 그 밖의 수입

③ 학교회계는 학교 운영과 학교시설의 설치 등을 위하여 필요한 모든 경비를 세출(歲出)로 한다.

④ 학교회계는 예측할 수 없는 예산 외의 지출이나 예산초과지출에 충당하기 위하여 예비비로서 적절한 금액을 세출예산에 계상(計上)할 수 있다.

⑤ 학교회계의 설치에 필요한 사항은 국립학교의 경우에는 교육부령으로, 공립학교의 경우에는 시 · 도의 교육규칙으로 정한다. 〈개정 2013. 3. 23.〉

[전문개정 2012. 3. 21.]

제30조의3(학교회계의 운영) ① 학교회계의 회계연도는 매년 3월 1일에 시작하여 다음 해 2월 말일에 끝난다.

② 학교의 장은 회계연도마다 학교회계 세입세출예산안을 편성하여 회계연도가 시작되기 30일 전까지 제31조에 따른 학교운영위원회에 제출하여야 한다.

③ 학교운영위원회는 학교회계 세입세출예산안을 회계연도가 시작되기 5일 전까지 심의하여야 한다.

④ 학교의 장은 제3항에 따른 예산안이 새로운 회계연도가 시작될 때까지 확정되지 아니하면 다음 각 호의 경비를 전년도 예산에 준하여 집행할 수 있다. 이 경우 전년도 예산에 준하여 집행된 예산은 해당 연도의 예산이 확정되면 그 확정된 예산에 따라 집행된 것으로 본다.

1. 교직원 등의 인건비
2. 학교교육에 직접 사용되는 교육비
3. 학교시설의 유지관리비
4. 법령상 지급 의무가 있는 경비
5. 이미 예산으로 확정된 경비

⑤ 학교의 장은 회계연도마다 결산서를 작성하여 회계연도가 끝난 후 2개월 이내에 학교운영위원회에 제출하여야 한다.

⑥ 학교회계의 운영에 필요한 사항은 국립학교의 경우에는 교육부령으로, 공립학교의 경우에는 시 · 도의 교육규칙으로 정한다. 〈개정 2013. 3. 23.〉

[전문개정 2012. 3. 21.]

제30조의4(교육정보시스템의 구축 · 운영 등) ① 교육부장관과 교육감은 학교와 교육행정기관의 업무를 전자적으로 처리할 수 있도록 교육정보시스템(이하 "정보시스템"이라 한다)을 구축 · 운영할 수 있다. 〈개정 2013. 3. 23.〉

② 교육부장관과 교육감은 정보시스템의 운영과 지원을 위하여 정보시스템운영센터를 설치 · 운영하거나 정보시스템의 효율적 운영을 위하여 필요하다고 인정하면 정보시스템의 운영 및 지원업무를 교육의 정보화를 지원하는 법인이나 기관에 위탁할 수 있다. 〈개정 2013. 3. 23.〉

③ 정보시스템의 구축 · 운영 · 접속방법과 제2항에 따른 정보시스템운영센터의 설치 · 운영 등에 필요한 사항은 교육부령으로 정한다. 〈개정 2013. 3. 23.〉

[전문개정 2012. 3. 21.]

제30조의5(정보시스템을 이용한 업무처리) ① 교육부장관과 교육감은 소관 업무의 전부 또는 일부를 정보시스템을 이용하여

처리하여야 한다. 〈개정 2013. 3. 23.〉

② 학교의 장은 제25조에 따른 학교생활기록과 「학교보건법」 제7조의3에 따른 건강검사기록을 정보시스템을 이용하여 처리하여야 하며, 그 밖에 소관 업무의 전부 또는 일부를 정보시스템을 이용하여 처리하여야 한다.

[전문개정 2012. 3. 21.]

제30조의6(학생 관련 자료 제공의 제한) ① 학교의 장은 제25조에 따른 학교생활기록과 「학교보건법」 제7조의3에 따른 건강검사기록을 해당 학생(학생이 미성년자인 경우에는 학생과 학생의 부모 등 보호자)의 동의 없이 제3자에게 제공하여서는 아니 된다. 다만, 다음 각 호의 어느 하나에 해당하는 경우에는 그러하지 아니하다.

1. 학교에 대한 감독 · 감사의 권한을 가진 행정기관이 그 업무를 처리하기 위하여 필요한 경우
2. 제25조에 따른 학교생활기록을 상급학교의 학생 선발에 이용하기 위하여 제공하는 경우
3. 통계작성 및 학술연구 등의 목적을 위한 것으로서 자료의 당사자가 누구인지 알아볼 수 없는 형태로 제공하는 경우
4. 범죄의 수사와 공소의 제기 및 유지에 필요한 경우
5. 법원의 재판업무 수행을 위하여 필요한 경우
6. 그 밖에 관계 법률에 따라 제공하는 경우

② 학교의 장은 제1항 단서에 따라 자료를 제3자에게 제공하는 경우에는 그 자료를 받은 자에게 사용목적, 사용방법, 그 밖에 필요한 사항에 대하여 제한을 하거나 그 자료의 안전성 확보를 위하여 필요한 조치를 하도록 요청할 수 있다.

③ 제1항 단서에 따라 자료를 받은 자는 자료를 받은 본래 목적 외의 용도로 자료를 이용하여서는 아니 된다.

[전문개정 2012. 3. 21.]

제30조의7(정보시스템을 이용한 업무처리 등에 대한 지도 · 감독) 교육부장관과 교육감은 필요하다고 인정하면 제30조의5에 따른 업무처리 및 제27조의2 · 제30조의6에 따른 자료 제공 또는 이용에 관한 사항을 지도 · 감독할 수 있다. 〈개정 2013. 3. 23., 2015. 3. 27.〉

[전문개정 2012. 3. 21.]

제30조의8(학생의 안전대책 등) ① 국립학교의 경우에는 학교의 장이, 공립 및 사립 학교의 경우에는 교육감이 시 · 도의 교육규칙으로 정하는 바에 따라 학교시설(학교담장을 포함한다)을 설치 · 변경하는 경우에는 외부인의 무단출입이나 학교폭력 및 범죄의 예방을 위하여 학생 안전대책을 수립하여 시행하여야 한다.

② 학교의 장은 학생의 안전을 위하여 다음 각 호의 사항을 시행하여야 한다.

1. 학교 내 출입자의 신분확인 절차 등의 세부기준수립에 관한 사항
2. 영상정보처리기기의 설치에 관한 사항
3. 학교주변에 대한 순찰 · 감시 활동계획에 관한 사항

③ 제1항 및 제2항에 따른 학생의 안전대책 등에 필요한 사항은 대통령령으로 정한다

[본조신설 2012. 1. 26.]

제30조의9(시설 · 설비 · 교구의 점검 등) ① 학교의 장은 학교의 시설 · 설비 · 교구가 적절하게 관리되고 있는지를 정기적으로 점검하여야 한다.

② 학교의 장은 제1항에 따른 점검 결과 시설 · 설비 · 교구가 노후화되거나 훼손되었을 때에는 지체 없이 보수 또는 교체 등 필요한 조치를 하여야 한다.

③ 국가 및 지방자치단체는 제2항에 따른 조치에 필요한 비용을 지원할 수 있다.

④ 제1항에 따른 점검의 대상, 시기 등 필요한 사항은 교육부령으로 정한다.

[본조신설 2021. 3. 23.]

제2절 학교운영위원회 〈개정 2012. 3. 21.〉

제31조(학교운영위원회의 설치) ① 학교운영의 자율성을 높이고 지역의 실정과 특성에 맞는 다양하고도 창의적인 교육을 할

수 있도록 초등학교 · 중학교 · 고등학교 · 특수학교 및 각종학교에 학교운영위원회를 구성 · 운영하여야 한다. 〈개정 2022. 10. 18.〉

② 국립 · 공립 학교에 두는 학교운영위원회는 그 학교의 교원 대표, 학부모 대표 및 지역사회 인사로 구성한다.

③ 학교운영위원회의 위원 수는 5명 이상 15명 이하의 범위에서 학교의 규모 등을 고려하여 대통령령으로 정한다.

[전문개정 2012. 3. 21.]

제31조의2(결격사유) ① 「국가공무원법」 제33조 각 호의 어느 하나에 해당하는 사람은 학교운영위원회의 위원으로 선출될 수 없다.

② 학교운영위원회의 위원이 「국가공무원법」 제33조 각 호의 어느 하나에 해당할 때에는 당연히 퇴직한다.

[전문개정 2012. 3. 21.]

제32조(기능) ① 학교에 두는 학교운영위원회는 다음 각 호의 사항을 심의한다. 다만, 사립학교에 두는 학교운영위원회의 경우 제7호 및 제8호의 사항은 제외하고, 제1호의 사항에 대하여는 자문한다. 〈개정 2021. 9. 24.〉

1. 학교헌장과 학칙의 제정 또는 개정
2. 학교의 예산안과 결산
3. 학교교육과정의 운영방법
4. 교과용 도서와 교육 자료의 선정
5. 교복 · 체육복 · 졸업앨범 등 학부모 경비 부담 사항
6. 정규학습시간 종료 후 또는 방학기간 중의 교육활동 및 수련활동
7. 「교육공무원법」 제29조의3제8항에 따른 공모 교장의 공모 방법, 임용, 평가 등
8. 「교육공무원법」 제31조제2항에 따른 초빙교사의 추천
9. 학교운영지원비의 조성 · 운용 및 사용
10. 학교급식
11. 대학입학 특별전형 중 학교장 추천
12. 학교운동부의 구성 · 운영
13. 학교운영에 대한 제안 및 건의 사항
14. 그 밖에 대통령령이나 시 · 도의 조례로 정하는 사항

② 삭제 〈2021. 9. 24.〉

③ 학교운영위원회는 제33조에 따른 학교발전기금의 조성 · 운용 및 사용에 관한 사항을 심의 · 의결한다.

[전문개정 2012. 3. 21.]

제33조(학교발전기금) ① 제31조에 따른 학교운영위원회는 학교발전기금을 조성할 수 있다.

② 제1항에 따른 학교발전기금의 조성과 운용방법 등에 필요한 사항은 대통령령으로 정한다.

[전문개정 2012. 3. 21.]

제34조(학교운영위원회의 구성 · 운영) ① 제31조에 따른 학교운영위원회 중 국립학교에 두는 학교운영위원회의 구성과 운영에 필요한 사항은 대통령령으로 정하고, 공립학교에 두는 학교운영위원회의 구성과 운영에 필요한 사항은 대통령령으로 정하는 범위에서 시 · 도의 조례로 정한다.

② 사립학교에 두는 학교운영위원회의 위원 구성에 관한 사항은 대통령령으로 정하고, 그 밖에 운영에 필요한 사항은 해당 학교법인의 정관으로 정한다.

[전문개정 2012. 3. 21.]

제34조의2(학교운영위원회 위원의 연수 등) ① 교육감은 학교운영위원회 위원의 자질과 직무수행능력의 향상을 위한 연수를 실시할 수 있다.

② 교육감은 제1항에 따른 연수를 연수기관 또는 민간기관에 위탁하여 실시할 수 있다.

③ 교육감은 제2항에 따라 연수를 위탁받은 기관에 대하여 행정적 · 재정적 지원을 할 수 있다.

④ 그 밖에 필요한 사항은 대통령령으로 정한다.

[본조신설 2007. 12. 14.]

제3절 삭제 〈2004. 1. 29.〉

제35조 삭제 〈2004. 1. 29.〉

제36조 삭제 〈2004. 1. 29.〉

제37조 삭제 〈2004. 1. 29.〉

제4절 초등학교 〈개정 2019. 12. 3.〉

제38조(목적) 초등학교는 국민생활에 필요한 기초적인 초등교육을 하는 것을 목적으로 한다.

[전문개정 2012. 3. 21.]

제39조(수업연한) 초등학교의 수업연한은 6년으로 한다.

[전문개정 2012. 3. 21.]

제40조 삭제 〈2019. 12. 3.〉

제5절 중학교 · 고등공민학교 〈개정 2012. 3. 21.〉

제41조(목적) 중학교는 초등학교에서 받은 교육의 기초 위에 중등교육을 하는 것을 목적으로 한다.

[전문개정 2012. 3. 21.]

제42조(수업연한) 중학교의 수업연한은 3년으로 한다.

[전문개정 2012. 3. 21.]

제43조(입학자격 등) ① 중학교에 입학할 수 있는 사람은 초등학교를 졸업한 사람, 제27조의2제1항에 따라 초등학교를 졸업한 사람과 동등한 학력이 인정되는 시험에 합격한 사람, 그 밖에 법령에 따라 이와 같은 수준 이상의 학력이 있다고 인정된 사람으로 한다. 〈개정 2021. 3. 23.〉

② 그 밖에 중학교의 입학 방법과 절차 등에 필요한 사항은 대통령령으로 정한다.

[전문개정 2012. 3. 21.]

제43조의2(방송통신중학교) ① 중학교 또는 고등학교에 방송통신중학교를 부설할 수 있다.

② 방송통신중학교의 설치 · 교육방법 · 수업연한, 그 밖에 운영에 필요한 사항은 대통령령으로 정한다.

[본조신설 2012. 1. 26.]

제44조(고등공민학교) ① 고등공민학교는 중학교 과정의 교육을 받지 못하고 제13조제3항에 따른 취학연령을 초과한 사람 또는 일반 성인에게 국민생활에 필요한 중등교육과 직업교육을 하는 것을 목적으로 한다.

② 고등공민학교의 수업연한은 1년 이상 3년 이하로 한다.

③ 고등공민학교에 입학할 수 있는 사람은 초등학교를 졸업한 사람, 제27조의2제1항에 따라 초등학교를 졸업한 사람과 동등한 학력이 인정되는 시험에 합격한 사람, 그 밖에 법령에 따라 이와 같은 수준 이상의 학력이 있다고 인정된 사람으로 한다. 〈개정 2019. 12. 3., 2021. 3. 23.〉

[전문개정 2012. 3. 21.]

제6절 고등학교 · 고등기술학교 〈개정 2012. 3. 21.〉

제45조(목적) 고등학교는 중학교에서 받은 교육의 기초 위에 중등교육 및 기초적인 전문교육을 하는 것을 목적으로 한다.

[전문개정 2012. 3. 21.]

제46조(수업연한) 고등학교의 수업연한은 3년으로 한다. 다만, 제49조에 따른 시간제 및 통신제(通信制) 과정의 수업연한은 4년으로 한다.

[전문개정 2012. 3. 21.]

제47조(입학자격 등) ① 고등학교에 입학할 수 있는 사람은 중학교를 졸업한 사람, 제27조의2제1항에 따라 중학교를 졸업한 사람과 동등한 학력이 인정되는 시험에 합격한 사람, 그 밖에 법령에 따라 이와 같은 수준 이상의 학력이 있다고 인정된 사람으로 한다. 〈개정 2021. 3. 23.〉

② 그 밖에 고등학교의 입학방법과 절차 등에 필요한 사항은 대통령령으로 정한다.

[전문개정 2012. 3. 21.]

제48조(학과 및 학점제 등) ① 고등학교에 학과를 둘 수 있다.

② 고등학교의 교과 및 교육과정은 학생이 개인적 필요 · 적성 및 능력에 따라 진로를 선택할 수 있도록 정하여져야 한다.

③ 고등학교(제55조에 따라 고등학교에 준하는 교육을 실시하는 특수학교를 포함한다)의 교육과정 이수를 위하여 학점제(이하 "고교학점제"라 한다)를 운영할 수 있다. 〈신설 2021. 9. 24.〉

④ 고교학점제를 운영하는 학교의 학생은 취득 학점 수 등이 일정 기준에 도달하면 고등학교를 졸업한다. 〈신설 2021. 9. 24.〉

⑤ 고교학점제의 운영 및 졸업 등에 필요한 사항은 대통령령으로 정한다. 〈신설 2021. 9. 24.〉

[전문개정 2012. 3. 21.]

[제목개정 2021. 9. 24.]

제48조의2(고교학점제 지원 등) ① 교육부장관과 교육감은 고교학점제 운영과 지원을 위하여 고교학점제 지원센터를 설치 · 운영할 수 있다.

② 교육부장관과 교육감은 고교학점제 지원센터의 효율적 운영을 위하여 필요하다고 인정하면 교육정책을 연구 · 지원하는 법인이나 기관에 그 업무를 위탁할 수 있다.

③ 국가와 지방자치단체는 고교학점제의 운영을 위하여 필요한 행정적 · 재정적 지원을 하여야 한다.

④ 제1항부터 제3항까지에 따른 고교학점제 지원센터의 설치 · 운영, 위탁 및 행정적 · 재정적 지원 등에 필요한 사항은 대통령령으로 정한다.

[본조신설 2021. 9. 24.]

제49조(과정) ① 고등학교에 관할청의 인가를 받아 전일제 과정 외에 시간제 또는 통신제 과정을 둘 수 있다.

② 고등학교과정의 설치에 필요한 사항은 대통령령으로 정한다.

[전문개정 2012. 3. 21.]

제50조(분교) 고등학교의 설립자 · 경영자는 특별히 필요한 경우에는 관할청의 인가를 받아 분교(分校)를 설치할 수 있다.

[전문개정 2012. 3. 21.]

제51조(방송통신고등학교) ① 고등학교에 방송통신고등학교를 부설할 수 있다.

② 방송통신고등학교의 설치, 교육방법, 수업연한, 그 밖에 그 운영에 필요한 사항은 대통령령으로 정한다.

[전문개정 2012. 3. 21.]

제52조(근로청소년을 위한 특별학급 등) ① 산업체에 근무하는 청소년이 중학교 · 고등학교 과정의 교육을 받을 수 있도록 하기 위하여 산업체에 인접한 중학교 · 고등학교에 야간수업을 주로 하는 특별학급을 둘 수 있다.

② 하나의 산업체에 근무하는 청소년 중에서 중학교 또는 고등학교 입학을 희망하는 인원이 매년 2학급 이상을 편성할 수 있을 정도가 될 것으로 예상되는 경우 그 산업체는 희망하는 청소년이 교육을 받을 수 있도록 하기 위하여 중학교 또는 고등학교(이하 "산업체 부설 중 · 고등학교"라 한다)를 설립 · 경영할 수 있다.

③ 둘 이상의 산업체에 근무하는 청소년 중에서 입학을 희망하는 인원이 매년 2학급 이상을 편성할 수 있을 정도가 될 것으로 예상되는 경우에는 제2항에도 불구하고 그 둘 이상의 산업체가 공동으로 하나의 산업체 부설 중 · 고등학교를

설립 · 경영할 수 있다.

④ 제1항부터 제3항까지의 규정에 따른 특별학급 및 산업체 부설 중 · 고등학교의 설립 기준과 입학방법 등에 필요한 사항은 시 · 도의 조례로 정한다.

⑤ 제1항부터 제3항까지의 규정에 따른 특별학급 또는 산업체 부설 중 · 고등학교에 다니는 청소년을 고용하는 산업체의 경영자는 시 · 도의 조례로 정하는 바에 따라 그 교육비의 일부를 부담하여야 한다.

⑥ 지방자치단체는 시 · 도의 조례로 정하는 바에 따라 제1항부터 제3항까지의 규정에 따른 특별학급 또는 산업체 부설 중 · 고등학교에 다니는 학생의 교육비 중 일부를 부담할 수 있다.

[전문개정 2012. 3. 21.]

제53조(취학 의무 및 방해 행위의 금지) ① 산업체의 경영자는 그 산업체에 근무하는 청소년이 제52조에 따른 특별학급 또는 산업체 부설 중 · 고등학교에 입학하기를 원하면 그 청소년을 입학시켜야 한다.

② 산업체의 경영자는 그가 고용하는 청소년이 제52조에 따른 특별학급 또는 산업체 부설 중 · 고등학교에 입학하는 경우에는 그 학생의 등교와 수업에 지장을 주는 행위를 하여서는 아니 된다.

[전문개정 2012. 3. 21.]

제54조(고등기술학교) ① 고등기술학교는 국민생활에 직접 필요한 직업기술교육을 하는 것을 목적으로 한다.

② 고등기술학교의 수업연한은 1년 이상 3년 이하로 한다.

③ 고등기술학교에 입학할 수 있는 사람은 중학교 또는 고등공민학교(3년제)를 졸업한 사람, 제27조의2제1항에 따라 중학교를 졸업한 사람과 동등한 학력이 인정되는 시험에 합격한 사람, 그 밖에 법령에 따라 이와 같은 수준 이상의 학력이 있다고 인정된 사람으로 한다. 〈개정 2021. 3. 23.〉

④ 고등기술학교에는 고등학교를 졸업한 사람 또는 법령에 따라 이와 같은 수준 이상의 학력이 있다고 인정된 사람에게 특수한 전문기술교육을 하기 위하여 수업연한이 1년 이상인 전공과(專攻科)를 둘 수 있다.

⑤ 공장이나 사업장을 설치 · 경영하는 자는 고등기술학교를 설립 · 경영할 수 있다.

[전문개정 2012. 3. 21.]

제7절 특수학교 등 〈개정 2012. 3. 21.〉

제55조(특수학교) 특수학교는 신체적 · 정신적 · 지적 장애 등으로 인하여 특수교육이 필요한 사람에게 초등학교 · 중학교 또는 고등학교에 준하는 교육과 실생활에 필요한 지식 · 기능 및 사회적응 교육을 하는 것을 목적으로 한다.

[전문개정 2012. 3. 21.]

제56조(특수학급) 고등학교 이하의 각급 학교에 특수교육이 필요한 학생을 위한 특수학급을 둘 수 있다. 〈개정 2016. 2. 3.〉

[전문개정 2012. 3. 21.]

제57조 삭제 〈2016. 2. 3.〉

제58조(학력의 인정) 특수학교나 특수학급에서 초등학교 · 중학교 또는 고등학교 과정에 상응하는 교육과정을 마친 사람은 그에 상응하는 학교를 졸업한 사람과 같은 수준의 학력이 있는 것으로 본다.

[전문개정 2012. 3. 21.]

제59조(통합교육) 국가와 지방자치단체는 특수교육이 필요한 사람이 초등학교 · 중학교 및 고등학교와 이에 준하는 각종학교에서 교육을 받으려는 경우에는 따로 입학절차, 교육과정 등을 마련하는 등 통합교육을 하는 데에 필요한 시책을 마련하여야 한다.

[전문개정 2012. 3. 21.]

제8절 각종학교 〈개정 2012. 3. 21.〉

제60조(각종학교) ① "각종학교"란 제2조제1호부터 제4호까지의 학교와 유사한 교육기관을 말한다.

② 각종학교는 그 학교의 이름에 제2조제1호부터 제4호까지의 학교와 유사한 이름을 사용할 수 없다. 다만, 관계 법령에 따라 학력이 인정되는 각종학교(제60조의2에 따른 외국인학교와 제60조의3에 따른 대안학교를 포함한다)는 그러하지 아니하다. 〈개정 2014. 1. 28.〉

③ 각종학교의 수업연한, 입학자격, 학력인정, 그 밖에 운영에 필요한 사항은 교육부령으로 정한다. 〈개정 2013. 3. 23.〉

[전문개정 2012. 3. 21.]

제60조의2(외국인학교) ① 외국에서 일정기간 거주하고 귀국한 내국인 중 대통령령으로 정하는 사람, 「국적법」 제4조에 따라 국적을 취득한 사람의 자녀 중 해당 학교의 장이 대통령령으로 정하는 기준과 절차에 따라 학업을 지속하기 어렵다고 판단한 사람, 외국인의 자녀를 교육하기 위하여 설립된 학교로서 각종학교에 해당하는 학교(이하 "외국인학교"라 한다)에 대하여는 제7조, 제9조, 제11조, 제11조의2, 제12조부터 제16조까지, 제21조, 제23조부터 제26조까지, 제28조, 제29조, 제30조의2, 제30조의3, 제31조, 제31조의2, 제32조부터 제34조까지 및 제34조의2를 적용하지 아니한다. 〈개정 2016. 1. 27., 2017. 3. 21., 2021. 3. 23.〉

② 외국인학교는 유치원 · 초등학교 · 중학교 · 고등학교의 과정을 통합하여 운영할 수 있다.

③ 외국인학교의 설립기준, 교육과정, 수업연한, 학력인정, 그 밖에 설립 · 운영에 필요한 사항은 대통령령으로 정한다.

[전문개정 2012. 3. 21.]

제60조의3(대안학교) ① 학업을 중단하거나 개인적 특성에 맞는 교육을 받으려는 학생을 대상으로 현장 실습 등 체험 위주의 교육, 인성 위주의 교육 또는 개인의 소질 · 적성 개발 위주의 교육 등 다양한 교육을 하는 학교로서 각종학교에 해당하는 학교(이하 "대안학교"라 한다)에 대하여는 제21조제1항, 제23조제2항 · 제3항, 제24조부터 제26조까지, 제29조 및 제30조의4부터 제30조의7까지를 적용하지 아니한다.

② 대안학교는 초등학교 · 중학교 · 고등학교의 과정을 통합하여 운영할 수 있다.

③ 대안학교의 설립기준, 교육과정, 수업연한, 학력인정, 그 밖에 설립 · 운영에 필요한 사항은 대통령령으로 정한다.

[전문개정 2012. 3. 21.]

제4장의2 교육비 지원 등 〈개정 2020. 3. 24.〉

제60조의4(교육비 지원) ① 국가 및 지방자치단체는 다음 각 호의 어느 하나에 해당하는 학생에게 입학금, 수업료, 급식비 등 대통령령으로 정하는 비용(이하 "교육비"라 한다)의 전부 또는 일부를 예산의 범위에서 지원할 수 있다. 〈개정 2014. 12. 30.〉

1. 본인 또는 그 보호자가 「국민기초생활 보장법」 제12조제3항 및 제12조의2에 따른 수급권자인 학생
2. 「한부모가족지원법」 제5조에 따른 보호대상자인 학생
3. 그 밖에 가구 소득 등을 고려하여 교육비 지원이 필요하다고 인정되는 학생으로서 대통령령으로 정하는 학생

② 제1항에 따른 교육비 지원은 소득 수준과 거주 지역 등에 따라 지원의 내용과 범위를 달리할 수 있다.

③ 「국민기초생활 보장법」, 「한부모가족지원법」 등 다른 법령에 따라 제1항과 동일한 내용의 지원을 받고 있는 경우에는 그 범위에서 제1항에 따른 교육비 지원을 하지 아니한다.

[본조신설 2012. 3. 21.]

제60조의5(교육비 지원의 신청) ① 제60조의4제1항에 따른 지원을 받으려는 경우에는 해당 학생 또는 그 학생을 법률상 · 사실상 보호하고 있는 사람은 교육부장관 또는 교육감에게 교육비 지원을 신청하여야 한다. 〈개정 2013. 3. 23., 2016. 2. 3.〉

② 제1항에 따른 신청을 하는 경우에는 다음 각 호의 자료 또는 정보의 제공에 대한 지원 대상 학생 및 그 가구원(해당 학생과 생계 또는 주거를 같이 하는 사람으로서 대통령령으로 정하는 사람을 말한다. 이하 같다)의 동의 서면을 제출하여야 한다. 〈개정 2016. 2. 3.〉

1. 「금융실명거래 및 비밀보장에 관한 법률」 제2조제2호에 따른 금융자산 및 제3호에 따른 금융거래의 내용에 대한 자

료 또는 정보 중 예금의 평균잔액과 그 밖에 대통령령으로 정하는 자료 또는 정보(이하 "금융정보"라 한다)

2. 「신용정보의 이용 및 보호에 관한 법률」 제2조제1호에 따른 신용정보 중 채무액과 그 밖에 대통령령으로 정하는 자료 또는 정보(이하 "신용정보"라 한다)

3. 「보험업법」 제4조제1항 각 호에 따른 보험에 가입하여 납부한 보험료와 그 밖에 대통령령으로 정하는 보험 관련 자료 또는 정보(이하 "보험정보"라 한다)

③ 제1항에 따른 교육비 지원의 신청 방법 · 절차 및 제2항에 따른 동의의 방법 · 절차 등에 필요한 사항은 교육부령으로 정한다. 〈개정 2013. 3. 23.〉

[본조신설 2012. 3. 21.]

제60조의6(금융정보등의 제공) ① 교육부장관 및 교육감은 제60조의4에 따라 교육비를 지원하는 경우에는 지원 대상 학생 및 그 가구원의 재산을 평가하기 위하여 「금융실명거래 및 비밀보장에 관한 법률」 제4조제1항과 「신용정보의 이용 및 보호에 관한 법률」 제32조제2항에도 불구하고 제60조의5제2항에 따라 제출된 해당 학생 및 그 가구원의 동의 서면을 전자적 형태로 바꾼 문서로 금융회사 등(「금융실명거래 및 비밀보장에 관한 법률」 제2조제1호에 따른 금융회사등과 「신용정보의 이용 및 보호에 관한 법률」 제2조제6호에 따른 신용정보집중기관을 말한다. 이하 같다)의 장에게 금융정보 · 신용정보 또는 보험정보(이하 "금융정보등"이라 한다)의 제공을 요청할 수 있다. 〈개정 2013. 3. 23., 2016. 2. 3.〉

② 제1항에 따라 금융정보등의 제공을 요청받은 금융회사 등의 장은 「금융실명거래 및 비밀보장에 관한 법률」 제4조제1항과 「신용정보의 이용 및 보호에 관한 법률」 제32조제1항 및 제3항에도 불구하고 명의인의 금융정보등을 제공하여야 한다.

③ 제2항에 따라 금융정보등을 제공한 금융회사 등의 장은 금융정보등의 제공사실을 명의인에게 통보하여야 한다. 다만, 명의인의 동의가 있는 경우에는 「금융실명거래 및 비밀보장에 관한 법률」 제4조의2제1항과 「신용정보의 이용 및 보호에 관한 법률」 제32조제7항에도 불구하고 통보하지 아니할 수 있다. 〈개정 2015. 3. 11.〉

④ 제1항 및 제2항에 따른 금융정보등의 제공요청 및 제공은 「정보통신망 이용촉진 및 정보보호 등에 관한 법률」 제2조제1항제1호에 따른 정보통신망을 이용하여야 한다. 다만, 정보통신망의 손상 등 불가피한 경우에는 그러하지 아니하다.

⑤ 제1항 및 제2항에 따른 업무에 종사하거나 종사하였던 자와 제62조에 따라 권한 등을 위임 또는 위탁받거나 받았던 자는 업무를 수행하면서 취득한 금융정보등을 이 법에서 정한 목적 외의 다른 용도로 사용하거나 다른 사람 또는 기관에 제공하거나 누설하여서는 아니 된다.

⑥ 제1항, 제2항 및 제4항에 따른 금융정보등의 제공요청 및 제공 등에 필요한 사항은 대통령령으로 정한다.

[본조신설 2012. 3. 21.]

제60조의7(조사 · 질문) ① 교육부장관 및 교육감은 제60조의5에 따라 교육비 지원을 신청한 사람(이하 "교육비신청자"라 한다) 또는 지원이 확정된 자에게 교육비 지원 대상 자격확인을 위하여 필요한 서류나 그 밖의 소득 및 재산 등에 관한 자료의 제출을 요구할 수 있으며, 지원 대상 자격확인을 위하여 필요한 자료를 확보하기 곤란하거나 제출한 자료가 거짓 등의 자료라고 판단하는 경우 소속 공무원으로 하여금 관계인에게 필요한 질문을 하게 하거나, 교육비신청자 및 지원이 확정된 자의 동의를 받아 주거 또는 그 밖의 필요한 장소에 출입하여 서류 등을 조사하게 할 수 있다. 〈개정 2013. 3. 23., 2016. 2. 3.〉

② 교육부장관 및 교육감은 제1항에 따른 업무를 수행하기 위하여 필요한 국세 · 지방세, 토지 · 건물 또는 건강보험 · 국민연금 · 고용보험 · 산업재해보상보험 · 가족관계증명 등에 관한 자료의 제공을 관계 기관의 장에게 요청할 수 있다. 이 경우 관계 기관의 장은 특별한 사유가 없으면 이에 따라야 한다. 〈개정 2013. 3. 23.〉

③ 제1항에 따라 출입 · 조사 또는 질문을 하는 사람은 그 권한을 표시하는 증표를 지니고 이를 관계인에게 내보여야 한다.

④ 교육부장관 및 교육감은 교육비신청자 또는 지원이 확정된 자가 제1항에 따른 서류 또는 자료의 제출을 거부하거나 조사 또는 질문을 거부 · 방해 또는 기피하는 경우에는 제60조의5제1항에 따른 교육비 지원의 신청을 각하하거나 지원결정을 취소 · 중지 또는 변경할 수 있다. 〈개정 2013. 3. 23.〉

[본조신설 2012. 3. 21.]

제60조의8(교육비 지원 업무의 전자화) ① 교육부장관 및 교육감은 제60조의4에 따른 교육비 지원 업무를 전자적으로 처리하기 위한 정보시스템(이하 "교육비지원정보시스템"이라 한다)을 구축 · 운영할 수 있다. 〈개정 2013. 3. 23.〉

② 교육부장관 및 교육감은 교육비지원정보시스템을 구축 · 운영하는 경우 제30조의4제1항에 따른 교육정보시스템을 활용할 수 있다. 〈개정 2013. 3. 23.〉

③ 교육비지원정보시스템은 「사회복지사업법」 제6조의2제2항에 따른 정보시스템과 연계하여 활용할 수 있다.

[본조신설 2012. 3. 21.]

제60조의9(교육비 지원을 위한 자료 등의 수집 등) 교육부장관 및 교육감은 제60조의4에 따른 교육비 지원을 위하여 필요한 자료 또는 정보로서 다음 각 호의 어느 하나에 해당하는 자료 또는 정보를 수집 · 관리 · 보유 · 활용할 수 있다. 〈개정 2013. 3. 23.〉

1. 「전자정부법」 제36조제1항에 따라 행정정보의 공동이용을 통하여 제공받은 자료 또는 정보
2. 그 밖에 이 법에 따른 업무를 수행하는 데에 필요한 자료 또는 정보로서 교육부령으로 정하는 자료 또는 정보

[본조신설 2012. 3. 21.]

제60조의10(비용의 징수) ① 속임수나 그 밖의 부정한 방법으로 제60조의4제1항에 따른 교육비를 지원받거나 학생으로 하여금 지원받게 한 경우에는 교육부장관 또는 교육감은 그 교육비의 전부 또는 일부를 교육비를 지원받은 자 또는 지원받게 한 자로부터 징수할 수 있다.

② 제1항에 따라 징수할 금액은 교육비를 지원받은 자 또는 지원받게 한 자에게 통지하여 징수하고, 교육비를 지원받은 자 또는 지원받게 한 자가 이에 따르지 아니하는 경우 국세 또는 지방세 체납처분의 예에 따라 징수한다. 〈개정 2021. 3. 23.〉

[본조신설 2016. 12. 20.]

제60조의11(통학 지원) ① 교육감은 학생이 안전하고 편리하게 통학할 수 있도록 필요한 지원을 할 수 있다.

② 제1항에 따른 통학 지원에 필요한 사항은 해당 시 · 도의 조례로 정한다.

[본조신설 2020. 3. 24.]

제5장 보칙 및 벌칙 〈개정 2012. 3. 21.〉

제61조(학교 및 교육과정 운영의 특례) ① 학교교육제도를 포함한 교육제도의 개선과 발전을 위하여 특히 필요하다고 인정되는 경우에는 대통령령으로 정하는 바에 따라 제21조제1항 · 제24조제1항 · 제26조제1항 · 제29조제1항 · 제31조 · 제39조 · 제42조 및 제46조를 한시적으로 적용하지 아니하는 학교 또는 교육과정을 운영할 수 있다.

② 제1항에 따라 운영되는 학교 또는 교육과정에 참여하는 교원과 학생 등은 이로 인하여 불이익을 받지 아니한다.

[전문개정 2012. 3. 21.]

제62조(권한의 위임) ① 이 법에 따른 교육부장관의 권한은 그 일부를 대통령령으로 정하는 바에 따라 교육감에게 위임하거나 국립대학법인 서울대학교 및 국립대학법인 인천대학교에 위탁할 수 있다. 〈개정 2012. 3. 21., 2013. 3. 23.〉

② 이 법에 따른 교육부장관의 권한 중 국립학교의 설립 · 운영에 관한 권한은 대통령령으로 정하는 바에 따라 관계 중앙행정기관의 장에게 위임할 수 있다. 〈개정 2013. 3. 23.〉

③ 이 법에 따른 교육부장관 및 교육감의 업무 중 제60조의5부터 제60조의7까지에 따른 교육지원 업무는 대통령령으로 정하는 바에 따라 그 일부를 보건복지부장관 또는 지방자치단체의 장에게 위임할 수 있다. 〈개정 2013. 3. 23.〉

[전문개정 2012. 3. 21.]

제63조(시정 또는 변경 명령 등) ① 관할청은 학교가 시설 · 설비 · 수업 · 학사(學事) 및 그 밖의 사항에 관하여 교육 관계 법령 또는 이에 따른 명령이나 학칙을 위반한 경우에는 학교의 설립자 · 경영자 또는 학교의 장에게 기간을 정하여 그 시정이나 변경을 명할 수 있다.

② 관할청은 학교의 위반행위가 중대하고 명백한 경우로서 범죄의 혐의가 있다고 인정되는 경우 학교의 설립자 · 경영자 또는 학교의 장을 고발하여야 한다. 〈신설 2021. 9. 24.〉

③ 관할청은 제1항에 따른 시정명령이나 변경명령을 받은 자가 정당한 사유 없이 지정된 기간에 이를 이행하지 아니하면 대통령령으로 정하는 바에 따라 그 위반행위의 취소 또는 정지, 해당 학교의 학생정원의 감축, 학급 또는 학과의 감축 · 폐지 또는 학생의 모집 정지 등의 조치를 할 수 있다. 〈개정 2021. 9. 24.〉

④ 관할청은 위반행위가 이미 종료되는 등 위반행위의 성질상 시정 · 변경할 수 없는 것이 명백한 경우에는 제1항에 따른 시정 또는 변경 명령을 하지 아니하고 제3항에 따른 조치를 할 수 있다. 〈신설 2021. 9. 24.〉

⑤ 제1항부터 제3항까지에도 불구하고 관할청은 외국인학교가 허위, 거짓 등 부정한 방법으로 제60조의2제1항을 위반하여 이 법에서 정한 사람 이외의 사람을 입학시킨 경우 그 위반횟수에 따라 제1항에 따른 시정 · 변경 명령 또는 내국인학생 모집정지를 할 수 있다. 이 경우 위반횟수에 따른 행정처분의 기준은 대통령령으로 정한다. 〈신설 2016. 1. 27., 2021. 9. 24.〉

[전문개정 2012. 3. 21.]

[제목개정 2021. 9. 24.]

제64조(휴업명령 및 휴교처분) ① 관할청은 재해 등의 긴급한 사유로 정상수업이 불가능하다고 인정하는 경우에는 학교의 장에게 휴업을 명할 수 있다.

② 제1항에 따른 명령을 받은 학교의 장은 지체 없이 휴업을 하여야 한다.

③ 관할청은 학교의 장이 제1항에 따른 명령에도 불구하고 휴업을 하지 아니하거나 특별히 긴급한 사유가 있는 경우에는 휴교처분을 할 수 있다.

④ 제2항에 따라 휴업한 학교는 휴업기간 중 수업과 학생의 등교가 정지되며, 제3항에 따라 휴교한 학교는 휴교기간 중 단순한 관리 업무 외에는 학교의 모든 기능이 정지된다.

[전문개정 2012. 3. 21.]

제65조(학교 등의 폐쇄) ① 관할청은 학교가 다음 각 호의 어느 하나에 해당하여 정상적인 학사운영이 불가능한 경우에는 학교의 폐쇄를 명할 수 있다.

1. 학교의 장 또는 설립자 · 경영자가 고의 또는 중과실로 이 법 또는 이 법에 따른 명령을 위반한 경우
2. 학교의 장 또는 설립자 · 경영자가 이 법 또는 그 밖의 교육 관계 법령에 따른 관할청의 명령을 여러 번 위반한 경우
3. 휴업 및 휴교 기간을 제외하고 계속하여 3개월 이상 수업을 하지 아니한 경우

② 관할청은 제4조제2항에 따른 학교설립인가 또는 제50조에 따른 분교설치인가를 받지 아니하고 학교의 명칭을 사용하거나 학생을 모집하여 시설을 사실상 학교의 형태로 운영하는 자에게 그가 설치 · 운영하는 시설의 폐쇄를 명할 수 있다.

[전문개정 2012. 3. 21.]

제66조(청문) ① 교육부장관은 제21조의5제1항에 따라 자격을 취소하려면 청문을 하여야 한다. 〈신설 2020. 12. 22.〉

② 관할청은 제65조에 따라 학교 또는 시설의 폐쇄를 명하려는 경우에는 청문을 하여야 한다. 〈개정 2020. 12. 22.〉

[전문개정 2012. 3. 21.]

제67조(벌칙) ① 제60조의6제5항을 위반하여 금융정보등을 이 법에서 정한 목적 외의 다른 용도로 사용하거나 다른 사람 또는 기관에 제공하거나 누설한 자는 5년 이하의 징역 또는 5천만원 이하의 벌금에 처한다. 〈개정 2016. 5. 29.〉

② 다음 각 호의 어느 하나에 해당하는 자는 3년 이하의 징역 또는 3천만원 이하의 벌금에 처한다. 〈개정 2016. 5. 29.〉

1. 제4조제2항에 따른 학교설립인가 또는 제50조에 따른 분교설치인가를 받지 아니하고 학교의 명칭을 사용하거나 학생을 모집하여 시설을 사실상 학교의 형태로 운영한 자

2. 제4조제3항을 위반하여 폐교인가나 변경인가를 받지 아니한 자

3. 거짓이나 그 밖의 부정한 방법으로 제4조제2항 또는 제4조제3항에 따른 학교의 설립인가 · 폐교인가 또는 변경인가를 받거나 제50조에 따른 분교설치인가를 받은 자

4. 제30조의6제1항 또는 제3항을 위반하여 동의권자의 동의 없이 제3자에게 학생 관련 자료를 제공하거나 제공받은 자료를 그 본래의 목적 외의 용도로 이용한 자

③ 다음 각 호의 어느 하나에 해당하는 자는 1년 이하의 징역 또는 1천만원 이하의 벌금에 처한다. 〈개정 2016. 5. 29., 2020. 12. 22.〉

1. 제21조의4를 위반하여 자격증을 다른 사람에게 빌려주거나 빌린 사람 또는 이를 알선한 사람

2. 제63조제1항에 따른 시정 또는 변경 명령을 위반한 자

3. 제65조제1항에 따른 폐쇄명령을 위반한 자

④ 속임수나 그 밖의 부정한 방법으로 제60조의4제1항에 따른 교육비를 지원받거나 학생으로 하여금 지원받게 한 자는 1년 이하의 징역, 1천만원 이하의 벌금, 구류 또는 과료에 처한다. 〈신설 2016. 12. 20.〉

[전문개정 2012. 3. 21.]

제68조(과태료) ① 다음 각 호의 어느 하나에 해당하는 자에게는 100만원 이하의 과태료를 부과한다.

1. 제13조제4항에 따른 취학 의무의 이행을 독려받고도 취학 의무를 이행하지 아니한 자

2. 제15조를 위반하여 의무교육대상자의 의무교육을 방해한 자

3. 제53조를 위반하여 학생을 입학시키지 아니하거나 등교와 수업에 지장을 주는 행위를 한 자

② 제1항에 따른 과태료는 대통령령으로 정하는 바에 따라 해당 교육감이 부과 · 징수한다.

[전문개정 2012. 3. 21.]

부칙〈제19740호, 2023. 10. 24.〉

이 법은 공포 후 6개월이 경과한 날부터 시행한다.

저자 소개

곽 노 의

중앙대학교 사범대학 외국어교육과 졸업

중앙대학교 대학원(문학석사, 문학박사)

독일 튜빙겐(Tuebingen)대학교 교환교수

미국 캘리포니아 주립대학교(CSULA) 교환교수

서울교육대학교 유아 · 특수교육과 교수

현재, 서울교육대학교 명예교수

　　한국아동숲교육학회 회장

[저서 및 논문]

프뢰벨의 유아교육이론 연구(1988, 저), 자유 발도르프유아교육(1999, 저), 유아교육과정(2000, 공저), 몬테소리교육학과 발도르프교육학(2001, 공역), 영 · 유아교육프로그램(2004, 공저), 영 · 유아놀이지도(2004, 공저), 교육학의 거장들 I (2004, 공역), 누리과정과 연계한 숲체험교육활동(2014, 공저), 유아교육사조(2015, 저), 자연주의 유아교육프로그램 탐색(2010, 한국초등교육연구), 지속가능발전측면에서 본 유아 숲 교육의 전망(2016, 한국초등교육연구) 등

김 창 복

서울교육대학교 졸업

중앙대학교 교육대학원(교육학석사)

중앙대학교 대학원(문학박사)

미국 델라웨어 주립대학교(DSU) 교환교수

서울특별시 초등학교 교사, 대불대학교 유아교육과 교수

서울교육대학교 유아 · 특수교육과 교수

현재, 서울교육대학교 명예교수

[저서 및 논문]

유아교육과정(2000, 공저), 영유아보육론(2004, 공저), 유아수학교육(2005, 공저), 유아교육개론(2010, 공저), 영유아 언어교육(2019, 공저), 유치원 교육과정에 대한 초등학교 교사의 인식(2007, 유아교육학논집), 초등학교 교육의 최근 동향과 유 · 초 연계교육 소고(2011, 유아교육학논집), 유 · 초등 연계교육의 관점에서 바라본 미국 초등학교 1학년 교육 현장(2013, 열린유아교육연구), 유 · 초등 연계교육에 관련된 예비유아교사와 예비초등교사의 경험과 필요성 인식 및 요구(2015, 유아교육연구), 유아교사와 초등교사 양성 대학 및 대학원 교육과정에 나타난 유 · 초 연계교육 실태 분석(2019, 한국유아교육연구), 2019 개정 누리과정의 주요 개정 내용과 초등학교 교육과정과의 연계고찰(2020, 한국초등교육) 등

이 신 영

서울교육대학교 졸업
중앙대학교 교육대학원(교육학석사)
서울여자대학교 대학원(문학박사)
서울특별시 초등학교 교사
서울교육대학교 초빙교수
세한대학교 유아교육과 교수
현재, 서울교육대학교 외래교수
　　한국아동숲교육학회 부회장

[저서 및 논문]
숲유치원의 아이들(2010, 공저), 누리과정과 연계한 숲체험교육활동(2014, 공저), 행복한 미래교육, 한국숲유치원(2019, 공저), 초등학교 입학에 관한 유아의 이해(2006, 아동학회지), 초등학교 1학년 학부모의 학교교육에 대한 인식(2007, 열린유아교육연구), 세 초등 교사의 1학년 교사 되어감에 대한 내러티브 연구(2009, 열린유아교육연구), 초등교육(2009, 아동학회지), 자녀의 초등학교 전이 및 적응에 대한 어머니들의 이야기(2013, 어린이미디어연구), Design and application of character education in the forest school program for primary school children(2017, INFORMATION), 유아 어머니와 초등 저학년 어머니의 행복감 비교 연구(2018, 한국산학기술학회논문지), 프뢰벨의 교육사상 관점에서 본 숲유치원 자유놀이의 의미(2019, 유아교육학논집), 2019 개정 누리과정의 주요 개정 내용과 초등학교 교육과정과의 연계고찰(2020, 한국초등교육) 등

제3판

2019 개정 누리과정과 2022 개정 초등학교 교육과정에 기초한

유아교육기관과 초등학교의 연계교육

초 판 1쇄 발행 2012년 8월 31일
초 판 3쇄 발행 2017년 1월 11일
개 정 1쇄 발행 2020년 4월 10일
제3판 1쇄 발행 2024년 4월 12일

지 은 이 | 곽노의 · 김창복 · 이신영

펴 낸 이 | 김기섭
편 집 인 | 오선율
펴 낸 곳 | 창지사 www.changjisa.com
08589 서울시 금천구 가산디지털 1로 83 파트너스타워 1차 9층
전화 (02)719-2211~3
팩스 (02)701-9386
등 록 | 1977년 4월 28일 · 제1-421호

ISBN 978-89-426-1884-2 (93370)

값 26,000원